학습과 보상
The Power of Reinforcement

·
·

Stephen Ray Flora 저
임 웅 · 이경민 공역

학지사

책을 옮기며

소문이란 게 원래 그렇다. 딱히 증거가 있는 것도 아니고, 타당성의 근거도 빈약하고, 게다가 시간이 지날수록 과장되기까지 한다. 그리고 일단 퍼지기 시작하면 이를 거두어들이는 일은 거의 불가능하다. 누군가 나서서 해명해 주지도 않을뿐더러, 해명을 해 준다 하더라도 퍼지는 속도를 따라잡기에는 역부족이다. 하지만 소문이란 게 또 그렇다. 대개는 새벽안개와 같아서 자고 일어나면 온 세상을 뒤덮을 듯 자욱하지만, 잦아드는 속도 또한 순식간이다. 세상은 원래 그렇다. 이런저런 이유로 수많은 소문이 만들어지고, 또 언제 그랬냐는 듯 잦아든다.

그런데 가끔은 전혀 잦아들지 않는 소문이 있다. 오히려 시간이 지날수록 더 많이 재생산되고 더 넓게 전파되기도 한다. 그런 소문들 중 하나가 바로 행동주의다. 만물의 영장인 인간을 쥐나 비둘기처럼 취급한다는 말도 있고, 인간을 로봇처럼 조종하려는 목적으로 고안되었다고도 하고, 사탕 몇 개로 인간의 순수한 열정을 빼앗아 버린다는 말도 있다. 심지어 스키너는 그 유명한 '스키너 상자'에 자기의 딸을 넣어 키웠다는 얘기까지도 들린다.

행동주의에 대한 이런 소문들에 시간은 약이 아닌 듯하다. 시간이 지나도 잦아들 기미가 보이질 않는다. 행동주의를 말하는 사람들은 대부분 손사래부터 친다. 대학 수업에서의 행동주의는 지난날 번성했던 왕조에 대한 추억으로만 소개된다. 소문은 급속하게 퍼져 있고 끊임없이 재생산되고 있다.

　이유를 짐작하지 못하는 것은 아니다. 대단한 권위에 맞서 보려는 치기 때문일 때도 있고, 새로운 이론으로 무장했다는 과시욕이 개입되기도 한다. 하지만 이유가 짐작된다는 것이 그 이유가 정당하다는 것을 의미하지는 않는다. 행동주의에 대한 소문은 진중하지도 않고 정당하지도 않을뿐더러, 가끔은 악의가 엿보일 때도 있다.

　이 소문을 마냥 내버려 둘 수 없다는 생각을 한지는 꽤 오래되었다. 내가 나선다고 소문이 거두어지는 것은 아니겠지만, 그래서 괜한 고단함을 자처할 뿐이라는 생각도 있었지만, 그래도 교육심리를 가르치는 사람으로서 모르는 척하고 넘어가기에는 개운치 않은 불편함이 있었다. 직무유기에 대한 불편함이 있었던 것이다. 그래서 행동주의를 해명하는 책을 쓰기로 했다.

　자료를 모으고 정리를 하던 중 이 책을 읽게 되었다. 한 장 한 장 읽어 가다가 문득, 새로운 책을 쓰는 것보다 이 책을 번역하는 것으로 그 해명을 시작하면 어떨까라는 생각이 들었다. 내용이 정확할 뿐만 아니라, 논리의 전개가 마음에 들었다. 책을 쓰려는 이유가 인세나 업적이 아니라 행동주의에 대한 소문을 바로잡고 싶은 것이라면, 이 책은 충분히 그 역할을 할 수 있을 것 같다는 기대가 생겼다. 번역을 마치고 그 기대는 확신이 되었다.

　소문은 있을 수 있다. 그것을 듣고 그것을 말하면서 일상에서의 고단함을 달래는 소문의 사회학적 기능도 분명 있을 것이다. 하지만 의미 없이 재생산되는 소문 때문에 우리에게 반드시 필요한 무언가를 잃어버리게 된다면, 소문으로 인한 대가는 생각보다 작지 않을 것이다. 수많은 소문에 시달리는 행동주의는 우리가 웃으면서 얘기하고 넘어갈 만큼 가볍지 않다. 오르지 않는 성적으로 고민하는 수많은 학생과 이로 인해 힘들어하는 그들의 부모, 그리고 이들로 인해 고민하는 교사에 이르기까지 학습과 관련된 모든 이에게 행동주의는 빛이고 희망이 될 수 있다.

　이제는 행동주의를 역사의 구석진 곳으로 유배해 버린 대가에 대해 진지하게 고민해 봐야 한다. 그것이 학문의 유행에 편승한 무책임한 비판이었는지, 정밀하게 연구하고 모색하는 수고로움을 피하고자 하는 게으름 때문이었는지, 혹은 다른 어떤 이유가 있었는지에 대해 다시 한 번 고민할 필요가 있을 것이다.

이 번역서가 근거 없는 소문으로 인해 유배되었던 행동주의의 억울한 누명을 조금이라도 벗겨 줄 수 있는 시작점이 되었으면 하는 마음이다.

2015년 8월
임 웅, 이경민

감사의 글

부모님인 글렌다 크리스틴 플로라(Glenda Christine Flora)와 조셉 마틴 플로라 (Joseph Martin Flora)의 도움과 지원이 없었다면 이 책은 완성되지 못했을 것이다. 어쩌면 모든 책의 서문에서 볼 수 있는 너무나 진부한 표현일지도 모르겠지 만, 그래도 이 말은 사실이다. 어머니는 때로는 독자의 눈으로, 때로는 편집 자의 시각으로 이 책의 초고를 읽어 주셨다. 기회가 있을 때마다 나는 노스캐 롤라이나(North Carolina)에 계시는 어머니에게 원고를 보냈다. 뛰어난 영어 작문 교사인 어머니는 문법적 오류와 내용에 대한 피드백을 바로 보내 주셨다. 어 머니와 아버지께서는 이 책의 내용에 도움이 될 만한 각종 논문들과 참고자 료도 보내 주셨다. 아버지는 이 책이 보다 덜 비판받고 설득력을 담보할 수 있도록 여러 가지 제안도 해 주셨다. 부모님의 끝없는 지원과 격려는 그 가치 를 계산할 수 없을 만큼 소중했다.

나에게 수많은 훌륭한 선생님이 있었다는 것은 정말 감사한 일이다(너무 많아 서 여기에 모두 적을 수 없을 정도다). 특히 지도교수인 조지아 대학교(University of Georgia) 의 윌리엄 파블릭(William B. Pavlik) 교수는 연구에 필요한 실험에 대해 많은 조 언을 주었고, 기꺼이 그의 실험실을 쓰도록 해 주었을 뿐 아니라, 그의 연구 실과 집 또한 쓸 수 있도록 배려해 주었다. 지도교수의 지하실에서 교대로 컴 퓨터를 치면서, 간결하게 글 쓰는 법을 배울 수 있었다. 지도교수의 지도와 공동작업, 그리고 따뜻함이 없었다면 결코 이 책을 쓸 수 없었을 것이다.

이 책의 시작은 아마도 학부 때 수강한 노스캐롤라이나 대학교의 데이비드 에커만(David Eckerman) 교수의 고급학습이론 수업이었던 것 같다. 수업시간에 제출한 기말 과제에서 나는 사회심리학 시간에 배웠던 내용을 학습과 강화의 기본적인 과정으로 설명해 보고자 했었다. 에커만 교수는 이 작업의 시금석이었으며, 오랫동안 지원을 아끼지 않았다.

이 책의 1부를 처음 읽어 준 많은 사람들 가운데 철학자 브루스 월러(Bruce Waller)를 잊을 수 없다. 냉철하게 읽고 가혹하게 비판해 달라고 부탁했음에도, 월러의 피드백은 칭찬으로 가득 차 있었다. 피드백의 내용을 완전히 이해하게 되었을 때, 그가 주었던 피드백이 내가 쓰고자 했던 바로 그 말이었음을 알 수 있었고, 그의 제안은 내가 가야 할 방향을 밝혀 주었다.

몰리 버데트(Molly Burdette) 또한 이 책의 여러 부분을 처음으로 읽어 주고 많은 도움을 주었다. 제임스 버브스키루프(James Bubskiluv)와 몰리 버데트의 가족(브렌단, 케이티, 콜린, 브리지드)은 이 책을 쓰는 외로운 시간 동안 나의 가족이 되어 주었다. 길 잃은 강아지가 방황하지 않도록 뒷문을 열어 주고 음식을 주는 것처럼, 그렇게 그들은 나를 돌보아 주었다.

동물학습학회(Animal Learning)의 겨울 콘퍼런스와 행동분석학회(Association for Behavior Analysis)에 매년 참석한 것은 가치로 환산할 수 없는 영감과 정보를 얻는 기회가 되었다. 겨울 콘퍼런스에서 너무나 운이 좋게도 로버트 아이젠버거(Robert Eisenberger) 교수를 만날 수 있었다. 이미 그의 연구에 대해 알고는 있었지만, 그때 이후 그는 지속적으로 영감을 주었다. 사실 아이젠버그의 연구는 이 책의 많은 부분에 있어 기초를 제공하고 있다. 로버트 아이젠버그는 내가 이 분야에 계속 머물 수 있도록 해 주었고, 내가 필요로 하는 정보와 자료를 모두 제공해 주었으며, 끝없는 지원과 친절을 베풀어 주었다.

이 책을 쓰는 동안 때로는 어둠 속에서 헤매기도 하고 폭풍우가 몰아치는 바다에 던져지기도 했던 나에게 힘이 되어 주었던 로버트 모간(Robert Morgan),

코리나 케이시(Coreena Casey), 제인 케스트너(Jane Kestner), 폴 와이즈베커(Paul Wsisbecker), 그리고 다시 한 번 나의 부모님, 이들 모두에게 감사의 마음을 전한다.

너무나 많은 분이 편집과 문법과 교정을 도와주었지만, 어느 누구라 하더라도 부족한 나의 실력이 만들어 낸 그 많은 실수를 바로잡기는 어려웠을 것이다. 때문에, 이 책에 여전히 남아 있는 실수가 있다면 그것은 오롯이 나의 책임이다. 책이 독자의 손으로 넘어가기 전에 저자가 해야 할 마지막 작업은 페이지를 맞추고 참고문헌과 색인을 정리하는 일일 것이다. 이는 정말 지루하고 외롭고 긴장되는 작업이었지만, 사라 홀로워치(Sarah Holowach)의 도움으로 유쾌하고 즐겁게 마칠 수 있었다. 모든 이에게 감사의 인사를 전한다.

2004년
Stephen Ray Flora

차 례

C O N T E N T S

시작하며

　　어째서 어떤 아이들은 마약에 취해 학교를 빠지는 데 반해, 어떤 아이들은 정시에 등교하고 열심히 숙제하며 밴드활동이나 토론모임 혹은 학교 대항 운동시합 같은 과외 활동에 참여하는 것일까? 어째서 중증 발달장애를 가진 어떤 아이는 망막이 분리되어 실명할 때까지 자신의 머리를 방바닥에 내리찧고 끊임없이 머리를 손으로 때리는 데 반해, 같은 증상의 어떤 아이는 자해를 하는 대신 스스로 옷을 입고 스스로 식사를 하고 자신이 필요로 하고 원하는 것을 얻기 위해 수화로 의사소통을 하는 것일까? 어째서 어떤 성인은 끊임없이 아프다고 말하면서 계속해서 병원을 찾아 엄청난 양의 약을 타오는 반면, 동일한 상태의 어떤 성인은 약을 먹지도 않고 아프다는 말을 거의 하지 않으며 병원도 가지 않고, 평생교육원에서 공부하고 유치원 아이들의 숙제를 도와주고 독서클럽이나 댄스클럽을 다니는 것일까? 이들이 어떠한 행동을 하는 이유는 사람은 자신이 강화를 받는 일을 하기 때문이다.

강화는 삶에서 일어나는 기본적인 과정이다. 강화가 발생하는 과정을 이해하는 것은 우리가 무엇인가를 하는 이유를 이해할 수 있는 하나의 방법이다. 행동을 이해하는 데는 다양한 틀이 사용될 수 있다. 생리학적(physiological) 혹은 생물학적(biological) 틀을 사용할 수도 있고, 시학적(poetic) 혹은 예술적(artistic) 관점으로 행동을 이해할 수도 있을 것이다. 모든 방법에는 각각의 장점이 있겠지만, 행동을 이해하는 틀로서의 강화라는 관점은 직접적으로 관찰할 수 있고 검증할 수 있으며 명확하고 간결하다는(즉, '과도하게 설명하지' 않고 가능한 한 간단하게 설명한다는) 장점이 있다. 더욱이 가장 중요한 장점은 강화가 진행되는 과정을 이해하게 되면, 부모, 교사, 상담가, 관리자, 행동분석가, 그리고 그 행동에 관여되는 누구라 하더라도(즉, 모든 사람!), 즉각적으로 사용할 수 있는 매우 효과적인 행동변화 기법을 도출할 수 있다는 것이다.

예를 들어, 읽기라든가, 수학 혹은 문장완성과제 등 학업 관련 행동에 대해 의도적이고 체계적으로 강화를 주게 되면, 학업 성취는 급격하게 향상되고 학업에 대한 흥미와 즐거움 역시 증가된다(1, 4, 5, 7, 9, 10장). 지능검사나 표준화 검사에서 정답에 강화를 주는 것은 모든 사회경제적 배경의 모든 성취 수준의 아이들에게 효과가 있다(5, 9, 10장). 위험한 노천탄광에서 일하는 근로자가 안전 절차에 따라 행동하는 것에 체계적으로 강화를 주면, 부상으로 인해 손실을 보는 노동 일수가 감소하고 수많은 생명을 구할 수 있으며, 회사는 이러한 사고와 부상으로 인한 경비를 절감함으로써 수백만 달러를 절약할 수 있다(2장). 일상적인 물건을 일상적으로 사용하는 것에(예를 들어, 지우개를 지우는 데 사용) 강화를 받은 아이들에 비해, 일상적인 물건을 창의적으로 사용하는 것에(예를 들어, 지우개를 낚시의 찌나 스펀지로 사용) 강화를 받은 아이들은 나중에 보다 창의적인 그림을 그리고 보다 창의적으로 글을 쓴다(7장). 약속된 목표를 완수하고 사회적 소통 기술을 연습하고 소변검사 결과가 정상으로 나온 것에 대해 체계적으로 강화가 주어지면, 마약중독자들이 마약을 참아 내는 비율과 취업 비율은 급격하게 증가한다(11장). 품행장애가 있는 정서장애의 아이들이 강화를 기초로 구성된 가족교육 프로그램(Teaching-Family model programs)에 참여하게 되면, 성적이 향상되며 재판에 회부되거나 범죄를 저지르는 행위가 감소한다(12장).

아주 간단히 말해서, 강화물(reinforcer)이란 결과에 선행하는 어떤 행동의 빈도를 증가시키는 무엇인가를 의미한다. 강화(reinforcement)는 결과에 강화를 줌으로써 그 행동의 비율이 증가하는 과정이다. 벌(punishment)은 결과에 벌을 가함으로써 행동의 비율이 감소하는 과정이다. 강화는 정적일 수도 있고 부적일 수도 있다. 정적 강화(positive reinforcement)와 부적 강화(negative reinforcement)는 모두 행동을 증가시킨다.

정적 강화는 행동의 결과로서 사건이나 자극이 제시되고(정적) 그 행동이 증가(강화)될 때 발생한다. 소설을 읽으면서 내용의 비밀을 조금씩 알아 가고 흥미진진함을 느끼며 내용을 더 알기 위해 그리고 계속되는 흥미를 위해 읽는 비율이 증가된다면, 소설을 읽음으로써 밝혀지는 책의 내용과 흥미가 소설을 읽는 행동을 정적으로 강화시키고 있는 것이다.

부적 강화는 혐오스러운(aversive) 사건 혹은 자극이 제거되거나(부적) 그 사건이나 자극이 발생하지 않기 때문에 행동의 비율이 증가되는(강화) 것을 의미한다. 쥐에게 전기 충격이 가해지는 상황에서, 쥐가 막대기를 누르는 행동은 부적으로 강화될 수 있다. 막대기를 누르는 행동이 전기 충격을 멈추게 한다면 막대기를 누르는 행동이 증가하는 것이다. 만약 '오늘은 안 돼요, 여보! 두통이 심해서요.'라고 말함으로써 원하지 않는 부부관계를 하지 않게 된다면, 그렇게 말하는 것은 부적 강화로 작용하는 것이다. 소설을 읽음으로써 따분한 일상에서 벗어날 수 있게 되거나 자신이 당면한 문제를 잊어버림으로써 그 문제로부터 벗어나게 된다면, 소설을 읽는 행동 역시 부적으로 강화되고 있는 것이다.

강화를 통해 증가되거나 유지되는 행동을 조작행동(operant behaviors) 혹은 조작(operants)이라 하는데, 이는 그 행동이 강화를 받는 결과를 '조작(operate)' 하기 때문이다. 자판기의 버튼을 누르는 것이 과자를 얻게 하는 조작행동인 것처럼, '케이크 좀 집어 주세요.'라고 말하는 것 역시 조작행동이다. 이는 그러한 말이 사회적 환경에서 케이크를 받게 되는 결과를 조작하기 때문이다.

정적 강화와 부적 강화는 모두 행동 혹은 조작을 증가시킨다. 예를 들어, 소설을 읽는 행동은 어떤 시점에서는 정적 강화의 기능일 수도 있고, 또 어떤 시점에서는 부적 강화의 기능일 수도 있다. 리모컨으로 TV의 '채널을 돌리는 (channel surfing)' 행동을 하는 이유가 흥미 있는 TV 프로가 동시에 여러 채널에서 방영되기 때문에 그 프로들을 모두 보고 싶어서라면 이는 정적 강화로 설명될 수 있다. 하지만 채널을 돌리는 행동은 대개 '볼 만한 프로가 없어서' 발생하는 부적 강화의 기능인데, 보기 싫은 프로를 피하고 싶거나 광고를 보지 않으려고 채널을 돌리는 것이 보통이기 때문이다. 마약중독 역시 마찬가지다. 마약을 투여하는 이유는 '황홀감에 취하게 하는' 정적 강화의 기능 때문일 수도 있고, '현실에서 도피하게 하는' 부적 강화 때문일 수도 있다. 마약중독에 대해 설명하는 챕터에서 알게 되겠지만, '도피하고자' 하는 부적 강화의 기능 때문에 마약을 투여하는 사람이 '황홀감에 취하고 싶은' 정적 강화의 기능 때문에 마약을 투여하는 사람에 비해 훨씬 더 중독되기 쉽다. 마약중독의 문제를 해결하기 어려운 이유는 마약중독이 대개 정적 강화와 부적 강화가 모두 작용하는 매우 복잡한 행동이기 때문이다.

하지만 강화의 개념으로 마약중독을 이해하게 되면, 만약 마약의 투여가 강화를 주기 때문에 중독이 발생하는 것이라면, 마약이 주는 강화보다 훨씬 더 큰 강화를 줄 수 있는 의사소통 기술이라든가 직업 관련 기술과 같은 새로운 행동을 가르침으로써 마약중독이 감소되거나 완치될 수 있다는 사실을 알 수 있다. 이는 행동을 이해하는 데 있어서 강화의 관점을 사용하게 되면, 부적응 행동을 적응 행동으로 되돌려 놓는 현실적인 방법이 어떤 식으로 제안될 수 있는가를 보여 주는 한 가지의 예다.

이처럼 정적 강화가 인류에게 큰 혜택을 주는 데 유용하게 사용될 수 있음에도 불구하고, 강화에 대한 신화(myth)들과 와전된 얘기(misrepresentation)들로 인해 강화가 체계적으로 광범위하게 사용되지 못하고 있다. 사실 나를 포함하여 수많은 사람이 체계적인 강화로 큰 혜택을 보고 있다. 초등학교 1학년 때 나는 전혀 읽고 쓰지를 못했었다. 그래서 1학년이 끝나고 방학을 이용하여 노스캐롤라이나 대학교의 읽기 연구소에 다녔다. 그곳에서 나는 읽고 쓰는 것을 배우기 위해 필요한 기본적인 기술들을 배우게 되었다. 조금이라도 성공을 하게 되면 나는 칭찬이나 관심, 그리고 격려와 같은 강화를 받았다.

그 결과, 나의 읽기행동은 조성되었다(shaped). 읽기에 필요한 선행기술들의 연속적인 근사치(successive approximations)는(예를 들어, 단어를 왼쪽에서 오른쪽 방향으로 보기, 글자를 왼쪽에서 오른쪽 방향으로 쓰기 등) 칭찬으로 강화를 받았다. 적절하게 구별하는 행동에 대해 칭찬으로 차별적인 강화를 주었고, 틀린 것들에 대해서는 다정하게 교정해 주었다. 예를 들어, 나는 d, p, q, b가 모두 다른 것을 의미한다는 사실을 배웠다. 내가 학교에서 받아쓰기를 할 때 썼던 'tew'는 'wet'의 철자가 아니었고, 'deb'와 'bed'는 같은 것이 아니라는 것을 알게 되었다. 이 강화 프로그램에 참여하면서 나는 읽고 쓰는 데 필요한 기초 행동들을 습득할 수 있게 되었다. 예를 들어, 읽거나 쓸 때는 왼쪽부터 시작해야 한다는 사실을 배웠고, 글자의 모양이 발음과 관련 있다는 것도 배울 수 있었다(B는 '바아' 소리를 내지만, P는 그런 소리가 나지 않는다는 것 등).

영어 교수였던 아버지는 내가 진급에 필요한 최소한의 철자와 쓰기를 배우지 못할까 봐 걱정하셨다. 그래서 나를 직접 가르치기 시작하셨다. 아버지는 '과잉학습(overlearning)'(향상을 위해 숙달된 후에도 계속 반복하는 것)에 대해 강화를 주는 것에 초점을 맞추는 체계적인 정적 강화 프로그램 방법으로 나를 가르쳤다. 프로그램은 일요일 저녁에 그다음 주에 공부할 단어에 대해 시험을 보는 것으로 시작되었다. 틀린 단어에 대해, 대개 모든 단어를 틀렸는데, 나는 각 단어를 열 번씩 써야 했다. 단어 쓰기를 마치면 또 다시 시험을 보았고, 그 시험에서 틀린 단어를 또 다시 10번씩 써야 했다. 쓰기를 끝내면 나는 아버지와 함께 지하실에서 탁구를 치는 것으로 강화를 받았다. 울거나 떼를 쓰기도 했지만 그것에 상관없이 나는 쓰기를 해야만 했다. 쓰기를 끝내기 전에는 아버지와 탁구를(그와 비슷한 어떠한 것도) 칠 수 없었다.

이러한 학습이 월요일, 화요일, 수요일, 목요일 저녁에도 계속되었다. 금요일 시험에서 내가 모든 단어를 맞추면 아버지는 내 노력에 대한 보상으로 만화책을 사 주었다. 처음에는 만화책의 그림만을 보았지만, 아는 단어가 많아지면서 읽기가 향상되었고, 얼마 지나지 않아 만화 속의 몇몇 글자들을 읽을 수 있게 되었다. 결국, 더디지만 분명하게 읽기 능력이 향상되어 가면서 나는 『인크레더블 헐크(The Incredible Hulk)』나 『서전트 락(Sergeant Rock)』 같은 책들을 읽을 수 있게 되었다. 독서가 만들어 내는 자연적 강화가 나에게 발생하기 시작한 것이다. 철자, 읽기, 쓰기는 나에게 계속해서 어려운 과제였다(예를 들어, 지금도 책을 쓰면서 'continued'를 'continueb'라고 썼다!). 여전히 나는 다른 사람에 비해 자주 단어를 틀리게 읽고 느리게 읽으며 철자를 틀린다. 하지만 어린 시절 철자를 익히는 노력에 대해 받았던 강화는 나에게 포기하지 않는 것을 가르쳤다. 이러한 끈기에 대한 강화가 내가 대학을 졸업하고 석사학위와 박사학위를 받을 수 있게 해 주었다.

대학 4학년 때와 석사 과정 방학 때, 나는 애니 설리반 센터(Annie Sullivan Inc.)에서 일을 했었다. 헬렌 켈러(Helen Keller)의 선생님이었던 애니 설리반의 이름을 딴 이 센터에서는 정적 강화에 기반을 둔 1대 1 교수와 행동관리 프로그램에 중점을 두고 있었다. 대부분 중증의 과잉활동, 자폐증, 정신지체, 생명을 위협하는 자해행동(self-injurious behavior: SIB)의 증상이 있는 사람들이 이 센터를 찾았다. 바꿔 말하면, 애니 설리반 센터는 위험한 행동과 발달장애에 이르게 될 때 찾는 오직 '최악 중의 최악'의 사람들만 오는 그런 곳이었다.

어느 날, 자해로 인해 이미 얼굴에 흉터가 있는 '칼(Carl)'이라는 자폐증을 가진 10대 한 명이 애니 설리반 센터를 찾아왔다. 이 소년은 자해를 하지 못하도록 머리에는 라크로스 경기 때 착용하는 골키퍼용 헬멧이 쓰여 있었고,

팔꿈치를 접을 수 없도록 팔 보호대를 착용하고 있었다. 칼은 끊임없이 울어대며 괴성을 질렀다. 보호장비가 없으면, 아주 심하게 자해를 시도했다. 보호장비를 착용한 칼은 인간이 아닌 식물과 다를 바가 없었다. 우리의 첫 번째 목표는 칼이 보호 장비를 착용하지 않고도 자해하지 않는 시간을 늘리는 것이었다. 일단 보호 장비를 착용하지 않고도 자해하지 않게 되자, 칼은 기초적인 생활기술들(즉, 기초적인 위생행동들)을 배울 수 있게 되었다. 이 프로그램은 결국 칼의 생활의 질을 크게 향상시켰다. 하지만 이렇게 되기까지는 정말 많은 어려움이 있었다.

우리는 칼에게 헬멧을 쓰지 않고(처음엔 칼에게 헬멧 대신 모자를 쓰게 했다), 팔 보호장비를 풀고, 자해행동을 하지 않으면서(우리는 그가 스스로 자신의 얼굴을 때리는 것을 막았다) 음식을 먹게 했다. 만약 칼이 자해를 시도하면 헬멧을 다시 착용시켰고 식탁에서 음식을 밀어 놓았다. 한 번의 식사에서 세 번까지는 음식을 먹을 수 있는 기회를 주었다. 하지만 네 번째로 자해행동을 시도하면 음식을 완전히 가져가 버렸다. 칼에게 주어지는 강화, 즉 음식은 자해행동을 하지 않으면서 밥을 먹는 적절한 식사 행동에 주어진 것이었다. 사실 칼에게 요구한 식사 행동은 전혀 특이한 것이 아니었다. 그에게 식탁에서 '적절하게 행동할 것'을 요구했고, 그렇게 행동하지 않으면 식탁에서 떼어 놓았다. 이는 아이가 있는 거의 모든 가정에서 하고 있는 것과 하나도 다르지 않은 것이었다. 대부분의 가정에서도 아이에게 자신과 남을 때리지 않으면서 음식을 먹게 하고, 그렇게 하지 않으면 더 이상 밥을 주지 않는다.

칼의 적절한 행동은 체계적으로 강화를 받았다. 격렬했던 며칠이 지나고, 칼은 팔 보호 장비와 헬멧 없이도, 그리고 무엇보다도 자해행동을 하지 않으면서 행복하게 식사를 할 수 있게 되었다. 그 후 몇 번의 방학 동안 내가 다시 애니 설리반을 갔을 때, 칼의 행동은 더욱 향상되어 있었다. 칼의 보호 장비는 사라졌다. 칼은 주의를 집중해 다양한 언어기술을 배우고 있었다. 여전히 아주 제한적이긴 했지만, 그의 언어는 향상되고 있었다. 무엇보다도 가장 좋았던 것은, 괴성을 지르지도, 울지도, 소리를 치지도 않고, 자해행위를 시도하지도 않는다는 점이었다. 칼은 편안하고 고요해 보였다. 자주 미소 짓고 자주 웃었다.

아주 가끔씩 칼이 자해행동을 시도하거나 부적절한 행동을 할 때가 있기는 했었는데, 이는 이러한 행동이 강화를 받았기 때문이었다. 칼은 오직 앤(Ann)이 일할 때만 자해행동을 시도했다. 앤은 감히 내가 데이트를 청할 마음조차 품을 수 없는, 최면에 걸린 느낌이 들 정도로 아름다운 직원이었다. 칼 역시 그녀에게 반했다. 자해행동으로 소란이 생기면, 앤은 칼의 얼굴 바로 몇 밀리미터 앞에서 모든 남성을 녹일 듯한 목소리로 속삭였다. '왜 그러니, 칼? 아! 칼, 그러면 안 돼. 내가 도와줄게.' 칼과 내 눈에는 눈물이 고였다. 나는 다른 남자 직원에게 말했다. '앤이 얼굴을 앞에 대고 저렇게 말해 준다면 나도 자해를 하고 싶어. 그녀는 나도 도와줄 거야.' 이는 부적절한 행동에 대한 사회적 강화였던 것이다. 그런 일이 있기는 했지만, 애니 설리반에서 계획된 강화 프로그램으로 치료를 받은 모든 환자의 삶은 한 명의 예외도 없이 긍정적으로 변화되어 갔다.

석사 과정 중에 조지아 지체 센터(Georgia Retardation Center)에서 심리보조와 행동분석가로 일했을 때의 경험도 애니 설리반에서의 경험과 마찬가지였다. 환자들에게 체계적인 강화 프로그램이 사용되었고, 환자들의 행복은 증진되었다. 일단 강화 프로그램이 자리를 잡게 되면, 괴성을 지르고 울부짖는 행동이 감소하고 더 많이 미소 짓고 더 많이 웃는다.

'제인(Jane)'이라는 14세 여자 아이의 경우, 공격행동이 너무 심해서 대부분의 직원들이 그녀를 피하거나 그녀가 있는 주위에서 일하는 것을 노골적으로 거부하기까지 했다. 그녀를 관찰한 결과, 제인은 자기가 할 것이 아무것도 없을 때 공격성을 나타낸다는 것을 알 수 있었다. 제인이 활동적인 것을 즐긴다는 사실을 기초로, 나는 그녀에게 적합한 프로그램을 만들었다. 그것은 퍼즐을 더 많이 준다거나 쓰레기를 버리게 하는 식으로, 그녀가 할 수 있는 것을 더 많이 하게 해 주는 것이었다. 그리고 그녀가 주어진 일을 하게 되면 칭찬으로 강화를 주었다. 제인은 간질이는 장난과 등에 업히는 것 또한 좋아했다. 대부분의 직원은 제인을 업어 주는 것을 두려워했지만, 나는 제인을 자주 업어 주었고 아무런 사고도 일어나지 않았다. 제인이 과제를 하면 이에 대해 주어지는 강화가 제인의 공격성을 크게 감소시켰다. 어쩌면 이는 별것 아닌 것처럼 생각될 수도 있다. 하지만 센터에 들어온 사람들에게 체계적인 강화절차가 사용되지 않는다면, 그곳은 단지 정신병이나 지체 혹은 자폐가 있는 사람들을 모아 놓은 인간 창고에 불과할 뿐이다. 체계적인 강화 프로그램은 창고에 모아 놓은 사람들이 각자의 사회로 돌아가 스스로의 삶의 질을 크게 향상시킬 수 있는 기회를 제공한다.

이처럼 강화는 매우 분명하고 대단한 위력이 있음에도, 많은 사람들이 강화에 대한 연구가 사람의 심리를 이해하는 데 '불충분하고' '부적절하고' 혹은 '지나치게 단순하다'고 말하며 이러한 연구를 거부한다. 어떤 사람들은 아이가 '적절한' 행동을 하거나 학업 관련 행동을 하는 것에 강화를 주는 것을 '아이에게 그 행동을 하게 하도록 뇌물을 주는' 것이라 생각하기도 한다. 하지만 나는 철자를 익히고 글을 읽는 것에 대해 내가 받았던 강화가 뇌물이라고 느낀 적이 한 번도 없었다.

강화 혹은 '보상'이 모든 생명체에 해로운 것은 아니라 하더라도, 인간에게는 예외 없이 해롭기 때문에 적어도 교육에 있어서 혹은 인간의 문제에 있어서는 의도적으로 사용되어서는 절대로 안 된다고 주장하는 문헌들이 하나의 거대한 움직임처럼 놀라울 정도로 많이 유통되고 있다! 강화를 사용하는 것은 '놀이에서 일로 돌아가게' 만드는 것이고(Lepper, Greene, & Nisbett, 1973), 강화는 '내재적 동기에 해롭고' '자기 결정감'의 형성을 방해하고, 아이들의 '유능감'을 빼앗고, 사람을 혐오스럽게 '통제한다'고 주장된다(이러한 주장에 대한 리뷰는 Cameron & Pierce, 1994, 1996; Dickinson, 1989; Eisenberger & Cameron, 1996; Flora, 1990 참조).

만약 강화가 유해한 것이 사실이라면, 체계적인 강화를 사용함으로써 사람들에게(나 역시 포함된다) 보다 나은 삶을 가져다주었던 그런 모든 상황은 실제로 발생하지 않는 일이란 말인가? 강화의 효과를 보고하는 수많은 연구와 실험은 모두 사기를 치고 있다는 것인가? 내가 읽고, 관찰하고, 도움을 주었고, 디자인했던 수많은 강화의 적용사례는 모두 비윤리적이라는 것인가? 자해행위를 하는 사람들, 보호 장비를 착용하고 격리되어 살아가는 사람들, 하루 24시간 일 년 365일을 약으로 살아가는 사람들을 그냥 그대로 지켜보고만 있어야 하는가? 아니면 인간의 삶을 향상시키기 위해 체계적으로 강화를 사용해야 하는가? 나는 인간의 삶의 조건을 향상시키기 위해 정적 강화를 사용해야만 한다고 믿는다. 하지만 안타깝게도 이는 소수의 입장일 뿐이다.

그것이 틀린 말이라 하더라도, '외재적 보상' (예를 들어, 강화)이 '내재적 흥미를 손상시킨다.'는 주장은, 학문하는 사람들끼리 모이는 칵테일파티에서라면 매우 인상적으로 들릴 수도 있다. 하지만 한 꺼풀만 벗겨 보면 '아무 근거도 없이 회자된다'는 것을 쉽게 알 수 있는 수많은 심리학적 주장과 마찬가지로, 이 주장 역시 아무런 가치가 없다. 이 주장의 기본 논리는, 만약 누군가가 '내재적 흥미'를 가진 일을 하고(즉, 인공적 강화물 없이 하는 행위) '외재적 보상'을 받게 되면(이때의 보상이란 대개 '강화물'을 의미한다), '내재적 흥미'는 '외재적 보상'에 의해 '손상'된다는 것이다. '외재적 보상을 주면 내재적 흥미가 손상된다.'는 신화는 언뜻 들어봐도 직관에 반하는 말이다. '만약 이미 좋아하고 있는 일을 하고, 이에 대해 보상을 받는다면, 그렇다면 그 일을 더 좋아하게 되지 않을까? 금상첨화가 아니겠는가?' 물론이다. 그들은 그것을 더 좋아하게 될 것이다. 흥미가 손상된다는 것은 단지 신화일 뿐이다. 하지만 이러한 신화가 보여 주는 설명은 충분히 논리적인 듯하며, 일단 이러한 신화를 듣게 되면, 자신들이 '인간에 대한 통찰'을 하고 있다는 우쭐거림으로 충만한 지식계층들은 이렇게 답하곤 한다. '물론이지, 난 줄곧 그렇게 생각해 왔어.'

'과잉정당화 가설(overjustification hypothesis)' 이 보여 주는 기본적인 설명은 이렇다. 만약 어떤 일을 하는 것이 좋다면, 아마도 나는 그 행동을 하는 이유에 대해 '내재적으로 정당화' 하게 될 것이다. 그 후 내가 그 행동에 대해 보상을 받게 되면, '과잉정당화' 가 발생하게 된다(내재적 정당화 더하기 외재적 보상). 나중에 내가 더 이상 보상을 받지 못하게 되면, 아마도 나는 내가 그 행동을 했던 이유가 오직 외재적 보상 때문이었다고 믿게 될 것이며, 그 일을 점점 더 하지 않게 될 것이다. 이제 그 행동은 '정당화' 되지 '않'거나 '덜' 정당화되는 것이다(예를 들어, Lepper et al., 1973). 이제 지식계층은 이런 식으로 주장한다. '아하! 인간은 지금 자신이 하는 일이 과잉으로 정당화되기를 원치 않아.'

이러한 신화에 따르면, 만약 가르치는 일이 좋아서 자원봉사를 하는 사람이 있다면, 그가 가르친 것에 대해 돈을 지급하면 안 된다. 그렇게 되면 그는 다시는 자원봉사를 하지 않을 것이기 때문이다. '나는 이제 직업으로서 가르치는 일을 한다. 내가 가르치는 이유는 오직 돈을 벌기 위해서다.' 이것이 과잉정당화다. 미스터리하게도, 가르치는 것에 대한 처음의 '내재적 흥미' 가 사라지게 된다는 것이다.

'과잉정당화' 라는 말이 어쩌면 논리적인 것처럼 들릴 수도 있겠지만, 과잉정당화가 터무니없는 가설이라는 사실은 우리의 주변을 살펴보면 너무나 분명해진다. 만약 '외재적 강화물' 이 진실로 '내재적 흥미를 손상시킨다' 면, 그렇다면 애완동물을 키우는 수의사는 없을 것이며, 은퇴한 모든 프로운동 선수는(특히 인센티브 계약을 하는 선수들) 그들이 했던 운동을 다시는 하지도 않을뿐더러 하는 것을 원하지도 않을 것이고, 목수나 전기기술자나 페인트 칠하는 사람들 중에서 빈곤한 계층을 위해 집을 지어 주는 '사랑의 집짓기' ('Habitat for Humanity')에 자원봉사를 하는 사람은 절대 없을 것이며, 교사는 가르치고 싶어 하지 않을 것이며, 의사는 진료하고 싶어 하지 않을 것이다. 간단히 말해서, 어느 누구도 자신의 직업을 즐기는 사람은 없고, 돈을 받지 않고서는 어느 누구도 자신의 직업과 관련 있는 일을 절대 하지 않는다는 것이다. 만약 외재적 강화물이 내재적 흥미를 손상시킨다는 신화가 사실이라면, 아마도 인간 사회는 엉망이 되어 버릴 것이다. '돈은 분명 좋은 것이고, 나 또한 돈이 필요하다. 하지만 내가 교사가 된 진짜 이유는 가르치는 것을 사랑하기 때문이다.' 라고 말하는, 이전에 자원봉사를 경험했던 현직 교사의 전언이 '과잉정당화 가설'이 설명하는 현상의 본 모습이다. 외재적 강화물이 내재적 흥미를 손상시킨다는 신화와 마찬가지로 과잉정당화 가설은 틀린 것이다.

강화 프로그램이 유익하고, 삶을 바꾸고, 생명을 구한다는 수많은 증거에도 불구하고, 에드워드 디시(Edward L. Deci)와 리처드 라이언(Richard M. Ryan)의 책 『인간 행동에 있어서의 내재적 동기와 자기 결정감(*Intrinsic Motivation and Self-determination in Human Behavior*)』(1985)이라든가 스탠퍼드 대학교(Stanford University)의 마크 레퍼(Mark R. Lepper)의 논문들은 강화 프로그램에는 너무나도 많은 부작용이 있기 때문에 인간을 치료하는 기관에서는 절대 사용되어서는 안 된다고 주장하고 있으며, 이러한 주장은 교육 관련 글이나 대중적인 글 속에서 계속해서 인용되고 있는 실정이다.

수많은 기초 심리학 교재의 학습 혹은 동기 챕터에서는 강화가 내재적 흥미를 손상시키고, 따라서 인간에게 강화절차를 사용하는 것은 해롭다고 결론 내린다. 양육에 대한 잡지들은 보상이 아이의 발달에 해롭기 때문에 아이의 적절한 행동에 대해 강화를 사용해서는 안 된다고(심지어는 칭찬도) 경고하는 기사를 내보내고 있다. 학회에서도 그리고 응용심리학 관련 직업에서도 강화에 대해 연구하고, 강화를 사용하는 것에 대한 회의적인 시각이 널리 퍼져 있으며, 때로는 극명한 적대감을 보이기까지 한다. 행동분석(강화를 연구하고 적용하는 학문 분야)은 인간의 행동에 대한 학문적 연구와 적용연구에 대한 자신들의 아성을 위협한다고 느끼는 심리학자들에 의해 게토(ghetto)에 유배당해 왔다 (Leahey, 1991, p. 373). 수많은 심리학자들이 행동분석과 강화이론이 이루어 놓은 발전을 과소평가하고 무시해 온 것이다.

1993년, '사회 비평가'인 알피 콘(Alfie Kohn)은 『보상은 벌이다: 골드스타, 상여금, A학점, 칭찬, 기타 뇌물의 문제점(*Punished by Reward(sic): The Trouble with Gold Stars, Incentive Plans, A's, Praise, and Other Bribes*)』이라는 제목의 책을 출판했다. 이 책에서 콘은 강화의 사용을 비판하기 위해 강화에 반대하는 신화들, 와전된 얘기들, 캐리커처, 비판 등을 쉽게 풀어 제시하고 있다. 만약 콘이 기획하는 능력이 없었고(예를 들어, 오프라 〈윈프리 쇼〉의 초대 손님), 이 책이 그렇게 널리 읽히지 않았으며, 교육학이나 경영학 교재에 인용되지 않았다면, 이 책은 그저 웃고 넘어갈 만했다. 그러나 아주 쉽게 읽힌다는 장점을 가진 이 책은 우리 사회에 강화는 유해하다(reinforcement is evil)는 주장이 퍼지게 만들었다. 믿을 수 없게도, 콘은 '보상'이(콘이 의미하는 보상은 강화다) 수행이나 행동을 향상시키지 못하고 인간관계와 창의성에 좋지 않다고 주장한다. 더 나아가 콘은 상여금과 같은 강화물이 기업이나 학교에서 사용되어서는 안 되고, 학생들의 공부는 점수화되어서도(평가되어서도) 안 된다고 주장한다. 콘에 따르면, 아이들은 절대 칭찬받아서는 안 되는 것이다!

　살아오는 동안 나는 정적 강화가 체계적으로 사용될 때 인간의 삶이 얼마나 향상되는지를 직접적으로 혹은 간접적으로 목격해 왔다. 하지만 콘과 그에 동조하는 많은 사람은 인간에게 의도적으로 강화를 사용하는 것은 어찌되었든지 인간을 인간 이하로 대하는 것이라는 그릇된 메시지를 계속해서 전하고 있다. 이러한 신화로 인해 수많은 강화 프로그램이 효과적으로 시행되지 못하고, 그 결과 인간 삶의 향상은 방해를 받아 왔다. 이제 강화에 대한 신화들과 와전된 얘기들에 반격하는 광범위한 대응 논리가 필요한 시점이 되었다. 이러한 대응 논리는 목적의식을 갖고 강화 절차를 사용하는 일을 더욱 활성화시키는 데 도움을 줄 것이다. 이로 인해 좋은 결과가 나타났을 때 강화 프로그램에 관계하는 사람들은 비판에 대응할 수 있는 보다 나은 정보를 제공받게 될 것이고, 그들의 일에 대한 수많은 공격으로부터 스스로를 방어할 수 있게 될 것이다. 이 책은 치료시설에서 그리고 인간관계에서 의도적으로 강화를 사용하는 것에 대한 수많은 신화와 와전된 이야기, 그리고 다양한 비판에 대한 하나의 대응이다. 이 책을 통해 우리 사회에서 강화를 어떻게 사용해야 하며, 그 잠재력이 얼마나 큰지에 대해 정확하게 알 수 있기를 기대한다.

PART 1

강화에 대한
신화와 오해

:

PART 1
강화에 대한
신화와 오해

'쥐 심리학'으로서의 강화

드디어 새로운 백신이 개발되었다. 기적이라고 대서특필되고 있는 그 백신은 에이즈나 헤르페스 같은 모든 성 관련 질병을 예방해 주고, 독감은 물론이거니와 모든 아이가 걸리는 수두도 막아 주는 만병통치약이라 한다. 이 백신이 드디어 내일부터 시판된다. 당신이라면 이 백신을 투여받겠는가? 당신의 아이에게 이 백신을 맞게 하겠는가?

잠깐! 아직 말하지 않은 한 가지가 더 있다. 이 백신은 동물 실험을 한 번도 거치지 않았고, 개발할 당시에도 질병이 있는 동물에게 이 약이 어떻게 작용하는가에 대해 아무런 기초 없이 그냥 개발되었다. 제약회사는 병이 있는 사람을 관찰하고, 그 병에 논리적으로 효과가 있을 듯 생각되는 재료를 섞어 그 약을 제조했던 것이다. 이러한 사실을 알고 나서도 당신은 그 백신을 투여 받겠는가? 아마도 아닐 것이다. 현실적으로 사람을 대상으로 새로운 약의 효능을 검증하는 일은 매우 제한적으로 신중하게 허가되고 있으며, 사람에게 테스트하기 전에 반드시 동물을 사용하여 수많은 테스트를 해야만 한다.

약의 경우에는 새로운 약의 효과를 사람에게 테스트하기 전에 일단 먼저 동물에게 효과를 검증하는 것이 법으로 정해져 있지만, 심리학이나 교육학에서의 '처치'는 이와는 반대다. 동물에게 그 처치를 시험해 보는 일은 거의 없으며, 이상행동이나 부적절한 행동을 하는 동물에 근거해 처치가 개발되는 경우도 거의 찾아볼 수 없다. 대개 '처치들'은 어떠한 종류라 하더라도 타당성 있는 연구에 근거하는 경우가 흔치 않다(Singer & Lalich, 1996; Watters & Ofshe, 1999). 심리학자와 교육학자는 문제행동이 있는 사람을 단지 관찰하는 것만으로 처치를 개발하고, 그들이 관찰한 것과 어떤 식으로든 관련 있어 보이는 무언가를 개발한다. 이러한 풍토는 특히 심리치료 분야에 만연해 있는데, 펜실베이니아 대학교(University of Pennsylvania) 알란 캐즈딘(Alan E. Kazdin, 1994)이 추정한 바에 따르면, 심리치료 분야에는 400개 이상의 상이한 접근법들이 존재한다! 캠브리지 행동연구소의 이사로 재직하고 있는 에드 앤더슨(Ed Anderson)은 이러한 현실에 일침을 가한다. "화학자인 내가 정말 궁금한 것은 화학에는 하나의 화학이 있고 생물학도 하나의 생물학이며 물리학에도 하나의 물리학이 있는데, 어째서 심리학에는 10,000개의 심리학이 존재하느냐는 것이다."(Daniels, 1994, p. xii). 우리의 몸과 관련된 문제에 대해서는 이러한 접근이 비윤리적인 것으로 판단되는 데 반해, 행동 문제라든가 교육 문제의 경우에는 이런 식으로 '치료를 개발'하는 접근이 일반적인 관행이 되고 있다. 이로 인해 '전생여행(past life regression)', '촉진적 의사소통(facilitated communication)', 실험적으로 전혀 타당하지 않은 정신분석학적 '치료(therapy)'(예를 들어, Singer & Lalich, 1996; Watters & Ofshe, 1999; Wolpe, 1981), '총체적 단어' 독서 교수법('whole word' reading instruction), '신 수학 운동(new math)'과 같은 돌팔이 의사 수준의 처치에 수백만 달러가 허비되고 있는 실정이다.

인간의 문제를 해결하기 위해 체계적으로 강화를 사용하는 것은 매우 초보적이고 비효과적이며 부적절하고, 심지어는 비윤리적인 것으로 간주되고 있다. 행동을 연구하는 과학인 '행동분석(behavior analysis)'에서는 실험 연구에 기초하여 쥐라든가 비둘기의 행동을 분석함으로써(experimental analysis of behavior: EAB) 강화 과정에 대한 데이터를 얻는 것이 일반적인데, 심리학이나 경영학 혹은 교육학 분야의 많은 학자들은 이러한 방법의 가치를 폄하하는 경향이 있다. 하지만 참으로 아이러니한 것은 심리학과 교육학에서 가장 효과적이라고 알려져 있는 여러 처치와 프로그램의 원류를 추적해 보면, 결국 그 시작점은 동물을 근간으로 하는 동물 행동에 대한 연구들이었다는 사실이다. 경영학의 경우에도 크게 다르지 않다. 오브리 다니엘(Aubrey C. Daniels)이 개발한 수행경영(performance management)이라는 방법 역시 주된 내용은 정적 강화를 어떻게 효과적으로 적용할 것인가의 문제를 다루고 있는데, 이는 행동분석을 회사 경영에 직접적으로 적용한 것에 다름 아니다. 회사 경영에 강화를 체계적이고 직접적으로 적용했을 때, 생산품의 질과 생산성이 향상되었다는 결과는 무수히 많이 보고되고 있다. 3M, 코닥(Kodak), 러버메이드(Rubbermaid), 허니웰(Honeywell) 같은 회사뿐만 아니라, 미국, 캐나다, 멕시코, 영국, 프랑스, 이탈리아, 브라질의 많은 회사에서도 이러한 사실을 어렵지 않게 확인할 수 있다(Daniels, 1994).

도심지역 학교에서의 쥐 심리학

새디어스 로트(Thaddeus Lott)는 1975년에 텍사스(Texas) 주 휴스턴(Houston)의 가장 빈곤한 우범 지역에 위치한 초등학교의 교장으로 부임했다. 웨슬리(Wesley)라는 이름의 이 초등학교는 전체 학생의 99퍼센트가 소수민족으로 구성되어 있었으며, 3학년의 경우 학년 수준에 맞는 독해 능력을 갖춘 학생이 고작 18퍼센트에 불과했었다. 그러나 1996년이 되었을 때, 3학년 학생 모두가 주정부가 실시하는 학력평가인 텍사스 학력평가(Texas Assessment of Academic Skills)를 통과했다. 1998년에는 1학년의 독해 능력 순위가 휴스턴의 182개 초등학교 중 13위에 이르게 되었으며, 학생들의 점수는 상위 가정환경의 백인들이 다니는 수많은 초등학교의 점수보다 월등히 높았다. 황폐한 도심 '빈민가'에 위치한 여러 초등학교에서도 이 학교에서 사용한 프로그램과 기능적으로 동일한 프로그램을 사용했을 때 비슷한 결과가 나왔는데, 브롱크스(Bronx)의 114 공립학교(Public School 114)가 하나의 좋은 예라 할 수 있다(Lemann, 1998).

로트 교장이 이룬 성과는 정말 놀라운 것이었음에도 불구하고, 박수를 받기는커녕 수많은 심리학자와 교육학자의 비난의 대상이 되었다. 그의 성과가 평가절하 되면서 비난받았던 이유는 그 프로그램이 교사와 학생의 점진적 성취에 강화를 주는 강화 프로그램이었고, 교수방법으로 '직접교수법(direct instruction)'이 사용되었다는 것 때문이었다. 직접교수법이란 학생이 정답을 말하면 강화를 제공하고 오답을 말하면 즉각적으로 이를 교정해 주면서 끊임없이 반복학습을 시키는 교수방법을 의미한다. 비난의 핵심은 로트 교장이 동물행동 연구에서 도출된 학습 원리로 학교를 운영했다는 것이며, 이는 '쥐 심리학'에 근거한 것이라고 비아냥거리는 사람들도 있었다. 실제로 애리조나 대학교(University of Arizona)의 언어, 읽기, 문화 전공 교수인 케니스 굿맨(Kenneth Goodman)은 로트 교장의 방법을 '쥐 심리학'이라 칭하면서, 이 방법은 가난한 소수민족 아이들을 위한 것이며 '중산층 부모는 이 프로그램을 절대 용납하지 않을 것'이라고 주장했다('Despite Test Scores', 1988).

이처럼 근거도 없고 확실하지도 않은 공격과 비난에도 불구하고, 로트 교장의 성공은 계속되었다. 웨슬리 초등학교에서는 엄격하고, 목적이 확실하고, 계획적이며, 연구결과를 근거로 만들어진 행동관리 프로그램에 따라 학생들과 교사들의 행동이 강화를 받았다. 이 프로그램의 핵심은 성적이 지속적으로 향상될 때만 강화가 제공된다는 것이었다. 학습이 발생하지 않으면 가르침이 있었다고 말할 수 없다. 따라서 교수에 효과가 있었는지는 학생의 학업 발전으로 평가되었다. 승진이나 월급 인상 등은 그 교사가 가르친 학생의 학년 초 시험 성적에 비해 학년 말 성적이 얼마나 향상되었는가에 근거해 결정되었다. 즉, 효과적인 교수행동은 월급 인상이나 승진 등으로 강화를 받았던 것이다. 그 결과 효과적인 교수행동은 선택되고 발생빈도가 늘어나는 반면, 비효과적인 교수행동은 더 이상 생존하지 못하거나 서서히 사라져 갔다.

직접교수법의 기저를 이루는 개념은 **조성**(shaping)과 **능숙도**(fluency)다. 조성이란 연속적인 근사치(successive approximations)에 강화를 주는 방법이며, 능숙도란 행동을 쉽고 정확하게 자주 할 수 있는 것을 의미한다. 이러한 두 개념에 내재한 속성이 무엇이며, 이들을 체계적으로 어떻게 사용해야 하는가는 쥐와 비둘기의 행동에 대한 실험 분석을 통해 직접적으로 도출된다.

조성이란 최종의 목적행동에 보다 근접한 행동에 대해서만 강화를 주는 것이며, 강화를 받았던 그 이전 행동에 대해서는 더 이상 강화를 주지 않거나 혹은 소거하는 방법을 의미한다. 쥐가 지렛대를 누르는 행동을 조성하는 과정은, 일단 쥐가 지렛대에 가까이 가는 행동을 보이면 음식으로 강화를 준다. 그런 다음, 지렛대에 가까이 가는 행동에는 더 이상 강화를 주지 않고 지렛대를 누르는 행동에 대해서만 강화를 준다. 지렛대를 누르는 행동은 지렛대를 누르는 행동에 근접할 때만 강화를 받고, 그 바로 전에 강화를 받았던 근접행동에 대해서는 강화를 받지 못하거나 혹은 소거되는 과정을 통해 만들어지는 것이다.

어미 치타는 아기 치타에게 처음에는 모유를 먹이다가 시간이 지나면 고기를 가져다주기 시작한다. 어느 정도 시간이 흐르면 어미 치타는 부상당한 어린 영양을 가져오는데, 이는 새끼 치타에게 영양을 죽이는 방법을 가르치기 위함이다. 시간이 점점 더 흐르면서, 어미 치타는 더 크고 부상당하지 않은 영양을 가져다준다. 그러다가 어느 순간 어미 치타는 자신이 포획한 영양을 새끼들에게 나누어 주지 않는다. 어미 치타는 점진적으로 잡아먹기 어려운 먹이를 가져옴으로써 새끼 치타에게 사냥하는 행동을 조성시키는 것이다.

아이가 워즈(was)라는 단어를 읽을 수 있게 되는 과정 역시 비슷하다. 인쇄된 W라는 글자를 보았을 때, '워어어어(waaa)'라는 소리를 내면 아이는 주위 사람들에게 강화를 받게 된다. 어느 정도 시간이 지나면 '워즈' 라는 단어를 보고 '워어어어……어자' 라는 소리를 내야 강화를 준다. 시간이 점점 더 흐르면서 '워어어어……어자' 라는 소리에는 강화를 주지 않거나 혹은 이를 교정해 주면서 '워……워즈' 라는 소리를 내었을 때만 강화를 준다. 마지막에는, '워즈' 라는 글자를 '워즈' 라고 발음했을 때만 강화를 준다. 목적행동에 점점 더 가까워지는 연속적인 행동의 근사치에 강화를 주는 방법으로 '워즈' 라는 단어를 읽는 법이 학습되는 것이다. 발음을 기초로 읽기를 배우는 것은 조성의 원리에 기반한다. 조성의 원리는 참으로 단순해 보이지만, 엄청난 양의 반복을 통해 복잡한 행동의 학습에도 적용된다. 예를 들어, 덧셈이나 뺄셈과 같은 기초 수학의 학습을 위해서는 약 5만 번 이상의 반복이 필요하다 (Miller, 1997, p. 261).

간단한 수학적 원리의 학습에 수만 번의 반복이 필요하다면, 기초적인 초등학교 학업 내용의 학습에는 수백만 번은 아니라 하더라도 수십만 번의 반복이 필요하다는 것을 어렵지 않게 알 수 있다. 능숙도란 짧은 시간 동안 계속적으로 반복을 하면서 옳은 반응에 대해 강화가 주어지는 과정을 통해 확립된다. 이러한 능숙도는 기능적인 기량을 갖추는 데 필요한 덕목이다(Johnson & Layng, 1992).

우리는 고등학교와 대학에서 수년 동안 외국어를 배운다. 하지만 학습한 언어를 말하지도, 읽지도, 이해하지도 못하는 경우가 상당히 많다. 이들에게는 기능적인 외국어 기량이 없다는 것인데, 이는 그 언어에 대한 능숙도를 소유하지 못했기 때문이다. 이들은 단지 시험을 통과하는 데 필요한 최소 수준만을 학습했을 뿐이다. 그러나 이들 중 외국어에 능숙도를 갖추게 되는 소수의 학생들은 그 언어를 말하고 듣는 것을 즐기는 수준까지 이르게 된다.

마찬가지로 수학에서 능숙도를 갖추게 되면 수학의 위력과 수학의 아름다움, 그리고 수학의 유용성에 대해 공감할 수 있게 된다. 수학자들은 문제의 정답이 '아름답다(beautiful)' 고 말하는 것에 덧붙여, 정답이나 증명이 '유창하다(eloquent)'고 말하기도 한다. 그러나 수학기술에 능숙하지 못한 사람들은 '수학공포증(math phobia)'을 갖게 된다. 잘 읽지 못하면 읽는 것이 즐겁지 않은 법이다. 하지만 능숙하게 읽을 줄 아는 사람은 읽는 것을 재미있어 한다. 혈관우회 수술에 대한 기초적인 기술만을 습득한 심장외과 의사는 틀리지 않게 수술할 수는 있겠지만 수술을 끝내는 데는 아마도 서너 시간이 소요될 것이다. 이와는 대조적으로 수술에 능숙한 의사는 같은 수술을 같은 수준으로 하는 데 불과 두 시간이 채 걸리지 않을 수도 있다. 이 두 명의 의사 모두 올바르게 수술을 마쳤다 하더라도, 능숙한 의사에게 집도받은 환자가 생존할 확률이 훨씬 더 클 것이다. 능숙한 행동은 그것이 자동차 정비원이든 심장외과 의사이든 간에 모두에게 필요한 덕목이다.

행동기술이 능숙하지 못하면, 일은 고달파진다. 최소 노력의 법칙(law of least effort)에 따르면, 노력은 혐오적인 것으로 인식되며(Eisenberger, 1992) 회피되는 경향이 있다. 따라서 학습에 대한 기초기술의 능숙도가 매우 높은 수준에 이르도록 가르치는 것은 상위 수준의 학습기술을 습득할 수 있는 가능성을 증가시킨다. 이와는 반대로, 단지 최소 수준만을 학습하게 되면 이후 학습에서 실패할 확률이 높아지게 된다.

미국 전역의 대학에서 직접교수법은 '죽을 때까지 반복만 하기(drill and kill)'라 불리며 과소평가되고 있다(Cheney, 1999). 굳이 이런 식으로 표현하고 싶다면 '즐겁게 반복하기(drill and thrill)'가 보다 정확한 표현일 것이다. 행동이 자주 강화되고 이로 인해 능숙도가 형성되면, 직접교수법에서의 행동이 그렇듯, 그 행동은 '자기존중감'을 만들게 되고(Cheney, 1999), 학생은 학습하는 것을 즐거워하게 된다.

능숙한 행동이란 매우 높은 강도로 선택되어 온 행동이며, 적절한 환경이 주어지는 상황에서 발생 빈도가 매우 높은 행동을 의미한다. 직접교수법을 통해 능숙도를 확립해 가는 방법은 ['쥐'] 실험실에서 도출된 '자유로운 조작적 반응(free operant responding)'을 기반으로 한다. 자유로운 조작적 반응이란 어떠한 유기체가 특정한 환경에 있는 동안, 그 유기체는 자신의 생리적 상태가 허용하는 한 조작적 행동을 할 것인가 말 것인가를 '자유롭게' 선택하는 것을 의미한다. 학교에서 학업성취의 통과 기준으로 설정하는 '정답률(percent correct)'은 특정 행동이 능숙해지는 데 필요한 최소한의 요건일 뿐이다. 능숙도란 그 행동이 높은 비율로 정확하게 수행될 때 비로소 확립되기 때문이다.

지렛대 위에 불이 켜져 있을 때 지렛대를 누르면 강화를 받고, 불이 꺼져 있을 때 누르면 강화를 받지 못하는 상황을 생각해 보자. 초기에는 불이 켜져 있을 때 지렛대를 누르는 행동과 불이 꺼져 있을 때 누르는 행동의 빈도는 거의 같을 것이다. 그러다가 불이 들어와 있는 상황에서는 7번을 누르고 불이 들어오지 않은 상황에서 3번을 누르게 되었을 때 훈련을 끝내면(이는 결국 70퍼센트의 정확성을 의미하는데, 대부분의 교육현장에서 진급을 위해 요구하는 일반적인 목표치가 70퍼센트의 성취다), 그다음 훈련 때도 70퍼센트 이상의 정확성을 보이지는 못할 것이다. 더욱이 이러한 변별학습을 기반으로 하는(즉, 불이 들어올 때 누르고, 불이 들어오지 않으면 누르지 않는) 그다음 단계의 새로운 행동에 대한 훈련은 거의 불가능하게 되는데, 왜냐하면 70퍼센트 정도의 습득을 기반으로 해서는 결코 능숙도가 만들어지지 않기 때문이다.

역으로, 불이 켜져 있을 때 지렛대를 누르는 행동의 비율이 아주 높아지고, 예를 들면 1분에 100번 정도 누르고, 불이 꺼져 있을 때는 아주 낮은 빈도로 혹은 아예 누르지 않게 되었을 때 훈련을 끝낸 후, 다시 훈련을 시행하면 올바른 행동의 빈도는 매우 높아지게 될 것이다. 또한 이러한 행동이 기반이 되는 그다음 단계의 학습 목표 역시 그리 어렵지 않게 달성될 수 있게 된다. 매우 높은 비율에 강화를 주는 자유로운 조작 반응이 능숙도를 만드는 것이다.

아이들에게 수학의 기초인 덧셈과 뺄셈을 가르친 후에 새로운 기술을 가르치는 경우 역시 마찬가지다. 아이들이 아직 능숙해지지 않았는데도 70퍼센트의 정답률을 넘어섰다고 해서(어쩌면 아이들은 여전히 자신의 손가락을 이용해서 덧셈과 뺄셈을 하고 있을 수도 있고, 한 문제를 푸는 데 1분이 넘게 걸리는 수준일 수도 있다), 곱셈이나 나눗셈 혹은 문장제 문제와 같은 새로운 기술을 가르치게 되면, 물론 아이들이 전혀 못 따라가진 않겠지만 그들은 새로운 기술을 배우는 데 큰 어려움을 겪게 될 것이다. 하지만 아이가 단순한 덧셈과 뺄셈에 아주 능숙하게 되었을 때만, 예를 들어 플래시 카드를 사용해 학습을 할 경우, 한 문제를 틀렸을 때마다 10장의 플래시 카드를 다시 보여 주는데 이때 플래시 카드 1장당 1초의 속도로 보여 주면서 10번 모두 옳은 답을 한 후에 다음 진도를 나가게 되면, 곱셈과 나눗셈, 그리고 문장제 문제 학습은 매우 쉽게 이루어질 것이다.

교육연구자이자 개혁가인 켄트 존슨(Kent R. Johnson)과 조 레잉(T. V. Joe Layng)에 따르면, 학습에 능숙도를 요구하는 것은 '스키너(1938)가 발견한 종속변인으로서 반응비율이 중요하다는 사실'의 직접적 산물이다(Johnson & Layng, 1992, p. 1476). 스키너가 1938년에 집필한 고전, 『유기체의 행동(The Behavior of Organisms)』은 쥐를 이용한 실험결과에 기초하고 있다. 어쩌면 "인간에게 강화를 사용하는 것은 '쥐 심리학'이다."라는 주장은 신화가 아닐지도 모른다. 강화의 모든 일반원리(예를 들어, 강화의 지연시간, 양, 횟수에 대한 방법, 동시에 발생할 수 있는 대안적 반응들, 그리고 행동의 발생비율에 대한 강화효과의 원천 등)는 거의 예외 없이 강화가 발생하는 다양한 조건 아래에서 쥐와 비둘기의 행동을 연구하여 체계적으로 확립되어 왔다.

과학에 기반을 둔 모든 원리는 그 원리를 인간에게 적용하기 전에 일단 상황이 통제되고 단순화된 실험실 연구를 통해 그 원리를 발달시킨다. 약을 만들 때 어떠한 원리를 적용하고자 한다면, 그 원리가 적용되기 전에 일단 서로 분리된 각종 변인들이 시험관에서 일으키는 화학적 반응에 대한 일반적 원리가 확립되어야 한다. 컴퓨터 역시 컴퓨터가 만들어지기 전에 전력이라든가 트랜지스터 혹은 저항계와 같은 모든 부품이 일단은 통제되고 단순화된 실험실에서 연구된 후에야 이들이 체계적으로 적용될 수 있다. 그런데 유독 인간 행동을 분석하기 위해 일단 통제되고 단순화된 실험실 상황에서 일반적 원리를 발달시키면, 이러한 일반 원리의 인간 행동에 대한 적용 가능성은 폄하되고 만다. 이러한 절차는 폄하되고, 이를 발달시킨 연구자들은 무시당한다. 사람들은 이렇게 말한다. "사람은 쥐가 아니다. 쥐의 행동을 연구하는 것으로 인간을 도울 수 없다."

하지만 이러한 비판은 통찰(insightful)이 아닌 선동(inciting)일 뿐이다. 이러한 비판이 타당성을 확보하기 위해서는 일단 그것이 정확해야만 한다. 만약 '쥐 심리학'이라는 말이 강화의 일반 원리를 행동분석 프로그램에 체계적으로 적용하는 것을 의미하는 것이라면, 자녀의 행동에 문제가 있는 경우, 중산층 부모들은 '쥐 심리학'의 원리를 점점 더 많이 사용하거나 아니면 '쥐 심리학'을 기반으로 개발된 프로그램으로 달려갈 것이다. 자료에 따르면, 다행스럽게도 중산층 부모들은 최선의 선택을 하고 있는 것으로 나타났다. 더욱이 빈곤층의 소수민족 아이들에게 학교에서 성공할 수 있다는 최고의 희망을 제공하는 것도 바로 이러한 프로그램들이다.

가정에서의 쥐 심리학

상류층과 중산층의 부모들은 자녀의 행동을 바로잡는 데 회초리 대신 '타임아웃(timeout)' 기법을 주로 사용한다. 이는 바람직한 일임에 틀림없다. 20년이 넘게 수행된 머레이 스트라우스(Murray A. Straus)의 연구결과는 체벌을 받은 횟수와 사회적·심리적·행동적 문제 간에 아동기뿐만 아니라 성인기에 걸쳐 직접적인 상관이 있다는 사실을 지속적으로 보여 주고 있다(예를 들어, Straus, 1994). 인생 전체를 본다면, 체벌은 도움이 되기보다는 많은 문제들의 원인으로 작용한다. 체벌을 하는 이유는 대개 아이들에게 도움이 되기 때문이 아니라 부모들에게 부적 강화로 기능하기 때문이다.

체벌 대신 타임아웃을 쓰는 부모들은 '타임아웃'의 원래 이름이 '정적 강화로부터의 타임아웃(timeout from positive reinforcement)'이며, 플로리다 대학교(University of Florida)의 연구자인 신시아 피트라스(Cynthia J. Pietras)와 티모시 하켄버그

(Timothy D. Hackenberg)가 강조하고 있듯이, 타임아웃의 일반 원리는 동물(쥐와 비둘기) 실험실에서 직접적으로 도출되었다는 사실을 알아야만 한다.

> 정적 강화로부터 타임아웃시키는 기법은 교육현장 및 치료 상황에서 가장 흔하게 사용되는 절차 중 하나다. 많은 행동적 절차들과 마찬가지로, 정적 강화로부터의 타임아웃 기법은 기초 실험실에서 유래되었다. …… 적용이 이루어지는 상황에서…… 이 기법은 원하지 않는 행동을 금지시키는 데 사용되고 있다(Pietras & Hackenberg, 2000, p. 147).

원치 않는 행동을 금지하기 위하여 체벌 대신 타임아웃을 사용할 때마다 부모들은 자신의 자녀들에게 '쥐 심리학'을 사용하고 있는 것이다!

예를 들어, 실험실에서 지렛대를 누르는 순서를 가르치기 위해 정적 강화로부터의 타임아웃 기법이 사용될 수 있다. 훈련을 할 때, 쥐가 정해진 순서와 다르게 지렛대를 누르면 곧바로 몇 초 동안 우리 안의 불이 꺼지고 지렛대를 눌러도 아무런 강화를 주지 않는다. 즉, 순서에 따르지 않고 지렛대를 누르는 행동으로 인해 잠시 동안은 어떠한 행동을 해도 강화를 받지 못하는 '정적 강화로부터의 타임아웃'이 발생하는 것이다. 원하지 않는 지렛대를 눌러서 정적 강화로부터 타임아웃이 되는 것은 반응을 억제하기 위해 사용되는 전기충격 만큼이나, 아니 어쩌면 그보다 훨씬 더 큰 효과가 있을 수 있다. 쥐는 전기충격을 받아야 할까 아니면 정적 강화로부터 타임아웃되어야 할까? 아이는 '잘못된 행동'에 대해 엉덩이를 맞아야 할까 아니면 타임아웃되어야 할까? 아주 심각하고 위험하며 빈도 높게 발생하는 아이의 과도한 행동을 바로잡는 데 모든 방법이 실패한 바로 그 시점에서 그런 행동을 감소시키거나 혹은 완전히 제거시켜 온 것이 바로 '쥐 심리학'에서 도출된 정적 강화로부터의 타임아웃이다.

타임아웃에 관한 고전적 연구의 예로 버몬트 대학교(University of Vermont)에서 수행된 연구를 살펴보자. 연구자들(Knight & McKenzie, 1974)은 유아 때부터 엄지 손가락을 빠는 습관이 있는 6세에서 8세 아이들의 이러한 습관을 없애기 위해 아이의 부모에게 정적 강화로부터의 타임아웃 기법을 훈련시켰다. 우선, 부모들은 매일 밤 아이가 좋아하는 동화책을 읽어 주었다. 당연히 아이는 자기의 엄지손가락을 빨고 있었다. 그 후 타임아웃 절차가 시작되었을 때, 아이가 자기의 엄지손가락을 입술에 대거나 혹은 입에 넣으면 부모는 그저 동화 책 읽기를 멈추었다. 그러다가 아이가 엄지손가락 빨기를 멈추면 다시 책을 읽어 주었다. 즉, 아이의 손가락을 빠는 행동이 '정적 강화(동화책 읽기)로부터의 타임아웃'을 가져온 것이다. 이 훈련에 참여한 모든 아이는 더 이상 엄지 손가락을 빨지 않게 되었다. 쥐 심리학에 대하여 만세 삼창이라도 해야 하지 않겠는가!

사립학교와 대학에서의 쥐 심리학

학업 성적이 좋지 않은 대학 1학년 학생들에게 조작적 조건화의 기초 원리, 다시 말하면 '쥐 심리학'을 적용한 결과, 그들의 학업 성적이 매우 빠른 속도로 향상되었다는 연구가 있다. 시카고에 위치한 말콤 X 대학(Malcolm X College) 학생들의 독해 능력 수준이 1991년에는 전교생 중 40퍼센트가 8학년 수준 이하였으며, 6학년 수준보다도 낮은 학생들이 30퍼센트나 되었다. 이들 중 대다수는 스페인계이거나 흑인들이었는데, 어떠한 교정 프로그램도 효과가 없었으며, 오히려 졸업률은 점점 더 낮아지고 있었다. 1991년 여름방학, 이 대학생들에게 스키너의 '쥐 심리학'에서 도출된, 주로 능숙도와 일반적 원리에 기초한 시범 프로그램이 시행되었고, 학생들은 불과 20시간 정도의 수업을 통해 단어 읽기 능력과 이해도에 있어 1.1학년 수준의 향상을 보였다. 수학연산, 문제해결력, 개념학습 등에 있어서는 1.9학년 수준 에서 6.0학년 수준 범위의 향상이 있었다. 숙제도 없었다. 이러한 믿을 수 없는 결과에 고무되어, 말콤 X 대학은 프리컬리지 캠프(Precollege Institute)라는 이름의 정식 프로그램을 개발하게 되었다(Johnson & Layng, 1992).

학습장애 혹은 '주의력 결핍'을 가진 학생들에게 말콤 X 프로그램은 워싱턴 주의 시애틀에 위치한 모닝사이드 아카데미(Morningside Academy)에서 나타나는 향상 이상의 효과가 있었다. 사실 말콤 X 프로그램은 모닝사이드 아카데미에서 실시하는 모델(이 프로그램은 조작적, 즉 '쥐' 심리학을 기초로 구성되었다)을 기초로 만들어진 것이다. 모닝사이드 아카데미는 중산층 아이들뿐만 아니라, 전과가 있으며 가정이 없는 아이들까지 놀라울 정도로 성적을 향상시키는 곳이다. 모닝사이드 아카데미에서는 두 가지의 환불보증제를 실시하고 있는데, 하나는 학생들을 1년에 최소한 두 학년 수준의 월반이 가능하도록 한다는 것이고, 다른 하나는 1~3분 정도밖에 과제에 집중하지 못하는 주의력 결핍으로 진단받은 학생들의 과제 집중 시간을 20분 이상으로 증가시키겠다는 것이다. 지금까지 환불을 요구한 부모는 아무도 없었다(Daniels, 1994; Johnson & Layng, 1992).

개인을 주의력 결핍이라고 낙인찍는 것은[혹은 '강박장애(obsessive compulsive disorder)'라는 낙인처럼 어떠한 종류의 낙인이라 하더라도] 특정 프로그램을 쥐 심리학이라고 낙인찍는 것보다 훨씬 더 좋지 않은 일이다. 행동결함이나 과잉행동을 극복하는 가장 타당한 방법은 개인의 행동과 환경 간의 상호작용을 분석하고 이를 기초로 적절한 조작적 반응에 대한 강화 같은 행동의 일반 원리를 체계적으로 적용하는 중재방법을 시행하는 것이다.

사회적으로 혜택을 받지 못하는 학생들의 교육에 있어 강화 원리를 체계적으로 적용하는 것이 저소득층의 소수민족 아이들을 주류인 백인 중산층 수준으로 향상시킬 수 있는 가장 효과적이며, 가장 만족스럽고, 가장 수긍할 수 있는 방법이다. 휴스턴에서 로트 교장이 성공한 것처럼 미니애폴리스(Minneapolis)의 하비스트 병설유치원(Harvest Preparatory Elementary School)에서도 가난한 가정의 아이들에게 직접교수법을 시행했으며, 그 결과 유치원 아이들의 읽기 점수는 평균 정도 수준에서 상위 11퍼센트 수준으로 향상되었다(Cheney, 1999).

지적 엘리트라 자처하는 많은 사람들은 강화를 거부하고 인간 성취에 대한 낭만주의적 이상을 고집하고 있지만, 사실 그 지적 엘리트들의 자녀는 매우 풍성하고 빈도 높은 강화를 받고 있다. 그들의 자녀가 학문적 · 예술적 · 지적 행동을 하는 것은 풍성하고 빈도 높은 강화가 그런 행동을 선택했기 때문이다. 공부하는 행동에 대해 적절한 강화물을 받기 어려운 환경의 사회적 약자인 아이들이 학문적 · 예술적 · 지적 행동을 할 수 있도록 도와주는 것이 바로 직접교수법과 같은 체계적인 강화 프로그램이다. 한 개인이 무언가를 성취하는 것은 그 성취에 대응하는 인간 내부에 존재하는 신비한 무엇 때문이 아니라, 특별한 조작에 대한 인간의 강화 내력 때문인 것이다.

읽기에 있어서의 쥐 심리학

어닝 바이 러닝(Earning by Learning)은 학업 수행이 위험 수준에 이른 아이들을 위한 강화 프로그램의 한 예다. 이 프로그램에서는 책 한 권을 읽을 때마다 2달러를 줌으로써 읽기 행동을 강화한다. 강화 절차는 유연성 있게 운영되는데, 반드시 책 한 권이 아니라 책의 일정 부분을 읽었을 때 강화가 제공되기도 하고, 책을 읽고 독후감을 제출했을 때 강화를 받을 수도 있다. 강화를 격렬하게 비판하는 책인 『보상은 벌이다(Punished by Rewards)』의 저자인 알피 콘(Alfie Kohn)은 "아이들에게 읽기의 가치를 알게 하는 데 있어, 이보다 더 비효과적인 것을 찾기도 어려울 것이다."(Kelly, 1995)라고 주장했다. 하지만 연구결과는 학업에서 위험 수준인 아이들에게 읽기 행동에 대해 돈을 지급하는 것이 읽기의 가치를 제대로 가르치고 있다는 사실을 분명하게 보여 준다. 웨스트조지아 대학(West Georgia College)의 교수팀이 수행한 연구는 어닝 바이 러닝 강화 프로그램이 학업에서의 읽기와 취미생활에서의 읽기 모두에 긍정적인 태도를 증가시킨다는 결과를 보고하고 있다(McNinch et al., 1995). 학문적으로 위험 수준에 놓인 수만 명의 아이들은 읽기 능력과 기술의 발전이라는 혜택을 받고 있으며, 읽기가 가치 있다는 사실을 배우고 있다.

어닝 바이 러닝 프로그램은 일반적으로 저소득층의 아이들에게 제공된다. 대개 바로 대학에 진학하는 중산층 아이들의 경우, 이들의 부모는 자녀들에게 책 읽기 행동에 대해 이미 자연스럽게 돈을 지급하고 있다(Flora & Flora, 1999; Flora & Popanak, 2001). 중산층의 아이들은 이미 피자 헛(Pizza Hut)에서 운영하는 북 잇!(Book It!)과 같은 다양한 사설 프로그램에 활발히 참여하고 있다. 1995~1996년 학년기에 미국과 캐나다 그리고 오스트레일리아에서는 약 22만 명 이상의 아이들이 북 잇! 프로그램에 참여하였으며, 이 프로그램의 수는 점점 더 확대되고 있는 실정이다. 아이들은 교사가 제시한 읽기 목표를 완수하면 공짜 피자 증서를 받게 된다. 북 잇!은 매우 단순한 강화프로그램이다(Flora & Flora, 1999). 로드아일랜드 대학교(University of Rhode Island)의 인간과학 연구소(Institute of Human Science and Services)에서 발간한 북 잇! 프로그램에 대한 보고서는 "이 프로그램의 기본 원리는 개인의 성취에 보상을 주기 위해 즉각적인 정적 강화를 제공하는 것이다. …… 그리고 이 프로그램은 능력이 아니라 노력에 대해 보상을 주는 것이기 때문에 부모와 학생 모두에게 매력적이다."(Institute, 1986, p. 17, 강조는 원문에 있는 것임)라고 결론 지었다. 더욱이 교사들의 보고서에 따르면, 북 잇! 프로그램은 다양한 측면에 효과가 있는데, 특히 읽기에 대한 긍정적인 태도가 증가하였으며(61퍼센트), 읽기 수준이 향상되었고(69퍼센트), 읽기를 즐거워하게(80퍼센트) 되었다. 아이들이 이 프로그램에 오래 참여하면 할수록, 아이들의 읽기 수준과 읽기에 대한 즐거움은 더욱 향상되었다. 해마다 22만 명이 넘는 아이들이 '쥐 심리학'으로부터 혜택을 보고 있는 것이다.

중산층의 경우, 아이들이 학업에서 심각한 어려움을 보이면, 이들의 부모들은 대개 이를 극복시키기 위해 무엇이든 이용하고 무엇이든 해 본다. 자녀의 성적을 개선시키기 위해 중산층 부모들은 아낌없이 돈을 쓰는데, 예를 들면 시간당 35달러에서 65달러를 주고 실번 러닝센터(Sylvan Learning Center) 같은 사설 '학원'에 보내고 있으며, 그 비용 또한 점점 증가 추세에 있다. 실번 러닝센터는 미국과 세계 170여 개 나라에 그 지부를 두고 있다. 이제는 공교육에서도 실번 러닝센터의 프로그램을 공식적으로 채택하고 있는 추세다(Hancock, 1994). 실번 프로그램은 각각의 아이들에게 맞춤 교육과정을 제공한다고 주장하지만, 사실 실번 러닝센터가 성공할 수 있었던 원동력은 토큰강화 프로그램, 즉 **토큰경제**(token economy)에 다름 아니다. 실번 러닝센터에서는 올바른 답에는 자주 그리고 즉각적으로 강화를 주고 틀린 답은 즉각적으로 교정을 해 주는, 즉 직접교수법과 정확히 일치하는 방법을 사용하고 있다. 앞서 살펴보았던 모닝사이드 아카데미와 마찬가지로, 실번 러닝센터에서도 아이들이 최대 36시간의 교육시간을 이수하면 한 등급의 성적 향상을 보증하고 있다. 사실, 실번 러닝센터에서 사용하는 대부분의 방법은 부모가 약간의 시간을 투자할 수 있고, 강화에 대한 최소한의 지식이 있다면 누구라도 할 수 있는 방법인 것이다.

토큰경제

영국의 엑세터 대학교(University of Exeter)의 리(S. E. G. Lea)가 설명하고 있는 바와 같이, 실번 러닝센터를 포함하여 전 세계의 다양한 조직에서 사용되고 있는 토큰경제의 뿌리는 쥐 실험실에서 확립된 강화의 일반 원리다.

'조작심리학(operant psychology)'이라는 분야가 단지 스키너 상자에서 쥐와 비둘기를 이용해 기초 연구를 수행하는 학자들만의 것은 아니다. 교육심리학이라든가 임상심리학 분야에서 행동을 수정하는 데 관심이 있는 학자들 역시 조작심리학의 원리를 효과적으로 적용하고자 노력한다. …… 테오도로 아이욘(Teodoro Ayllon)과 나탄 아즈린(Nathan Azrin, 1968)은 야심차고 독창적인 임상연구 프로젝트를 통해 중증의 정신분

열증 환자들이 모여 있는 병원에서 강화의 원리를 적용할 수 있는 방법을 찾고자 하였다. …… 아이욘과 아즈린은…… 환자들이 기대되는 행동을 할 때 보상으로 '토큰'을 지급했고, 이 토큰은 미리 정해져 있는 '백업강화물' 중 어떠한 것과도 교환될 수 있게 하였다. 아이욘과 아즈린이 사용한 토큰시스템이 바로 동물을 이용해 정밀하게 연구되어 온 쥐와 원숭이에게 그 효과가 검증된, 잘 정립된 조건화의 강화원리였던 것이다. …… 토큰경제는 엄청난 성공을 거두었고, 곧바로 널리 퍼져 나갔다(Lea, 1987, p. 97).

토큰경제에 있어 일반화된 강화물인 토큰은 지정된 행동을 했을 때만 제공된다. 토큰은 그 자체로는 아무런 가치가 없다. 토큰을 효과적인 강화물로 만드는 것은 바로 그 토큰으로 교환할 수 있는 백업강화물이다. 백업강화물은 개인이 가치 있게 생각하는 것이라면 어느 것이라도 될 수 있다. 개인에 따라 음식이 될 수도 있고, 컴퓨터 게임을 할 수 있는 시간이 될 수도 있다(토큰경제에 대해서는 Martin & Pear, 1999 참조). 리가 밝히고 있듯이, 토큰의 체계적인 사용은 조건화된 강화라는 개념에서 도출된 것이다. 지렛대를 누르는 행동이 먹이로 강화를 받게 되는 상황에서 음식이 주어지기 바로 직전에 어떠한 소리를 들려주면, 그 소리는 쥐가 지렛대를 누르는 행동을 하게 만드는 강력한 조건화된 강화물이 되어 갈 것이다. 부부의 경우, 부인이 남편과 섹스를 하기 전에 항상 비발디(Vivaldi)의 음악을 튼다면, 비발디의 음악은 강력한 조건화된 강화물이 되어 갈 것이며, 남편은 조건화된 그 강화물을 얻기 위해 어떠한 다른 행동을 하게 될 것이다(CD를 구매한다거나 라디오 프로그램에 비발디의 음악을 신청한다거나 하는). 여러 가지 백업강화물과 관련된 조건화된 강화물의 한 예가 토큰이다. 토큰이 가치 있는 여러 백업강화물과 연관되어 있을 때, 토큰은 매우 강력한 동기자(motivator)가 된다. "토큰강화 프로그램은 학업 관련 수행을 높이고 부적절한 행동을 감소시키는 데 있어 그 가치가 지속적으로 증명되어 왔으며, 또

한 대단위 비교평가 결과 도심지역에 매우 효과적이라고 증명되고 있다."(O'
Leary, 1991, p. 5) 교사들은 시험 성적을 향상시키고 복도에서의 행동 등을 다루
는 데 있어 토큰경제를 사용하고 있다(예를 들어, Karraker, 1971). 본 저자의 대학원
수업을 수강하는 교사들에게 물어본 결과, 그들 중 3분의 1 이상이 자신들의
수업에서 토큰경제를 사용하고 있었다. 더욱이 그들이 토큰경제에 대해 명확
하게 알게 되었을 때 자신의 수업에서 토큰경제를 쓰는 비율은 늘어났으며,
그 결과가 좋았음을 보고했다(Kestner & Flora, 1998).

　　실번 러닝센터에서는 적절한 학업 관련 행동들에 대해 토큰으로 강화를 준
다(실제로는 '실번 러닝센터'라고 찍힌 포커 칩을 주지만 이는 토큰과 동일한 것이다). 아이들은 그
토큰으로 '실번 스토어'에서 CD, 영화 티켓, 공, 게임과 같은 그들이 가치 있
게 생각하는 물건들과 교환할 수 있다. 실번 러닝센터를 성공하게 만든 것은
바로 기본적인 강화원리(즉, '쥐 심리학')의 적용이었다. 그리고 이러한 성공으로
인해 중산층 부모들은 이 센터의 문을 두드리고 있는 것이다.

⋮ "강화를 사용해 보았다. 하지만 수업에 효과가 없었다."

　　　　　　　　　　　대부분의 자연현상이 그렇듯이, 강화의 원리를
체계적으로 적용하려 할 때 그에 대한 지식이 부족하면 매우 위험한 결과를
초래할 수 있다. 때때로 교사는 학생의 학업 관련 행동을 증가시키기 위해 금
별 스티커를 주거나 학생의 이름을 부른 뒤 미소를 보이는 방식으로 '보상'
을 준다. 학생의 행동이 변하지 않거나 변한다 하더라도 일시적인 변화일 뿐
이라면, 교사는 곧 학생이 금별 스티커나 미소에 전혀 신경을 쓰지 않는다는
것을 알게 된다. 교사가 증가시키고자 했던 행동이 증가하지 않았기 때문에
교사는 '강화는 효과가 없다.'고 결론 내린다. 교사만 그렇게 생각하는 것이
아니다. 곧 보게 되겠지만, 다수의 심리학자와 교육학자 또한 '강화는 효과가

없다.'고 믿고 있다. 그러나 이는 '자연선택은 일어나지 않는다.'고 말하는 것과 같다.

이 예에서 교사는 토큰, 즉 조건화된 강화물을 전달하는 시스템을 사용했으나, 그 토큰(제공된 금별 스티커)을 가치 있는 백업강화물과 연결하는 데 실패한 것이다. 이로 인해, 그 토큰은 강화를 가져오지 못하고 토큰에 수반하는 행동의 비율을 증가시키지 못한 것이다. 만약 금별 스티커나 얼굴 표정이 백업강화물과 연결되었거나 그런 강화물과 교환되고 있었다면, 분명히 강화가 작동하고 있었다는 것을 알 수 있었을 것이다. 교사의 결론은 다음과 같이 진술되어야 한다. '학업 수행을 잘했을 때, 이에 대한 보상으로 금별 스티커를 주었다. 그러나 금별 스티커를 백업강화물과 연결하지 않았기 때문에 그 금별 스티커는 학생에게 아무런 가치가 없는 것이 되어 버렸다. 이 때문에 제공된 금별 스티커는 아이의 학업 관련 행동을 변화시키는 데 별 효과가 없었다. 만약 내가 금별 스티커를 백업강화물과 연결시켜, 예를 들면 금별 스티커 한 개당 5분의 쉬는 시간을 주는 것과 같이 금별 스티커를 가치 있는 것으로 만들었다면, 학업 행동은 향상되었을 것이다.'

강화 vs. 보상

대부분의 사람은 **보상**(reward)과 **강화물**(reinforcer)이라는 단어를 호환하여 사용한다. 많은 경우 보상이 강화물의 기능을 하는 것은 사실이다. 하지만 강화와 강화물이라는 단어는 보상이라는 용어에는 명확하게 들어 있지 않은 기능적 의미를 가지고 있다. 보상이란 특별한 행동에 주어지는 무언가를 의미한다. 하지만 보상이 행동의 결과일 필요는 없으며, 대개 반복적으로 주어지지 않는다. 그리고 가장 중요한 것은 보상에는 그것을 받게 한 행동의 비율을 증가시킨다는 명시적 의미가 포함되지 않는다는 것이다. 이와는 대조적으로, 강화물이란 분명하게 행동의 결과에 수반하는 것이며, 일반적으로 반복해서 주어지고, 그 이전 행동의 비율을 증가시키는 것이라고 정의된다(강화와 관련된 기초 용어들의 정의와 설명은 부록 2를 참조하라). 어떠한 행동에 '보상이 주어'졌지만, 그 행동의 비율이 증가되지 않았다면 그 행동은 강화되지 않은 것이며, 강화는 발생하지 않은 것이다. 어떠한 행동에 대해 금별 스티커를 주는 보상이 그 행동을 반드시 강화하는 (즉, 그 행동을 선택하고 그 행동의 비율을 증가시키는) 것은 아니라는 의미다.

만일 아이가 금별 스티커를 엄마에게 보여 줄 때마다 엄마가 아이를 안아 주고 뽀뽀를 해 준다면, 금별 스티커는 조건화된 강화물이 될 수도 있다. 아이가 좋은 점수를 받아왔을 때 뽀뽀를 해 주거나 안아 주거나 칭찬을 하는 것은 좋은 점수가 조건화된 강화물이 되어 가는 하나의 방법이다. 만약 점수가 칭찬이나 애정 같은 강화물과 연결되지 않는다면, 점수는 학업 수행에 있어서의 조건화된 강화물이 되지 않는다. 점수에 대해 애정이나 칭찬 혹은 기타 어떠한 방식의 강화물이라도 받지 못하는 아이는 자신이 어떤 점수를 받아야 하는지에 대해 더 이상 아무런 신경도 쓰지 않게 된다.

자연선택이나 중력이 자연현상인 것과 마찬가지로, 강화 역시 자연현상이다. '강화는 작동하지 않는다.'고 주장하는 것은 논리상 '자연선택은 작동하지 않는다.' 혹은 '중력은 작동하지 않는다.'는 주장과 같은 것이다. 비행기가 대서양 위를 날고 사람의 몸이 달에서는 가벼워진다는 것이 '중력이 작동하지 않는다.'는 의미는 아니다. 만약 비행기가 하늘을 날고 사람의 몸이 달에서 가벼워지는 이유를 이해하지 못한다면, 이는 우리가 그 현상에 작용하는 적절한 변인들을 고려하지 않았거나(예를 들어, 제트 엔진의 추진력과 비행기에 작동하는 날개의 모양에 의해 형성된 상이한 기압이 날 수 있게 한다는 사실), 혹은 여러 적절한 변인들을 아직 이해하지 못했거나 모르고 있기 때문일 수 있다(어쩌면 달의 적은 질량 때문에 중력을 만드는 힘이 약해지고, 달에서는 물체가 가벼워진다는 사실을 이해하지 못하거나 혹은 이를 모르고 있을 수도 있다). 이와 마찬가지로, 어쩌면 교사가 토큰이나 혹은 조건화된 강화물이 강화를 가져오기 위해서는 그 토큰이 반드시 아이가 가치가 있다고 생각하는 백업강화물과 교환될 수 있어야만 한다는 사실을 모르고 있기 때문에 그 교사의 '강화 프로그램'은 실패하고 있을 수도 있다. 토큰은 강화를 주는 강화물과 교환 가능해야만 한다(예를 들면, 한 개의 금별 스티커가 10분간의 자유 시간, 컴퓨터 사용, 간식 등과 교환될 수 있어야만 한다).

행동경제학

세계의 경제는 사실상 토큰 강화 프로그램 혹은 토큰경제에 다름 아니다. 물물교환제도가 토큰 혹은 화폐로 대체된 것에 불과한 것이다. 강화의 용어를 빌리자면, 인플레이션(inflation)이란 같은 수의 토큰이 이전보다 적은 양의 백업강화물로 교환된다, 혹은 이전과 동일한 양의 백업강화물을 갖기 위해 보다 많은 수의 토큰이 필요하다는 의미로 해석될 수 있다. 1980년대에는 2개의 토큰($2)이 맥주 두 병과 교환되었다. 하지만 2,000년에는 맥주 한 병에 4개의 토큰이 필요해졌다.

디플레이션(deflation)은 같은 수의 토큰이 이전보다 많은 양의 백업강화물로 교환된다, 혹은 이전과 동일한 양의 백업강화물로 교환하기 위해 보다 적은 수의 토큰이 필요하다는 것을 의미한다. 요즘 기준으로 보면 아주 보잘 것 없는 사실상 거의 쓸모없는 그런 개인 컴퓨터를 얻기 위해 1980년대에는 2,000개의 토큰($2,000)이 필요했다. 그러나 21세기에 들어서면서 그때보다 1,000배나 성능이 뛰어난 컴퓨터와 교환하는 데 1,000개의 토큰이면 충분하다.

어떤 행동으로 이전과 동일한 양의 토큰을 받는다 하더라도, 그 토큰의 교환가치가 떨어지게 되는 인플레이션 상황에서는 돈의 강화 가치가 감소한다(즉, '나는 한 시간에 5달러를 받고는 더 이상 일하지 않을 거야.'). 하지만 어떠한 행동으로 이전과 같은 양의 토큰을 받는다 하더라도, 그 토큰의 교환가치가 높아지는 디플레이션 상황에서는 돈의 강화 가치가 증가한다(즉, '12시간을 일해야 1달러를 벌 수 있지만, 요즘 같은 불경기에 그 1달러도 고마울 뿐이지.'). 국가의 통화 체계가 완전히 붕괴되는 경우, 그 나라의 통화는 더 이상 백업강화물과 교환되지 않기 때문에 아무런 쓸모가 없어진다. 사람들은 더 이상 그 나라의 토큰을 얻기 위해 일하지 않을 것이다. 붕괴된 통화 체계에서의 토큰은 더 이상 일반화된 강화물로 기능하지 못한다. 마찬가지로, 교사가 제공하는 금별 스티커가 백업강화물과 교환되지 않으면, 학생은 더 이상 금별 스티커를 받기 위해 노력하지 않을 것이다.

물론 세계 경제가 '쥐 심리학'에 다름 아니라는 주장은 터무니없어 보일 수도 있다. 하지만 경제행동과 조작적 행동은 매우 유사하다. 경제 쪽에서 보자면, 고용자는 급료(강화물)를 받기 위해 일한다(행동한다). 조작적 심리학의 측면에서 보면, 유기체는 강화물(물품이나 돈)을 얻기 위해 행동한다(일한다). 스키너(1953)가 처음 강조했듯이, 고정비율 강화계획(fixed ration schedules of reinforcement) 아래에서 동물반응이 보여 주는 특정조건에서의 반응패턴은 능률급(a piece-rate wage)으로 보수를 받는 근로자가 보여 주는 특정조건에서의 반응패턴과 정확하게 일치한다.

예를 들어, 쥐가 지렛대를 누르는 행동이 고정비율 강화계획에 따라 강화를 받게 되면, 쥐는 일단 강화물이 제공되면 잠깐 쉬고 또다시 다음 강화물이 제공될 때까지 지속적으로 반응을 하는 패턴을 보인다. 이와 유사하게, 양말 25개를 포장할 때마다 1달러씩 주는 상황에서의 근로자는 전형적으로 25개의 양말을 포장한 이후에 잠깐 휴식을 취하고 곧바로 빠른 속도로 포장을 한다. 공장에서의 근로자와 실험실에서의 쥐의 행동패턴이 정확하게 일치하는 이유는 강화를 받는 특정조건이 정확하게 일치하기 때문이다. 행동경제학에서는 기본적으로 반응과 강화에 있어서의 다양한 강화계획, 즉 강화를 받는 특정조건과 제약조건 등을 경제적 현상이나 가설 및 문제 상황과 연결시켜 실험모델을 설정한다. 특정한 제약조건 아래에서 발견되는 동물의 행동은 정확한 경제이론을 만드는 데 중요한 정보가 되고, 결국 경제문제에 대한 다양한 해결방안이 만들어지는 것이다.

워싱턴(Washington, D. C.)에 소재한 월터리드 미국 육군 연구소(Walter Reed Army Institute of Research)의 스티븐 허쉬(Steven R. Hursh)와 리처드 바우만(Richard A. Bauman)은 "행동분석에 기초한 실험실 연구는 경제이론을 정의하고 검증하고 개선하는 가장 강력한 도구다."라고 말했다. 예를 들어, "가장 기본적인 개념은 수요와 공급의 평형화다. 수요는 강화계획에 의해 통제된다. 공급은 가격의 범위에서 관찰된 소비수준에 따라 결정된다. 반응의 비율은 각각의 가격에서의 평형점에서 결정된다."(Hursh & Bauman, 1987, pp. 154-155)

인간이 아닌 동물로부터 도출된 결과는 인간의 경제 문제에 적용될 수 없다는 비판에 대해 존 카겔(John H. Kagel), 레이몬드 바탈리오(Raymond, C. Battalio), 레오나드 그린(Leonard Green)은 "우리의 연구결과는 우리의 데이터가 인간과 동물에 양립할 수 없다고 주장하는 사람들에게 이제 그들이 자신의 주장을 입증해야 할 차례라는 것을 말해 주고 있다. 우리의 연구결과가 인간에게 어째서 적용될 수 없는 것인지 혹은 어째서 이런 결과가 적절하지 않은지를 증명해야 하는 것은 바로 그들이 해야 할 일인 것이다."(Kagel et al., 1995, p. 5)라고 주장한다. 수입보상 가격변동, 경제수요이론, 대표수요자가설, 노동공급이론, 예산제약, 노동공급곡선, 상이한 임금률에 따른 대체 직업, 수입보상 임금변동, 위기선호, 기대효용, 빈곤의 순환, 비탄력적 및 탄력적 공급 및 대체, 가격소비곡선 등(예를 들어, Green & Kagel, 1987; Kagel et al., 1995) 경제학에서의 수많은 유용한 데이터는 이런 연구들로부터 도출되어 왔다.

카겔, 바탈리오, 그린은 그들의 저서 『경제적 선택 이론(*Economic Choice Theory*)』에서 "동물은 기초적인 미시경제학적 원리를 검증할 수 있는 방법을 제공한다."라고 말한다. 저자들은 계속해서 다음과 같이 진술한다.

어떤 문제는…… 오직 동물실험 모델만이 그 이슈를 탐색할 수 있는 실제적 수단일 때가 있다. 선택이론(choice theory)의 각 부분을 검증하는 데 있어 결과를 얻기 위해 보상과 벌을 사용하고, 이를 정교하게 통제할 필요가 있는 실험은 동물모델이 아니고서는 수행할 수 없다. …… 경제행동을 연구하기 위해 우리가 사용하는 동물모델의 접근법은 생물의학(biomedicine)에서 사용되는 동물모델 접근과 동일하다. …… 수입에 있어 큰 차이를 만들어 내는 영향이라든가 극단적으로 적은 수입이 개인의 행동에 미치는 영향 등 매우 복잡한 사회적 이슈를 다루는 '빈곤의 순환'이라든가 '복지함정(welfare trap)' 가설 등은 인간을 대상으로 해서는 적절하게 실험할 수 없다. 그러나 쥐나 비둘기를 사용하는 경우라면, 쥐와 비둘기의 수입(income)에 있어 큰 차이를 오랫동안 지속시킬 수 있고 이를 통해 행동에 대한 직접적인 결과를 연구할 수 있게 된다(Kagel et al., 1995, pp. 3-4).

경제학이 '쥐 심리학'으로 돌아간 것이다!

강화 패러다임을 통해 쥐라든가 침팬지 혹은 인간 등 다양한 피험자의 경제행동에 대한 기초적인 분석은 약물남용의 일반 원리를 이해하고 약물정책을 수립하는 도구가 되어 왔다(예를 들어, Hursh, 1991, 1993). 약물남용에 대한 행동경제학을 과학적으로 이해하고 인간의 약물남용에 대한 공공 정책을 수립하는 것이 바로 기초과학 연구의 산물인 것이다.

월터리드 미국 육군 연구소에서 수행된 허쉬의 연구가 예증하는 바와 같이, 과학적 접근은 동물 피험자를 사용하는 통제된 실험실 연구로부터 시작되는 것이고, 이를 통해 인간이 관여되는 조건에 적용 가능한 실제적인 지식이 만들어지는 것이다.

약물을 스스로 조절할 때 주어지는 강화를 포함하여 중요한 많은 사안들에 대한 전반적인 반응 수준을 어떻게 통제할 수 있는가를 이해하는 데 행동경제학의 개념은 매우 유용하다(Hursh, 1991, p. 377). ……

전반적인 전략은…… 실험실 연구에서 결과가 도출되고 이를 자연상황에서 적용할 수 있는 중재모델을 개발하기 위한 계량경제학적 탐색을 하는 것이다. 엄밀하게 평가받고 다시 또 어느 정도 향상된 후에야 이 중재모델은 일반적인 공공 정책을 시작하는 데 있어 아주 작은 시험을 거친 것으로 인정받게 된다. …… 후속 연구를 통해 행동경제학에서의 이러한 의제(agenda)가 유용성이 있다는 것이 확인될 때, 이것이 바로 보다 인간적인(humane) 사회로 발전해 가는 첫걸음인 것이다 (Kagel et al., 1995, pp. 3-4).

행동약리학

행동경제학과 마찬가지로, 행동약리학과 약물 중독 치료 분야 역시 동물모델을 사용하여 강화의 기제를 중점적으로 다루어 온 기초연구의 산물이라 할 수 있다. 실제로 강화과정의 보편성과 설명력은 훌륭하게 확립되어 왔으며 행동약리학 분야에 있어서의 유용성 역시 증명되어 왔다. 뉴펀들랜드(Newfoundland)의 윌리엄 맥킴(William A. McKim)은 행동약리학의 가장 유명한 대학교재인 『약물과 행동(Drugs and Behavior)』에서 다음과 같이 말하고 있다. "조작적 조건화의 원리들은 거의 모든 동물의 행동에 적용될 수 있다."(McKim, 2000, p. 36) 물론 인간의 행동 역시 포함된다. 맥킴은 "매우 복잡하더라도 대부분의 인간행동 역시 스키너 상자의 동물행동이 그랬던 것처럼 궁극적으로는 강화에 의해 통제된다. …… 조작적으로 [강화를 받는] 행동에 있어서의 약물 효과를 연구함으로써, 인간의 행동에 대한 약물 효과를 이해하는 데 있어서 가치 있는 정보를 제공할 수 있다."(p. 38)라고 설명하고 있다. 쥐와 인간의 행동을 통제하는 강화는 그럴듯한 주장이나 가설에 의해서가 아니라 과학적으로 확립된 연구를 통해 나타난다. 만일 이러한 진실(reality)이 보다 광범위하게 받아들여진다면, 인간과 동물이 겪고 있는 고통들은 엄청나게 개선될 수 있을 것이다.

실제로 웨스트버지니아 대학교(West Virginia University)의 르쥬즈(C. W. Lejuez), 데이비드 샬(David Schaal), 제니퍼 오도넬(Jennifer O' Donnell)은 "약물의 사용과 남용에 대한 도덕적 논쟁의 핵심은 그것이 생물심리학적 현상으로서 이해될 수 있는가의 문제다." (Lejuez et al., 1998, p. 116)라고 주장하였다. 생물심리학적 현상으로서의 약물의 사용과 남용의 기초를 이루는 것은 강화의 과정이다. 따라서 강화과정을 이해하는 것은 약물남용을 이해하는 데 필수적일 수밖에 없다.

> 쥐와 원숭이는…… 인간에게 투여되는 대부분의 약물들, 즉 아편, 흥분제, 신경안정제, 항불안제와 여러 마취제, 알코올 등을 자가 공급한다. 따라서 신체가 중독되는 데 있어 강화물로 기능하는 그런 약물이 필요하지 않다. …… 첫째, 인간이 약물을 남용하는 이유가 도덕성이 부족하거나 혹은 의지가 약해서라는 주장에 의문을 제기할 수밖에 없는 이유는 동물들도 약물을 자가 공급한다는 사실 때문이다. 쥐가 약물을 자가 공급하는 이유에 대해 쥐의 도덕성은 아무런 설명도 할 수 없다. 둘째, 약물남용을 이해하는 데 있어 '강화'가 개념적으로 공헌을 했다는 사실은 전혀 과대평가된 것이 아니다. 동물이 진화를 하면서 그들의 행동과정에 약물이 남용되었던 것에는 여러 이유가 있다. 따라서 그런 행동과정에 대한 일반 원리를 이해하는 것이 우리가 약물남용에 대해 이해하는 데 도움을 줄 수 있다. 셋째, 연구자들은 일단 상대적으로 간단한 약물강화절차를 연구의 시작점으로 하여 약물남용에 관계되는 수많은 요인, 즉 행동적 요인이라든가 약리학적 요인, 그리고 생리학적 요인 등에 대해 연구해 왔다. 인간의 약물남용을 치료할 수 있는 명확한 치료법을 제시해 온 사람들이 바로 이러한 연구자들이었다(Lejuez et al., 1998, pp. 117-118).

요약하자면, "약물남용에 대해 연구하고 이를 치료하고자 하는 행동약리학 분야에서 가장 유의한 공헌을 한 것이 바로 강화물로서의 약물이라는 개념과 이에 대한 연구다."(Lejuez et al., 1998, p. 121)(약물의 사용과 남용, 그리고 치료에 있어서의 강화는 11장에서 더욱 자세히 다룰 것이다.)

쥐 심리학의 진실

직접교수법, 능숙도, 조성, 타임아웃, 말콤 X 프로그램, 모닝사이드 아카데미, 어닝 바이 러닝, 북 잇!, 실번 러닝센터, 토큰경제, 행동경제학, 행동약리학 등 이 모든 것의 공통점은 이들 모두가 조작적 행동과 강화에 대한 일반 원리로부터 직접적으로 도출되었거나 혹은 이러한 원리를 기반으로 확립된 방법, 혹은 프로그램들이라는 것이다. 이들 일반 원리의 거의 대부분은 단순화된 실험 환경에서의 쥐와 비둘기의 조작적 행동을 연구하여 확립되어 왔다. 이는 약점이 아니라 강점이다. 의학과 약리학은 거의 대부분 질병과 부상에 대한 동물모델을 연구함으로써 발전해 왔다. 일단 단순화시킨 상황에서 일반 원리를 확립하고, 이러한 원리를 점차적으로 복잡한 상황에 조심스럽게 적용하는 방식은 인간을 이해하고자 하는 모든 영역에서 진전되어 온 귀납적 접근이다. 인간 행동을 이해하고자 하는 접근법과 행동장애를 이해하고자 하는 접근법에 차이점이란 있을 수 없다. 크게 내켜하지는 않는 듯이 보이지만, 옴로드(Jeanne Ellis Ormrod)는 자신의 저서 『교육심리학(Eudcational Psychology)』에서 이 접근법이 성공적이라는 것을 다음과 같이 인정한다. "내가 개설한 교육심리학 강의를 수강하는 학생들은…… 자신의 행동이 쥐와 비둘기의 행동과 비교되고 있다는 사실에 종종 한숨을 쉬곤 한다. 그러나 인간이 아닌 동물연구로부터 발달된 행동주의 이론이 인간 행동을 제대로 설명한다는 것은 틀림없는 사실이다."(Ormrod, 1998, p. 376, 강조는 원문에 있는 것임) 우울증 같은 인간의 문제를 해결하기 위해 동물실험이나 동물모델을 연구하는 것은(13장 참조) 우울증에 영향을 미치는 변인을 연구하는 데 있어 가장 성공적인 방법이며, 이러한 연구를 통해 문제행동에 가장 효과적인 처치가 무엇인지가 발견되어 왔다. 사실 많은 행동문제들의 원인과 치료법에 대해 우리가 모르고 있는 이유는 동물모델의 사용을 주저해 왔다는 것에 적지 않은 책임이 있다. 인간의 행동은 오직 인간의 행동을 연구해야만 알 수 있다는, 즉 인간이란 고유성을 가진 특별한 존재라는 비과학적인 낭만주의적 믿음에 매달려 있지 말고, 그것이 동물모델이든 무엇이든 진정으로 실용적인 것이라면 무엇을 이용해서라도 실험실 연구를 통해 행동의 일반 원리를 찾아내려 노력할 때, 인간이 직면한 문제에 대한 보다 실용적인 지식을 얻을 수 있을 것이다. 그 후 과학적으로 확립된 이러한 원리가 사람에게 보다 신뢰롭게 검증되어야 한다. 의학의 경우, 오랜 시간 동안 인간에게 직면한 의학적 문제를 이해하기 위해 동물모델을 사용해 왔다. 만약 '쥐 의학'으로부터 일반 원리를 밝히고 인간에게 적용되는 과정이 없었다면, 수백만 명의 사람들이 죽었을 것이다. 행동에 문제가 있는 수백만 명의 사람들 역시 '쥐 심리학'으로부터 밝혀진 원리를 적용하지 않고서는 효과적으로 도움을 받을 수 없을 것이다. 우리가 행동의 일반 원리를 이해하기 위하여 '쥐 심리학'에 더욱더 의지하게 된다면, 이들은 보다 효과적으로 도움을 받을 수 있을 것이다.

쥐 심리학에 대한 불완전한 답변과 주의사항

행동이나 강화에 대해 사람의 행동을 연구하는 것보다 쥐의 행동을 연구하는 것이 훨씬 더 많은 것을 알 수 있는 방법이라 할지라도, 동물실험을 통해 확립된 체계화된 행동과 환경 간의 관계성이 실험실 밖에서의 인간 행동에 자동적으로 그리고 이상적으로 적용될 수 있다고 가정하고 이를 아무 생각 없이 인간에게 적용하고자 하는 것은 어쩌면 지나치게 단순한 생각일 수도 있다. 다시 한 번 말하지만, 실험실에서의 기초연구란 변인이 분리된 통제된 환경에서 기본원리의 관계성을 발견하고자 하는 시도다. 그러나 인간이(인간뿐만 아니라 대부분의 동물들 역시) 일상에서 직면하는 것은 분리된 자극이 아니라 아주 많은 행동과 결과의 관계성을 양산하고 또한 그들이 구별되어야 하는 끊임없이 변화하는 자극들로 이루어진 복잡한 환경, 즉 '자극의 덩어리들(stimulus collage)'인 것이다(Baldwin & Baldwin, 2001). 예를 들어, 10대 소년의 경우, 이 소년은 토큰이 제시되는 상황에서 대개는 열심히 숙제를 한다 하더라도 여자 친구(강화의 경쟁 원인)가 찾아오면 그렇지 않을 수도 있고, 가정교사(공부에 있어서의 변별 자극)가 있을 때는 공부를 하고 가정교사가 전화를 받고 있으면 그렇지 않을 수도 있다. 하지만 그 통화가 자신의 엄마와의 통화라면 공부를 계속하고 있을 수도 있다. 귀납적 접근법은 실험실에서 도출된 결과들이 점차적으로 복잡한 상황에서 체계적으로 반복되기를 요구한다. 반복된 결과들이 타당성을 확보했을 때, 그 결과를 인간 행동에 적용할 수 있는 일반화 가능성이 증가하게 되는 것이다. 따라서 동물실험실에서 도출된 결과들이 인간 행동에 적용될 수 있는가 혹은 그렇지 않은가는 선험적인 믿음(priori belief)의 문제가 아니라, 체계적인 연구에 의해 답해져야 하는 실험적 질문의 문제인 것이다. 거의 모든 경우에 있어 인간 행동의 기초적인 행동과 환경의 관계성에 대한 설명은 타당한 것으로 증명되어 왔다. 어떠한 원리가 쥐를 사용한 실험들에 근거해 도출되었기 때문에 그 원리를 자동적으로 인간에게 적용할 수 없다는 주장은 도저히 받아들일 수 없을 뿐만 아니라, 비윤리적이기까지 한 것이다.

모욕 그리고 와전된 얘기들: 장애아를 위한 M&M 초콜릿

M&M 초콜릿, 초콜릿으로 교환 가능한 토큰, 여러 상품들, 놀이와 같은 강화물은 발달장애가 있는 사람들에게는 효과적일 수 있지만, 정상적인 사람의 행동을 변화시키는 데는 효과적이지 않다는 생각은 강화에 대한 또 하나의 신화다. 사람들은 이렇게 말하곤 한다. "인지장애가 있는 아이들에게는 어쩌면 강화가 효과가 있을 수도 있겠지만, 난 아니야. 난 이미 똑똑하거든." 이 신화의 첫 부분은 분명 진실이다. 발달장애아들이 우리가 의도한 행동을 했을 때 사탕 같은 강화물을 주게 되면, 그 강화물은 분명 그 행동을 만들어 낼 수 있다. 그러나 이미 살펴본 바와 같이, 토큰은 모든 인종에게 효과적이며, 사탕 역시 모든 인간에게 효과적인 강화물로 작용한다. 채소를 먹으면 디저트를 주는 상황에서 채소를 먹는 행동이 발생한다면, 이는 디저트가 채소 먹는 행동을 강화하고 있는 것이다. 아이가 빈병을 가져왔을 때 돈을 주게 되면 빈병을 가져오는 행동, 즉 재활용이 증가하게 되며, 이러한 재활용은 돈에 의해 강화되고 있는 것이다. 작가가 칼럼을 쓴 대

가로 원고료를 받았는데, 그 후 칼럼 쓰는 횟수가 증가한다면 이는 칼럼 쓰는 행동이 강화된 것이다. 회사원이 자판기에 동전을 넣고 버튼을 눌렀을 때 M&M 초콜릿이 나온다면, 자판기를 조작하는 그 조작적 행동은 M&M 초콜릿에 의해 강화된다. 만약 M&M 초콜릿 대신에 코드리버오일(cod-liver oil; 일종의 피부보호제)이 나온다면, 그 기계를 조작하는 행동은 다시는 발생하지 않을 것이다.

강화가 교실에서의 아이들을 '조용하고, 말이 없고, 유순하게' 만들기 위해 사용되어 왔던(Winett & Winkler, 1972) 것은 사실이지만, 강화가 교실관리의 용이성이나 순응적인 학생을 만들기 위해, 오직 그런 목적으로만 사용되어 왔다고 생각하는 것은 옳지 않다. 발달장애아들에게 직업기술을 가르칠 때도 강화프로그램은 보편적으로 사용된다. 직업과 관련된 적절한 행동을 했을 때 강화가 주어지면, 그런 직업 관련 기술이 선택된다. 강화를 기반으로 구성되는 행동수정 프로그램은 발달장애아들이 인생을 살아가는 데 필요한 다양한 기술을 발달시키는 데 가장 효과적이다.

단순한 강화물들은 단순한(제한된) 몇 가지 행동만 할 수 있는 사람들의 단순한 행동에 대해서만 효과가 있다는 이러한 신화가 만들어지는 이유는 어쩌면 과학적인 귀납적 접근법에 대한 이해가 부족하기 때문일지도 모른다. 귀납적 접근법에 따르면, 보편적 원리는 일단 실험실 상황에서 단순하게 분리된 이후에 확립된다. 예를 들어, 쥐가 불이 켜지면 지렛대를 누르고 불이 꺼지면 지렛대를 누르지 않는 것을 학습시키는 데 사용되는 것이 '차별적 강화(differential reinforcement)'의 원리다. 불이 켜졌을 때 지렛대를 누르는 행동은 강화를 받게 되는 반면, 불이 꺼졌을 때 지렛대를 누르는 행동은 강화를 받지 못한다. 지렛대를 누르는 행동은 오직 불이 켜진 상태에서만 '차별적으로 강화되기' 때문에 궁극적으로 지렛대를 누르는 행동은 오직 불이 켜졌을 때만 발생하게 된다. 이러한 기초적인 결과가 약간 더 복잡한 환경인 다른 곳에서도 발생하게 될 때, 그 원리에 대한 일반화 가능성이 확립되는 것이며 이를 적용하는 것은 점차 명확해진다.

발달장애 아이들의 협력 행동학습을 돕기 위해 윌리엄 레드(William Redd)와 제이 번브라우어(Jay S. Birnbrauer)(1969)가 차별적 강화를 이용하여 '자극 통제(stimulus control)'를 형성시킨 연구가 차별적 강화의 일반화에 대한 고전적 예라 할 수 있다. 연구자들은 한 명의 어른에게 아이들이 게임을 할 때 협동적인 행동을 해야만 칭찬이나 아이스크림, 혹은 음료수 등을 주게 했다. 한편, 또 다른 한 명의 어른에게는 아이들이 협동적인 행동을 하는가에 상관없이 실험 집단과 동일한 양의 칭찬과 아이스크림, 그리고 음료수를 주게 했다. 첫 번째 어른은 협동적인 행동에 수반하여 칭찬이나 아이스크림, 혹은 음료수를 주었기 때문에, 즉 차별적으로 강화를 주었기 때문에 첫 번째 어른이 지켜보고 있을 때는 아이들의 협동적인 행동이 매우 증가했지만, 두 번째 어른이 지켜보고 있을 때는 더 이상 협동적인 행동이 나타나지 않았다.

일단 차별적 강화와 같은 원리가 형성되면 이 원리는 보다 복잡한 상황으로, 즉 정상적인 아이들에게 맞춤법을 가르치고 수학을 풀게 하는 그런 상황으로 점진적으로 적용되기 시작한다(Alberto & Troutman, 1999, pp. 334-338 참조). 각각의 상황에서 성공적으로 적용되면, 그 원리의 일반화 가능성은 더욱더 높아진다. 이러한 과정을 거쳐 결국 그 원리가 아주 광범위한 범위에서 작동한다는 것이 분명해진다(이 예의 경우에는 차별강화의 원리). 예를 들어, 나이든 부모가 병에 걸렸을 경우라든가 혹은 아픔이나 고통을 호소할 때만 자녀가 부모를 돌본다면, 이때 자녀는 부모의 '건강한 행동'보다는 상대적으로 '아픈 행동'에 차별적인 강화를 주고 있는 것이다. 따라서 부모가 고통을 호소하는 비율은 증가하게 된다(실제로 이러한 일은 정말 자주 발생한다. 13장 참조). '컴퓨터 소프트웨어 프로그래밍'에서도 이와 유사한 일이 발생하는데, 만약 괄호의 위치를 틀리게 입력하면 프로그램이 멈춰 버리거나 작동하지 않게 되는데, 이는 차별적으로 벌을 받는 것과 동일한 것이다. 반대로 괄호의 위치가 올바른 경우에는 소프트웨어 프로그램이 바르게 실행되는데, 이는 차별적으로 강화를 받는 결과가 된다. 차별적 강화의 과정을 통해 괄호를 올바른 위치에 입력하는 행동이 선택되는 것이다. 차별적 강화와 같은 이러한 기본적 과정들이 처음에는 동물실험실에서 관찰될 수 있을 것이며, 이러한 원리를 적용하는 것이 초기에는 상대적으로 단순할 수도 있지만, 이것이 이 원리가 오직 실험실의 동물들이나 혹은 단순한 상황에만 적용될 수 있다는 것을 의미하는 것은 아니다. 강화는 발달 장애가 있는 사람의 행동뿐만 아니라 '능력 있는 거의 모든' 사람의 행동 역시 선택하는 것이다.

광산의 근로자들

교실에서 공부하는 발달장애아에서부터 노천광산에서 일하는 근로자에 이르기까지 바르게만 적용된다면 강화 프로그램은 모두에게 항상 이로운 결과를 만들어 낼 수 있다. 예를 들어, "상품교환권을 주는 토큰경제가 매우 위험한 노천광산에 적용되었을 때…… 부상자 수, 부상자로 인한 작업시간의 손실, 사고와 부상자로 인한 비용 등이 크게 감소하였다."(Fox et al., 1987, p. 215) 즉, 극도로 위험한 노천광산에서 인공적이고 계획적으로 고안된 경품권이라는 강화물을 이용해 안전(safety)에 강화를 주는 이 프로그램은 회사에는 수백만 달러의 경비절감이라는 이익을 가져다주었고, "현장감독, 교대근무 책임자, 실험실기사, 현장기사, 자료 수집가, …… 정비기사, 육체노동자, 보수유지 관련 노동자, …… 불도저기사, 트랙터기사, 굴착기기사, 토사 굴착기기사, 트럭운전기사, …… 전기기사, 흙 긁어내는 노동자, 그리고 연료와 윤활유 담당 근로자들"(p. 217)의 건강과 안전, 그리고 작업환경을 이롭게 만들었으며, 가정살림에까지 (근로자들이 자신이 받은 토큰을 필요한 물건으로 교환할 수 있게 함으로써) 보탬을 주었다. "토큰 프로그램이 시행된 지난 10년 동안 부상자로 인해 발행되었던 작업시간의 손실이 셜리 배이슨(Shirley Basin) 광산의 경우 전국 국립 광산 평균에 약 4분의 1 수준이 되었고, 나바조(Navajo)

광산의 경우에는 전국 평균의 12분의 1 밖에 되지 않았다. …… 부상이나 장애, 그리고 사망 등이 감소한 것에 더불어 근로자들은 자신이 받은 상품교환권으로 원하는 상품을 받음으로써 가계에 보탬을 줄 수 있었다."(p. 221) 노천광산에서 고생하는 근로자들은 발달장애를 가진 사람들이 아니다. 그러나 부상자와 사망자가 감소되었다는 사실은 이러한 토큰강화 프로그램이 정상인에게도 효과가 있다는 사실을 증명하고 있다.

생산성과 안전을 증가시키는 것에 그치지 않고, 강화 프로그램은 근로자의 감정적 측면에도 좋은 효과를 준다. "토큰경제는 두 곳의 [노천광산] 근로자들의 전반적 사기도 올려 주는 효과를 가져왔다."(Fox et al., 1987, p. 222) 사실 성과급 혹은 '수행에 대해 돈을 지급' 하는 것, 즉 수행에 대한 강화는 직업만족에 있어 가장 강력한 결정요인이며 직업에 대한 몰입과 자기효능감을 결정하는 매우 중요한 요인이다(Locke & Latham, 1990). 강화란 단지 장애아만을 위한 M&M 초콜릿이 아닌 것이다.

운동이 심혈관의 건강에 미치는 효과를 운동하는 사람이 인지하지 못했다고 해서 운동이 효과가 없다고 말할 수 없는 것처럼, 행동에 작동하는 강화과정을 스스로 인지하지 못했다고 해서 강화과정이 인간 행동에 작동하지 않는다고 말할 수 없다. 과학적으로 확립된 일반 원리를 무시한다고 해서 그 원리가 없어지거나 작동하지 않는 것은 아니다. 강화는 모든 사람에게, 즉 발달장애를 가지고 있는 사람이든 건축기사이든 우리 모두에게 '작용한다'. "인간의 행동이 매우 복잡한 것은 사실이지만, 이 행동들은 결국 강화에 의해 통제된다."(McKim, 2000, p. 38)

당근과 채찍, 뇌물,
그리고 가치

누군가가 어떠한 일반 원리에 대해 모른다고 해서 그 원리가 없어지는 것은 아니지만, 그 원리에 대한 무지는 정확하지 않은 비판을 하게 만들기도 한다. 예를 들어, 강화를 사용하여 행동을 형성하고 그 발생빈도를 증가시키는 것은 행동을 관리하고 아이를 키우는 데 있어 '당근과 채찍' 접근법이라는 비판을 받아 왔다. 실제로 알피 콘(Alfie A. Kohn)은 자신의 저서 『보상은 벌이다(Punished by Rewards)』 중 '당근의 문제점(The Trouble with Carrots)' 이라는 제목의 챕터에서 강화는 당근과 채찍 접근법이라는 말을 열 번이 넘게 경멸의 어조로 언급하고 있다. "일반적으로 당근과 채찍 접근은 성공하지 못한다." (Kohn, 1993, p. 201) 또한 '인간을 애완동물처럼 다루기(Treating People like Pets)'라는 제목의 섹션에서 콘은 강화가 '쥐 심리학' 이라는 비판과 관련하여 "이러한 말들이 포괄적으로 뇌물이나 위협을 의미하는 것으로 사용되고 있다는 점을 말하기 이전에, 우리가 알아야 할 것은 당근과 채찍 사이에 서 있는 것은 말할 것도 없이 바로 멍청이(jackass)라는 사실이다." (p. 24)라고 논평하고 있다. 다시 말하면, 보상(즉, 강화물)은 뇌물이며, 특정 목적을 위해 이를 사용하는 것은 결국 인간을 인간이 아닌 다른 어떠한 것으로 취급한다는 (콘의 말에서는 멍청이로) 의미다.

"보상과 벌이라는 모델 뒤에 무의식적으로 자리하는 가정은 우리가 멍청이들을 다루고 있으며, 그 멍청이들은 조종되고 통제될 수 있다는 것이다." 이처럼 "거들먹거리며 경멸스럽게 노골적으로 말하는 것이 바로 가부장주의 (paternalism)다."(Levinson, 1973, pp. 10-11) 이러한 격렬한 비판은 참으로 터무니없는 것인데, 왜냐하면 이러한 비판이 옳다면 나의 부모를 포함하여 북 잇! 이나 혹은 다른 강화 프로그램에 참여하는 수백만 명의 부모들과 수천만 명의 교사들은 아이들에게 '거들먹거리며 경멸'을 보내고 있는 것이며, 그들 모두는 자신의 아이들이 멍청이라고 '가정'하고 있는 것이기 때문이다!

당근과 채찍이라는 비판은 대개 강화과정에 대한 무지로부터 나오는 것이며, 인간의 문제점을 개선하기 위해 실제로 강화를 사용하고 있거나 혹은 이를 지지하는 전문가들을 천박하게 모욕하는 것에 다름 아니다. 당근과 채찍이라는 용어로 인해, 실용적인 목적으로 강화를 사용하는 사람들은 아주 단순하며 아이들의 삶의 질을 높이는 정교하고 효과적인 방법을 모르는 사람들이라는 그릇된 이미지가 만들어지고 있다. 하지만 강화의 실제적 적용에 초점을 맞추는 『응용행동분석 학회지(*Journal of Applied Behavior Analysis*)』라든가 『행동수정(Behavior Modification)』과 같은 학술지의 편집위원들은 대부분 밴더빌트 (Vanderbilt), 존스 홉킨스(Johns Hopkins), 펜실베이니아 대학교 의과대학(University of Pennsylvania School of Medicine), 상 카를로스 연방대학교(Universidade Federal de Sao Carlos), 오슬로 대학교(University of Oslo), 웨일즈 대학교(University of Wales), 노스캐롤라이나 대학교(University of North Carolina)(이들은 전체 중 단지 몇 개일 뿐이다)와 같은 세계에서 가장 이름 높은 연구 및 학술기관에 근무하는 전문가들이다. 이러한 전문가들이 그들의 연구 분야(강화에 대한 연구와 적용)에 대해 단순하고 무지하다는 것은 도저히 말이 되지 않는다.

그런데 여전히 남아 있는 한 가지 의문은 목적을 가지고 강화를 사용하는 것이 당근과 채찍 접근에 비유될 수 있는가라는 질문이다. 『아메리칸 헤리티지 영어사전(*American Heritage Dictionary of the English Language*)』에서는 '당근과 채찍'을 '보상을 주겠다고 약속하는 것과 처벌을 하겠다고 위협하는 것의 결합'으로 정의한다(American Heritage, 1992, p. 294). 약속은 했지만 보상을 받지 못하는 것 그리고 처벌을 하겠다고 위협하는 것을 강화의 과정으로 이해하는 것은 완전히 잘못된 해석이다. 한 우화에서 노새는 땅을 가는 일에 사기를 당하고 있다. 농부는 노새가 땅을 갈게 하려고 당근을 막대기 끝에 달아 그 막대기를 노새 머리에 고정시켜 노새 얼굴 앞에 두었는데, 노새는 당근을 먹으려고 앞으로 걸어가지만 자기 눈앞에 둥둥 떠 있는 당근을 결코 먹지 못한다. 고개를 내밀어 당근을 먹으려는 순간 당근은 다시 앞으로 가 버리기 때문이다.

누군가를 일하게 하려고 당근과 채찍 접근을 쓰게 된다면, 상품이 손에 닿지 않는 곳에 매달려 있지만, 그 상품은 절대 획득할 수 없어야 한다. 그 당근은 마지막 순간에 더 앞으로 휙 하고 나아가기 때문이다. 그러나 강화과정에서는 강화가 주어지는 행동이 일어나면 강화물을 획득할 수 있다. 우리는 케이크 혹은 당근을 가질 수 있으며, 그것을 먹을 수도 있다! 조작적 행동을 선택하는 것이 바로 이러한 빈번하고 반복적인 행동과 강화물의 관계성인 것이다. 하지만 당근과 채찍이라는 옳지 않은 유추에는 이처럼 반복적인 행동과 결과의 관계성이 존재하지 않는다. 『양치기 소년(*boy who called wolf*)』의 우화도 마찬가지다. 반복해서 보상을 주겠다고 약속하지만 그 보상이 결코 주어지지 않으면, 대신에 보상을 획득하기 바로 직전에 그 보상이 사라져 버리면, 사람들은 더 이상 보상이 약속된 그 일을 하지 않게 될 것이다. 즉, 일을 한 후에 보상을 주겠다고 말해 놓고, 보상이 제공되지 않으면 그 행동은 아마도 소거될 것이다. 따라서 당근 유추라는 것은 단순히 부정직한 것을 의미하는 것일 뿐, 강화의 과정을 설명하지 못한다.

동기에 있어 당근과 채찍 접근법의 '처벌의 위협' 혹은 '채찍' 이라는 측면은 부적(negative) 강화에 기초한 접근을 의미한다. 부적 강화란 그 행동으로 인해 혐오스러운 결과가 제거(부적)되거나, 혐오스러운 결과로부터 벗어나게 되거나, 혹은 그런 결과를 피할 수 있게 함으로써 행동의 비율이 증가(강화)되는 과정을 의미한다(부록 2 참조). 농사를 지을 때, 노새는 당근으로 유혹되는 대신 채찍으로 엉덩이를 맞을 수도 있다. 노새는 자신의 엉덩이에서 발생하는 혐오스러운 자극에서 벗어나거나 이를 피하기 위해 앞으로 움직이게 되고, 결국 밭을 갈게 되는 것이다. 이러한 방식으로 밭 갈기라는 행동은 부적 강화의 기능에 의해 선택된다. 이와 유사하게, 기수가 신발 뒤꿈치로(혐오감을 증가시키기 위해 뒤꿈치에 박차를 달기도 한다) 말의 옆구리를 때림으로써 말은 앞으로 나아간다. 기수가 원하는 속도에 이르게 되면, 옆구리에 가해졌던 혐오스러운 자극은 종료된다. 따라서 부적 강화의 기능으로 말은 옆구리에 가해지는 뒤꿈치의 가격을 회피하기 위해 앞으로 나아가고 속도를 유지하는 것이다(그런데 최근에는 동물을 훈련하는 기관과 동물원에서 이전에 주로 사용했던 혐오자극을 기초로 하는 통제 기술을 폐기하거나 혹은 줄여 나가고, 대신에 정적 강화 접근법을 수용하여 훈련하는 혁명적인 일들이 일어나고 있다).

하지만 인간에게 강화를 계획적으로 적용하는 경우에는 사실상 부적 강화나 기타 혐오스러운 자극이 사용되는 것이 아니라, 언제나 정적 강화만이 사용된다. 지금까지 제시한 강화 프로그램 중(예를 들어, 북 잇!, 어닝 바이 러닝, 모닝사이드 등) 그 어느 프로그램에도 부적 강화나 기타 어떤 종류의 혐오스러운 자극도 사용되지 않았다. 정말 어떠한 위협도 어떠한 '채찍'도 없었다. 정적 강화의 체계적인 사용을 당근과 채찍으로 비유하는 것에 대한 실제는, (1) 당근과 채찍 중 절반을 차지하는 채찍은 전혀 발생하지 않으며, (2) '당근'은 행동을 할 때마다 주어진다는 것이다. 따라서 정적 강화에 대한 보다 정확한 비유는 '당근과 채찍'이 아니라, '당근, 당근, 더 많은 당근! 그리고 그 일을 하는 동안, 사탕을, 포옹을, 키스를 주어라!' 인 것이다.

⦂ 뇌물수수

여성잡지인 『여성시대(*Woman's Day*)』에 실린 "뇌물로 넘쳐나는 교육과정: 언제부터 우리의 아이들이 부패하기 시작했는가?" (Hechtman, 2000)라는 제목의 기사에서 볼 수 있듯, 강화 프로그램에 대해 널리 퍼져 있는 신화가 바로 강화 프로그램이 뇌물수수와 다를 바 없다는 것이다(‘숙제를 하라고 조니에게 뇌물을 줄 수는 없잖아. 숙제는 자기가 알아서 스스로 해야만 하는 거야.’). 알피 콘은 "행동을 위한 뇌물: 아이들이 바르게 성장하는 데 행동주의가 도움이 되지 않는 이유"라는 제목의 챕터에서 수도 없이 강화를 뇌물이라 표현하고 있다. 강화에 대한 일반적인 비판에 동의할 수 없듯이, 강화가 뇌물이라는 것 역시 도저히 인정할 수 없다. 물론 뇌물이 비윤리적이고 부패하며 불법적인 행동과 관련이 있는 것은 사실이기 때문에, 뇌물이 강화물로 사용될 수 있다는 것은 인정할 수 있다(그러나 이를 인정한다는 것이 그 반대, 즉 강화는 언제나 뇌물이라는 주장이 옳다는 말은 아니다).

뇌물이 비도덕적인 행동을 강화시킬 수 있기 때문에 강화가 주어지는 모든 상황에는 필연적으로 뇌물이 관여된다는 주장은 참으로 터무니없다. 글을 쓰는 작가가 자신이 쓴 글에 대해 원고료를 받았고 그다음에 그 작가가 또 다른 글을 썼다면, 작가는 뇌물을 받은 것인가? 근로자가 생산성 향상에 수반하여 성과급을 받았고 이것이 다시 생산성의 증가를 가져왔다면 성과급은 뇌물인가? 실번 러닝센터에 다니는 아이들이 공부를 잘하고 토큰을 받았다면 그 센터는 뇌물을 준 것인가? 프로선수가 계약조건에 명시되어 있는 인센티브 조건을 충족시켜 월급보다 많은 돈을 받았다면 이 돈이 뇌물인가? 아이가 읽기 과제의 목표를 달성했을 때 공짜 피자 쿠폰을 받게 되면 이것이 뇌물인가? 아마도 콘은 그렇다고 대답할 것이다. 피자 헛이 시작한 프로그램은 "아이들이 더 많은 책을 읽게 하기 위해서다. 이 목적을 이루기 위한 전략이 바로 뇌물수수다."(Kohn, 1993, p. 11) 하지만 뇌물이란 전형적으로 일회성인 데 반해, 북잇! 프로그램에 참여한 아이들은 독서에 대한 강화를 매우 자주 받는다. 북잇! 프로그램이라든가 실번 러닝센터의 강화 프로그램은 일반적으로 개인의 성취와 노력과 발전에 대해 반복적으로 즉각적인 정적 강화를 제공하고 있다. 이를 뇌물수수라 말할 수는 없을 것이다. 전형적으로 뇌물에는 위협이라든가 기타 혐오적인 요소가 개입되기 마련이지만, 체계적인 강화 프로그램에는 이러한 요소가 존재하지 않는다.

뇌물(bribe)의 정의에는 ('부패한 판단 혹은 부패한 행동'이라고 말할 때 사용되는 것과 동일한) 부패한(corrupt)이라는 단어가 포함되어 있다. 『아메리칸 헤리티지 영어사전』을 살펴보면, '부패한(corrupt)'이란 "1. 부도덕(immorality)과 왜곡(perversion)이 개입된, 타락한(depraved). 2. 부패한(venal), 정직하지 못한(dishonest)"(American Heritage, 1992, p. 423)으로 정의된다. 아이들이 독서 관련 목표를 달성한 것에 대해 토큰이나 피자를 주는 것이 어째서 부도덕하고 타락한 일이라는 건지 도저히 알 수가 없다. 물론 대부분의 아이들은 피자나 토큰 혹은 돈을 주지 않아도 독서하는 법을 배운다. 하지만 독서를 했을 때 토큰이나 돈 혹은 다른 강화물을 얻었다고, 이를 부패했다거나 뇌물을 받았다고 말할 수는 없다. 블룸스버그 대학교(Bloomsburg University)의 패트릭 쉬로스(Patrick J. Schloss)와 버팔로(Buffalo)에 위치한 뉴욕 주립대학교(State University of New York)의 모린 스미스(Maureen A. Smith)는 이렇게 주장한다. '첫째,'

정의에 의하면, 뇌물수수란 옳지 않은 혹은 법에 위배되는 행동을 하기 이전에 누군가에게 무언가가 제공되는 것을 의미한다. 하지만 과자라든가 토큰이 제공되는 시점은 우리가 원하는 행동이 발생한 이후다. 이 강화물들은 우리가 직장에서 받는 월급과 같은 것이다. [마샤(Marcia)] 스미스(Smith, 1993)가 강조한 것처럼, "모든 고용자는 돈을 벌기 위해 일한다. …… 하지만 자신들이 뇌물을 받으려고 일하는 것으로 해석될 수 있다는 말에 대하여 그들은 매우 분개할 것이다."(Schloss & Smith, 1998, p. 279)

쉬로스와 스미스는 계속해서 말한다. "둘째, 교사는 학습을 향상시키기 위하여 과자나 토큰을 사용할 수 있다. …… 시간이 지나면서 이러한 테크닉들은 필요하지 않게 될 것이며, 과자나 토큰은 점차적으로 교실에서 자연스럽게 발생하는 사건들로 대체될 것이다. 예를 들어, 과자를 주면서 동시에 미소를 짓는다고 생각해 보자. 궁극적으로는 미소만으로도 충분히 공부를 잘하도록 만들 수 있을 것이다."(p. 11)

어떠한 행동을 했다면, 그것에는 반드시 어떠한 이유가 있다. 만일 피자라든가 돈처럼 확실하게 눈에 보이는 인공적인 강화물 없이 독서와 읽기 학습이 발생했다고 하더라도, 읽기 학습과 독서라는 행동은 여전히 어떠한 다른 방식으로 강화를 받고 있음에 틀림없다. 그렇지 않다면 이러한 행동들은 발생하지 않는다. 많은 아이, 아마 거의 대부분의 아이의 경우에 읽기(다른 기술에 비해 특히 읽기)와 독서라는 행동에는 일반적으로 매우 방대하고, 자발적이고, 빈도 높고, 자연적인 그런 강화물이 따라온다. 읽기를 배우는 것에 대한 궁극적인 강화는 바르게 읽을 수 있는 능력을 갖추게 되는 것이다! 많은 사람의 경우 읽기 능력은 즐거움을 느낄 수 있게 하는 매우 중요한 원천이며, 세상을 살아가는 데 유용한 기술이다(예를 들어, 일단 읽을 줄 알게 되면 여러 가지 강화물을 얻을 기회가 많아진다).

중산층 가정의 경우, 일반적으로 부모는 자녀에게 책을 읽어 주며, 읽기에 대한 모델로서 기능하며, 수많은 읽기 교재를 사다 주고, 읽기를 독려하고, 읽기라는 행동에 대해 관심과 칭찬 혹은 애정이나 기타 다양한 강화물을 제공한다. 일단 읽기 능력이 습득되고 나면, 이 능력으로 인해 보다 전형적이고 자연적인 강화물을 얻게 될 기회가 많아지게 된다. 예를 들어, 길가의 광고 게시판을 읽어 보게 하고 제대로 읽었을 때 강화를 받은 ('저기 저 광고판에 뭐라고 쓰여 있는지 읽을 수 있어요? 와우! 정말 잘했어요!') 아이는 점차적으로 광고판을 정확하게 읽을 수 있게 되고, 광고판을 읽을 수 있는 것은 그렇지 않았을 때와는 전혀 다른 결과를 가져오게 된다. '재미없어! 안 할 거야!' 라며 징징거릴 때보다 '맥도날드 5 킬로미터!' 라고 큰소리로 읽었을 때 햄버거라는 결과가 찾아오는 것이다. 광고판 읽기가 만들어 낸 결과의 기능으로 인해 아이의 광고판 읽기의 발생 비율은 증가하게 될 것이다. 그렇다면 아이는 광고판을 읽은 것에 대해 뇌물을 받고 있는 것인가?

중산층 가정의 유아들은 대개 넘기기 쉽도록 두껍고 빳빳한 종이로 만들어진 책을 갖고 있다. 책장을 넘기는 행동을 하면, 그다음 페이지에 재미있는 그림이 나오거나 때로는 무언가가 툭 튀어나오는 그런 장치에 의해 강화를 받게 되며, 부모로부터는 '어머, 우리 샐리를 좀 보세요! 지금 책을 읽고 있는 거예요?'라는 칭찬, 즉 사회적 강화를 받게 된다. 이러한 책에는 대개 아이에게 소리 내어 말해 보라고 얘기하게 될 글자들이나 혹은 아주 간단한 단어가 적혀 있다. 결국 읽기에 대한 연속적인 근사치들이 부모에 의해 강화되는 것이다(설사 아이들 자신은 자신들이 강화를 받는다는 것을 '인지' 하지 못한다고 해도 말이다). 일단 읽을 줄 알게 되면, 그런 능력이 사용될 때 받을 수 있는 자연적인 강화의 가능성이 증가한다.

일단 읽을 줄 알게 되면, 중산층 부모들은 이렇게 말할지도 모른다. '우리는 조니에게 읽는 법을 가르친 적이 없어요. 이 아이는 그냥 스스로 그걸 깨우치더라고요!' 하지만 이는 숲만 보고 나무는 보지 못하는 것이다. 숫자를 계산하거나 농구에서 3점 슛을 쏘는 것과 달리, 오직 읽기라는 것만 그렇게 '자연적' 으로 발생할 수 있는 것이 아니다(물론 계산이라든가 3점 슛도 이러한 행동들이 능숙하게 되면 자연적으로 발생한 행동으로 보일 수도 있다).

모든 아이는 행동과 환경의 역동적 상호작용을 통해 읽기 능력을 학습한다. 전형적인 중산층 가정과 학교에는 읽기 교재와 이를 읽도록 유도하는 장치, 그리고 읽었을 때 찾아오는 결과물 등 물리적·사회적 환경이 조성되어 있다. 이러한 환경 아래에서는 읽기 교재와 이를 유도하는 장치들이 독서가 발생할 수 있는 분위기를 조성하고, 읽기로 인한 결과가 읽는 행동을 선택하게 된다. 이런 경우 부모는 자녀에게 읽기를 과도하게 가르치지 않을지도 모른다. 하지만 아이는 읽기 행동이 가져오는 연속적인 근사치가 받게 되는 차별적 강화에 의해 여전히 읽는 것을 배운다. 그 부모는 읽기 행동에 대해 의도적으로 차별적 강화를 제공하지 않았을지도 모른다. 그러나 부모 혹은 교사는 이러한 행동이 차별적으로 강화를 받을 수 있는 환경을 제공했던 것이다.

나는 중산층 가정에서 태어났고 나의 아버지는 영어과 교수였지만, 어떤 이유에서인지 내게는 읽기 이전에 필요한, 독서와 관련된 자극이나 독서 그 자체에 대한 자연스러운 계기 혹은 독서로 인한 결과 등 읽기에 필요한 환경이 충분치 않았다. 읽기 능력이란 '자연적으로' 오는 것이 아니다. 그래서 아버지와 여러 가정교사들은 독서에 강화를 줄 수 있는 인공적인 강화물(탁구, 만화책, 돈 등)을 사용했다. 지금의 나는 독서 자체의 즐거움을 포함하여 여러 가지 이유로 독서를 한다. 나는 내가 어렸을 때 독서에 대해 '뇌물을 받았었다.'고 전혀 느끼지 않고 있다. 나는 특별한 도움이 필요했었기 때문에 나의 읽기 능력의 향상을 위한 특별한 프로그램과 독서에 따르는 어떤 결과물들을 제공받았었다. 안타까운 것은, 나처럼 특별한 도움이 필요한 많은 사람들이 그런 도움을 받지 못하고 있으며, 강화를 '뇌물수수' 라고 칭하는 그런 이유 때문에 효과적인 도움이 발생하지 못하고 있다는 사실이다.

인공적 강화와 자연적 강화

우리가 바라는 행동에 대한 체계적인 강화는 어쩌면 '어찌되었든지 간에 반드시 해야만 하는' 행동을 한 것에 돈을 지급하는 것으로 보일 수도 있겠다. 앞서 소개했던 잡지 『여성시대』의 "뇌물수수 교육과정(The Bribery Curriculum)" 이라는 기사는 "오직 잘한다(good job)는 말을 듣기 위해 무엇을 하라고 가르친다면 어떤 일이 일어나겠는가?" (Hechtman, 2000)

라고 묻는다. 아이들은 오직 자신이 한 일이 강화를 받을 때 자기가 '잘했다'는 사실을 알게 된다. 단순한 칭찬이나 애정의 표현도 강화가 될 수 있는데, 어쨌거나 자기가 한 일이 어떤 식으로든 강화를 받지 못하면, 어떻게 그것이 '잘한' 일인지를 알 수 있겠는가? 수행한 일이 강화를 받지 못하거나 혹은 무시되거나 어쩌면 더 안 좋게는 그 일로 인해 벌을 받게 되면, 잘(good)이라는 단어의 의미를 생각해 본다면, 그 일은 분명 잘한 일이 아닌 것이다. 사실 '잘했어!(good job!)'라는 말이 안아 주기, 뽀뽀, 사탕, 피자 같은 강화물과 함께 반복해서 사용되면, 바로 그 말 자체가 조건화된 강화물이 된다. 일단 '잘했어!'라는 말이 다른 강화물과 강력하게 연관이 되면, 사탕이나 피자가 제시되지 않아도 그 말은 그 자체로 강화물이 되는 것이다(부모나 교사가 '잘했어요!'라는 말을 다른 강화물과 연결시켜 사용하면 그 말 자체가 조건화된 강화물이 되는 것처럼, 친구들이 '넌 참 나쁜 아이야!(you're a bad man!)'라고 하는 말도 많은 아이들의 경우 조건화된 강화물이 된다. 여기서 나쁜(bad)이라는 단어는 좋은(good)을 의미하는데, 이는 나쁜이라는 단어가 우정(companionship)이라든가 공유(sharing)와 같은 사회적 강화물과 관련되어 사용되기 때문이다. 단어의 기능적(functional) 의미는 그 단어와 관련된 강화에 의해 결정되는 것이다).

하지만 여전히 강화를 비판하고 싶어 하는 사람들은 이렇게 물어볼지도 모르겠다. '어째서 조니가 숙제나 청소 같은 일을 하고 돈을 받거나 뇌물을 받아야 하는가? 사람이 적절한(proper) 일을 해야만 하는 이유는 그것이 적절한 일이기 때문이다.' 그러나 도대체 무엇이 '적절한' 일이란 말인가? '적절한 행동이란 강화를 받는 행동이다.'라는 것이 하나의 기능적 정의가 될 수 있다. 실제로, 동물이나 아주 심한 장애로 말을 하지 못하는 사람에게는 자신의 행동이 벌이 아닌 강화를 받게 되는 것이 자신의 행동이 적절하다는 것을 알 수 있는 유일한 방법이다. 또한 자신의 행동으로 벌을 받거나 강화를 받지 못하는 경우가 무엇이 적절하지 않은지를 알 수 있는 유일한 방법이기도 하다. 즉, 적절한 행동은 변별적으로 강화를 받게 되며, 적절하지 못한 행동은 강화를 받지 못하거나 변별적으로 벌을 받게 된다. 대부분의 중산층 아동의 경우

'적절한 행동'이 선택된다. 예를 들어, 중산층 아이들은 다음과 같은 말을 자주 듣게 된다. '잠옷을 입고, 세수를 하고, 양치를 한(적절한 행동) 다음에(수반성: contingency), 동화책을 읽어 줄게(강화물).' 중산층 10대들의 경우에는 '숙제를 마치고 플루트 연습(적절한 행동)을 다 끝낸 다음에(수반성), 남자 친구에게 전화를 해도 좋아(강화물).'라는 말을 듣게 된다. 이것이 뇌물이란 말인가? 적절한 행동이란 강화받는 행동인 것이다.

하지만 모든 사람이 이러한 전형적인 중산층 가정에서 태어나는 행운을 누리는 것은 아니다. 만약 우리가 일반적으로 '적절하다'고 인정되는 그런 일에 강화를 주지 않으면서도, 그런 행동이 일어나기를 바란다면 이는 진정 비현실적인 생각이다. 저소득층의 아이들이 자주 듣게 되는 말은 아마도 이런 말일 것이다. '야! 빨리 물 잠그고 내가 가기 전에 침대로 기어들어 가!'

적절한 행동이 강화되기는커녕, 이러한 부모의 말로 인해 아이들은 자기 전에 해야 할 일들을 학습하지 못할 가능성이 높아진다. 결손가정의 10대들은 아마도 이런 말을 듣고 자랄 것이다. '여기 이런 학용품들 좀 내 테이블에서 빨리 치워! 그 플루트로 머리를 박살내기 전에 그 시끄러운 소리 좀 집어치워! 왜 그 아무짝에도 쓸모없는 조니한테 전화를 하는 거야? 네가 전화비 낼 거 아니면 당장 끊고 나가서 만나서 얘기해!' 숙제를 하거나 음악 연습을 하는 그런 적절한 행동을 강화하는 대신, 숙제와 음악 연습의 가능성은 낮추고 성행위를 할 수 있는 가능성은 높이게 되는 것이다(이 책의 12장에서 설명하고 있듯이, 강압적인 부모의 이러한 습관이 적절한 양육기술로 바뀔 수 있게 가르치는 정적 강화의 원리를 기초로 고안된 부모행동 트레이닝은 자녀의 비행 발생률을 낮추고 학업 성적을 향상시키는 데 도움을 주고 있다).

사회적으로 '적절하다'고 인정되는 그런 행동이 강화되지 않거나 오히려 벌이 가해지는 환경에서 살고 있다면, '적절한' 행동은 환경에 의해 선택되지 않을 것이다. 이런 경우라면, 교육 시스템이라든가 교정 시스템 혹은 기타 사회단체에서 시행하는 토큰경제처럼 '적절한' 행동을 강화하기 위해 고안된 인공적인 강화 시스템이 필요해진다. 일단 사회적으로 기대되는 행동들이 충분히 강화되면, (적어도 그런 행동들이 강화를 받는 그 환경에서는) 그런 행동들이 선택될 것이다. 일단 그런 행동들이 선택되면, 전형적인 중산층 가정에서처럼, 적절한 행동이 강화될 것이다.

어쩌면 강화를 비판하는 사람들은 '그래도 여전히, 어찌되었든지 해야만 하는 그런 일에 과자나 토큰이나 스티커를 주는 것은 인간이 학습하는 자연적인(natural) 방식은 아니다. 아이들은 그들이 하는 모든 일에 보상을 바라지 않겠는가?'라고 주장할 수도 있다. 물론이다, 아이들은 보상을 기대하고 또 보상을 받는다. 강화는 사람이 무엇인가를 하게 되는 이유(why)다. 만약 행동이 발생한다면, 그 행동의 발생에는 이유가 있다. 물론 특정 행동에 대응하는 강화물이 무엇인지가 확실하게 확인되지 않을 수도 있다. 안타까운 것은, 어떠한 경우에는 사회적으로 기대되는 행동(예를 들어, 협력이나 혹은 개인의 위생 관련 행동)에 대해 자연적인 강화물이 주어지지 않는 경우도 있고, 자연적인 강화물을 발견할 수 없을 때도 있으며, 자연적인 강화물이 그 행동을 유지시키지 못하는 경우도 있다. 이런 경우, 그런 행동들을 조성하고 유지시키기 위해 **인공적인 강화물**(contrived reinforcer)을 제공하는 것이 필요해진다. 어떠한 행동이 발생하고 이에 대해 인공적인 강화물을 사용하게 되면, 그때의 강화물은 자연적이 아닌 비윤리적인 뇌물처럼 보일 가능성이 커진다. 하지만 그 행동이 부패하거나 불법적인 것이 아니라면, 인공적인 강화물의 사용은 전혀 비윤리적인 것이 아니다. 사실 많은 경우 아무것도 하지 않는 것(예를 들어, 방치해 두기)이 비윤리적인 것이지, 삶을 살아가는 데 필요한 기술을 가르치는 일에 인공적인 강화프로그램을 시행하는 것은 우리가 할 수 있는 가장 윤리적인 일인 것이다.

일단 인공적인 강화를 사용하여 행동이 확립되기만 하면, 그 행동은 자연 상태에서도 '발생된다'. 예를 들어, 아주 열악한 환경의 시골 보건소에 근무하는 직원은 이렇게 말하고 있을지도 모른다. '물과 비누라는 개념을 가르치는 것이 도대체 왜 이렇게 힘들까?' 많은 이유가 있겠지만(예를 들어, 자원의 부족이라든가 부모가 위생에 대해 전혀 가르치지 않았다거나) 어쨌거나 깨끗한 위생을 유지하는 것의 이로움이 시골 아이들의 행동에 영향을 주지 못한다는 것이다. 하지만 만약 깨끗한 위생 상태에 대해 과자나 위생용품 교환권 같은 인공적인 강화가 제공된다면, 아이들의 위생 상태는 매우 좋아질 것이다. 일단 이처럼 위생 상태가 좋아지게 되면, 좋은 위생 상태는 자연적인 강화물에 의해 강화를 받게 될 것이다. 즉, 좋은 위생 상태는 병에 대한 민감성, 가려움, 감염 등을 감소시키며, 직업을 갖게 될 가능성을 높이고, 타인과의 긍정적인 상호작용의 발생 비율을 높이게 되는 것이다. 사실 목욕을 하는 행동부터 설거지나 숙제를 하는 행동에 이르기까지 이러한 행동들에 대한 인공적인 강화는, 즉 토큰 혹은 사람들이 '뇌물수수'라고 호도하여 칭하는 그런 것을 제공하는 것은 교회가 운영하는 고아원이나 비행의 가능성이 있는 청소년을 위한 그룹 홈(group home), 그리고 미국 전역에 걸쳐 있는 각종 기관들에서 사용되는 아주 표준적인 관행이다(Sarafino, 2001, pp. 341-346 참조). 뿐만 아니라, 교실이나 직장 등에서도 그 상황에 적합한 행동을 발달시키고 유지시키기 위해 토큰과 같은 인공적인 강화가 정기적으로 사용되고 있다.

인공적 강화: 토큰경제와 가족교육 모델

비행 청소년과 '비행 가능성을 가진' 청소년을 위한 가족교육 모델의 가장 근본적인 재료는 인공적인 강화, 즉 토큰이다. 가족교육 모델(teaching-family model)은 보이스 타운(Boy's Town)이라든가 감리교회 그룹 홈(Methodist group home)을 포함하여 200여 개가 넘는 곳에서 사용되고 있는 모델이다. 가족교육 모델을 받는 청소년들은 무지한 비판가들이 말하는 '뇌물이나 혹은 다른 위협적인 요소가 없어도 어쨌든 해야만 하는' 그런 행동(읽기, 숙제, 개인위생 관련 습관, 불 끄기 등)을 하고 토큰을 받는다.

만약 싸움, 거짓말, 좋지 않은 말 등 반사회적이거나 혹은 사회적으로 적절하지 못한 행동을 하면 받은 토큰을 잃게 된다. 토큰은 과자라든가 TV 시청이나 용돈과 같은 '어쨌거나 그들이 가져야만 하는 것' 들인 강화물과 교환될 수 있다. 적절한 행동이 자연 상태에서 강화되기 시작하면(예를 들어, 높은 점수를 받거나 긍정적인 사회적 상호작용이 늘어나는 등), 인공적인 강화는 점차 줄어들게 된다. 청소년들은 일간(daily) 포인트 시스템에서 주간(weekly) 포인트 시스템으로 이동하게 되고, 점차 토큰(포인트)이 사용되지 않는 실적 시스템으로 이동하게 된다. 좋은 행동이 꾸준하게 유지되면, 청소년들은 집으로 돌아간다. 가족교육 모델을 이수한 청소년들의 성적과 학교 등교율은 향상되었으며, 범죄라든가 경찰 혹은 재판과 관련된 사건에 연루되는 빈도가 감소되었다(Kirigin et al., 1982; Wolf et al., 1987).

이처럼 보이스 타운을 운영하는 천주교 성당이나 감리교회 및 수많은 자선 종교단체는 인공적인 강화를 사용하고 있는데, 그렇다면 이들은 청소년들에게 '당근을 사용하고' '뇌물' 을 주고 있는 것이기 때문에 모두 부패하고 비윤리적이고 부도덕한, 즉 사악한(evil) 곳인가? 강화물의 사용을 비판하는 사람들은 우리가 그렇게 믿게끔 유도해 왔다. 콘은 자신의 저서 뒤표지에 "우리가 사람들을 동기화시키기 위해 인공적인 유인책을 사용하면 할수록 우리는 그들이 그 일을 하게끔 뇌물을 주고 있는 것이며, 이로 인해 그들은 그 일에 더욱더 흥미를 잃게 된다."(Kohn, 1993)라고 주장하고 있지만, 보다 합리적이고 객관적으로 결론 내리자면, 인공적인 강화를 사용하는 사람들은 몽테뉴(Montaigne)의 현명한 조언을 따르고 있는 것이다. "이로운 것이 있다면, 그곳에 즐거움이 있게 하라. 아이들의 건강에 좋은 음식이면 그 음식을 달콤하게 만들고, 아이들에게 해로운 음식이면 그 음식을 쓰디 쓴 쓸개즙에 잠깐 담갔다 주어라."(Montaigne, 1580/1958; 1992년 판, p. 176) 우리는 아이들의 건강하고 생산적인 행동에 강화를 주어야만 한다.

토큰경제를 비판하는 사람들은 토큰경제에 있을 때는 좋은 행동이 형성되었었지만 프로그램이 끝나고 시간이 지나면 형성된 좋은 행동이 사라진다는 데이터만을 선택적으로 보여 주고 있다(예를 들어, Kohn, 1993). 그러나 토큰경제가 다양한 사람들에게 효과적이며 프로그램이 끝난 후에도 수년 동안 좋은 행동이 지속되고 있다는 다양한 평가와 연구결과들(예를 들어, Kazdin, 1985)이 보여 주는 전반적인 큰 그림은 무시되고 있다. 물론 가족교육 프로그램을 받은 청소년이 반사회적이고 범죄적인 행동을 다시 할 수는 있다. 하지만 이러한 사실 때문에 그 프로그램이 효과가 없으며 사악하다고 말할 수는 없다. 청소년들이 반사회적인 행동으로 돌아가는 것은 사회적으로 적절한 행동이 자연 상태에서 강화가 되지 않았기 때문일 수도 있고, 그 청소년의 가정환경이 사회적으로 적절한 행동보다는 범죄적이고 반사회적인 행동에 보다 큰 강화를 주었기 때문일 수도 있다.

그러나 실제로 토큰경제 같은 프로그램을 이수한 많은 청소년들은 반사회적인 행동으로 다시 돌아가지 않는다. 예를 들어, 사우스캐롤라이나의 청소년 복지부(South Carolina Department of Youth Services)의 트렌트 힉스(Trent Hicks)와 리처드 멍거(Richard Munger)는 구조화된 토큰경제로 이루어진 가족교육 모델을 학교에 적용한 연구를 통해 학업 성적과 부모가 평가한 아이들의 행동 점수가 향상되었으며, '청소년 법정에 출두하거나 범죄 관련 행동에 대한 자기보고의 빈도가 일관되게 감소' 되었음을 보고하고 있다(Hicks & Munger, 1990, p. 63). 강화는 환경이 행동을 선택하는(강화하는) 자연적인 과정이다. 적응적이고 사회적으로 적절한 행동이 선택될 수 있도록 우리가 만들어 낸 환경의 크기가 우리 삶의 조건을 향상시키고 우리의 고통을 개선할 수 있는 바로 그만큼의 크기가 되는 것이다.

'강화는 강화되는 행동의 가치를 평가절하한다.' 는 신화

강화는 일반적으로 적응적이고 사회적으로 적절한 행동을 선택하는 데 사용되지만, 이러한 인공적인 강화를 적용하는 것을 비판하는 사람들은 강화, 즉 보상을 사용하게 되면 사람들은 강화를 받는 그 행동은 원래 가치가 없는 것이며, 그 행동의 가치는 단지 강화물을 받는 것뿐이라는 메시지를 전달받게 된다고 주장한다. "'이것을 해라 그러면 저것을 받을 것이다.' 라고 말하게 되면 '이것'은 자동적으로 평가절하 되어 버린다. 즉, 해야 하는 그 일은 좋은 것을 얻기 위한 아주 따분한 전제조건이 되어 버리는 것이다."(Kohn, 1993, p. 140)라고 콘은 주장한다.

가정 잡지인 『베터 홈스 앤드 가든(Better Homes and Gardens)』에 게재된 기사에서 부모가 아이 앞에 당근을 매달아 놓고 있는 만화를 그려놓고(사실 이러한 것들이 당근과 채찍이라는 신화를 더욱더 조장하고 있다) 보상에 대해 설명하면서 콘은 아이들이 무슨 생각을 하는지에 대해 자신의 생각을 들려 준다. "'X를 하면 금별 스티커나 아이스크림을 줄게.' 라고 말하면, 아이는 즉각적으로 '에이, X는 틀림없이 내가 하고 싶은 일이 아닐 거야. 그게 아니라면 나에게 뇌물을 줄 리가 없잖아.' 라고 생각한다."라고 콘은 계속해서 주장한다. "무엇인가에 보상을 주면 줄수록 그 일을 해야 하는 다른 이유들은 더욱더 증발하게 된다." (Holman, 1997, p. 114)

그러나 실제로는 강화를 받은 그 행동의 가치가 평가절하되는 것이 아니라, 강화는 강화받는 그 행동에 가치를 더하게 된다. 아이가 'X를 하면 금별 스티커나 아이스크림을 줄게.' 라는 말을 듣게 되면, 아이는 즉각적으로 '아, X는 정말 중요한 일임에 틀림없어. 그게 아니라면 X를 했다고 강화를 줄 리가 없잖아. 최선을 다해야겠군.' 이라고 생각하게 될 것이다. 부모가 아이에게 어떠한 행동을 하면 보상을 주겠다고 말하면, 아이는 그 과제가 자신의 부모에게 가치 있고 중요한 일이며 또한 자신에게도 틀림없이 중요한 일이라는 메시지를 전달받게 된다. 강화물이 발생하면, 이는 강화물을 가져온 그 행동과 연계된다. 강화를 받는 행동은 그 행동이 강화와 연계되어 있기 때문에 '2차적 보상가치(secondary reward value)' 를 유도한다(Eisenberger, 1992). 이러한 조건화 과정을 통해 그 강화물이 가치 있다고 인식하는 범위에서, 강화를 받는 어떤 한 행동이나 혹은 그 행동의 어떠한 차원이라도(예를 들어, 노력을 많이 하는 것) '가치 있는 행동'이 될 수 있는 것이다.

로버트 아이젠버거(Robert Eisenberger)의 학습된 근면성(learned industriousness) 이론의 기초가 되는 것이 행동에 강화 가치(reinforcement value)를 조건화시키는 것이다. "동물과 사람을 대상으로 한 수많은 연구결과가 노력에 보상을 주는 것이 근면성의 개인차를 만드는 변인이라는 사실을 보여 준다."라고 아이젠버거는 주장한다. "신체적으로 혹은 인지적으로 노력을 많이 하는 것에 보상을 주는 것은…… 노력을 많이 하면 보상을 받는다고 느끼도록 조건화한다. …… 2차적 보상가치를 노력을 많이 하는 것으로 조건화하게 되면, 이러한 노력이 행동 전반에 걸쳐 일반화됨으로써 역동적인 메카니즘이 생성된다." (Eisenberger, 1992, p. 248) 많은 노력에 강화를 주는 것은 노력하는 것이 가치 있다는 것을 알게 해 주기 때문에 결국 근면성을 만들어 내게 되는 것이다.

노력에 대한 강화는 노력하는 행동에 가치를 더해 주기 때문에 행동의 지속성을 증가시키고 일반적인 근면성뿐만 아니라 구체적으로 자기통제, 도덕성 발달, 학업 수행 등에 영향을 준다. "어떠한 것이 주어진 상황에서 노력이 변별적으로 강화를 받게 되면, 동일한 상황에서 반드시 훌륭한 수행이 나타나게 된다. …… [그리고] 훌륭하게 수행한 것에 대해 강화를 받는 그런 과제들이 다양하게 증가하면…… 과제 전반에 걸쳐 훌륭한 수행이 일반화된다." (Eisenberger, 1992, p. 250)

예를 들어, 도덕적 행동은 강화의 과정으로 직접적으로 선택될 수 있다. 만약 도둑질이나 커닝과 같은 비도덕적인 행동은 벌을 받고, 정직한 일을 하거나 진실을 말하는 행동은 강화를 받는다면, 도덕적 행동이 변별적으로 선택받게 되는 것이다. 비도덕적 행동에 비해 상대적으로 도덕적 행동이 변별적으로 강화를 만들기 때문에 도덕적 행동은 '가치 있는' 행동패턴이 되어 간다. 강화를 받는 도덕적 행동의 종류가 더욱 다양해지고(공유하기, 정직하기, 남을 돕기 등), 그런 도덕적 행동들이 강화를 받는 상황이 점점 더 많아지게 되면(집, 학교, 운동경기장 등), 도덕적 행동은 더욱더 강력하게 그리고 더욱더 일반적으로 선택된다.

그러나 도덕적 행동은 대개 많은 노력을 필요로 하는 반면, 비도덕적 행동은 적은 노력으로도 즉각적인 강화를 가져올 수 있기 때문에 비도덕적 행동에 솔깃해질 수밖에 없다(스스로 시험공부를 하는 것이 남의 답안지를 훔쳐보는 것보다 훨씬 더 수고롭고, 연구를 통해 과제를 직접 써 내는 일이 인터넷에서 과제를 다운받는 것보다 훨씬 더 수고롭고, 물건을 많이 팔고 성과급을 받는 것이 계산대에서 돈을 슬쩍 훔치는 것보다 훨씬 더 수고로운 일이다). 하지만 다행스러운 것은 예전에 노력한 것에 강화가 주어졌다면, 비도덕적 행동이 일어날 가능성은 줄어든다는 사실이다. 예를 들어, 아주 힘든 수학문제를 끝낸 것에 대해 강화를 받은 대학생이(노력에 대한 강화) 그렇지 않은 학생에 비해 단어 만들기(anagram) 과제에서 남의 답을 베낄 확률은 줄게 된다(Eisenberger & Masterson, 1983). "여러 가지 커닝 절차에 대한 이전 연구(Eisenberger & Shank, 1985)의 반복연구인 본 연구결과는 개인의 정직함은 과거에 직접적으로 정직함에 대해 받았던 강화에 영향을 받을 뿐만 아니라, 노력에 대한 조건화된 2차적 보상가치에도 영향을 받는다는 사실을 말해 주고 있다."(Eisenberger, 1992, p. 257) 메시지는 명확하다. 만약 부모나 교사 혹은 사장이 자녀나 학생, 혹은 직원에게 어떠한 행동이 가치 있다는 것을 가르치려 한다면, 그 행동은 반드시 풍부하게 강화되어야 한다. 이에 덧붙여, 정직한 행동은 정직하지 못한 행동에 비해 상대적인 수고로움을 담보로 하기 때문에 정직한 행동을 바란다면 정직한 행동 자체에 직접적으로 강화를 주는 것에 더불어, 그 행동에 들인 노력에도 반드시 강화를 주어야만 한다. 강화는 행동에 가치를 더해 준다.

'외재적 보상은 내재적 흥미를 손상시킨다.'는 신화

조건화된 인공적인 강화 프로그램은 강화를 받는 그 행동이 '가치 있는 행동'이라는 것을 알게 할 뿐만 아니라, 강력하고 유익한 많은 결과를 만들어 낼 수 있고, 또 실제로 만들어 내고 있다. 하지만 행동을 조성하고 유지하기 위한 이러한 강화 프로그램이 매우 해롭다는 신화가 널리 퍼져 있는 것 또한 사실이다. 어떠한 행동에 보상을 주면 그 행동에 존재하는 '내재적 흥미'(즉, '그 자체가 좋아서' 하게 되는 흥미)가 손상되거나 사라지게 된다는 것이 신화의 핵심이다. 그 신화는('시작하며' 참조) 이렇게 말한다. 만약 내가 독서를 했을 때 어떤 종류라 하더라도 인공적인 강화물(예를 들어, 돈이라든가 아빠와의 탁구 게임 혹은 아주 단순한 칭찬 등)을 받게 되면, 더 이상 나는 독서 그 자체를 위해 책을 읽지는 않게 될 것이다. 이제 독서란 단지 특정한 목적을 이루기 위한 수단으로만 생각될 것이며, 독서는 그 자체만으로는 더 이상 행동을 강화시키는 활동이 되지 않는다.

이와 같은 신화에 큰 타격을 받을 수밖에 없는 것이 바로 계획된 강화절차를 효과적으로 사용해 왔던 수많은 프로그램이다. 이 신화에 따르면, 강화란 결국 처음의 의도와는 반대되는 결과를 가져오기 때문이다. 예를 들어, 독서를 더 많이 하게 하려고 독서를 할 때마다 수잔에게 칭찬이나 포옹을 해 주거나 좋아하는 과자를 주면 단기적으로는 수잔의 독서 빈도는 증가할지 모르지만, 이러한 강화는 수잔이 점점 더 독서를 하지 않도록 만들 것이며, 결국에는 독서를 싫어하게 될 것이다. 즉, 독서를 하는 아이를 안아 주면 이는 결국 그 아이의 독서에 대한 '내재적 동기를 손상' 시키게 되는 것이다. 이러한 주장이 옳다면, 샘이 학교에서 우수한 성적표를 받았을 때 이에 대한 보상으로 부모가 돈을 주면, 샘은 결국 학교를 싫어하게 될 것이고 조만간 낙제를 하게 될 것이다. 따라서 보상이 흥미를 손상시킨다고 믿는 사람들은 결국 정적 강화를 통해 사람들을 도와줄 수 있는 어떠한 기회도 가질 수 없게 된다. 참으로 비극적인 것은 이러한 믿음이 미국교육의 기본 정책철학으로 자리매김하고 있다는 사실이다. 미국교육협회(National Education Association)의 지침서에는 『창의를 죽이는 방법(How to kill Creativity)』이라는 제목 아래 "보상에 대한 기대는 실제로 내재적 동기와 창의를 손상시킨다."라고 쓰여 있다. 지침서는 계속해서 이렇게 말한다. "다양한 보상, 즉 굿 플레이어 어워즈(good-player awards)로부터 마시멜로(marshmallows)에 이르기까지 다양한 보상에 대해 검증해 본 결과 모든 보상은 내재적 동기를 감소시키는 것으로 밝혀졌다." (Tegano et al., 1991, p. 119)

지금까지 수백 편의 연구들이 강화가 다양한 상황에서 다양한 인간 행동에 강력하고 유익하며 지속적인 효과가 있다는 결과를 보여 왔음에도 불구하고, 미국교육협회 등은 1970년대에 수행된 겨우 몇몇 연구들이 주장하는 '강화에는 해로운 효과가 있다는 사실이 증명되었다.'는 결론을 근거로 강화가 내재적 동기를 손상시킨다고 믿고 있다(이들 연구들에 대한 가장 최근의 객관적 리뷰를 살펴보려면 Cameron 등의 2001년 연구를 보라). 이 연구들의 전형적 패턴은 다음과 같다. 일단 아이들이나 대학생들에게 단순한 퍼즐 문제나 쉬운 과제를 제시한다. 그리고 피험자가 그 과제를 끝내고 나면 스티커나 칭찬 혹은 값싼 장식품과 같은 보상을 준다. 그런 후에 동일한 종류의 과제를 다시 피험자들에게 제시한다. 몇몇 연구에서 몇몇 참가자들은 처음 그 과제를 했을 때와 비교해 동일한 과제를 선택하는 비율이 낮아졌으며, 또 다른 몇몇 참가자들은 그 과제가 즐겁지 않았다고 보고하고 있다. 이 정도의 연구결과를 근거로 어떠한 상황에서는 보상이 '그 일을 또다시 하려 하는' 과제흥미에 '해로운' 효과가 있을 수도 있다는 결론에서 시작된 얘기가, 보상에 대해 격렬하게 비판하는 알피콘(Alfie A. Kohn, 1993)의 『보상은 벌이다(Punished by Rewards)』라는 책에서처럼 모든 상황에서 모든 보상은(여기서의 보상은 강화물을 의미한다) 본질적으로 사악한(evil) 것이며 효과가 없을 뿐만 아니라, 오히려 해롭기 때문에 절대 사용되어서는 안 된다는 주장에까지 이르게 된 것이다.

무엇이 진실일까? 강화 프로그램은 행동분석가라든가 교육자, 그리고 심리학자들에게 가장 유용한 도구인가? 혹은 콘의 주장처럼 보상은 진정으로 '처벌물(punishers)'인 것인가?(학문적 정의에 근거해 보면 강화물(reinforcer)은 처벌물(punishers)이 될 수 없고, 처벌물은 강화를 가져올 수 없다. 그러나 비전문적(nontechnical) 용어인 '보상'은 강화물로도 기능할 수 있고, 처벌물로도 기능할 수 있다). 보상을 사용해야 하는가 아니면 사용하지 말아야 하는가? 이 질문에 답하기 위해 수행된 내재적 동기와 보상의 효과에 대한 몇 편의 '메타분석'이 있다(메타분석이란 관련된 많은 연구들을 함께 모아 놓은 후 그 연구들의 통계분석 결과를 다시 통계적으로 분석하는 방법이다).

그다지 놀랄 일도 아니지만, 보상에 반대하는 연구자들이 수행한 메타분석 결과는 보상이 해로운 효과가 있다는 결론이고(예를 들어, Deci et al., 1999), 보상에 찬성하는 연구자들의 연구결과는 보상에 유익한 효과가 있음을 보고하고 있다(예를 들어, Cameron et al., 2001; Cameron & Pierce, 1994; Eisenberger et al., 1999). (메타분석은 동일한 자료를 이용한다 하더라도 연구자의 분석방법에 따라 상이한 결과가 도출될 수 있다. 분석에 어떤 선행연구들을 선택하고 이를 어떻게 구조화할 것인가 등은 연구자가 이들을 어떻게 분류하고, 어떻게 정의하느냐에 따라 달라지기 때문이다. 이는 메타분석의 타당성에 의문이 제기되는 이유 중 하나이기도 하다.)

이들 메타분석 중에서 가장 객관적인 연구는 아마도 『교육연구리뷰(Review of

Educational Research)』에 게재된 주디 카메론(Judy Cameron)과 데이비드 피어스 (David Pierce, 1994)의 논문일 것이다. 연구가 진행될 당시 카메론은 앨버타 대학 교(University of Alberta)의 교육학과 박사과정 학생이었다. 이 연구는 자신의 책을 팔기 위해 혹은 전문가로서의 명성을 위해 자신의 이론을 지지하는 결과를 얻으려고 수행된 연구가 아니라, 교육현장에서 보상 프로그램을 사용해야 하는지 사용하지 말아야 하는지에 대한 확실한 증거를 찾기 위해 수행된 것이었다(사실 Cameron에게는 특별한 이론을 지지해야 할 이유가 전혀 없었다). 그녀는 20여 년 간 수행되었던 연구결과들을 분석하여, "학교에서 학생들의 내재적 동기를 유지하거나 증가시키는 데 보상이 사용될 수 있으며…… 유형의(tangible) 보상이 제시되었을 때…… 교과에서의 동기가 유지되고 있었다."(Cameron & Pierce, 1996, p. 40)라고 결론 내렸다. 보상이 유익하다는 결과가 도출되었기 때문에 카메론은 후속으로 강화 프로그램을 지지하는 이론에 기초한 연구를 수행하게 되었다(예를 들어, Eisenberger & Cameron, 1996).

이전의 메타분석 연구들이 상반되는 결과를 보여 주고 있었기 때문에 카메론, 밴코, 피어스(Cameron, Banko, & Pierce, 2001)는 적절한 모든 연구를 포함시킨 또하나의 메타분석을 수행하였다. 예를 들어, 카메론과 피어스(1994)의 연구에는 96개의 선행연구들이 분석되었고, 디시와 그의 동료들(1999)의 메타분석에는 128개의 연구가 사용되었다. 반면 카메론과 그녀의 동료들(2001)의 연구에는 총 145개의 연구가 포함되었다. 가장 최근에 그리고 가장 포괄적으로 수행된 이 연구의 분석결과는 카메론과 피어스가 처음 수행한 연구결과와 정확히 일치한다.

우리의 분석결과는 보상이 과제를 수행하는 데 있어 아무런 방해 없이 흥미를 증가시키는 데 효과적으로 사용될 수 있다는 사실을 보여 준다. …… 보상은 점진적으로 수행을 조성하고(Schunk, 1983, 1984), 애초에 흥미가 없었던 과제에 흥미를 갖게 하며(Bandura, 1986),

과제에 대한 노력과 지속성을 유지하거나 향상시키는(Eisenberger, 1992) 데 사용될 수 있다(Cameron et al., 2001, p. 27).

보상이 해롭다는 관점을 지지하는 결과는 대개 인위적으로 고안된 실험실 연구에서 도출되고 있다. 이러한 연구들이 갖는 가장 큰 문제점은 실험 상황에서 아주 사소하거나 혹은 거의 의미 없는 과제와 보상을 사용하고 있다는 것이다(참으로 역설적인 것은, 이들 연구자들이 이처럼 사소하고 의미 없는 과제를 '내재적으로 동기화' 된 과제라 부르고 있다는 것이다). 또한 그 실험들에서는 보상이 오직 한 번만 주어지거나 혹은 주겠다고 약속한 후에 아예 주어지지 않기도 하며, 과제를 수행하는 시간은 매우 짧은 것이 보통이다(보다 깊은 논의를 살펴보고 싶은 독자는 Eisenberger & Cameron, 1996 혹은 Flora, 1990을 참조하라). 솔직하게 말하면, 이러한 '가짜(fake)' 보상절차는 소위 보상의 해로운 효과라 불리는 그런 결과를 도출하기 위해 고안된 것에 다름 아닐 뿐이다. 그리고 이러한 연구를 통해 얻어진 결과가 신화를 전파하고 싶어 하는 사람들에게 채택되었던 것이다. 스탠퍼드 대학교(Stanford University)의 마크 레퍼(Mark R. Lepper)와 그의 공동 연구자들은 "실험실에서의 많은 중요한 연구들이 실제 현실에서의 상황을 고려하지 않은 낯선 절차나 혹은 현혹적인 방법들을 채택하고 있으며…… 비현실적인 절차들이…… 여러 곳에서 발견된다."(Lepper et al., 1999, p. 671)라고 시인한다. 이처럼 비현실적인 절차를 사용하여 도출된 결과를 근거로 '보상으로 인해 내재적 흥미가 손상된다.' 라는 결론을 실제 사용되는 강화 프로그램에까지 일반화하는 것은 타당하지 않다. 레퍼와 그의 공동 연구자들은 이들 연구 중 하나의 연구를 예로 들면서, "연구자들이 일반화하고자 하는 이 연구결과는 일상생활에서 보상이 사용되는 방식을 전혀 반영하지 못하고 있다."(p. 671)라고 지적한다.

이들 연구들과 실제 사용되는 강화 프로그램 혹은 강화 관련 연구를 비교해 보자. 삶에 필요한 기술이나 학업에서의 성취(예를 들어, Hicks & Munger, 1990)나

노천탄광에서의 안전한 채탄과 같은 직업 관련 생산성 연구(Fox et al., 1987)에 있어 흥미와 관련된 행동은 매우 중요한 변인이다. '보상'은 그런 행동을 강화한다는 것이 증명되어 왔으며(즉, 어떠한 행동에 보상이 수반될 때 그 행동의 발생비율이 증가한다), 그 행동에 수반되는 강화물은 반복적으로 얻어질 수 있다. 이러한 상황에서는 거의 예외 없이 강화물이 해로운 효과가 아닌 이로운 효과를 갖는다. 이러한 연구결과는 광범위하게 일반화되어 있다(예를 들어, Baldwin & Baldwin, 2001; Rawson, 1992; Rawson & Cassady, 1995).

그렇다면 높은 교육수준의 지적인 사람들은 어째서 강화의 의도적(purposeful) 사용이 좋지 않다고 주장하는 것일까? 강화가 본질적으로 좋지 않은 것이라는 주장은 어쩌면 자연선택(natural selection)이 좋지 않은 것이라는 주장과 동일한 것일 수 있다. 자연선택이 하나의 사실(fact)인 것처럼, 모든 동물 세계에 있어 행동에 대한 강화 역시 하나의 사실(fact)이다. 강화란 그것이 좋다 혹은 나쁘다로 말할 수 있는 그런 개념이 아니라, 자연선택과 마찬가지로 그저 자연에 존재하는 것이다. 물론 인위적(artificial) 선택이 좋으냐 나쁘냐에 대해 논할 수 있는 것처럼(예를 들어, 그레이하운드를 번식하는 것이라든가 혹은 곡물의 부패를 방지하는 균을 배양하는 것), 의도적(purposeful) 강화가 좋으냐 나쁘냐를 논할 수 있고 또 실제로 그렇게 하고 있다(예를 들어, 사회적으로 바람직하다고 여겨지는 행동에 대해 인공적인 강화물이 제공되는 환경을 조성하는 것). 아이러니한 것은 강화의 사용에 반대하는 사람들이 그런 주장을 해 왔고, 지금도 주장하는 이유가 그런 주장에 대해 강화를 받아 왔기 때문이라는 사실이다! 강화를 체계적으로 사용하는 사람들이 뇌물수수에 찬성하는 입장이 아닌 것처럼, 그들 역시 설득적이라거나, 비윤리적이라거나, 악의적인 의도가 있다는 그런 말을 하자는 게 아니다. 내가 하고자 하는 말은 강화가 위력적이라는 것이다. 강화에 대한 초기의 연구들은 사람이 자각하지 못한다 하더라도 사람의 특정한 행동이나 관점은 체계적인 강화를 통해 변화되고 유지된다는, 즉 선택된다(selected)는 사실을 보여 주고 있다(예를 들어, Endler, 1965; Greenspoon, 1955; Verplanck, 1955).

기존의 이론에 반하는 연구결과가 도출되면(예를 들어, 보상의 해로운 효과; Deci, 1971, Lepper et al., 1973), 이는 아주 도발적인 가설이나 이론을 제안할 수 있는 근 거가 되기 때문에[예를 들어, 인지평가이론(cognitive evaluation theory). 이 이론에 대한 자세한 내 용은 Deci와 Ryan, 1985를 참조하라] 이 결과는 발견을 업으로 하는 과학자들에게는 매 우 가치 있는 즉각적인 강화물이 된다. 하나의 예를 들면, 그런 연구는 학술 지에 게재될 가능성이 높다[이러한 연구는 가끔씩 그 결과가 통계적으로 유의하다고 말할 수 있 는 최소한의 조건도 만족시키지 못함에도 불구하고 게재되는 경우가 있는데, 보상이 해로울 수 있다고 추 정하는 디시(Deci, 1971)의 초기 연구 '결과' 가 그런 예라 할 수 있겠다]. 학술지에 논문을 게재 하는 것은 연구자에 있어 생명줄이라 할 수 있다. 논문 게재는 종신재직권(즉, 고용보장), 승진, 급여 인상, 학회발표회 초청, 전문가로서의 인지도, 수익성 있 는 강연 등과 연관되어 있다. 이러한 모든 것이 바로 강력한 강화물인 것이 다. 어떤 분야에서 그 시기에 잘 알려진 전문용어를 사용해 기억하기 쉬운 이 름의 이론을 개발하고(예를 들어, '인지평가이론') 이에 대해 책을 쓰게 되면(Deci & Ryan, 1985), 자신이 받을 수 있는 강화물의 빈도와 양은 점점 더 증가하게 된다 (나 역시도 이 책에 수반하는 다양한 강화물을 기대하고 있다).

간단히 말하자면, 모순되는 증거가 있음에도 불구하고 자신의 믿음을 표출하 는 강도와 빈도가 높아지는 것은 그런 믿음을 표출하는 데서 얻을 수 있는 결 과 때문이다. 즉, 강화의 수반성의 기능인 것이다. 따라서 그 분야가 아닌 다른 분야의 모든 사람조차 그런 입장이 지지될 수 없다는 것을 쉽게 알 수 있는 경우라 하더라도, 그들은 계속해서 자신의 입장을 고수하게 되는 것이다.

예를 들어, 교회에 대한 입장(예를 들어, Goldstein & McGinnies, 1964)부터 교구부속 학교에 대한 연방정부의 보조에 대한 입장(예를 들어, Sarbin & Allen, 1964), 심지어 는 잘못된 것이 분명한 기하학적 도형이 옳다고 믿는 것(예를 들어, Endler, 1965)에 이르기까지 세상의 모든 것에 대해 그것을 믿느냐 그렇지 않느냐는 것은 사 회적 강화에 의해 통제된다는 것은 실험연구를 통해 잘 알려져 있는 사실이 다. 이처럼 지속적으로 확인되는 강화의 위력을 근거로 엔들러(Endler)는 "강화는…… 행동을 조성하는 데 있어 아주 강력한 힘을 가지고 있으며, 이는 종종 그것의 객관성(objective state of affairs)보다 훨씬 더 강력한 힘으로 기능한다." (p. 197)라고 결론 내렸다. 어떤 것에 대한 특별한 믿음을 표현해서 강화를 받은 경험이 그것의 객관성보다 훨씬 더 강력하게 기능하는 하나의 예가 '창조과학'을 옹호하는 것이 될 수 있으며, 외재적 강화가 내재적 동기를 손상시킨다는 믿음은 또 다른 예가 될 수 있겠다.

대학 교재에 나와 있는 과학적 방법론은 학생들에게 이론에 맞지 않는 결과가 도출되면, 그 이론은 결과에 근거해 수정되어야 한다고 가르치고 있다. 만약 이론에 반하는 결과가 매우 강력하거나 혹은 매우 자주 도출된다면, 그 이론은 폐기되어야만 하고 모든 결과를 수용할 수 있는 새로운 이론으로 대체되어야만 한다. 하지만 어떤 과학자가 25년이 넘게 하나의 특별한 이론이나 관점에 대해 논문을 쓰고 강연을 하고 이를 지지해 왔다면, 그리고 그런 행동들이 꾸준히 강화를 받아 왔다면, 자신의 이론과 모순되는 연구결과들이 아무리 강력하고 방대하다고 하더라도 그 과학자는 자신의 입장을 포기하지 못할 것이다. 하나의 특별한 관점에 대한 자신의 주장이 일생 동안 강화를 받아왔을 때, 반대되는 증거들이 그 과학자의 삶의 역사에 깃들어 있는 선택적 영향력을 지우기는 힘들 것이다.

지미 스왜거트(Jimmy Swaggart)나 제시 잭슨(Jessie Jackson) 같은 수많은 전도사나 전직 대통령이었던 빌 클린턴(Bill Clinton)과 전직 하원의장인 뉴트 깅리치(Newt Gingrich) 같은 수많은 정치인이 '가족의 가치'와 일부일처제가 얼마나 중요하고 또한 가치 있는지에 대해 수년 동안 설파해 왔으나, 이들은 반복적으로 간통에 연루되고 있다. 어쩌면 이들이 위선적이기 때문에 그런 불륜을 저지른다고 생각할 수도 있다. 그러나 강화된 조작적 반응군(reinforced operant response class)이라는 측면에서 생각해 보면, 이러한 행위는 전적으로 논리적이다. 가족의 가치에 대해 설교하는 언어적 행동이 이들에게 강력한 강화를 가져왔던 내력이 있었던 것이다. 가족의 가치를 실행하는 것과는 상관없이 '가족의 가치'를 설교하는 것이 기부금의 증가라든가 승진 혹은 정치적 지위, 특히 선거에서의 승리와 같은 아주 강력한 강화물에 의해 선택된 것이다. 또한 이들이 행한 성적 행위가 '가족의 가치'에 부합하는 행위였든지 그렇지 않았든지 간에, 그런 행위로 인해 아무런 벌도 받지 않았거나 받았다 하더라도 경미했던, 그런 강력한 강화의 내력이 있었던 것이 분명하다. 이러한 두 가지 상이한 조작군에 대한 강화의 내력으로 인해 두 가지 군들이 강력하게 선택된 것이다. 두 가지 조작적 행동들, 즉 가족의 가치에 대한 설교와 난잡한 성행위는 상이한 (일반적으로 상호 배타적인) 환경적 맥락에서 강화를 받아 왔기 때문에 두 가지 조작적 행동의 상대적 강도와는 무관하게 각각의 맥락에서 또다시 발생하게 되는 것이다. 다시 말하면, 이들 두 가지 종류의 행동은 상이한 자극통제 (stimulus control) 아래에 놓여 있는 것이다. 교회의 설교대가 주어져 있는 상황이라면 스왜거트는 설교를 할 것이고, 매춘부가 있는 상황이라면 스왜거트는……. 우리는 이미 답을 알고 있다.

잘못을 인정한다는 것은 처벌의 문이 열리는 것을 의미하므로, 정치인들은 잘못을 인정하는 대신 애매하게 답을 하고 허위로 설명한다(클린턴의 해명처럼 "이는 'is'가 의미하는 것이 무엇이냐에 따라 다릅니다."라는 식으로 말이다). 심리학자 또한 크게 다르지 않다. 강화의 적용에 반대하는 학자들은 강화의 수반성이 '타고난 심리학적 욕구'와 '성격을 발달시키는 진화되어 온 인간 내부의 재료'가 발달하는 데 방해가 된다고 주장한다(예를 들어, Ryan & Deci, 2000). 그러나 '성격을 발달시키는 진화되어 온 인간 내부의 재료'에 대한 어떤 증거도 없다. 도대체 어디에 이러한 '내부의 재료'가 저장되어 있다는 것인가? 내분비계 (호르몬의) 시스템에 저장되어 있는가? 아니면 근육계인가? 가장 좋은 대답은 '아무 데도 없다.'다. '성격을 발달시키는 인간 내부의 재료'란 존재하지 않는다.

성격발달을 가져오는 **진짜 재료**는 객관적인 자연과학이 성격을 설명하는 바로 그 지점에 정확하게 자리하고 있다. 즉, 한 개인의 사회적 · 물리적 · 역사적 **환경** 안에 진짜 재료가 존재하는 것이다. 성격이란 물리적으로 발달하는 개인과 그 개인이 자라는 환경 간의 역동적이고 상호 의존적인 상호 연관성의 산물이다. 잭슨, 클린턴, 깅리치의 성적 혹은 정치적 측면의 성격을 설명할 수 있는 '진화되어 온 내부의 재료'란 존재하지 않는다. 이러한 발달을 만드는 재료는 그들이 속해 있는 다양한 환경(사회적 그리고 물리적)이 어떠한 선택을 하는가와 어떠한 행동이 강화를 받는가다. 중국어나 영어를 할 수 있게 되는 것이 행동과 환경의 상호작용의 결과인 것처럼, 성격 역시 행동과 환경의 상호작용으로 인해 조성된다(shaped). 성격에 있어 '진화되어 온 내부의 재료'는 없으며, 존재하는 것은 물리적으로 진화된 유기체와 그들의 '성격특징'을 조성하는 환경의 선택적 영향력(즉, '환경적 재료')뿐인 것이다.

'타고난 심리적 욕구(innate psychological needs)'란 말은 그저 지적인 말장난(hocus-pocus)일 뿐이다. 라이언과 디시는 '역량(competence), 자율성(autonomy), 연대감(relatedness)'이 '타고난 심리적 욕구'이며, 강화의 수반성은 이러한 역량과 자율성, 그리고 연대감을 감소시키거나, 설령 감소시키지 않는다 하더라도 이들의 발현을 방해한다고 '상정한다(postulate).'(Ryan & Deci, 2000, p. 68) 그러나 진실은, 객관적이고 간결하게 말해서, '역량'과 '자율성' 그리고 '연대감'이란 행동이 정적으로 강화를 받도록 하는 인간의 욕구인 것이다.

⦂ 역 량

역량이란 자신의 일을 적절하게 수행할 수 있는 능력을 의미한다. 적절한 수행은 강화를 가져온다. 따라서 역량에 대한 객관적이고 기능적인 정의는 '강화되는 행동을 하는 것'이라 할 수 있다. 비둘기에게 정해진 순서에 따라 불빛을 쪼도록 훈련시킬 수 있다. 역량 있는 쪼기는, 즉 올바른 순서로 불빛을 쪼면 강화를 받는다. 역량이 부족한 쪼기는, 즉 순서가 틀리게 쪼게 되면 정적인 강화에서 타임아웃이 되는 결과를 초래하게 된다. 역량 있는 행동이란 강화를 받는 행동인 것이다. 읽기 행동은 읽기에 역량이 있는 아이에게 강화를 받게 한다. 읽기에 역량이 부족한 아이는 읽기에서 자연적인 강화를 받지 못한다(인공적으로 계획된 강화 프로그램이 유용한 대부분의 경우가 바로 이 지점이다). 수학에 역량이 있는 사람은 최대로 세금을 환급받거나 혹은 지출과 수입의 균형을 잘 맞추어 생활하는 이러한 수학적 행동들에 강화를 받는다. 수학에 역량이 없는 사람은 수학과 관련된 행동에 대해 강화를 받지 못한다. 그는 어쩌면 누군가에게 비용을 지불하고 연말정산을 맡겨야 할지도 모르며, 초과 인출된 계좌로 인해 벌금을 물 수도 있다. 스탠퍼드 대학교의 연구자이자 이론가인 앨버트 반두라(Albert Bandura)가 제안하듯, 역량 있는 행동이란 강화되는 행동이기 때문에 강화는 내재적 흥미를 증가시킬 수 있다. "수행을 하고 받게 되는 보상은 역량이 있다는 지각을 향상시킬 수 있으며, 이것이 결국은 내재적 흥미를 예측할 수 있게 하는 것이다."(Bandura, 1997, p. 221) 델라웨어 대학교(University of Delaware)의 로버트 아이젠버거와 그의 동료들이 대학생들에게 지각 관련 과제를 주고 참가자가 수행의 기준을 만족했을 때 돈을 지급했던 연구에서 발견한 것이 바로 자신이 역량을 가진 행동에 흥미를 느끼는 이유가 그 역량이 강화를 만들어 내기 때문이라는 사실이었다. "보상은 지각된 역량감을 증가시킨다."(Eisenberger et al., 1999, p. 1030) 더욱이 "수행에 수반하는 보상(performance-contingent reward)은 학생이 수행 이후에 그 과제가 즐거웠다고 느끼는 강도를 증가시킨다. …… 이러한 결과는…… 수행을 잘한 것에 대한 보상은 내재적 동기에 대해 증가 효과를 가져오며…… [그리고 보상이라는 것은 결국 역량을 의미한다는 사실을 보여 주고 있다."(p. 1031) 강화는 내재적 동기를 증가시키며, 역량 있는 행동이란 강화되는 행동을 의미한다는 것이 강화에 있어서의 진실이다.

⦙ 자율성

우리는 우리의 행위가 혐오통제(aversive control)
가 아닌 정적 강화를 받을 때 '자율성(autonomy)'을 느낀다. 어떤 사람들은(예를 들어, Kohn, 1993) 정적 강화가 어떤 결과를 만든다고 하더라도, 이는 결국 환경에 부과된 제약이기 때문에 강화에 따르는 수반성은 자율성을 손상시킨다고 주장한다. 그러나 연구결과들은 이러한 가정이 옳지 않다는 것을 보여 주고 있다. 지각된 자율성을 감소시키는 것은 오직 강요나 벌 혹은 부적 강화일 뿐이다. 강화는 지각된 자율성을 증가시킨다. 노르웨이의 연구자인 게이르 오버스케이드(Geir Overskeid)와 프로드 스바르탈(Frode Svartdal)은 "높은 수준의 보상을 약속받은 사람이 보상을 약속받지 못한 사람이나 혹은 작은 보상을 약속받은 사람에 비해 보다 높은 수준의 자율성을 느끼는데, 이러한 결과는 과제를 하는 방법에 대해 지시를 받거나 그렇지 않거나 혹은 과제를 선택하게 하거나 그렇지 않거나에 전혀 영향을 받지 않는다."(Overskeid & Svartdal, 1996, p. 319)는 결과를 보고하고 있다. 로버트 아이젠버거와 그의 공동 연구자들 역시 대학생을 대상으로 그들에게 지각 관련 과제에서 기준을 만족한 경우, 돈을 지급하는 실험을 통해 다음과 같은 사실을 발견했다.

수행에 수반하는 보상(performance-contingent reward)은 부과된 [실험실] 과제에 참여할 것인가 말 것인가를 자유롭게 선택할 수 있다는 참가자들의 느낌을 증가시켰다. [이뿐 아니라, 과제가 즐거웠다고 보고하는 정도와 실험이 끝난 후 그 과제를 스스로 또다시 수행하는 비율을 증가시켰다.] 이는 수행에 수반되는 보상이 지각된 자율성을 감소시키는 사회적 통제로 인식된다는 가정과 일치하지 않는 결과다. 오히려 연구의 결과는 수행에 수반하는 보상은 보상을 제공하는 개인이나 그룹 혹은 조직이 그 보상을 받을 가능성이 있는 이에게 통제를 거의 하지 않음으로써 지각된 자기 결정감[자율성]을 증가시키고, 보상을 받을 가능성이 있는 이들은 과제에 참여하여 보상을 받을 것인가 말 것인가에 대해 자유롭게 [자율적으로] 결정한다는 우리의 입장을 지지하는 것이었다(Eisenberger et al., 2000, p. 1031, 강조는 저자가 첨가한 것임).

또 다른 연구에서 아이젠버거와 그의 공동 연구자들은 미국 북동부에 위치한 전자 및 전기기구 할인 체인의 한 지점에서 근무하는 직원들을 대상으로 설문조사를 했다. 그 체인 조직은 아주 우수한 실적을 낸 직원에게 성과급과 봉급인상 정책을 시행하고 있었다. 설문조사 결과 다음과 같은 사실을 알 수 있었다.

수행에 수반하는 보상에 대해 매우 강한 기대감을 갖는 직원들은 자신의 작업 수행과 관련된 지각된 자기 결정감[자율성]이 증가한다는 것을 보여 주었다. …… 높은 성과에 대한 보상은 자유에 대한 지각 정도를 강하게 만드는 것 같았다. …… 높은 성과에 대해 보상을 기대하는 것은 직원이 자율성을 지각하는 정도와 정적인 상관이 있었다. …… [더욱이] 수행에 근거한 보상을 기대함으로써 높은 자율성을 경험한 직원은 스스로가 일상 작업에 있어 보다 적극적이고 보다 열정적이며 보다 활기차게 느낀다고 말했다. …… 이는 수행의 준거를 만족했을 때 제공되는 보상이 지각된 자율성과 내재적 흥미를 감소시키는 바람직하지 않은 형태의 사회적 통제(Deci, 1995; Deci & Ryan, 1985, 1987)라는 [믿음]과는 정반대의 결과인 것이다(Eisenberger et al., 1999, p. 1033-1036, 강조는 저자가 첨가한 것임).

간단히 말해서, 아이젠버거, 로즈, 카메론의 연구결과와 오버스케이드와 스바르탈의 연구결과는 모두 다음과 같은 결론에 수렴되고 있다. "만약 보상이 행동을 강화한다면, 보상은 자율성에 대한 느낌 역시 증가시킬 것이다." (Overskeid & Svartdal, 1996, p. 330) 강화에 대한 객관적인 진실은 강화는 지각된 자율성과 내재적 흥미를 증가시킨다는 것이다.

⁝ 연대감

라이언과 디시는 연대감(relatedness)을 "타인과 연결되어 있고 소속되어 있다는 것을 느끼려는 욕구"라고 정의하였다(Ryan & Deci, 2000, p. 73). 사람은 타인으로부터 사회적 강화를 받을 때 연결감과 소속감을 느낀다. 학생은 급우가 자신의 행동에 강화를 줄 때 그 급우와 연결되어 있다고 느낀다. '패스해! 여기가 비었어!' 라고 외쳤을 때 패스를 해 주고, 유머를 하면 웃어 주고, 골을 넣었을 때 환호해 주거나 혹은 등을 쳐 주거나 안아 주면, 이럴 때 바로 연결감과 소속감이 생기는 것이다. '패스해! 여기가 비었어!' 라는 외침이 무시되거나, 유머를 했을 때 비웃음을 당하는 등 급우나 가족으로부터 사회적 강화를 받지 못했을 때 연결감이나 연대감을 느끼지 못한다.

실제로 아이젠버거, 로즈, 카메론의 연구에 따르면, 직장에 대한 연대감이나 연결감의 정도는 높은 수준의 수행에 대한 보상의 정도에 따라 달라진다는 것을 알 수 있다. "일을 잘한 것에 대해 보상을 받게 될 것이라는 기대감은 직원이 자신의 자율성을 지각하는 것과 정적으로 상관되어 있으며, 이는 결국 자신이 몸담고 있는 조직이 자신이 하는 일을 가치 있게 생각하고 자신의 복지를 신경 써 준다는 믿음과 정적인 상관을 갖는다." (Eisenberger et al., 1999, p. 1033). 어떠한 무언가가 개인의 행동에 강화를 주면 줄수록 개인은 강화를 주는 그 무언가와(여기서의 무엇은 고용주일 수도 있고, 학교일 수도 있으며, 가족 혹은 친구일 수도 있다) 자신이 관련되어 있고 연결되어 있다는 느낌을 더 많이 갖게 된다는 것이 강화와 연대감에 대한 진실이다.

연대감: '칭찬의 문제점' vs. 칭찬의 힘

콘은 '칭찬의 문제점'('The Praise Problem')이라는 제목의 챕터에서 라이언과 디시의 이론에 근거하여 "언어적 보상의 한 형태인 칭찬은 일반적으로 해롭게 기능한다. 특히 어떠한 행위에 강화를 주는 의도적인 전략의 일환으로 칭찬이 조금씩 주어질 때 더욱 해롭다."(Kohn, 1993, pp. 101-102)고 주장하였다. 하지만 강화, 특히 언어적 강화인 칭찬은 사회적 관계를 서로 유지시키는 접착제 역할을 한다는 것이 진실이다. 결혼 연구가인 존 가트맨(John M. Gottman)은 2,000쌍이 넘는 부부의 관계성에 대한 연구에서(예를 들어, Gottman, 1994), 그들의 결혼이 지속될 것인가에 대해 90퍼센트 이상의 정확한 예측을 보여 주었다. 긍정적인 상호작용(예를 들어, 높은 수준의 칭찬) 대 부정적인 상호작용의 비율이 적어도 5:1 정도가 되는 부부의 결혼생활은 지속되고, 이 비율에 미치지 못하는 부부는 결혼생활을 지속하지 못한다는 것이다. 결혼생활이 지속될 것인가를 예측하는 것은 부부가 서로를 '사랑한다'고 말하는 것이 아니라, 결혼생활에서 서로에게 건네는 칭찬의 양이었던 것이다. 실제로 『미국 고등교육신문(Chronicle of Higher Education)』에 따르면, 모든 성공적인 관계에는 '정말 많은 정적 강화가 요구된다(가트맨의) 연구가 제안하는 5:1의 비율이 매우 적절한 듯 보인다.'(Monaghan, 1999, p. A9)

캔자스 대학교(University of Kansas)의 베티 하트(Betty Hart)와 토드 리슬리(Todd R. Risley)(1995)는 2년여에 걸친 아이와 부모에 대한 연구에서, 복지지원을 받는 가정이든, 노동자 가정이든, 전문 직업 가정이든 그 가정의 배경에 상관없이, 아이의 언어 점수와 IQ 점수에 가장 강력한 영향을 미치는 것은 부모와 대화하는 양, 특히 아이가 부모로부터 받는 칭찬의 양이라는 것을 발견했다. 가장 높은 언어 점수와 IQ 점수는 칭찬과 비난의 비율이 적어도 6:1인 아이들의 몫이었다.

교직수업을 수강하는 학생들과 응용행동분석 수업을 듣는 학생들에게 최근 며칠 동안 일상적인 사회적 상호작용이 일어나는 기간(예를 들어, 저녁식사 시간, 숙제하는 시간, 교생실습 시간 등)에 승인(즉, 언어적 칭찬)을 하는 비율 대 승인을 하지 않는 비율을 적어 오라는 숙제를 주었다(Flora, 2000). 물론 이들에게 숙제를 위해 평상시의 행동을 그대로 유지하도록 지시했다. 숙제가 끝난 후, 학생들에게 승인과 비승인의 비율이 5:1이 되도록 행동할 것을 요구했고, 그 이후에 어떠한 효과가 있었는지를 보고하게 했다. 세 가지 공통적인 결과가 도출되었다. 우선, 처음 기초 조사에서 알 수 있었던 것은 대부분의 학생은 자신이 그럴 것이라고 믿고 있던 만큼의 언어적 강화를 사용하지 않고 있었다. 둘째, 학생들이 칭찬하는 것을 증가시키고 그 칭찬의 빈도가 매우 높은 수준이 되었을 때, 그들이 칭찬한 사람의 행동이 개선되었다. 아이의 행동이 보다 정숙해지고 불평이 줄었으며 조르는 일이 감소했다. 칭찬을 더 많이 듣게 되자, 아이와 어른 모두 점점 더 다정해지고 기꺼이 도움을 주고자 하는 모습을 보였다. 마지막으로, 칭찬하기를 했던 사람들은 거의 대부분 자신들이 칭찬을 해 주는 양이 증가하기 이전에 비해 보다 행복하고 스트레스를 덜 받는 느낌이라고 보고했다. 즉, 칭찬을 받는 사람이 그런 것처럼, 칭찬을 하는 사람 역시 좋은 기분을 느끼게 되는 것이다. 칭찬, 즉 언어적 강화는 '연대감'을 받치는 힘인 것이다. 앞서 설명했던 하트와 리슬리, 존 가트맨, 플로라의 연구결과들은 성공적인 결혼생활, 똑똑한 자녀, 좋은 친구를 원한다면, 진심어린 칭찬을 많이 해야 한다는 것을 분명하게 알려 주고 있다. 칭찬이 이처럼 유용한 결과를 가져오고 있음에도 칭찬을 사용하지 말아야 한다는 주장은 도저히 용납될 수 없는 일이라 할 것이다.

하지만 강화의 사용을 반대하는 사람들은 칭찬을 비롯하여 모든 강화물은 사용되어서는 안 된다는 입장을 고수하는데, 이는 강화가 사회적 통제의 한 형태라고 생각하기 때문이다. 이러한 믿음에 따르면, 사회적 통제는 우리의 '내재적 흥미'를 손상시킨다. 만약 어떠한 행동에 '내재적인 흥미'가 생기는 데 있어 '자기 결정감'이 필요한 것이라면, '자기'가 그것을 하기로 '결정하는' 이유가 무엇이냐라는 질문에 대답할 필요가 있다. 진실에 근거한 대답은 강화가 자기가 무엇을 할지를 결정한다는 것이다. 사람은 자신이 칭찬과 같은 강화물 때문에 행동한다는 것을 기꺼이 인정하며, 그리고 이는 좋은 기분 역시 느끼게 한다!(Eisenberger et al., 1999, p. 1034; Flora & Flora, 1999; Flora, 2000; Gottman, 1994) 행동이 정적 강화로부터 발생하고 능력 있는 행동이란 강화되는 행동을 의미할 때, 그 행동을 자율적이라 느끼게 된다. 강화는 지각된 자기 결정감과 지각된 능력감을 증가시키는 것이다.

⋮ '내재적 동기'의 의미

내재적 동기에 대한 정의는 종종 동일한 논문 내에서도 다양하게 제시된다(예를 들어, Ryan & Deci, 2000). 외재적 동기와 내재적 동기에 대한 정의 중 하나는 "외재적 동기란 행위 자체와는 분리된 어떠한 산출물을 얻기 위해 행위를 하는 것이며, 따라서 이는 행위 자체의 고유한 만족을 위해 행위를 하는 내재적 동기와는 대조적"(p. 71)이라는 것이다. "정의에 따르면, 내재적으로 동기화된 행동은 자기(self) 내부에서 유래된다."(p. 74) "내재적 동기에 대한 우리의 이론은 내재적 동기의 원인에 대해서는 크게 관심을 두지 않는다(우리는 이를 진화되어 온 성향이라고 본다, Ryan et al., 1997 참조). 우리가 검증하고자 하는 것은 이러한 선천적인 성향을 끌어내고 지탱하는 조건 대 억누르고 감소시키는 조건이 무엇인가의 문제다."(p. 70)

내재적 흥미를 '진화되어 온 선천적 성향(evolved innate propensity)'이라고 칭하는 것은 그럴듯해 보이지만, 내재적으로 동기화된 것처럼 보이는 행동의 진짜 원인은 바로 우리 코앞에 존재한다. 그것은 바로 강화인 것이다! 내재적으로 동기화된 행동이 자기 내부에서 유래된다는 주장은 허위설명(pseudo-explanation)이며, 이는 책임회피(cop-out)일 뿐이다. 행동이 어떤 방식으로 '자기 내부에서 유래'되는가? 행동이 어떤 이유로 '자기 내부에서 유래'되는가? '자기 내부에서 유래된다.' 는 것의 의미는 무엇인가? 디시와 라이언은 제대로 된 설명을 회피하기 위한 방법으로서 진화된 성향이라는 주장만 하고 있으며, 내재적 동기에 대한 이러한 아주 기본적인 질문들을 전혀 다루지 않는다.

신뢰할 수 없지만, 라이언과 디시는 강화가 흥미를 '발현시키고 지탱하는' 것이 아니라 흥미를 '억누르고 감소' 시킨다고 주장하면서, "과제에 수반되는 유형의(tangible) 보상을 기대하는 것은 내재적 동기를 감소시킨다."(Ryan & Deci, 2000, p. 70)고 하였다. 만약 이것이 사실이라면, 타이거 우즈(Tiger Woods)가 골프대회에서 우승을 했을 때 상금을 지급하면 안 될 것이다. 상금을 받으면 그는 골프를 정말로 싫어하게 될 테니까 말이다! 이러한 진술을 믿고 있는 사람들은 절대 공예가들의 작품을 구매해서는 안 될 것이다. 그렇게 되면 공예가들의 공예에 대한 흥미가 감소할 것이기 때문이다.

강화가 내재적 동기에 해롭다는 주장이 얼마나 터무니없는 것인지는 자연과학으로서의 강화의 관점을 검증해 보거나 혹은 그저 정직한 눈으로 우리의 일상을 관찰해 보기만 해도 분명하게 알 수 있다. 외재적(extrinsic)이라는 단어와 내재적(intrinsic)이라는 단어를 인공적(contrieved)이라는 단어와 자연적(natural)이라는 단어로 바꾸어 보면 그런 주장의 비논리성은 매우 분명해진다. 예를 들어, 맑은 공기를 마시는 것과 물고기를 잡는 것은 둘 다 낚시를 '내재적으로 흥미롭게' 만드는 자연적인 강화물이다. 그리고 물고기를 팔아서 돈을 버는 것은 인공적인 강화물, 즉 낚시에 대한 외재적 강화물이 된다. 하나의 행동이 때로는 자연적 강화와 인공적 강화라는 두 가지 기능이 동시에 작용하여 발생할 수 있다. 만약 어린 딸이 아버지와 함께 낚시를 하면서 맑은 공기를 마시고 아버지와 친밀감도 쌓고 자기가 잡은 물고기를 먹은 후에 남은 물고기를 팔았다고 해 보자. 그렇다면 그 딸은 낚시에 대해 내재적으로 동기화된 것인가 아니면 외재적으로 동기화된 것인가? 이러한 구분이 중요한가? 딸의 낚시라는 행동은 서너 가지의 자연적 강화와 인공적 강화가 섞여서 나타난 것이다. 그녀의 행동은 '자기 내부에서 유래'된 것이 아니다.

한편으로는 '내재적으로 동기화된 행위는 그 행위에 동반되는 본질적인 만족감 때문에 발생하며, 따라서 행위 자체와는 분리되어 있는 보상이나 강화 때문에 발생되지 않고'(Ryan et al., 1997, p. 710) '자율적'이며 '자기 결정적'이라고 주장하고, 다른 한편으로는 내재적 동기가 '선천적' '진화되어 온' 성향이라고 주장하는 것은 자연선택에 대한 이해가 전무하다는 것을 보여 준다. 자연선택, 즉 진화란 환경과의 상호작용에 종속되며, 환경과의 상호작용의 함수다! 그들의 정의에 따르면, 자율적이고 자기 결정적인 행위는 환경과의 상호작용에 있어 독립적이어야 하는데, 진화되었다고 가정되는 어떠한 현상에는 환경과의 상호작용이 절대적으로 필요하다.

두 사람이 있다고 생각해 보자. 이 두 사람은 모두 '낚시를 사랑한다'. 그들은 낚시에 '동반하는 본질적인 즐거움(미끼를 바늘에 꿰는 일, 바다에서 불어오는 산들바람, 낚싯대를 드리우는 지점을 선택하는 재미, 배를 타는 즐거움 등)' 때문에 낚시를 한다. 하지만 이들 중 한 명은 자신이 먹기에 충분한 혹은 가족에게 가져다줄 만큼 많은 고기를 잡지 못한다. 반면 다른 한 명은 자신이 배부르게 먹고, 가족에게도 가져다주고, 그러고도 남는 물고기는 다른 물건과 교환('외재적' 강화물)할 수 있을 만큼 낚시를 잘한다. 자연선택 혹은 조작적 선택은 오직 낚시가 강화를 받게 되는 두 번째 사람만이 생존할 수 있게 한다. '내재된 만족' 때문에 낚시를 사랑하는, 하지만 낚시에 강화를 받지 못하는 그 사람은 다른 기술을 배워야만 할 것이다. 그렇지 않으면 그냥 죽게 될 것이기 때문이다.

조작적 선택이라는 관점에서 보자면 오직 성공적으로 낚시하는 어부의 행동만이 선택된다. '내재적 동기'는 강화에 종속되는 것이다! 실패한 어부는 '부두로 돌아오는 배 안에 아무것도 없지만, 물고기의 비린내도 없잖아요!'라고 웃으며 말할지도 모르겠다. 역량 있는 낚시와 역량이 없는 낚시에 대한 이러한 변별적인 결과는 오직 낚시에 성공하는 사람에게만 낚시가 '내재적으로' 혹은 자연적으로 강화된다는 느낌을 주면서 그가 낚시하는 행동을 지속시킬 것이다. 그것이 '내재적으로 동기화된' 이라고 불리든 '외재적으로 동기화된' 이라고 불리든, 어찌되었든지 모든 행동은 그것이 자연적 결과이든 인공적 결과이든 간에 그 행동의 결과에 대한 함수다(문제는 인공적인 강화로 생산적이며 사회적으로 적절한 행동을 유지시키는 것이 가능하지 않을 때, 자연적인 강화로 어떻게 그런 행동을 발달시키고 유지시킬 수 있느냐는 것이다).

많은 행동들은 인공적 강화물과 자연적 강화물 모두의 기능으로 발생한다. 아이가 낚시를 하는 이유는 낚시라는 행동이 제공하는 다양한 감각 관련 자극이 즐겁기 때문이기도 하고(감각 관련 자극은 매우 기본적인 강화물이다. 이에 대해서는 Baldwin & Baldwin, 2001을 참조하라), 잡은 물고기를 먹을 수 있기 때문이기도 하다(자연적 강화물). 동시에 그 아이는 낚시 기술에 대해 칭찬을 받는 것이 좋아서 혹은 잡은 물고기를 팔 수도 있기 때문에(인공적 강화물들) 낚시를 하기도 할 것이다. 강화의 사용에 반대하는 사람들은 "과제 수행으로 받게 될 유형의 보상을 기대하는 것은 언제나 내재적 동기를 손상시킨다."(Ryan & Deci, 2000, p. 70)고 가정하기 때문에 칭찬이라든가 물고기를 팔고 받은 돈 같은 인공적 강화물은 자연적 강화물을 손상시킬 것이라고 주장할 것이다. 강화절차에 반대하는 사람들은 행동이 강화를 받았기 때문에 그 행동은 더 이상 '자기 결정적' 이거나 '자율적' 이지 않으며, 따라서 내재적 흥미가 손상된다고 상정하는 내재적 흥미에 관한 오개념을 만들어 놓았다. 도대체 남은 물고기를 파는 것이나 칭찬받는 것이 낚시에 수반되는 감각 관련 자극이라는 자연적 강화를 어떤 식으로 '손상시킨다' 는 것인가? 어떤 아이는 모험 이야기가 재미있어서 혹은 스포츠 게임을 배우는 것이 즐거워서(독서에 수반하는 자연적 강화물) 독서를 할 수 있다. 그 아이는 독서를 한 것에 대해 칭찬을 받을 수도 있고 혹은 책 한 권을 읽을 때마다 2달러를 받을 수도 있다(인공적 강화물). 강화의 사용에 반대하는 사람들은 독서로부터 얻게 되는 칭찬이나 돈, 즉 인공적 강화물이 자연적 강화물을 손상시킨다고, 즉 '내재적 동기를 손상시킨다.' 고 주장할 것이다. 도대체 독서를 하고 돈을 받거나 혹은 칭찬을 받는 것이 어떤 식으로 모험 이야기에 대한 즐거움과 스포츠 게임에 대한 학습을 '손상시킨다' 는 것인가? 진실은 외재적인 인공적 강화물이 그 행동을 하는 것에 오히려 가치를 더해 준다는 것이다. 외재적인 인공적 강화물은 행동을 손상시키지 않는다.

자유를 느끼는 것과 자유롭게 행동하는 것

만약 다리에서 이 책을 떨어뜨리면, 이 책의 페이지들은 펄럭거리며 떨어질 것이고 몇몇 페이지들은 찢어질지도 모른다. 하지만 이 책이 어떤 식으로 펄럭거리고 또 어떤 식으로 찢어질지에 대해서 예측할 수는 없다. 바닥으로 떨어지는 것은 아마도 '자유낙하(free fall)' 라는 말로, 즉 '바닥으로 자유롭게 떨어진다.' 라는 말로 묘사될 수 있다. 하지만 낙하에 대한 지식을 가진 물리학자는 '책이 자유롭게 떨어지는 것처럼 보인다고 하더라도, 책이 던져진 각도, 현재의 풍속, 다리의 높이, 책의 무게, 책 겉면의 결, 그리고 이들 이외에 책의 다른 모든 물리적인 특성과 책이 떨어지는 시점의 환경적 조건들을 알 수 있다면, 즉 모든 관련 있는 자연적 변인이 주어진 상황에서는 책이 자유롭게 낙하하는 것처럼 보이겠지만 실제로 그 책은 오직 그 방식으로 낙하할 수밖에 없다.' 라고 말할 것이다. 자유롭게 낙하하는 것처럼 보이지만, 실은 그 낙하는 100퍼센트 결정되어 있는 것이다. 물론 인간의 행동은 책이 다리에서 떨어지는 것보다 훨씬 더 복잡하고 역동적인 것이 사실이다. 그럼에도 불구하고, 이러한 비유는 인간의 행동에도 적용될 수 있다. "결정론적 입장은 …… 행동은 **법칙적**(lawful)이며, 행동의 원인은 환경적 조건들 내에서 확인될 수 있다는 것이다. …… 인간의 행동은 법칙적으로 예측될 수 있다. 사람들은 과거의 사건이나 현재의 상황 때문에 무언가를 하거나 혹은 무언가를 하기로 결정한다." (Alberto & Troutman, 1999, p. 39) '자기 결정감' 이나

'자율성'이라는 느낌은 주로 정적 강화는 있고 강압적인 통제(부적 강화와 처벌)가 없었던 과거의 사건과 현재의 상황에 의한 산물이다.

혐오적인 결과를 가져오는 통제 아래에서는(처벌과 부적 강화) 행동이 자유롭지 않은 것이 사실이다. 자유라든가 자기 결정감이라는 느낌에 대한 개념과 그 중요성은 대개 혐오스러운 결과(부적 강화와 처벌)에 의해 통제되는 행동과 정적 강화에 의해 통제되는 행동이 대조적인 결과를 낳는다는 것과 관련이 있다. 뉴햄프서 대학교(University of New Hampshire)의 윌리엄 바움(William M. Baum)은 "우리는 어떤 것을 선택하지 않고 다른 어떤 것을 선택할 때 자유롭고 행복하다고 느낀다. 이는 선택하지 않은 행동으로 벌을 받지 않았기 때문이 아니라, 선택한 행위로 보다 많은 정적 강화를 받았기 때문이다."(Baum, 1994, p. 155)라고 주장한다.

만약 전쟁에서의 포로가 자신의 조국에 대항하는 선언문에 서명을 해야만 하는 상황이라면, 만약 서명을 하지 않으면 그의 동료와 자신이 죽게 되는 상황이라면, 선언문에 서명을 하는 그의 행동은 분명 강압에 의한 것이다. 즉, '자유의지'란 없는 것이다. 그러나 일을 위해(정적 강화) 이민을 하는 사람이라면, 아마도 그는 모국의 국적을 '자유롭게' 포기할 것이다.

사람들이 '자유의지'라든가 '자기 결정감'이 중요하다는 주장을 할 때, 그들이 실제로 주장하고자 하는 것은 (대개) 강압의 사용에 대한 반대다. "문명의 역사란 권력의 남용에 대한 지속되는 이야기다. …… 역사는 약자의 희생으로 강자에게 강화를 증가시켜 왔다."(Martin & Pear, 1999, pp. 388-389) 미국은 스스로를 '자유의 대륙'이라고 칭하는데, 이는 미국이 영국의 수많은 강압적인 식민 정책들(예를 들어, 법에 근거하지 않은 과세, 재판 없는 투옥, 영장 없는 정부의 압수수색 등)을 제거하며 발전해 왔기 때문이다. 국가나 개인이 '자유를 얻는다'는 것은 언제나 통치세력의 강압적인 통제를 제거했다는 것을 의미한다. 이제 우리와 우리의 행동은 어쩌면 강압적인 통제에서 어느 정도는 자유로워졌는지도 모른다.

스키너는 "그것이 어떻든 간에, 의도적인 혐오통제란 윤리, 종교, 정부, 경제, 교육, 심리치료, 가정생활과 같은 대부분의 사회적 조직의 전형적 패턴이다."(Skinner, 1971, p. 26)라고 주장하였다. 어떤 종교는 사람들에게 '이것은 하고 저것은 하지 마라. 그렇지 않으면 지옥에서 영원히 불에 타게 될 것이다.' 라고 설교한다. 정부와 경제는 '이것을 하지 마라. 그렇지 않으면 벌금을 물릴 것이다. 이것을 하면 감옥에 가둘 것이다.' 라고 명령한다. 교육의 역사 또한 크게 다르지 않다. "수업이 진행되고 있는 어떤 학교를 방문해 보라. 아이들이 맞아서 우는 소리, 선생이 화나서 지르는 고함소리만 들을 수 있을 것이다."(Montaigne, 1580/1958) 가정 또한 비슷하다. '빨리 식사 끝내고 엄마를 도와라. 그렇지 않으면 엉덩이를 맞게 될 거야.' 이러한 혐오통제의 산물로서 공격성과 폭력이 증가한다(Sidman, 1989; Straus, 1994). 공격성이 가끔은 혐오통제를 제거시키거나 감소시키기 때문에 "사람들은 공격적인 행위를 하거나 혹은 공격적으로 손상을 입힐 수 있는 징후에 강화를 받는 경향이 있다."(Skinner, 1971, p. 27)

이러한 관점에 근거해 보면, '자유로워진다' 거나 '자기가 결정한다' 는 것은 혐오적인 통제나 벌 그리고 벌로부터의 위협, 즉 강압으로부터 자유로워진다는 의미라 할 수 있다. 그러나 이러한 '자유에 대한 문헌' 들이 모든 통제와 통제하려는 모든 시도가 사악한 것이라는 지점에까지 과도하게 일반화되어 왔다. "인간의 행동을 능숙하게 다루고자 하는 사람은 사람을 필요에 의해 이용하려고 몰두하는 사악한 사람이라 칭해진다. 통제는 명백하게 자유와 반대되는 개념이기에 자유가 선이라면, 통제는 악이 되는 것이다."(Skinner, 1971, p. 38) 물론 이는 인간의 행동은 통제되고, 이러한 통제가 사회와 인간이 성공하도록 기능하게 한다는 너무도 많은 증거들로 인해 지지될 수 없는 입장임에 틀림없다. 인간은 절대로 완전히 자유로울 수 없고, 언제나 환경의 제약을 받는다. 미국에서 나는 자유롭게 도로의 왼쪽으로 운전하거나, 파란 불이 켜졌을 때 멈추거나 빨간 불이 켜졌을 때 가거나 할 수 없다. 나는 자유롭게 핵 기술자로 일할 수 없으며, 자유롭게 화학이나 물리 수업을 개설할 수도 없다. 나는 오직 행동분석과 심리학 분야의 과목만을 '자유롭게' 가르칠 수 있다. 내가 어떤 과목을 가르치느냐는 것과 그 과목을 언제 어디서 가르치는가의 문제는 수많은 제약에 의해 통제된다.

하지만 도로에서 특정한 방향으로만 운전해야 하는, 이처럼 자유가 거의 없는 제약으로 인해 나는 안전하게 운전할 수 있으며 나와 타인이 다치지 않게 되는 것이다. 내가 자격이 없기 때문에 자유롭게 핵기술자로 일할 수 없고, 잠재적 위험이 내재되어 있는 여러 가지 일들을 자유롭게 할 수 없기 때문에 많은 생명이 보호될 수 있다. 아무 과목을 아무 때나 가르칠 수 있는 자유가 없다는 사실은 내가 자격을 갖추지 못한 분야를 가르칠 수 없도록 하며, 이는 결국 내 수업에서 학생들이 정확하고 유용한 지식을 배울 수 있게 한다. "[자유를 옹호하는 사람들이] 간과하고 있는 것은 혐오적인 결과를 가져오지 않는 그런 통제에 대한 것이다."(Skinner, 1971, p. 38)

또 하나 그들이 간과하고 있는 것은 계획된 통제(planned control)의 반대 개념이 자유(freedom)가 아니라 무질서(anarchy)라는 사실이다. 문명화된 통제가 없다면, '인간의 삶'은 '고독하고, 빈곤하고, 끔찍하고, 야만적이고, 짧아질' 것이다(Hobbes, 1651/1997). 문제는 통제가 아니라 강압적인 통제다. '자유롭다는 느낌'은 어떠한 행동이 정적 강화의 통제 아래에 있을 때 발생한다. "어떠한 행동의 원인이 될 것 같은 그럴듯한 즉각적인 사전 사건이 없어 보이는 경우, 정적 강화에 의한 조작적 행동은 그런 사전 사건에 영향을 받는 행동과 구별되어 보이고, 그 결과 자유의지라 불리는 내적으로 발생되는 행동으로 간주된다."(Skinner, 1974, p. 197) 정적 강화의 통제 아래에 있는 이 행동이 바로 디시와 라이언이 내재적으로 동기화된 행동이 '자기로부터 유래되었다'고 주장하는 그 행동이다. 조작적 행동은 과거의 행동과 환경 간의 상호작용에 의해 선택된다. 철학자인 브루스 월러(Bruce Waller)의 주장처럼 자유란 환경적 통제의 부재를 의미할 수 없다.

만약 자유가 환경의 통제에서 탈출하는 것을 의미하는 것이라면 (혹은 통제적인 환경에 대한 잠재적 지식으로부터 탈출하는 것이라면), 아마도 자유란 존재하지 않을 것이다. 환경을 벗어나는 것은 가능하지 않기 때문이다. 그런 탈출은 어떤 경우에도 자유가 될 수 없다. 반대로, 그 탈출은 인간을 고립되고 보잘 것 없게 만들 것이다 (Waller, 1999, p. 203).

자유에 대한 유용한 정의

만약 죽지 않고서는 환경에서의 강화와 벌에서 자유로워지는 것이 불가능하다면, 자유의 실재란 무엇인가라는 질문이 남는다. 분명한 것은, 만약 자유를 환경에서의 수반성에 독립적인, 즉 환경에 자유로운 것이라는 의미로 규정하게 되면, 자유는 존재하지 않는 개념이 된다. 하지만 만약 자유를 월러가 정의한 것처럼 기능적으로 정의하게 되면 자유라는 개념은 유용하게 유지될 수 있다. "자유란 환경에서 성공하기 위하여 매우 넓은 범위에 조성된 행동들을 가지고 우리의 환경에 효과적으로 대응할 수 있는 능력과 기회다." (Waller, 1999, p. 203)

월러의 자유에 대한 정의는 내재적 흥미를 손상시킨다는 신화를 지지하는 사람들이 주장하는 것처럼 정적 강화의 사용을 피하는 것이 아니라, 자유, 자유의지라는 느낌, 자기 결정감이라는 느낌을 극대화하기 위해 정적 강화가 사용될 필요가 있음을 제안하고 있는 것이다. "혐오적인 자극으로부터 자유로운 사회적 환경을 만들기 위해 환경을 파괴하거나 환경으로부터 도망칠 필요는 없다. 우리에게 필요한 것은 환경을 다시 디자인하는 것이다." (Skinner, 1971, p. 39)

강화는 자유를 증가시킨다

개인에게 선택권을 증가시켜 주면, 강화는 실제로 개인의 자유를 증가시키게 된다. 행동이 순수하게 강화의 산물이냐 혹은 '자유의지'의 산물이냐에 관계없이, 사람은 오직 자신이 할 수 있는 행동만을 할 수 있을 뿐이다. 예를 들어, 매우 극심한 발달장애를 가진 많은 사람들은 요구되는 과제에서 벗어나려고 자해를 하는 것 말고는 기능적인 의사소통의 기술을 가지고 있지 않다. 이러한 사람들에게 자유란 없다. 그들은 자신을 돌보아 주는 사람이 해 주는 대로 받아들일 뿐이다. 다행스럽게도, 최근에는 이러한 발달장애를 가진 사람들에게 폭넓게 사용되는 강화절차가 개발되어 많은 사람들이 수화와 같은 의사소통 기술을 학습할 수 있게 되었다. 일단 이들이 의사소통 기술을 학습하게 되면, 이들은 정말 참된 의미로 '자유로워'진다. 이제 그들은 훨씬 더 강화를 잘 받을 수 있는 형태로 그들이 원하고 필요로 하는 것에 대해 의사소통할 수 있기 때문이다. 더 나아가, 연속적인 근사치(successive approximations)에 강화를 받음으로써 행동을 조성하고자 하는 그런 절차를 통해 발달장애를 가진 사람은 옷을 입고, 목욕을 하고, 집안 살림을 하고, 용변을 보는 것과 같은 수많은 독립적인 삶의 기술을 배울 수 있게 된다. 이러한 기술을 조성하는 데 있어 처음에는 인공적 강화가 필요하지만, 이러한 기술이 숙달되고 나면 대개 자연적 강화가 그 역할을 하게 된다. 강화에 의해 조성된 새로운 기술들로 인해 그들의 자유는 증가하게 된다. 자신을 돌봐 주는 사람에 대한 의존도가 감소하기 때문이다. 예를 들어, 음식 만들기나 옷 입기, 혹은 입을 옷을 선택하기 같은 행동이 많이 조성되면 될수록 그들은 더욱더 '자신을 위한 일에 자유롭게' 된다. 사실, 응용행동분석에서의 강화절차는 과학계와 자폐아동을 가진 대부분의 부모로부터 자폐에 대한 유일한 효과적인 처치로 인정받고 있다. 실제로 응용행동분석이 매우 효과적이기 때문에 많은 연구들(예를 들어, Lovaas, 1987)은 자폐로부터 완전히 치유될 수 있다는 것(예를 들어, Maurice, 1993)과 행동분석에서의 강화를 적절하게 훈련하도록 하는 것은 '아주 뛰어난 무기'를 지니게 해 주는 것(Newman, 2000, p. 56)이라는 사실을 보여 주고 있다. 사회적 기술도 없고, 의사소통할 수도 없고, 반응을 하지도 못하는 자폐아는 24시간 관찰간호를 받는 것 말고 '자유롭게' 무언가를 할 수 있는 것이 거의 없다. 하지만 자폐로부터 회복된 아이는 기능적인 행동들의 연속적인 근사치에 강화를 받음으로써 일반적인 모든 학생이 수업시간에 자유롭게 하는 모든 것을 '자유롭게' 할 수 있다.

마찬가지로 읽는 방법과 기초 수학에 대해 알지 못하는 청소년이 '자유롭게' 할 수 있는 일은 그다지 많지 않다. 제대로 글을 읽지 못하면 '자유롭게' 대학에 갈 수 없고, 또한 자기가 선택할 수 있는 대학의 폭도 상당히 좁아진다. 글을 읽지 못한다면, 글을 '자유롭게' 읽을 수 없다. 기초 수학을 못한다면, 손님에게 요금을 청구하는 일이나 회비를 걷는 일, 그리고 비용과 수익을 계산하는 일을 '자유롭게' 할 수 없다. 도로 표지판을 읽지 못하는 사람은 '자유롭게' 합법적으로 운전할 수 없다. 하지만 일단 가정에서나 혹은 토큰 경제에 기초한 프로그램을 통해 이러한 기술들을 배우고 나면, 이들의 자유는 드라마틱하게 증가한다. 일단 기초 기술이 습득되면, 청소년들은 신문의 구직란을 보고 목수의 보조나 상점의 출납원 혹은 배달원 같은 일을 할 수 있게 될 것이다. 더 많은 강화를 받게 되면, 더 많이 자유로워진다. "자유는 단순히 탈출하는 것에서 오는 것이 아니라 환경적 통제와 행동의 반응 범위를 높이는 지점에 자리하는 것이다. …… [즉,] 자유는 효과적인 반응 목록을 가지고 환경에서 다양하게 발생하는 사건들에 반응하는 능력에서 찾아지는 것이다."(Waller, 1999, p. 203) 게다가 강화를 더 많이 받게 되면 자신의 행위가 자율적이고 자기 결정적이라는 느낌을 더 많이 받게 된다(예를 들어, Eisenberger et al., 1999; Overskeid & Svartdal, 1996). 사회가 정적 강화의 사용을 극대화하도록 디자인될 수 있다면, 자유, 자율적 행위, 자기 결정감 같은 느낌들은 극대화될 수 있다.

강압적이지는 않지만, 착취하는 통제

정적 강화는 자유를 느끼게 할 수 있지만, 안타깝게도 그와 동시에 강화를 받는 그 행동이 착취당하고 있다는 느낌도 줄 수 있다(물론 콘(1993)이라든가 라이언과 디시(2000)가 계속해서 주장하는 것처럼, 강화를 사용하는 것이 모두 착취적이라는 생각은 여전히 잘못된 것이다). 강압적인 통제는 회피나 공격성을 야기한다. 따라서 인간의 행동을 통제하는 데 관여하는 많은 주체들(agents)은 정적 강화에 기대는 정책을 사용하는데, 그럼에도 이는 분명 착취인 것이다. 사람들은 '자유를 느끼지만' 그 대가는 어떠한 강화보다 훨씬 더 크다. 반드시 세금을 내야 하고 그렇지 않으면 처벌을 받게 되는 정부와 시민 간의 관계는 표면적으로(overtly) 강압(coercive)이 드러나는 관계인 데 비해, 정부에서 발행하는 복권과 교회에서의 빙고게임은 은밀하게(covertly) 착취하는(exploitative) 관계를 보여 주는 두 개의 예라 할 수 있다. 사람들은 자신이 세금을 내는 이유를 '자유의지' '자율성' '자기 결정감'에서 찾지 않는다. 그들이 느끼는 것은 강압인 것이다. 그래서

> 하나의 대안으로 정부는 세금을 내도록 강제하는 대신에 복권을 만들었고, 시민들은 자발적으로 복권을 산다. 결과는 동일하지만, 그럼에도 시민들은 정부에게 돈을 가져다 바치면서도 자유를 느끼고 항의하지 않는다. 하지만 처벌로 위협하는 것만큼이나 강력하고 특별하게 고안된 강화계획(변동비율)에 의해 통제되고 있음에도 불구하고, …… 그 효과는 상습적이고 병적인 도박꾼의 행동에서 너무도 분명하게 확인할 수 있다(Skinner, 1974, p. 198, 강조는 원문에 있는 것임).

(변동비율 강화계획 아래서는 몇 번 만에 강화가 주어지는지 예측되지 않는다. 보다 자세한 설명은 부

록 2를 참조하라.)

복권은 하류층의 노동자 계급들이 주로 사게 되는데, 이들은 월급이 그리 많지 않기 때문에 복권을 구매하면서 지불하는 세금을 계산해 보면 수입이 좋은 계급에 비해 이들이 상대적으로 세금을 더 내는 것이 된다. 따라서 복권이란 이중으로 착취를 하고 있는 셈이 되는 것이다(복권은 '가난한 계층에 부과되는 세금' '수학을 못 하는 사람들에게 걷는 세금' 혹은 막말로 표현하자면 '멍청한 사람들이 내는 세금' 이라고 얘기된다).

빙고게임이나 '포커 나이트(poker nights)'를 열어서 돈을 모금하는 교회 역시 교회가 돕겠다고 말하는 바로 그 사람들을 착취하고 있다는 점에서 복권과 매우 유사하다. 부유한 교인은 빙고게임에 참석하지 않는다. 빙고게임에 참여하는 사람들은 대개 하류층의 노동자들이다. 빙고게임 역시 변동비율 강화계획에 따라 돈이 지급된다. 게임에 많이 참여하면 할수록 당첨될 확률은 높아지며, 이번에 당첨이 될지 그렇지 않을지는 바로 전 게임의 당첨 여부와는 전혀 상관이 없다. 이런 이유로 빙고게임에 지속적으로 매우 높은 빈도로 참여하게 된다(정말 많은 사람들이 한 번에 여러 장의 빙고카드를 산다). 그러나 순 유용성(net utility)이라는 측면에서는 결국 마이너스(negative)다. 장기적으로 보았을 때, 이들 가난한 사람들은 빙고게임에서 따는 돈보다 훨씬 더 많은 돈을 지불하게 된다(예수는 돈을 바꿔 주는 사람의 테이블을 뒤집어엎었다. 빙고게임 테이블을 보면 예수는 어떻게 할까?).

도박꾼이 돈을 딸 확률보다 잃을 확률이 높은 그런 게임이 변동비율 강화계획으로 통제된다는 사실은 '바닥을 친' 사람들에 의해 확인할 수 있다. 바닥을 치기 전에는 사람들은 문제가 없다고 말하며, 스스로를 '통제할 수 있다'고, 자신들은 결코 자신의 '자기통제'를 잃지 않는다고 말한다. 하지만 바닥을 치게 되면, 그들은 스스로를 '통제할 수 없었다.'고 곧바로 인정하며, 자신의 행동이 도박의 선택적 결과에 의해 통제되고 있었음을 분명하게 알게 된다(그러나 어쩌면 그들은 순이익을 따져보았을 때 결국은 손해라는 것을 모르고 있을 수도 있다).

'스스로 통제하고' 있다고 생각하는 그 사람들은, '통제가 안 된다는' 사실을 언제쯤 지각하게 될까?

많은 사람은 '바닥을 치는' 일이 없는 인생의 도박꾼들이다. 문제가 없는 도박꾼들에게는 도박 말고도 자신의 행동에 대해 강화를 받을 수 있는 많은 원천(source)들이 있다. 그들은 직업과 사회와 가정과 관련된 행동들에 대해 강화를 받는다. 그들은 월러가 정의한 의미로서의 자유를 느낀다. 하지만 어떤 도박꾼들에게는 잠재적으로 강화를 받을 수 있는 것들이 그리 많지 않을 수 있다. 따라서 그들은 도박의 강력한 강화의 효과로 인해, 그리고 그들의 환경에서 강화를 받을 수 있는 다른 원천이 상대적으로 부족하기 때문에 '도박을 하게 되는' 것이다. 월러의 정의에 따르면, 그들은 '자유' 롭지 않다. 도박을 하면 할수록, 다른 행동으로부터 받는 강화는 더욱더 줄어든다. 도박이 늘어나면, 직업이나 배우자나 친구들로부터 받을 수 있는 강화는 줄게 되고 결국은 모든 것을 잃게 된다. 처음에 그들은 '자유롭게' 도박을 하지만, 곧 '도박이 그들을 통제하게 된다.' 받을 가능성이 있는 강화의 상대적 비율이 도박꾼의 도박하는 행위와 도박을 하지 않는 행위 모두를 계속해서 통제하고 있다는 것이 바로 진실인 것이다.

다양한 행동에 대해 강화를 받을 수 있는 원천이 풍부한 환경을 가진 사람은 풍부한 목록의 행동들을 할 수 있다. 하지만 강화의 원천이 빈곤한 환경에 있는 사람은 그들을 보다 분명하게 '통제하는' 제한된 행동만을 하게 된다. 이러한 분석은 단지 도박에만 적용되는 것이 아니다. 베트남 전쟁에 참전했을 때, 많은 미국 병사들은 상습적으로 마약을 복용했다. 그러나 전쟁이 끝나고 미국에 귀환한 다음에도 계속해서 마약을 복용한 사람은 극히 일부였다. 마약을 끊은 사람은 강화의 원천이 풍부한 환경으로 돌아갔던 것이다. 반면에, 계속해서 마약을 복용한 사람은 강화를 받을 기회가 상대적으로 부족한 상황으로 돌아갔던 사람들이었다(예를 들어, Franken, 1994, pp. 185-186; McKim, 2000, p. 109). 중독자가 '마약을 손에 넣을 때' 혹은 도박꾼이 승리할 때, 강화가 즉각적이며 강렬하지만, 두 경우 모두 강화는 순간적이며, 장기적으로 순 유용성은 부정적이라는 점에서 마약중독과 도박은 유사성을 공유한다.

따라서 복권이나 빙고게임, 혹은 마약중독 같은 행동들은 이미 착취된 것을 다시 착취하고 있는 것이다. 착취당하는 사람들은 '통제되지 않는다.' 왜냐하면 그들에게는 착취당하지 않으면서 할 수 있는 행동을 선택하게 하는 별다른 강화의 원천이 적거나 혹은 아예 없기 때문이다. 설사 강화를 주는 환경에 있다 하더라도, 그들에게는 그런 강화를 얻는 데 필요한 기술이 부족하다. 같은 이유로 마약이나 도박에 '중독' 된다. 환경이 행동을 선택하는 것이다. 만약 착취당하는 사람에게 마약이나 도박이 아닌 보다 많은 강화의 원천이 제공될 수 있다면, 유용한 행동들이 선택되는 것이 가능할 것이다.

스키너와 바움에 따르면, 자신의 행동이 즉각적으로 정적 강화를 받을 때 우리는 어쩌면 '행복한 노예(Happy Slave)' 가 될 수도 있지만, 궁극적인 결과는 착취인 것이다(Baum, 1994, p. 180; Skinner, 1971, p. 36). 19세기의 아동 노동자, 성행위나 구걸을 한 직후에만 부모로부터 음식이나 선물 혹은 애정을 받는 아이들, 복권이나 빙고에 '중독된' 시민, 이들 모두가 그런 예가 될 수 있다. 이러한 행복한 노예라는 이름의 착취가 어쩌면 '외재적인 강화가 내재적인 동기를 손상시킨다.' 고 주장하는 사람들이 두려워하는 것인지도 모른다. 정적 강화는 자유와 자기 결정감을 느끼도록 하지만, 강화를 받는 사람들은 착취를 당하고 있는 것이다(우리는 절대 복권을 사지 말아야 한다).

수반성 함정

보다 일반적으로, 정적 강화는 해로운 결과, 즉 궁극적으로 수반성 함정(contingency traps)이라고 알려져 있는 부적응적인 상황을 초래할 수도 있다. "정적 강화의 한 가지 문제점은…… 그것이 남용될 수 있다는 것이다. 작지만 즉각적으로 전달되는, 당장 눈에 보이는 강화물은 아주 강력할 수 있기 때문에 사람들은 눈앞의 이익을 위해 장기적인 행복을 희생한다. 수반성 함정이라고 알려져 있는 것이 바로 이러한 상황을 의미한다."(Baum, 1994, p. 157) 수반성 함정에 걸린 사람들은 '충동적으로 행동하고' '무언가에 홀린 듯하며' '자기통제' 와 '의지' 가 결여되어 있다고 얘기된다. 그러나 "충동성의 혐오스러운 결과에 대해 인지하게 되면, 수반성 함정에 걸린 사람들이 행복하지 못하고 자유를 느끼지 못하는 이유에 대해 알게 된다."(p. 159)

수반성 함정은 충동성이라는 것이 '의지 부족' 의 작용 때문이 아니라 즉각적인 강화의 강력한 효과의 기능 때문에 발생한다는 것을 말해 준다. 니코틴이 부족한 바로 그 순간에 흡연으로부터 얻는 니코틴과 사회적 강화물은 어느 정도 긴 시간 동안 흡연을 하지 않았을 때만 판단할 수 있고 경험할 수 있는 건강의 이로움보다 훨씬 더 강력하다. 흡연에 대한 강화는 즉각적인 반면, 흡연으로 받게 되는 벌, 즉 암이라든가 심장질환 등은 흡연으로부터의 강화물에 비해 훨씬 더 큰 것들이지만, 이러한 벌은 아주 나중에 받게 된다. 이것이 모든 수반성 함정의 본질이다. 과식, 음주, 밤새도록 하는 시외전화 등 이 모든 것에는 즉각적인 정적 강화와 나중에 찾아오는 벌이라는 공통점이 내재되어 있다. 더욱이 결국엔 비적응적인 행동이 되는 이러한 행동으로 인한 강화는 즉각적인 반면, 혐오스러운 결과는 누적되었을 때 심각해진다는 점이 수반성 함정을 더욱 심각하게 만드는 요인이다. 한 개비의 담배를 피운다고 암이 생기는 것은 아니다. 후식 하나를 더 먹는다고 곧바로 비만이 되는 것도 아니다. 시외전화 한 번으로 엄청난 전화요금을 내야 하는 것은 아니다. 수반성 함정의 혐오스러운 결과는 오직 누적될 때만 심각해진다.

결국 정적 강화는 '남용되어' 사용될 수 있다. 정적 강화는 인간을 망가뜨릴 수 있다. 그러나 강화가 인간을 망가뜨리는 데 남용될 수 있기 때문에 강화를 체계적으로 사용하지 말아야 한다는 주장은 지나치게 단순하다. 전기(electricity)는 여러 면에서 '남용되어' 사용될 수 있고, 또 그렇게 사용되고 있다(새벽 두 시에 최대 볼륨으로 음악을 듣는 것에서부터 체계적인 고문에 전기를 사용하는 것까지). 물론 값싸게 전기를 생산하기 위해 환경이 훼손될 수 있다는 점을 무시해서는 안 된다. 실제로 값싼 에너지를 얻기 위해 환경을 착취하는 것을 수반성 함정으로 개념화할 수 있다. 노천탄광에서의 채굴이라든가 산을 파헤치는 일, 혹은 숲에서 에너지를 얻기 위해 생태계를 파괴하는 일 등, 이 모든 것은 에너지 개발 회사의 입장에서는 상대적으로 즉각적인 강화인 셈이지만, 장기적으로 보면 이러한 행위들은 대지와 공기, 그리고 지구를 유해하게 오염시키고 있다. 하지만 이러한 벌이 아직 오지 않았기 때문에 그런 행위들을 하는 것이다.

그러나 전기가 남용될 수 있고 또한 전기를 얻기 위해 무분별한 개발이 남발되기 때문에 전기의 체계적인 사용을 피해야 한다고 주장하는 것은 참으로 어처구니없는 일이다. 이는 주된 도구로서 정적 강화를 사용하는 응용행동분석 및 모든 과학 기술에 동일하게 해당된다. 인간 행동에 대해 체계적으로 정적 강화를 사용하는 것이 자유의지의 존엄성을 위태롭게 하는 것이기 때문에 이를 반대한다는 주장은 무지에 대한 변명에 다름 아니다. 바움은 다음과 같이 주장하였다. "결정론의 갈등에 대한 논쟁에서, 그것이 신이든 자연이든, 자유의지에 대한 논쟁은 무지로 인해 발생하는 것 같다. 사실 자유의지라는 것은 단순히 행동의 결정인자에 대한 무지를 일컫는 이름일 뿐이다. 인간의 행위 뒤에 자리하는 이유들에 대해 우리가 더 많이 알면 알수록, 우리가 그런 행위들을 자유의지에 귀인시키게 될 확률은 더욱더 낮아질 것이다." (Baum, 1994, p. 13) 자유에 대한 느낌과 자율에 대한 느낌을 극대화시키기 위하여 행동을 통제하는 정적 강화의 사용을 극대화시킬 필요가 있다. 혐오스러운 결과가 초래되지 않으면서 강화를 줄 수 있는 여러 가지 대안이 존재할 때, 자유로움과 자율감에 대한 느낌이 극대화된다. 그럼에도 불구하고, 일어나는 행동은 과거와 유사한 상황에서 발생한 유사한 행동의 결과에 의해 선택되는 것이다. 자유와 자율을 느끼는 것은 사람이지만, 그 행동은 과거에 발생한 강화에 의해 결정되고 선택되는 것이다.

우리는 영화관이 아니라 콘서트에 가기로 '자유롭게' 결정할 수 있다. 그렇다면 우리는 어째서 '자유롭게' 콘서트에 가기로 결정한 것일까? 아마도 전에 그 음악가에 대해 들었던 적이 있고, 그 음악을 듣고 강화를 받았으며, 친구가 내가 좋아하는 로맨스 영화가 아닌 액션 영화를 보자고 해서일지도 모른다. 이유가 무엇이든, 어떠한 강압도 없었다는 의미에서 우리는 영화관이나 콘서트를 자유롭게 가는 것이라 느끼겠지만, 그럼에도 불구하고 콘서트를 가는 것은 과거에 유사한 행동으로 강화를 받았던 선택적 영향력에 의해 선택되고 결정되는 것이다. 행동은 환경에 영향을 받고, 환경에 의해 만들어지며, 환경의 기능 때문에 존재한다. 행동은 과거의 유사한 행동들(조작자들)의 결과에 의해 선택된다. 행동이 '자율적'으로, '자아에서 유래하는 것처럼', 그리고 '내재적으로 동기화되는 것처럼' 보인다면, 이는 그 행동을 보는 사람이 (여기서의 사람은 그 행동을 보는 다른 사람일 수도 있고, 그 행동을 하는 자신일 수도 있다) 단순히 그 행동의 원인에 대해 무지하기 때문이며, 그리고/혹은 그 행동이 유지될 수 있는 것은 그 행동이 가끔씩 강화를 받게 되는 간헐적 강화 때문이라는 것이 진실이다.

외재적 보상과
내재적 동기의 실제

'과제를 수행할 때 유형의(tangible) 보상을 기대하면 언제나 내재적 동기가 손상된다.' 는 주장(Ryan & Deci, 2000, p. 70)을 '유형의 인공적인(contrieved) 강화물을 기대하면 언제나 자연적인(natural) 강화가 손상된다.' 라고 다시 표현해 보면, 이러한 주장이 얼마나 불합리한지가 분명해진다. 실제로는 반대가 진실이다. 인공적인 유형의 강화물을 기대하는 것은 행동이 자연적인 강화물의 통제 아래에서 발생할 수 있는 상황을 조성한다. 조지아 주립대학교(Georgia State University)의 폴 알베르토(Paul A. Alberto)와 멤피스 대학교(University of Memphis)의 앤 트라우트만(Anne C. Troutman)은 교사를 대상으로 하는 교재에서, 통찰력 있는 교사와 부모와 행동분석가들은 독서와 같은 중요한 행동을 유도하기 위해 자연적 강화물의 통제 아래에서 인공적 강화물을 최대한 활용한다고 주장하였다.

적절한 많은 행동들이 자연적인 강화물에 의해 유지되고 있는 것은 사실이지만, 자연적인 강화과정만으로 모든 바라는 행동을 지속시키는 것은 충분치 않다. 교사들은 종종 자연적으로 발생하는 강화물만으로는 적절한 행동을 유지하는 데 실패하는 학생들이 있다는 것을 발견하게 된다. 예를 들어, 어떤 학생들은 평면기하학이나 응용행동분석 과목에서 곧바로 성과를 보지 못하기도 한다. 어떤 학생의 경우에는 교사가 주는 강화물이 아닌 보다 강력한 강화물이 있어야만 동기화되기도 한다. 이들은 교사가 인정해 주는 것보다는 다른 학생들이 크게 웃어 주는 것에 보다 큰 강화를 받기도 한다. 어떤 학생은 교사가 제공하는 강화물에는 큰 가치를 두지 않기도 한다. 예를 들어, 어떤 학생은 성적에 큰 의미를 두지 않는다. 이러한 경우, 교사는 그들이 가치 있다고 생각하는 강화물을 얻을 수 있도록 임시적이지만 체계적인 프로그램을 사용해야만 한다. 자연 상태에서 발생하는 강화가 충분히 힘을 발휘하지 못하는 경우, 현명한 교사는 보다 효과적인 강화물을 찾는다(Alberto & Troutman, 1999, pp. 220-221).

외재적 보상이 내재적 흥미를 손상시킨다고 믿는 사람들은 이러한 교사들이 근시안적이고 현명하지 못하다고 주장할 것이다. 그러나 인공적인 강화프로그램에 대한 알베르토와 트라우트만의 주장을 지지하는 강력하고 풍부한 증거들이 존재한다. 이 증거들은 인공적 강화물이 자연적 강화물의 역할을 단순히 보충하는 것을 넘어 훨씬 더 많은 기능을 한다는 것을 보여 주고 있다. 인공적 강화물은 자연적 강화물이 우리가 바라던 행동을 통제하는 바로 그런 조건을 만들 수 있다는 것이다. 즉, 강화를 반대하는 사람들의 전문용어를 빌어 진술하면, '과제 수행에 수반하여 제공되는 유형의 보상에 대한 기대는 그 과제에 대한 내재적 동기의 발달을 가능하게 한다.' (객관적으로는 과제가 '내재적 동기'로 인해 수행되고 있는 것처럼 보인다고 할지라도, 과제를 수행하는 행동은 '개인 내부에 존재하는' 어떠한 것 때문이 아니라, 현재 상황과 과거의 비슷한 행위로 인해 강화를 받았던 결과 간의 함수 때문이라는 것을 반드시 이해해야만 한다.)

아이가 월간 독서 목표를 달성했을 때, 공짜 피자를 제공함으로써 아이의 독서 행동에 강화를 주는 북 잇! 독서 프로그램은 전형적인 '유형의 기대되는 보상' 시스템, 즉 인공적 강화 시스템이라 할 수 있다. 북 잇! 프로그램의 효과에 대한 한 연구에서 보상에 대한 상반되는 이러한 주장들이 검증되었다. 하나는 "과제 수행에 수반되어 제공되는 모든 기대되는 유형의 보상은 언제나 내재적 동기를 손상시킨다."(Ryan & Deci, 2000, p. 70)는 주장이고, 다른 하나는 이 책에서 주장하는 것처럼 인공적으로 유도되는 강화물은 우리가 바라는 그 행동이 자연적 강화물이 제시되는 상황에서도 발생할 수 있게 한다는 주장이다. 이 연구는 나의 막내 동생[노스캐롤라이나 대학교(University of North Carolina)에서 양적 심리학(quantitative psychology)으로 박사학위를 받음]과 내가 진행하였다. 독서에 있어 북 잇! 프로그램의 효과를 검증하는 것에 더하여, 어린 시절 독서에 대해 돈을 받았던 경험이 대학생들의 독서 습관에 어떤 영향을 미치는지에 대해서도 조사해 보았다.

1995~1996학년도에 호주, 캐나다, 미국의 2천 2백만 명 이상의 아이들이 (북 잇!) 프로그램에 참여했다. 만약 보상이 내재적 동기를 손상시킨다면, 1995~1996학년도에 2천 2백만 명 이상의 아이들은 독서를 싫어하게 되었을 것이다. 하지만 만약 독서에 대한 강화가 독서에 대한 내재적 동기를 발달시키는 조건을 만들어 놓았다면 (Flora, 1990), 북 잇! 프로그램은 아동기와 그 이후에 글을 읽고 쓰는 능력에 향상을 가져왔을 것이다. 마찬가지로, 보상이 내재적 동기를 손상시킨다는 그런 신화가 진실이냐 혹은 거짓이냐에 따라 아이가 독서를 했을 때 돈을 지급한 부모는 독서에 대한 아이의 흥미에 해를 주었거나 혹은 도움을 주었거나 둘 중 하나일 것이다(Flora & Flora, 1999, p. 5).

우리의 연구결과는 보상이 내재적 흥미를 손상시킨다는 신화를 지지하지 않았다. "[어린 시절에] 돈이나 피자로서 강화를 주는 것은 대학생의 독서량을 증가시키지도, 그렇다고 감소시키지도 않았으며, 그들의 독서에 대한 내재적 동기에 영향을 미치지도 않았다." (Flora & Flora, 1999, p. 3) 우리의 연구결과는 인공적으로 유도되는 강화물은 자연적 강화물이 제시되는 상황에서 바라는 행동(독서)이 발생하는 것을 촉진한다는 가설을 지지했다.

> 북 잇! 프로그램과 독서를 했을 때 부모가 돈을 지급한 것에 대한 설문지를 분석한 결과, 아이가 독서에 대해 외재적으로 강화를 받았을 때 아이의 독서량은 증가하였으며, 독서의 즐거움도 증가되었고, 아이가 아직 읽는 법을 잘 모르고 있었던 경우에는 아이들이 읽기를 배우는 데 도움이 되었다는 사실을 알 수 있었다. …… 독서에 따르는 외재적 보상은 독서에 대한 내재적 동기가 발달할 수 있는 조건을 만들어 놓았다. 독서에 대한 강화 프로그램이 이후의 독서 행동을 감소시킨다는 어떠한 증거도 발견되지 않았다(Flora & Flora, 1999, p. 3).

우리의 연구 이전에 로드아일랜드 대학교(University of Rhode Island)의 인문과학 연구소(Institute of Human Science and Services)에서 수행한 북 잇! 프로그램에 대한 연구결과 역시 동일한 결론을 말하고 있다. 프로그램에 참여한 16,130명의 학생에 대해 2,741명의 교사를 대상으로 수행된 설문조사 결과는 북 잇! 프로그램이 독서에 대한 태도와 즐거움을 향상시켰으며, 프로그램에 오래 다닌 아이일수록 읽기 수준과 즐거움에 있어 보다 큰 향상을 가져왔다는 것이었다. 보고서에 따르면, "프로그램에 내재된 기본적인 아이디어는 개인의 성취에 대해 보상을 주기 위해 즉각적인 정적 강화를 제공한다는 것이었다." (Institute, 1986, p. 17, 강조는 원문에 있는 것임)

문맹을 없애고자 고안된 인공적 강화의 유용한 효과는 학업에 문제가 있는 아이들에게 책 한 권을 읽을 때마다 2달러를 지급하는 어닝 바이 러닝(Earning by Learning) 프로그램(1장 참조)에서도 다르지 않았다. 실험집단과 통제집단의 사전검사와 사후검사 결과를 비교해 보았을 때, 프로그램에 참여한 아이들의 경우, 취미로서의 독서에 대한 태도와 수업시간의 독서에 대한 태도 등 모든 독서와 관련된 태도가 긍정적으로 향상되었다(McNinch et al., 1995). 독서량을 증가시키기 위해 인공적인 정적 강화가 사용되면, 읽기 수준 및 학업과 관련된 독서와 취미로서의 독서 등 독서에 대한 태도가 향상되고, 독서량이 늘어나며, 독서의 즐거움을 알게 되고, 읽기의 학습이 촉진되는데, 어떻게 이를 '남용된다(abusive)'고 말할 수 있겠는가? 이러한 강화 프로그램이 어떻게 아이들을 '착취한다(exploit)'는 것인가? 분명한 것은 인공적인 강화는 남용되는 것도 아니고 착취하지도 않으며 '내재적 동기를 손상' 시키지도 않는다. 진실은 그 반대다. 인공적 강화로서 사용되는 유형의 보상은 내재적 흥미를 발달시킨다.

설사 내재적 흥미가 인공적 강화에 의해 손상되는 것이 사실이라 하더라도, 전혀 읽지 못하거나 혹은 능숙하게 읽는 방법을 모르는 아이들에게는 손상이 되어야 할 '내재적 흥미' 자체가 일단 없다. 우리가 고민해야 할 문제는 이 아이들이 어떻게 자연적인 강화를 받을 수 있도록 하느냐, 즉 어떤 방법으로 독서를 통해 내재적인 흥미를 경험하게 하고 이를 유지시키고 증가시킬 수 있도록 하느냐는 것이다. 이러한 문제를 해결할 수 있는 것이 바로 인공적인 강화물이다. 좋은 가정에서 자라는 아이들은 그 연령에 적합한 방대한 도서를 가지고 있으며, 또한 독서하는 행동 혹은 독서하기 바로 이전의 행동들에 대해 많은 강화를 받게 된다. 이러한 환경의 아이들에게 독서란 가정이라는 환경에 의해 선택되는 행동이며, 또한 독서에 따르는 자연적 강화에 의해 그 행동이 유지되기 때문에 이들에게는 독서라는 행동에 대해 인공적인 강화물이 필요하지 않을 수도 있다. 하지만 교육적으로 빈곤한 환경에서 자라는 아이들에게는 독서하는 행동에 대해 아주 구체적이고 명확한 인공적인 강화물이 필요하다. 다시 한 번 강조하지만, "이러한 예에서 볼 수 있듯이, ……
자연적으로 발생하는 강화물이 충분히 영향력을 발휘하지 못하는 경우에 현
명한 교사는 [혹은 부모는] 보다 강력한 것을 찾는다."(Alberto & Troutman, 1999,
pp. 220-221) 그런 프로그램은 독서라는 행동을 선택할 뿐만 아니라 독서를 즐
겁게 만들고, 일단 그 프로그램이 끝나도 독서에 대한 흥미가 손상되지 않는
다(예를 들어, Flora & Flora, 1999).

'위기 상태의' 아이들에게 공부에 대한 내재적 동기 만들어 주기

하브 로손(Harve E. Rawson) 박사는 '위기 상태'로
분류되는 남자아이들의 학업성취와 문제행동을 교정하기 위해 단기 여름학
교에서 시행되는 행동수정 프로그램의 효과에 대해 20여 년이 넘게 연구해
왔다. 이곳에 등록한 학생들은 학습지체와 행동장애와 적응장애를 복합적으
로 가진 사회·경제적 수준이 매우 낮거나 혹은 결손 가정에서 자란, 즉 사
회·문화적으로 결핍이 있는 학생들이었다(McIntosh & Rawson, 1988; Rawson, 1973a,
1973b, 1992; Rawson & Cassady, 1995; Rawson & McIntosh, 1991; Rawson & Tabb, 1993). 인공적
강화물, 즉 '외재적 보상'을 근간으로 하는 이 프로그램에 참여한 학생들은
모두 자아존중감이 향상되었으며, 불안감은 감소했고, 내재적 통제 소재감이
증가했으며, 우울증은 감소했다는 결과가 꾸준히 보고되고 있다. 하브 로손
이 특히 관심을 가진 것은 집중 단기교정 프로그램이 학습에 대한 내재적 동
기에 어떠한 영향을 미치는가의 문제였다. 물론 그 교정 프로그램은 인공적
강화를 기초로 구성되었다.

이 프로그램은…… 학습할 때나 수업시간에 적절한 행동을 하면,
[그리고] 자신이 설정한 학업능력 수준에 도달하게 되면, 그들이 원

하는 '즐거운' 일을 할 수 있는 일종의 **토큰경제** 시스템의 사용을 특징으로 한다. ······ 이 프로그램에 참여한 모든 교사는 모든 학습 상황에서 다음과 같은 교수 기법을 꾸준히 사용했다. 잦은 언어적 칭찬, ······ 사회적으로 적절한 행동을 했을 때······ 간헐적으로 칭찬을 의미하는 **몸짓**과 감정을 보여 주기, 성공할 수 있다는 확신을 갖도록 다른 학생들이 원하는 활동을 '획득하게' 된 사례를 자주 말해 주기, ······ 학생들의 성공과 성취에 대해 공개적으로 **시상하기**(하루에 세 번) (Rawson, 1992, p. 277, 강조는 저자가 첨가한 것임).

만약 외재적 보상이 내재적 동기를 손상시킨다고 믿는 사람의 입장에서 보면, 이러한 교정 프로그램이야말로 학업에 대한 내재적 동기를 감소시키거나 손상시키는 데 거의 완벽한 프로그램이라 할 수 있을 것이다. 하지만 반대로, 인공적인 강화물들(예를 들어, 토큰경제에서의 점수라든가 상을 주는 시상식)이 학업 활동에 대한 자연적 강화가 학업 행동을 통제할 수 있는 조건을 만들어 놓았기 때문에 이 프로그램은 학업에 있어서의 내재적 흥미의 발달을 촉진시키는 기능을 했다.

아동의 학업 및 내재적 동기 검사(Children's Academic Intrinsic Motivation Inventory)의 사전검사 점수와 사후검사 점수를 비교한 결과, 이 프로그램은 실제로 학업에 대한 내재적 동기를 증가시킨 것으로 밝혀졌다. 읽기, 수학, 사회, 과학 교과와 학업에 대한 일반적 흥미까지 모든 내재적 동기가 유의하게 증가되었다. 일반적으로 '학습부진아들은 대개 여름방학을 지내면서 학습 동기가 감소하기'(Rawson, 1992, p. 281, 강조는 원문에 있는 것임) 때문에 이러한 여름학교 프로그램으로 인해 내재적 학습 동기가 증가했다는 것은 매우 고무적인 결과가 아닐 수 없다. 실험과는 별개로 관찰에 의한 결과 역시, 처음에 읽기에 대해 인공적인 강화물을 받았던 학업 행동들이 자연적 강화가 발생하는 조건 아래에서도 역시 일어나고 있다는 것이었다.

교정 프로그램은 학업 수행을 잘하면 많은 보상들[인공적 강화물들]을 받을 수 있도록 구성되었기 때문에 외재적 동기로 학습이 발생할 것이라 생각되었다. 그러나 프로그램이 진행되는 동안, 학업 그 자체를 위해 공부하고[내재적 동기] 공부를 즐거워하는 모습이 종종 발견되었다. 이러한 행동에는 보상이 주어지지 않았음에도 아이들은 질문을 하려고 교실에 남아 있었고, 유형의 강화를 주지 않는 그들의 친구들에게도 빈번하게 질문하는 것이 관찰되었다. 프로그램이 끝나고 오랜 시간이 흐른 후에 아이들의 부모는 아이들이 스스로 자신이 공부를 할 수 있다는 것을 깨닫게 되었고, 공부하는 것을 즐거워하는 눈에 띄는 변화가 생겼다고 전해 왔다(Rawson, 1992, p. 282).

즉, 인공적인 강화 프로그램의 결과, 공부가 자연적인 강화를 받는 그런 과정이 만들어진 것이다. 프로그램이 끝난 이후에 나타나는 결과들은 향상된 내재적 학업동기가 지속되고 있다는 것을 보여 준다. "4개월 동안의 추수연구(follow-up study)는…… 교정 프로그램에 참여한 학생들이 일반적으로 유의하게 높은 학업 성적을 받고 있다는 사실을 보여 주었다. …… 42명의 참여자 중에서 29명[69퍼센트]이 교사로부터 '반에서 매우 뛰어남'이라는 평가를 받았다."(Rawson, 1992, p. 283)

이러한 결과는 외재적 보상이 내재적 동기를 손상시킨다는 신화를 반박하는 결정적 증거라 할 것이다. 이 결과들로부터 확실하게 알 수 있는 것은 행동에 수반하는 강화 프로그램은 학업과 기타 사회적으로 유용한 행동들을 충분히 높은 비율로 발생시켜, 그런 행동을 통해 자연적 강화물을 받을 수 있게 하는 매우 효과적이고도 강력한 도구라는 사실이다. 즉, 외재적 강화물은 내재적 흥미가 발달할 수 있는 조건을 만들어 놓는 것이다.

내재적 흥미와 성적: 돈은 당장 지급하고, 공부는 지금에도 하고 나중에도 하고

일단 인공적 강화가 우리가 바라는 행동이 자연적 강화를 받을 수 있도록 그 비율을 충분히 증가시키게 되면, 즉 일단 외재적 보상이 우리가 바라는 행동의 내재적 동기를 발달시키게 되면, 그 행동은 지속되게 된다. 대학교 3학년 학생들에게 자신이 대학생활을 즐기고 있는지(이는 내재적 동기를 평가하는 기본 질문이었음), 학교에 다닐 때 부모로부터(혹은 자신을 돌봐 주던 사람으로부터) 좋은 성적에 대해 돈을 받은 경험이 있는지에 대해 질문하였고, 또한 성적에 대해 어떤 형식으로든 보상을 받은 적이 있다면 그 경험을 적어 달라고 했다(Flora & Popanek, 2001). 그리고 이들의 대학 평균 평점이 수집되었다.

거의 모든 학생은 대학생활이 즐겁다고 대답했다. 어린 시절, 좋은 성적으로 인해 돈을 받았던 경험이 대학생들의 대학에 대한 내재적 흥미를 손상시키지 않았음을 알 수 있었다. 성적 때문에 돈을 받았던 학생이나 돈을 받지 않았던 학생이나, 거의 모든 학생은 좋은 성적을 받았을 때 돈이 아니라 할지라도 칭찬과 같은 다른 형식의 보상을 받았다고 기술했다. 사실상 모든 학생이 좋은 성적을 받은 것에 대해 어떤 식으로든 외재적 보상, 즉 인공적 강화를 받았던 것이다. 만약 외재적 보상이 내재적 흥미를 손상시킨다면, 이 학생들은 대학생활을 절대 즐거워하지 말아야 하며 보상이 학교에 대한 즐거움을 손상시켰어야 했겠지만, 결과는 그 반대였던 것이다. 좋은 성적에 대해 보상을 받았던 학생들은 예외 없이 모두 대학생활이 즐겁다고 보고하였다. 학업성취에 대한 인공적 강화물, 즉 외재적 보상은 학업성취에 대한 내재적 흥미를 증가시키는 것이다.

가장 놀라운 점은 좋은 성적으로 인해 돈을 받았던 경험이 있는 학생들의 평균 평점이 어린 시절 돈을 받지 않았던 학생들에 비해 유의하게 높았다는 사실이다. 이는 인공적 강화가 내재적 흥미를 손상시킨다는 신화를 반박하는 결과였다. 만약 그런 신화가 사실이라면, 좋은 성적에 대해 돈을 지급한 것은 좋은 성적을 얻는 것에 대한 내재적 흥미를 손상시켰을 것이고, 그렇다면 돈을 받았던 학생들의 평균 평점은 그렇지 않았던 학생들에 비해 낮았어야만 했을 것이다.

하지만 어린 시절에 좋은 성적으로 돈을 받았던 학생들이 그렇지 않았던 학생들에 비해 대학 평균 평점이 유의하게 높았다는 사실은 일반적인 강화이론 특히 아이젠버거의 학습된 근면성 이론(Learned Industriousness Theory)(예를 들어, Eisenberger, 1992)이 예측하는 바와 정확하게 일치하는 결과였다. 좋은 성적을 받은 것에 대해 지급한 돈이라는 인공적 강화물은 좋은 성적을 얻는 것과 변별적으로(differentially) 연관성을 갖게 되는 것이다. 이러한 과정은 좋은 성적을 얻는 일에 가치를 더해 준다. 좋은 성적을 얻는 것이 돈과 더불어 부모의 칭찬이나 애정과 같은 가치 있는 결과와 연관되기 때문에 좋은 성적을 얻는 일은 학생들에게 있어 가치 있는 행동이 되는 것이다.

그런데 좋은 성적을 얻는 일은 종종 많은 노력을 수반해야 하며, 때때로 이는 지겹고 반복적인 경우도 있다. 학습된 근면성 이론에 따르면, 좋은 성적을 받기 위해 열심히 노력하는 것에 강화를 받게 되면, 높은 수준의 노력에 대한 보상가치가 조건화된다. 이처럼 어린 시절에 좋은 성적을 얻기 위해 열심히 노력하는 것에 강화를 받는 이러한 과정이 대학에서 높은 성적을 받는 것에도 일반화되는 것이다. 좋은 성적에 대해 어린 시절에 돈이나 칭찬 혹은 여러 강화물을 받았던 강화의 경험이 '근면한 대학생'으로 발달하는 데 직접적인 영향을 미친 것이다. 사실 거의 모든 일에 있어, 설사 어떤 일이 자신에게 매우 흥미롭고 신나는 일이라 하더라도, 어떤 일에 탁월해지기까지는 반복적이고 지루한 노력이 반드시 필요하다. 농구 선수가 게임에서 승리하기 위한 슛을 던지기 위해서는 수천 번의 슛 연습이 필요하다. 미식축구 선수는 똑같은 패스를 수백 번 연습해야만 중요한 경기에서 그 패스를 정확하게 할 수 있다. 외과의사가 살아 있는 사람을 수술하기 위해서는 동물과 시체를 이용해 엄청난 양의 해부와 수술을 연습해야만 한다. 따라서 아이젠버거가 주장하듯이, '내재적으로 흥미가 있는', 즉 자연적으로 강화를 받는 행위라고 하더라도, 노력에 대해 인공적인 강화를 받는 것은 성공적으로 수행하기 위한 선행조건이 되는 것이다.

> 대부분의 교과에는 내재적으로 흥미 있는 과제와 어려운 과제가 혼재되어 있다. 어떤 교과에 전반적으로 흥미를 느꼈다 할지라도, 그 교과를 잘 이해하기까지 매우 지루하고 반복적인 학습이 필요한 주제도 있으며, 매우 흥미로운 주제이긴 하지만 이를 완벽하게 이해하기가 어려워 실망하게 되는 주제도 있다. 열심히 노력하는 일에 가치를 느끼는 2차적 보상가치를 증가시키는 것이 그처럼 어려운 과제를 선택하고 지속하게 만들 수 있다. 지루하고 반복적인 과제에 최선을 다할 때 강화를 받으면, 이후에 내재적으로 흥미로운 과제를 할 때도 최선을 다하는 행동이 증가한다. 예를 들어, 단조롭기만 한 발음 연습 과제에서 정확하게 발음한 것에 대해 보상을 받은 아이들은 보상 없이 단지 발음 연습 과제를 끝내기만 한 아이들에 비해 이후 소묘라든가 작문과 같은 다른 과제에서도 보다 정확한 수행을 하게 된다 (Eisenberger, 1992, p. 263).

좋은 성적에 대해 돈을 지급하는 것이 교과를 학습하도록 강화를 운영하는 최상의 방법이 아닐지도 모른다(학습을 극대화시키기 위해 강화가 어떤 식으로 사용되어야 하는지에 대한 설명은 교육 부분을 다루는 10장에 나와 있다). 그러나 아이젠버거의 연구결과가 보여 주듯이, 지루하고 반복적이고 낙담할 정도로 어려운 교과에서 좋은 성적에 대해 보상을 주게 되면, 그런 교과에 대한 끈기가 선택되는 것이다.

끈기는 성공을 위한 선행조건이다. 만약 끈기가 선택되지 않는다면, 부정행위나 중도 포기의 확률이 높아진다. 좋은 성적을 받은 아이에게 돈이나 혹은 다른 유형의 보상을 주는 것은 그들에게 가치 있는 인생의 교훈을 가르치는 것이다. 최선을 다하는 노력만이 보상을 받는다는 사실을 말이다. 『돈을 아는 아이, 모르는 아이, 그리고 부모(*Kids, Parents & Money: Teaching Personal Finance from Piggy Bank to Prom*)』의 저자인 윌라드 스토스키(Willard Stawski)는 좋은 성적에 돈을 지급하는 것은 아이들이 학교를 졸업하고 그들이 살아가야 할 경제 세계에 대한 모델로 작용한다고 주장하였다.

아이가 학교에서 A를 받을 때마다 5달러를 주었다는 스토스키는 '다섯 아이의 부모로서, 나는 아이가 일을 잘했을 때 '잘했다(atta-boy)'는 의미로 금전적 보상을 하는 것에 아무 문제가 없다고 생각한다'라고 주장하였다. '우리가 살아가는 사회와 경제는 노력에 대해 보상을 협상하는 것에 기초하고 있다. 나는 아이들이 딴 곳에 신경 쓰지 않고 자신의 일(질 높은 학교 공부)에만 집중하기를 원한다.'

부모에게 상담을 해 주는 신문의 상담코너인 '부모 대 부모(Parent to Parent)'(Mills & Flagler, 2000)에 인용된 어떤 부모의 말은 스토스키의 입장과 정확히 일치한다.

> 월급 이외에 상품권과 점심식사를 제공받는…… 다섯 아이의 엄마는 이렇게 말한다. "나는 통신회사의 조합원이에요. 성과가 좋은 근로자가 직장에서 받았으면 하고 기대하는 것이 바로 현금 인센티브죠." 40여 년 간 교육계에 종사해 온 [또 다른] 엄마는 이 말에 동의한다. "부모들이 직장에서 받고 있는 것처럼, 아이들도 자신이 한 일에 대해 돈을 받아야만 해요. 이것이 아이들에게 책임에 대해 가르치게 되는 거죠." 텍사스의 브라이언 대학(Bryan College)의 교수인 발

레리 발리스터(Valerie Balester)는 A를 받을 때마다 5달러씩 받았었다. 그녀는 이렇게 말한다. "나는 그 돈이 단지 내가 즐겁게 기대하는 무엇이라고 느꼈을 뿐이에요. 성적이 A에서 B 사이에 있었을 때, 그 돈을 받기 위해 따로 더 무언가를 해야만 한다는 그런 강요의 느낌을 받지는 않았어요." 또 다른 부모는 아이가 한 학기에 전 과목에 A를 받으면 500달러를 주기도 한다. "책임감을 배우는 데 돈을 쓰는 것은 전혀 문제가 되지 않아요. 그것은 아이들이 스스로에게 가르쳐야 할 중요한 규율이고, 보상을 받기 위해 세워야 하는 목표인 거죠."

간단히 말해서, 좋은 성적에 대해 돈을 지급하는 것이나 공부를 끝냈을 때 유형의 보상을 주는 것은 아이들에게 인생에 있어 중요한 무언가를 가르치는 것이며, 내재적인 학습 흥미를 증가시키는 역할을 한다(Flora & Popanak, 2001; Flora & Flora, 1999; Rawson, 1992). 이미 자연적으로 강화를 받을 수 있는 행동을 하고 있는, 즉 '내재적으로 흥미를 느끼고 있는' 아이들에게 유형의 보상을 주는 것이 그 일을 혐오하게 되는 그런 결과를 가져온다는 증거는 없다. 인공적 강화는 어떠한 행위에 주어지는 전반적인 강화 가치에 그저 더해지는 것일 뿐이다(인공적 정적 강화가 더해졌는데 과제의 전반적인 강화 가치가 삭감된다는 것은 수학적으로 가능하지 않은 논리다). 플로라와 플로라의 북 잇! 프로그램에 대한 연구는 외재적 강화물이 독서를 혐오하게 만든다는 어떠한 증거도 없다는 사실을 보여 주고 있다. 프로그램에 참여한 사람들의 응답은 아무 효과가 없었다는 것이거나 유용한 효과가 있었다는 것 두 가지 뿐이었다. "돈은 아무런 영향이 없었어요. 난 책 읽기를 사랑하거든요."라든가 "책을 읽고 돈을 받게 되자, 교육이 얼마나 돈이 되는가를 알게 되었어요. 내가 공부하고자 하는 동기를 주었고, 어차피 가야 할 학교라면 공부에 집중하자고 생각하게 되었죠."(Flora & Flora, 1999, p. 11)와 같은 응답이었다. 좋은 성적으로 돈을 받는 것에 대한 설문연구(Flora & Popanak, 2001) 역시 오직 유용한 효과만이 확인되었다. 예를 들어, 어떤 학생은 성적으로 돈을 받은 것이 '성적보다는 친구가 먼저이던 그때, 성적을 잘 받아야겠다는 동기를 갖게 해 주었다.'고 응답했다. 글을 읽고 쓰는 기초적인 능력뿐만 아니라 전반적인 학업성취를 발달시키기 위해 강화프로그램을 사용하는 것은 학업을 혐오하는 결과를 만드는 것이 아니라 학업에 있어서의 강력하고 유용한 효과만이 있다는 사실을 상기해 볼 때, 학업성취를 향상시키기 위해 인공적 강화물을 체계적이고 계획적으로 사용하는 것에 반대하거나 혹은 이를 저지하려는 생각은, 만약 이러한 생각이 교육에 있어 결핍된 사람들에 대한 노골적인 차별이 아니라면, 이는 그저 엘리트주의라고 밖에 볼 수 없다 할 것이다.

읽기에 있어 인공적 강화의 사례연구

내가 개설한 응용행동분석 수업을 듣는 학생은 '행동조성 프로젝트'를 반드시 해야만 하는데, 아이 엄마인 한 여학생은 특별수업(special education class)을 듣고 있는 딸의 읽기 수준을 향상시키는 프로젝트를 수행하였다. 이 학생의 딸인 '에이미(Amy)'는 6학년이었는데, 그녀는 자신의 딸이 중학교에 진학했을 때 특별수업으로 인해 친구들에게 놀림이나 괴롭힘을 받지 않고 소외되지 않기를 바랐다. 개별화교육계획(Individualized Educational Plan: IEP)의 기록에 따르면, 에이미는 '낮은 학업 능력'으로 인해 힘들어하고 있었으며, 6학년 말의 읽기 수준이 '3학년 읽기 능력 수준' 정도였다. 에이미는 2년 반 동안 읽기와 맞춤법의 향상을 위해 '학습 지원교사'로부터 '학습지원 및 맞춤수업'을 받고 있었다.

에이미의 부족한 읽기 능력의 향상을 위해 시중에서 쉽게 구할 수 있는 읽기 관련 컴퓨터 프로그램이 이 프로젝트에 사용되었다. 이 프로그램은 올바른 읽기에 대해 즉각적인 강화를 자동적으로 그리고 매우 빈번하게 제공하는 프로그램이었다. 예를 들어, 문장을 바르게 완성하면 괴기하고 우스꽝스러운 드라큘라의 목소리를 듣게 되는 식이다. '미스터리 유형' 단계에서는 미스터리를 해결할 수 있는 힌트를 가지고 과제를 완수하면 강화를 주었고, 이를 완수한 이후에 다음 단계로 나아갈 수 있었다. 에이미가 읽은 것에 대하여 바른 답을 했을 때는 아주 역동적인 컴퓨터 애니메이션이 강화로 제공되었다. 한 단계를 끝내면 단계를 이수했다는 증명서를 출력할 수 있었고, 전체 이야기를 볼 수 있었으며, 컴퓨터 프로그램을 통해 재미있는 만화가 제공되었다. 출력된 증명서는 '과제 수행에 수반하여 기대되는 유형의 보상'이었다(Ryan & Deci, 2000, p. 70). 에이미의 엄마 또한 하이틴 잡지와 심화 학습을 위한 새로운 컴퓨터 학습 프로그램과 같은 강화물을 제공하였다. 컴퓨터 만화와 우스꽝스러운 소리 역시 일상적인 독서에서는 발생하지 않는 인공적인 '외재적' 결과물이다. 따라서 외재적 보상이 내재적 흥미를 손상시키는 것이 사실이라면, 이 프로젝트로 인해 에이미의 독서에 대한 흥미는 반드시 감소되어야 하고, 읽기 수준은 그대로이거나 혹은 낮아져야만 했다.

그러나 독서에 대한 에이미의 내재적 동기는 손상되지 않았으며, 오히려 그 프로그램은 두 달 만에 에이미의 읽기 능력을 3학령 수준이나 발전시켰다! 프로그램을 끝냈을 때 에이미는 6학년 대상 읽기 이해 시험에서 95점을 받았다. 불과 두 달 전의, 에이미 학교의 IEP에 따르면, 에이미의 '읽기 능력은 3학년 수준'이었다. 행동조성 프로젝트가 끝난 이후, 에이미의 엄마는 에이미를 중학교부터는 특별교육수업반 대신에 일반 교실로 배치시켜 줄 것을 교육청에 요구했다. 에이미는 시험을 통과했고, 일반 학생들이 수강하는 국어 수업을 포함하여 모든 일반 수업을 듣게 되었으며, 학교에서 제공하는 어떠한 도움도 필요하지 않게 되었다. 그리고 에이미는 순조롭게 다음 학년으로 진급하였다. 에이미의 엄마는 대학에서 경비를 제공받아 행동분석 국제학회 (International Association for Behavior Analysis)에서 주관하는 학술대회에서 이 결과를 발표하였다(Davidson & Flora, 1999). 에이미의 엄마는 대학을 졸업한 후에 자신의 응용행동분석 기술을 활용할 수 있는 직업을 찾기 위해 에이미와 함께 메릴

랜드(Maryland) 주의 볼티모어(Baltimore)로 이사를 갔다. 보통의 교과로 운영되는 일반 학교에서 1년이 지나고, 에이미는 뛰어난 성적으로 영재를 대상으로 하는 마그넷스쿨(magnet school for the gifted and talented)에 입학할 수 있게 되었다.

독서에 대한 에이미의 내재적 흥미는 손상되지 않았다. 에이미는 하이틴 잡지와 청소년 소설을 읽는 것을 계속해서 즐거워했다. 독서라는 '과제에 수 반하여 기대하는 유형의 보상'은 '내재적 동기를 손상'시키지 않았으며, 오히려 에이미의 독서에 대한 내재적 흥미를 촉진시켰다. 게다가 일단 읽기 기술이 발달하자, 에이미가 잘할 수 있는 다른 행동들이 꽃피기 시작했다. 에이미가 읽기를 잘하지 못했을 때는, 그런 재능들이 낮은 읽기 능력이라는 잘못된 이름표 아래에 숨겨져 있었던 것이다. 읽기에 대한 강화는 에이미의 자유(freedom)를 증진시켰다.

에이미의 사례는 우리가 바라는 어떠한 행동(읽기, 기초 수학, 사회적 기술, 자아성찰 기술 등)에 대한 자연적 강화물이 행동을 발달시키고 유지시킬 만큼 충분치 않을 경우, 어째서 체계적인 인공적 강화가 필요한지에 대한 이유를 보여 주고 있다. 인간 사회에서 효과적으로 살아가기 위해서, 게다가 남보다 뛰어나기 위해서는 일단 읽고, 쓰고, 기초적인 수학을 할 수 있어야만 한다. 만약 누군가가 이러한 행동들에 대한 '내재적인 흥미'가 없을 경우, 우리에게는 세 가지 선택권이 있을 수 있다. 첫째, 이처럼 '흥미를 갖지 못한 사람'에게 혐오감을 가져오는 강제적인 방법으로 이들이 배우도록 만들 수 있다. 그러나 이러한 프로그램은 통제의 수단으로서 폭력을 가르치고, 무단결석을 증가시키며, 우울증의 위험을 증가시키는 등 너무나도 많은 부작용을 초래한다(11, 12, 13장을 참조).

두 번째 선택은 이 책에서 지지하는 인공적 강화 시스템을 사용하는 것이다. 절대 그럴 리는 없지만 설령 유형의 보상이 내재적 흥미를 손상시킨다 하더라도, 체계적이고 과학에 근거하여 강화 원리를 적용하는 것은 읽기와 기초 수학과 같은 필수적인 기술을 가르치는 데 효과적으로 사용될 수 있다. 아이들을 때려서라도 읽을 수 있게 만들 수도 있지만(채찍), 강화를 사용하여 읽기 능력을 향상시킬 수도 있는 것이다(당근). 설령 강화가 어느 정도 읽기에 대한 흥미를 손상시킨다고 하더라도, 우리가 사회에서 성공적으로 살아 내는 데는 여전히 읽기가 필요하다는 사실을 잊지 말아야 한다. 우리가 읽기를 좋아하든 그렇지 않든 간에, 우리는 지도나 도로 표지판, 제품 사용 설명서, 직업 소개서 등을 읽어야 할 필요가 있다. 읽기에 대해 에이미가 받았던 인공적 강화물이 읽기에 있어 그녀의 내재적 흥미를 손상시켰다고 하더라도(실제로는 그렇지 않았지만), 일단은 읽기가 가능해야만 진급에 필요한 역사라든가 과학 혹은 다른 교과의 내용을 읽을 수 있는 것이다.

효과적으로 읽는 것이 가능해지면 다른 행동에 대해서도 강화물을 받는 것이 가능해진다. 효과적으로 읽을 줄 알게 되면 아이는 보다 자유로워지는 것이다. 아이가 읽기를 '좋아' 하든지 그렇지 않든지 간에, 설명서를 읽을 줄 아는 아이는 설명서를 읽지 않거나 혹은 읽을 줄 모르는 아이보다 조립 자동차 만들기를 더 잘하게 되고, 따라서 더 많은 강화를 받게 된다. 장난감을 성공적으로 조립하는 것은 결과적으로 읽기를 보다 흥미 있게 만드는데, 이는 읽기라는 행동이 만드는 결과 때문이다. 이와 마찬가지로, 자신이 읽기에 내재적 흥미가 있다고 주장하든지 그렇지 않든지 간에, 어떠한 제품에 대한 사용 설명서를 읽는 사람은 그렇지 않은 사람보다 그 제품에서 훨씬 더 많은 강화를 받게 되고, 그 제품을 평균적으로 사용할 수 있는 기간보다 훨씬 긴 시간 동안 사용할 수 있게 된다.

만약 채찍뿐만 아니라 당근 또한 거부한다면, 이제 마지막 남은 선택은 예측할 수 없는 행동부터 예측할 수 있는 행동에 이르기까지(예를 들어, 범죄나 약물의 남용 등) 수많은 행동 중에 우세한 환경이 '흥미가 없는' 사람들을 아무렇게나 선택하는 상태로 '그저 그대로' 내버려 두는 것이다. 교육적으로 빈곤한 환경에서는 사회의 안녕에 해로운 행동이 선택되는 경향이 크기 때문에 이러한 선택은 매우 큰 비용을 치르게 된다. 헤드스타트(Head Start)부터 대학원을 마칠 때까지 교육에 투자하는 비용이 사람을 교도소에 가두어 놓는 것보다 훨씬 더 적다.

만약 읽고 쓸 줄 아는 것이 강화를 받지 않는다면, 자동적으로 문맹이 찾아오게 된다. 만약 '건강한 삶'이 강화를 받지 않는다면, 사람들은 건강하지 않게 될 것이고, 이로 인해 건강하고 글을 읽고 쓸 줄 아는 정말 소수의 사람들이 그 비용을 감당해야 할 것이다. 건강한 식사와 건강한 생활 방식에 대한 강화는 오직 누적적일 때만이 유의한 경우가 많다. 지방이나 단 음식의 과다 섭취, 약물남용, 흡연, 소파에 누워서 텔레비전 '채널 돌리기' 등은 거의 노력하지 않아도 이러한 행동을 하는 사람들(교육적으로 빈곤한 이들)에게 즉각적인 강화를 준다. 하지만 '건강한 삶'에 대한 강화는 그것이 발생한다 하더라도 대부분 즉각적으로 강력하게 기능하지 않으며, 이것이 자연적인 강화를 받게 되는 데는 오랜 시간이 필요하다. 예를 들어, 달리기를 처음 시작하는 사람들은 종종 '달리기가 싫다.'라는 말을 하지만, 달리기가 가져오는 어떠한 결과 때문에(몸무게의 감소, 혈압의 감소, 폐활량의 증가 등) 어찌되었든 시작을 한다. 일반적으로, 오직 달리기를 일정 기간 해 온 사람만이(보통 수년 동안) '달리기를 사랑하기' 때문에 달린다고 말한다. 만약 에이미가 읽기에 대해 강화를 받지 않았다면, 그녀는 아마도 특별수업 교실에 여전히 남아 있었을 것이고, 여전히 놀림을 받으며 괴롭힘을 당하고 있었을 것이다. 학교에서 흥미를 발달시키는 대신에, 특별수업 교실에 배치되어 놀림과 괴롭힘을 당하다가 에이미는 아마도 학교를 그만두었을 것이다.

아무것도 하지 않으면 무질서, 질병, 죽음 등이 찾아오지만, 강화 프로그램을 반대하는 사람들은 '내재적 흥미의 손상'이라는 입증되지도 않은 두려움으로 인해 아무것도 하지 않는 것을 지지하고 있다. 강화의 보편성에 대해 정확하게 알려 주는 것이 가장 윤리적인 것이다. 강화의 수반성은 인공적인 강화와 자연적인 강화 사이의 연속선상에 존재한다. 강화는 강압적이고 착취적으로 사용될 수도 있지만, 대부분 강압적이거나 착취적이지 않은 방식으로 사용된다. 정적 강화는 자율성과 자기 결정감을 증가시킨다. 인공적 강화물은 자연적 강화를 받을 수 있는 그런 행동을 유발할 수 있다. 다시 말하면, 외재적 보상은 내재적 흥미를 발달시킬 수 있다. 마지막으로, 신중하고 계획적으로 강화를 사용하는 것은 우리가 사는 세상을 보다 행복하게 만드는 데 이용할 수 있는 가장 강력한 도구이며, 그렇기에 반드시 사용되어야만 한다.

강화는 창의를 파괴한다

강화가 내재적 흥미를 손상시킨다는 옳지 않은 주장을 하는 사람들, 즉 동기에 있어 강화 이론에 반대하는 바로 그 사람들은(예를 들어, Kohn, 1993) 강화가 창의에도 해롭다는 주장을 하는데, 이러한 주장의 논리는 동기에 있어서의 논리와 거의 동일하다. 그들의 이러한 주장은 매우 널리 퍼져 있는 것이 사실이다. 앞서 언급한 미국교육학회(National Education Association)에서 발간한 『교실에서 창의를 촉진시키기 위한 입문서』(7장 참조)에는 '창의를 죽이는 방법(How to Kill Creativity)' 이라는 제목 아래 "보상을 기대하게 되면…… [학생들은] 성공하기에 힘들어 보이는 일을 선택하지 않을 뿐만 아니라, 즐겁게 시도해야겠다는 마음도 갖지 않는다." (Tegano et al., 1991, p. 119)라고 나와 있다. 보상과 관련하여 자주 인용되는 논평에서는 보상을 받고 하는 일은 "보상과 관계없이 하는 일에 비해 그 결과가 창의적이지 않다." (Condry, 1977, pp. 471-472)라고 결론 내린다.

보상, 즉 '외재적 동기물' 을 사용하는 것은 보다 정확하게 말하면 인공적 강화물을 의도적으로 사용하는 것은 자신의 행동을 단지 '목적을 이루기 위한 수단' 으로 생각하도록 만들기 때문에 창의적인 수행이 나올 확률이 감소될 수밖에 없다는 것이다. 예를 들어, 하버드 대학교(Harvard University)의 테레사 아마빌레(Teresa M. Amabile)와 조나단 치이크(Jonathan Cheek)는 보상을 기대하는 것은 수행하는 그 과제를 "탐구를 하고 즐길 수 있는 기회가 아니라 단순히 목적을 이루기 위한 수단이라고…… 보다 협소하게 정의하도록 만든다." (Amabile & Cheek, 1988, p. 60)고 주장하였다. 스워스모어 대학(Swarthmore College)의 베리 슈와르츠(Berry Schwartz)는 "강화는 전형적이고 반복적인 것 이외에는 그다지 효과적이지 않으며"(Schwartz, 1982, p. 57) "토큰경제는 창의적 문제해결 능력의 발달을 방해하기"(Schwartz & Robbins, 1995, p. 202) 때문에 강화를 이용하여 창의를 신장시키는 것은 불가능하다고 주장하였다.

루소의 낭만주의

　　　　　　로버트 아이젠버거(Robert Eisenberger)는 내재적 흥미나 자기 결정감 혹은 창의와 관련하여 강화의 사용을 반대하는 철학적 근거는 프랑스 철학자 장 자크 루소(Jean-Jacques Rousseau)의 사상이라고 말한다. 루소의 창의에 대한 낭만주의적 해석은 과제 그 자체에 내재된 흥미(내재적 동기)와 사회적 제약으로부터의 자유에 강조점을 두고 있다. 장 자크 루소는…… 창의란 자유롭게 상상하고 순간적인 느낌을 추구할 때 만들어진다고 믿었다. 그는 일을 하는 데 있어 언제, 어디서, 어떻게 할 것인가에 대해 제한을 두는 것은 창의에서 요구되는 자발성을 방해한다고 주장했다(Eisenberger et al., 1999, p. 309).

크리스티나 호프 서머스(Christina Hoff Sommers)는 『소년들과의 전쟁』(The War Against Boys)』에서 미국 남학생들의 학교에서의 총기 난사, 도덕과 윤리의식의 감소, 학업 성취의 하락 등이 루소의 철학과 직접적으로 관련이 있다고 주장한다. "진보주의 교육 이론가들은…… 아이들에게 '기존의 도덕'을 주입하는 전통적인 학교의 임무를 파기하라고 말한다. 그들은 미국 교육 기관들이 전통적 도덕 교육 대신에 루소의 낭만주의적 도덕 교육관을 채택하도록 하는 데 성공했다."(Sommers, 2000, p. 199) 진보주의 교육 이론가들은 모든 사회적 제약에 반대하는 루소의 관점을 채택했다. 서머스는 "그의[루소의] 관점에 따르면, 아이들에게 외부로부터의 규범이 부과되면 도덕 교육이 추구하는 목표는 파괴된다. …… [루소의 주장은] '그냥 내버려 두는' 것이 '자연의 거역할 수 없는 원리라는 것은 반박의 여지가 없다'는 것이다. 루소의 주장에 동의하는 사람들은 한발 더 나아가, '지시적인' 도덕 교육은 자유롭게 발달해야 하는 아이들의 권리에 폭행을 가하는 것이나 다름없다고 간주하였다."(p. 190) 인본주의자와 진보주의 교육 이론가들이 채택한 루소의 철학은 교육에 있어 명시적인 강화를 포함하여 모든 제약이 거부되는 결과를 가져왔다.

"루소의 교육 철학은 기계적인 반복 위주의 교수법을 거부하는 진보주의적 운동에 영향을 주었다."(Sommers, 2000, p. 192)는 점을 고려해 볼 때, 창의를 발달시키는 데 있어 루소 철학이 주는 함의는 매우 분명하게 이해될 수 있을 것이다. 루소의 영향을 받은 진보주의적 운동에 따르면, 교사가 제공하는 인공적인 강화를 포함하여 어떤 식의 제약도 창의를 만드는 과정에는 해로울 수밖에 없다. 사실, 아마빌레와 알피 콘이 주장하는 핵심은 강화가 창의적 과정에 태생적으로 해롭다는 것이다. 콘은 "'이것을 해라. 그러면 저것을 받을 것이다.'와 같은 원리는 사람들로 하여금 '이것' [창의적 행동]이 아니라 '저것' [보상]에 집중하게 만들기 때문에 창의를 생각한다면 절대 쓰지 말아야 할 전략"(Kohn, 1993, p. 67)이라고 주장하였다. 아마빌레의 주장은 "오직 외재적 목표만을 추구하면 할수록, 창의적인 생각을 탐구할 확률은 줄어든다."(Amabile, 1988, p. 144)는 것이다. 실제로 다음과 같은 콘의 말은 모든 제약 조건에 반대하는 루소의 철학에 대한 그의 해석을 잘 보여 주고 있다.

보상과 처벌의 역할이란 규정을 준수하도록 유도하는 것이고, 이 것이 목적이라면 보상과 처벌은 매우 잘 기능하는 것이 사실이다. 만약 명령에 복종하게 하거나, 시간을 지키게 하거나, 혹은 자신이 말한 바를 지키게 하는 것이 목적이라면, 뇌물을 주거나 혹은 그들을 위협하는 것이 어쩌면 타당한 전략일 수도 있다. 하지만 직장에서 오랫동안 좋은 성과를 내게 하거나, 학생들이 신중하게 생각하고 자기주도적으로 학습할 수 있도록 도와주거나, 아이들이 좋은 가치를 발달시킬 수 있게 조력하는 것이 목적이라면, 처벌과 마찬가지로 보상은 전혀 쓸모없는 것이다. 사실 우리가 곧 알게 되겠지만, 보상은 쓸모없는 것보다도 더 좋지 않다. 보상은 오히려 역효과를 가져오기 때문이다(Kohn, 1993, pp. 41-42).

간단히 말해서, 루소나 콘처럼 낭만주의적 입장의 사람들은 창의를 포함하여 일반적인 인간의 모든 행동은 그 행동을 만드는 사람의 내부에서 유래될 (originates) 때 최적의 결과를 가져온다고 믿는다. 만약 이것이 사실이라면(실은 사실이 아니지만), 사람들이 벌을 받거나 강화를 받는 어떤 환경적 영향이라도 이는 창의를 생산하는 과정에 태생적으로 해로운 것이 된다.

하지만 역으로, 공리주의적 혹은 강화의 관점은 만약 창의가 강화되면 그런 창의는 선택될 것이라는 입장을 취한다. 단순하게 말하면, 관습적인 행동과 창의적인 행동 중에서 어느 것이 선택되느냐는 것은 어떤 유형의 행동 목록들이 강화를 받는가에 달려 있다는 것이다. '창조적 예술가를 창조하기 (Creating the Creative Artist)'에서 스키너는 낭만주의 관점과 강화에 기초한 관점에 대해 정리한 후, 강화에 기초한 관점이 보다 의미 있음을 다음과 같이 암시하고 있다.

만약 독창적인 예술이 진정 작가의 내부에서 발생하는 것이라면,

다시 말해 예술가에게서 시작된다(begins)는 의미라면, 우리가 할 수 있는 일은 예술가에게 기회를 주는 것 말고는 아무것도 없을 것이다. 그러나 예술가의 성취가 그가 살아온 세상으로부터 온 것이라는 주장이 사실이라면, 우리는 그의 성취를 설명하기 위해 그리고 그가 성취를 이루게 된 실질적인 단계를 알아내기 위해 그가 살아온 세상을 면밀히 살펴볼 수 있을 것이며, 이것이 우리에게는 훨씬 더 행복한 일이 아닐 수 없다. …… 화가는 자신이 그린 그림의 결과 때문에 그림을 그리는 것이다(Skinner, 1970/1999, p. 380, 강조는 원문에 있는 것임).

창조주의 vs. 선택주의

창의에 대한 낭만주의 관점과 공리주의(즉, 강화주의) 입장의 차이는 결국 창조주에 대한 종교적인 믿음 대 자연선택에 의한 진화라는 과학적 입장의 차이에 다름 아니다(유사한 논의를 살펴보기 원한다면 Skinner, 1970/1999를 참조하라). 간략하게 말하면, 창조주의자들은 모든 살아 있는 생물은 모든 생명에 내재되어 있는 창시자(즉, 신)의 지적 설계에 따른 결과라고 믿는다. 창시자(originator)인 신이 생명을 창조한다(creates). 신이 창의적(creative)이라는 의미인 것이다. 이와는 반대로, 자연에서의 환경의 선택(environmental selection)을 통한 진화는 현재의 생명체가 존재하는 이유는 무작위적인 변이(random variation)가 선택되었기 때문이라는 입장을 갖는다. 생존에 유리한 변이가 선택되고 보유되는 것이다. 현재 존재하는 모든 생명체는 변이(유전자의 무작위적 돌연변이라든가 유성생식 등)와 그 결과에 따르는 선택(생존에 불리한 변이는 멸종하고, 생존에 유리한 변이는 보유되는)의 과정을 통해 현재의 형태를 갖게 된다.

창조주의적 관점과 유사하게, 창의성에 대한 낭만주의적 관점은 무엇을 만드는 이(creator)는 창시자(originator)라는 입장을 취한다. 따라서 창의(creativity)란 내부로부터 발생하는 것이 된다. 신(God)을 모든 생명의 창조자로 간주하듯이, 창의는 개인으로부터 만들어지며 어떠한 외적인 영향도 관여되지 않는다는 입장이다. 예를 들어, 철학자인 찰스 캠벨(Charles A. Cambell)은 기적처럼 작동하는 자아에 대해 설명하는 과정에서 '창의적 행위'를 '그 행위를 행하는 존재를 제외하고는 아무것도 그 행위를 결정하지 못하는' 행위라고 정의하였다(Campbell, 1957, p. 177). 그것이 신이든 사람이든 창의는 창시자가 시작하는 것이다(originates).

이와는 반대로, 자연선택을 통한 진화의 관점과 유사하게, 결정론적 입장에서의 창의란 유리하게 변이된 행동이 선택되는 것을 의미한다. 스키너는 『시쓰기에 대한 강의(A Lecture on 'Having a Poem)』(1971/1999)에서 찰스 다윈의 『종의 기원(Origin of the Species)』에 대해 다음과 같이 말했다. "만약 구조에 있어 무작위적인 변이가 그 결과에 의해 선택되는 것이라면, 새로움이라는 개념은 이전에 설계되었다는 것에 기대지 않고도 충분히 설명될 수 있을 것이다. 새로움이란 생존을 위해 새로운 형태가 선택되는 것이다."(p. 399) 이는 새로운 행동이라는 개념에 있어서도 그대로 적용될 수 있다. 새로운 행동이란 행동의 무작위적인 변이가 그 결과에 따라 선택되는 것이기 때문에 창시를 하는 무언가가 존재해야 한다는 주장을 하지 않고도 충분히 설명될 수 있다. 새로운 행동이란 창의적인 행동을 선택하는 강화의 결과인 것이다.

비관적인 결론 그리고 실내게임 심리학

강화의 사용을 반대하는 루소의 계승자들이 창의를 연구하면, 그들은 창의에 해로운 환경요인(특히, 강화)에 관심을 갖는다. 이는 창의란 개인의 내부에서 시작된다는 낭만주의적 관점과 창의란 강화를 포함하여 어떠한 환경적 영향에 의해서도 속박되지 않을 때 '놀이를 하는 것과 같은 태도'라든가 '자유' 혹은 '탐구심' 등이 극대화될 수 있다는 관점을 기반으로 하는 것이다. 당연한 말이지만, 어떠한 환경적 요인 없이 제약 없이 탐구하고 즐겁게 일을 하는 창의적인 사람이란 존재하지 않는다. 그러나 강화에 반대하는 사람들은 이러한 가장 근본적인 사실에는 별 관심이 없는 듯 보인다. 만약 모든 환경적 요인이 창의를 손상시키는 것이 사실이라면, 우리에게는 낭만주의자들이 말하는 숙명적이고 비관적인 결론밖에 남는 것이 없을 것이다. 아마빌레는 "물론 이것이 내가 처음에 의도한 바는 아니었지만, 나의 대부분의 연구들에서는 창의가 파괴된다는 결과가 나타났다. …… 창의를 인위적으로 향상시키는 것은 불가능하며, 우리가 할 수 있는 유일한 일은 창의를 손상시키는 것을 피하는 일일 뿐이다."(Amabile, 1983, p. 189)라고 탄식하듯 말하였다. 분명한 것은 강화가 창의를 파괴시키는 방법들 중 하나로 인식되고 있다는 것이다.

이러한 비관적인 결론은 내재적 흥미가 강화로 인해 손상된다는 신화에 기인한다. 강화물이 창의에 좋지 않다는 주장은 의미 있는 창의적 성취가 발생하는 실제 상황(예를 들어, 과학, 공학, 산업, 미술 등)과는 동떨어진 비현실적이고 인위적으로 고안된 실험을 근거로 제기되어 왔다. 캐나다 캘거리 대학교(University of Calgary)의 조크 아브라(Jock Abra)는 이러한 실험들이 대개 "안면타당도가 부족하며, 창의에 대한 것이라기보다는 말놀이나 퀴즈 같은 일종의 실내게임(parlor game)에…… 보다 가깝다."(Abra, 1993, p. 323)고 지적한다. 내재적 동기에 있어서의 보상의 효과에 대한 실험들과 유사하게, 창의에 있어서의 강화의 효과에 대한 실험들 역시 실험실이 아닌 현실에서 이루어지는 강화 프로그램과는 거의 관련이 없다. 이들 실험은 연구자가 이미 정해 놓은 결론을 확인할 수 있도록 고안된 실험일 뿐이다.

전형적으로 이런 실험에서는 실험 참가자들(어린이들이나 대학생들)에게 가벼운 문제를 제시하며 최선을 다하라고 지시하고 문제를 잘 해결하면 상을 준다고 말한다. 아이젠버거와 카메론이 강조하였듯이, 행동에 대해 실제로 강화가 일어나는 현실에서의 과정과는 다르게 "내재적 동기에 대한 보상의 효과에 대한 연구와 마찬가지로, 대부분의…… 연구들은 보상을 약속하거나 과제에 단지 한 번의 보상을 주는 것에 그친다."(Eisenberger & Cameron, 1996, p. 1160) 더욱이, "창의에 대한 보상의 효과를 탐색하는 연구들은 전형적으로 새로운 수행을 해야 한다고 요구하지 않는다."(Eisenberger et al., 1999, p. 309, 강조는 저자가 첨가한 것임) 창의가 중요하다는 말을 들려주지 않은 채 실험을 하고는 보상을 주겠다는 약속이 창의를 감소시킨다는 결과를 얻는 것은 어쩌면 당연한 일일 것이다(예를 들어, Amabile, 1983, 1996). 강화가 일어나는 실제 과정에서는 행동에 대한 강화물이 빈번하게, 지속적으로, 그리고 실제로 주어진다. 하지만 창의 관련 실험에서는 강화가 자주 주어지지도 않으며 심지어는 전혀 주어지지 않을 때도 있다. 창의에 대한 의사결정을 하는 데 있어 이러한 실험 결과를 참고하는 것은 바다에서의 항해를 조언하기 위해 등산에 대한 연구를 참고하는 것과 같은 일인 것이다. 강화를 사용조차 하지 않는 이런 연구를 통해 강화가 창의를 파괴한다는 결론이 도출되고 있는 실정이다.

⫶ 창의에 대한 정의: 전형적인 수행 vs. 새로운 수행

참가자들에게 과제를 완수하면 보상을 주기로 하고 실험을 진행하지만, 이때 과제의 결과가 창의적이어야 한다는 지시를 하지 않고 진행되는 실험에서 창의가 나타나지 않는 것은 전혀 놀라운 일이 아닐 것이다. 하지만 그런 과제에서 창의가 감소되는 이유가 궁금할 수도 있겠다. 이 문제는 강화에 있어서의 선택적 본질(selective nature)이라는 측면을 이해한다면 어렵지 않게 해결될 수 있다. 일단 창의를 객관적으로 연구하기 위해서는 창의에 대한 조작적 정의가 필요하다. 만약 창의가 환경과는 독립적으로 '개인에게서 유래되는 창의적인 행위'로 정의된다면, 그렇다면 창의에 강화를 주는 것은 불가능할 것이다. '개인에게서 유래되는 창의적인 행위'라는 정의는 창의를 연구하는 대부분의 학자들이 사용하는 정의가 아니며, 학자들에 의해 광범위하게 인정받는 것은 "창의란 유용성이라는 규준을 만족시키는 새로운 행동을 만드는 것이다."(Eisenberger et al., 1999, p. 308)라는 정의다. 아브라 역시 대부분의 창의에 대한 정의에는 새로움(novelty)(혹은 낮은 빈도)과 우수함(quality), 혹은 유용성(usefulness)이 포함된다고 말하고 있다(예를 들어, Abra, 1993, p. 293). 새롭고 유용한 것을 만드는 행동으로서 창의를 정의하고 강화에 대한 기초적인 이해가 있다면, 창의를 이해하기 위해 고안되었다고 알려져 있는 실험들에서 실제로 창의가 감소하는 현상에 대해 이해할 수 있게 될 것이다.

초등학교에 입학하기 전까지 아이들은 창의적인 행동이 아니라 전통적인 행동에 많은 강화를 받는다. 아동기에서 성인기를 거치면서 언어와 글 쓰기와 그림 그리기 등 대부분의 일상 행동에 있어 새롭거나 창의적으로 행동을 할 때보다 관용적이고 관습적으로 할 때 차별적으로(differentially) 강화를 받는다. 언어가 조성된 이후의 대부분의 아이들의 경우, 적절하고 관용적으로 요구를 하는 것이 그렇지 않을 때에 비해 강화를 받을 확률이 높다. 5세 아이는 '엄마, 아이스크림을 좀 주실 수 있어요?' 라고 요구할 수도 있고, '엄마, 크리, 크리, 이이임, 이이임, 응, 응?' 하고 요구할 수도 있다. 후자가 전자에 비해 귀엽고 창의적이라 하더라도, 그렇게 말하면 아이스크림이라는 강화물을 받을 확률은 낮아질 것이다. 관용적으로 부탁하는 것이 아이스크림을 받을 확률이 더 높다. 대부분의 가정과 유치원에서 색을 선 안에 칠하고, 줄을 서서 기다리고, 길을 건널 때 빨간불에 멈추고, 글자와 숫자를 인쇄된 모양과 똑같이 쓰고, 알파벳을 A부터 Z까지 순서에 맞춰 말하고(Z부터 A까지 말하거나 혹은 무작위로 말하거나 하지 않고), 부모님 이름과 주소와 전화번호를 올바른(관용적인) 순서로 말하고, 옷을 관습적으로 입는 것(예를 들어, 신발을 신고 그 위에 양말을 신는 것이 아니라 양말을 신고 그 위에 신발을 신는 것)과 같은 행동들이 차별적으로 강화를 받게 되는데, 이는 이러한 행동들이 관습적이고 올바른 방식으로 행해졌기 때문이다. 간단히 말해서, 어린아이들에게 기대하고 강화를 주는 거의 모든 것은 사회적으로 인정되는 표준적이고 관습적인, 즉 창의적이지 않은 방식들에 초점이 맞추어져 있다.

만약 이러한 학습이 일어나지 않으면, 사회는 사회로서의 기능을 하지 못할 것이다. 사회는 보행자가 길을 건널 때나 철자를 쓸 때, 혹은 수를 셀 때 그 방식과 시기에 있어서의 창의를 용인하지 않는다('나는 노란 불일 때 건너고, 파란 불일 때 멈춰요.' 라든가, '1, 3, 5, 8, 2, 9, 10!' 의 순서로 수를 센다든가, 'The fone kaw aint four u.' 라고 영어를 쓰는 것). 가정에서는 적절하게 기능하는, 조성되고 강화되는 관습이 있어야만 한다(아이들이 하는 '아니요' 를 '예' 라고 하기 게임' 은 부모가 아주 잠깐 용인해 주는 것일 뿐이다). 간단히 말해서, 우리는 어린 시절의 대부분을 관습적으로 행동하는 법을 배우고 그런 행동으로 강화를 받으면서 보내게 된다. 이러한 강화과정의 결과, 관습적인 수행은 비관습적이거나 혹은 창의적인 수행에 비해 차별적으로 강화된다. 이러한 강화의 역사를 가진 실험 참가자들에게 다른 방식으로 수행하라는 지시를 하지 않는다면, 창의를 검사한다고 가정된 전형적인 실험실 과제에서 관습적인, 즉 창의적이지 않은 결과가 도출되는 것은 지극히 당연한 일인 것이다.

어린 시절에는 창의적인 행동이 아닌 관습적인 행동이 차별적으로 강화를 받을 뿐 아니라, 이러한 관습적인 행동은 보다 '바람직' 하고 '옳은' 것으로 간주된다. 창의적인 수 세기나 철자는 '틀린' 것이고, 따라서 강화되지 않는다. 관습적인 철자와 수 세기는 '옳은' 것이고 '잘한 일' 이기에 강화를 받는다. 간혹 어떤 부모는 자신의 자녀에게 그들의 창의적인 예술 활동에 강화를 주기도 하지만, 친구나 형제들은 관습적인 행동에 보다 많은 강화를 주고, 창의적인 행동에 대해서는 놀리거나 벌을 주기까지 한다(자신이 그린 자전거 그림이 실제 자전거와 비슷하면 비슷할수록 보다 많은 찬사를 받게 되고, 보다 많은 친구들이 그림을 그려 달라고 요구한다. 이는 굉장한 강화인 것이다. 하지만 그림이 실제와 다르면 놀림을 받게 된다). 아이가 초등학교에 진학할 때까지 관습적인 것은 '옳은' 것이며 '잘한 일' 이다. 나의 학생이었던 한 미술 교사가 말하기를, 학생들에게 괴물을 그리게 했을 때, 1학년의 그림은 매우 창의적이고 독창적이었지만, 4학년이나 5학년의 그림은 매우 전형적이고 관습적이라고 했다. 그녀는 이 아이들에게 다양한 미디어에서 볼 수 있는 괴물과 닮지 않은 괴물을 그리게 하는 것은 거의 불가능하다고 말했다. 관습적인 행동에 대한 강화가 관습적인 행동을 선택해 온 것이다. '좋은 괴물 그림'이란 미디어에서 볼 수 있는 괴물과 닮아야 하는 것이다. 그렇지 않은 괴물은 친구들에게 한심하다거나 좋지 않다는 평가를 받게 된다. 이처럼 관습적인 행동에 대해 강화를 받았던 내력을 지니고 있으며, 관습적인 작업을 '훌륭한 작업'이라고 생각하고 있는 상태에서 그림 그리기 과제에서의 긍정적인 평가를 받은 아이들이 아무런 평가를 받지 않았던 아이에 비해 이후에 그린 콜라주(collage)에서 보다 덜 창의적이고, 보다 잘 구조화된 그림을 그렸다는 아마빌레의 연구결과(Hennessey & Amabile, 1988)는 지극히 당연한 결과라 할 것이다. 실제로 아이젠버거와 그의 동료들은 "이 아이들은 아마도 자신들이 관습적인 수행을 했기 때문에 긍정적인 평가를 받았다고 생각했을 것이고, 이러한 학습을 [관습적으로 행동하는 것에] 일반화하였을 것이다."(Eisenberger et al., 1999, p. 312)라고 주장한다. "창의에 대한 보상의 감소 효과(decremental effect)는 주로 개인이 창의적인 수행에 대해 보상이 주어진다는 사실을 인지하지 못할 때 발생하며, 따라서 관습적으로 반응하게 되는 것이다."(p. 320)

강화는 창의를 자동적으로 감소시키지 않는다. 강화는 어떠한 행동이라 하더라도 과거와 유사한 상황에서 강화를 받은 결과를 가져왔던 행동을 선택한다. 아이의 행동이 평가되는 상황, 즉 시험을 보는 상황에서는 창의적인 행동이 아니라 관습적인 행동으로 인해 언어적 칭찬('잘했어요!'와 같은), 애정, 높은 성적, 토큰 등 조건화된 강화물을 받게 된다. 과거에 평가가 이루어지는 상황에서 관습적인 행동이 강화를 받았기 때문에 창의적인 행동이 아닌 관습적인 행동이 평가가 이루어지는 상황에서 변별통제(discriminative control)하에 놓이게 되는 것이다(이는 '습관의 힘'이라는 문장으로 표현될 수 있다). 실험 상황은 평가가 이루어지는 상황(시험을 치르는 상황)이다. 따라서 실험 상황에서는 일반적으로 창의적인 행동이 아닌 관습적인 행동이 나오는 것이다.

강화가 창의를 만든다

조작행동(operant behavior)의 경우와 마찬가지로, 관습적 행동과 창의적 행동에 대한 분석결과는 관습적 행동이 아닌 창의적 행동에 강화를 받았던 경험이 있다면, 강화는 관습적 행동이 아닌 창의적 행동을 선택하게 될 것이라는 것을 말하고 있다.

'배고픈 예술가'라는 문장이 암시하듯, 많은 예술가들은 그들의 작업에 대해 충분한 금전적 보상을 받지 못하지만(때로는 전혀 받지 못하지만), 그럼에도 그들은 창의를 위한 노력을 계속한다. 그렇다고 이들이 강화가 충분치 않음에도 끈기 있게 작업을 지속한다고 주장하는 것은 옳지 않다. 그들의 창의적인 작업은 강화를 받는다. 금전적 보상은 단지 한 종류의 조건화된 강화일 뿐이다. 일단 처음에 화가가 캔버스를 구해서 그 캔버스에 그림을 그리게 되면, 그려진 그림은 그림을 그린 결과가 된다. 그림을 그린 그 결과로 인해, 화가가 보다 많은 캔버스에 그림을 그리게 된다면, 그 그림들이 그림 그리기라는 행동을 강화하고 있는 것이다. 이와 마찬가지로, 가창이나 악기 연주와 같은 행동은 어떠한 소리를 만들어 낸다. 만약 그런 가창이나 연주의 결과로 만들어진 소리들이 가수나 연주자가 보다 많은 소리들을 만들어 낼 수 있는 원인이 되었다면, 그 행동에 의해 만들어진 소리들은 강화를 받은 것이다. 이러한 과정에는 인공적인 강화가 개입되지 않았기 때문에 이는 진정한 '내재적 강화'라 할 수 있다. 하지만 이러한 강화라 하더라도 이는 '내부로부터 온 것'이 아니라 행동과 환경 간의 상호작용, 즉 환경적 결과다.

크게 성공한 예술가라 하더라도, 어쩌면 그 예술가들의 많은 그림과 노래들은 인공적 강화나 자연적 강화를 받지 못할 수도 있다. 하지만 예술가들은 끈기 있게 자신의 작업을 지속한다. 마치 간헐적 강화(intermittent reinforcement)가 높은 수준으로 끈기 있게 도박을 지속하도록 만드는 것처럼, 비록 많은 작품들이 강화를 받지 못한다 하더라도 창의적인 작업이 간헐적으로 강화를 받게 되면, 예술 작업은 꾸준히 지속될 가능성이 높다(간헐적 강화에 대해서는 부록 2를 참조하라). 병적인 도박꾼은 대부분의 도박판에서 강화를 받지 못하지만 그래도 도박을 계속한다. 어쩌다 '판에서 이기는,' 즉 가끔씩 주어지는 강화물 때문에 많은 판에서 강화를 받지 못함에도 불구하고 도박을 지속하는 것이다. 대부분의 창의적인 시도가 성공하지 못함에도 불구하고 작업을 지속하는 예술가의 모습 역시 자신의 직업에 '중독된' 듯 보일 수 있다. 창의적인 작업에서의 성공이 예측할 수 없는 여러 번의 시도가 있은 다음에 찾아온다면, 다시 말해서 가끔씩 아름다운 그림이나 노래가 만들어진다면, 수많은 시도가 강화를 받지 못한다 하더라도 예술가의 작업은 계속될 것이다. 따라서 어느 특별한 창의적 시도가 강화를 받지 못하고 있는 동안에도, 그럼에도 불구하고 창의적인 행동이 유지되는 이유는 강화 때문인 것이다.

하지만 그들의 예술 행동을 유지시키는 데 필요한 자연적 강화물은 매우 간헐적이고 너무나 부족하다. 그림이 얼마나 아름답든지 혹은 소설이 얼마나 짜릿하든지 간에, 그들이 인공적인 강화물을 받지 못한다면, 즉 자신의 작품이 팔리지 않는다면, 그들은 생계를 위한 직업으로서 더 이상 예술을 계속 하지 않을 것이다. '배고픈 예술가'라고 해서 그들이 배고픔을 즐기는 것은 아니다. 거의 예외 없이 예술가들은 자신의 작품으로 생계가 충분히 가능한 만큼의 보상, 즉 인공적 강화를 원한다. 이러한 '외재적 강화'는 '내재적 강화를 훼손'하는 것이 아니라, 창의에 필요한 강화의 총합에 더해지는 것이다. 소설이나 그림으로 큰돈을 버는 것이 어떻게 소설을 재미없게 만들고, 그림을 아름답지 않게 만든단 말인가? 인공적인 강화는 창의적인 작업에 더 큰 동기로 작용한다.

강화가 창의를 증진시킨다는 것을 오래 전에 증명했던 엘리자베스 고츠(Elizabeth M. Goetz)와 도날드 베어(Donald M. Baer)(1973)는 블록 만들기 놀이에서 새로운 형태의 구조물에 사회적 강화를 주면 창의적인 형태의 구조물을 만드는 빈도가 증가하고, 반복되는 형태에 사회적 강화를 주면 새로운 구조물의 빈도는 감소한다는 것을 보여 주었다. 즉, 창의적인 수행에 강화를 주면 창의적 수행이 증가하고, 반복되는 형태, 다시 말해 동일한 형태에 강화를 주면 창의는 감소한다. 앤드류 윈스턴(Andrew S. Winston)과 조앤 베이커(Joanne E. Baker)는 "조작적 행동이라는 관점에서 창의를 정의한"(Winston & Baker, 1985, p. 191) 20개의 연구를 검토한 후, "종합해 보았을 때 우리가 검토한 연구결과들은 행동에 대한 [강화] 절차들이 광범위한 영역에서 다양한 연령 집단의 창의적 산출물에 효과적으로 개입하고 있다는 것에 의심의 여지가 없다."(p. 200, 강조는 저자가 첨가한 것임)라고 결론 지었다.

이처럼 강력한 연구결과에도 불구하고, 윈스턴과 베이커는 이렇게 말한다.

여전히 사회 전반에는 창의를 개발하는 훈련에 강화의 사용을 반대하는 목소리가 높다. 창의는 '내재적으로 동기화'되어야만 하며, 외재적인 평가로부터 자유로워야 한다는 생각이 우리 문화에 매우 깊게 자리하고 있기 때문이다. 창의란 일반적으로 '개인 내부에서 발현되는' 자발적인 것으로 인식되기에, 아이들의 창의적인 활동에 관여하는 교육자를 비롯한 많은 사람들은 강화를 통한 훈련으로 창의를 만든다는 것에 동의하지 않는다(Winston & Baker, 1985, p. 202).

윈스턴과 베이커가 언급한 내용은 우리 사회에 깊이 뿌리내리고 있다. 창의적 행위를 유발하는 가장 중요한 요인이 경쟁이라는 사실을 설명하는 과정에서 조크 아브라(Jock Abra)는 낭만주의자들이 바로 그런 생각을 가지고 있다고 말한다. "교육 분야에서는 낭만주의자들의 관점이 가장 영향력이 있다. 창의란 모든 사람이 자신의 독특한 잠재력을 실현시킴으로써 이룰 수 있는, 이루어야만 하는, 이루게 될 자연스럽고 건전한 상위 욕구인데, 직관에 의해 미묘하게 알아챌 수 있는…… 제약이 없는 상황에서의 자발성이 창의적 성향을 불러오게 할 것이다. …… 환경이란 표현하고자 하는 충동을 숨 막히게 막아 놓음으로써, 창의를 향상시키는 것이 아니라 언제나 창의를 방해하는 역할을 한다."(Abra, 1993, p. 323)

이와는 반대로, 스키너(Skinner, 1970/1999)는 '창조적 예술가를 창조하기(Creating the Creative Artist)'에서 낭만주의적 인본주의자들의 입장이 비논리적이며, 궁극적으로는 비관적이고 운명론적인 결론에 이르고 있음을 지적한다. 스키너는 강화를 사용하여 창의를 향상시키는 것이 생산적이고 실용적이며 충분히 가능하다는 입장을 견지한다.

예술가가 되는 것은 [창의적이 되는 것은] 학습의 한 유형이다. 그렇게 되도록 '가르친다는' 것은 어쩌면 전적으로 우연에 기인한 것일지도 모른다. 의도적으로 그것이 가능한가? 예술가가 되도록 사람을 가르칠 수 있는가? 기법이 개입된다면 답은 그렇다. 그리고 이 사실은 지금의 논의와 관련 있다. 능력이 있는 예술가일수록 그의 작품이 더 많은 강화를 받게 될 가능성이 크다. …… [하지만 스키너는 수사적으로 질문하였는데] 우리가 진실로 새로운 강화물이라는 관점에서 예술가에게 아름다움의 새로운 형태를 발견하고 발명하는 방법을 가르칠 수 있는가?

가장 쉬운 대답은 '아니요'일 것이며, 이 대답이 바로 예술적 성취는 인간 삶의 내부로부터 발현된다는 관점을 계속해서 주장하는 사람들의 말이기도 하다. 그런 삶에는 교사가 직접적으로 개입할 여지가 없다. 천재란 가르침의 길에서 떨어져 있다. 그리고 만약 그것이 예술의 본질이라면, 이는 기법을 벗어난 것이며, 교사는 가르칠 수 없다. …… 게다가 교사는 가르치지 않은 창의적 표현에 대해서는 간섭하지 않아야 하므로 기법을 가르치는 것에 대해 이중으로 생각해야만 한다. 탐구하고자 하는 정신을 더욱 강하게 하기 위해 교과를 포기해야 한다는 이러한 입장은 예술 분야가 아닌 교육 철학자들에 의해 지지되고 있다. 그런 입장의 본질은 가르치는 일을 포기한다는 것이다[!] …… 하지만 교과를 버릴 이유는 없다. …… 우리가 학생들의 머리에 어떠한 사실들을 채워 주게 되면, 학생들은 스스로 생각하지 못하게 된다는 것은 진실이 아니다(Skinner, 1970/1999, p. 384, 강조는 저자가 첨가한 것임).

실제로 학생들이 더 많은 것을 배우고 생각할 수 있는 무언가를 더 많이 갖게 되면, 그것으로 인해 생각에 있어서의 자유가 증가한다.

타인의 기법을 학습하는 것은 스스로 새로운 기법을 발견하는 데 방해가 되지 않는다. …… 오히려 정말 독창적인 발견을 할 수 있는 최적의 자리에 있는 예술가는 바로 선배들의 다양한 기법을 알고 있는 사람이다. 만약 그가 그런 기법을 실행하는 것을 배웠다면, 그는 독창적이 될 확률이 매우 높아지게 될 것이다(Skinner, 1970/1999, p. 384, 강조는 저자가 첨가한 것임).

스키너는 낭만주의적인 인본주의 입장과 결정론적인 강화 입장 간의 갈등에 대해 이렇게 말한다.

창의적인 예술가를 생산한다(producing)는 바로 그런 일은 어쩌면 모순처럼 보일 수도 있다. 만약 그것이 '생산되는(produced)' 것이라면, 어떻게 그 행동이 독창적 혹은 창의적이 될 수 있겠는가? 생산이란 어떠한 형태이든 외적인 통제가 전제되어야 하는데, 창의는 글자 그대로 그런 통제를 부정하는 개념이다. '기계적인' 시스템('mechanistic' system)에서는 절대 새로운 것이 나올 수 없기 때문에 창의에 대해 행동분석을 한다는 것은 불가능할 뿐만 아니라 터무니없다[고 주장되고 있다]. [그러나] 창의적인 정신(creative mind)이란 말은 아무것도 설명하지 않는다. 그것은 기적 같은 사건에나 적용되는 용어다. 정신이란 우리의 육체가 할 수 없는 것을 해야 하는 순간에 필요하다. 이때 우리에게 필요한 것은 정신이 어떻게 그것을 하는지에 대한 설명이다. 그리고 이를 인정한다면, 우리는 보다 어려운 용어로 우리의 처음 문제를 단지 재진술하고 있을 뿐이라는 것을 알게 될 것이다(Skinner, 1970/1995, p. 385).

변이에 의해 상이한 결과가 생산되고 그런 변이가 선택되는, 즉 강화에 의한 선택의 개념이 창의라는 문제를 설명할 수 있는 유일한 방법이다. 다양한 종류의 재료(예를 들어, 종이라든가 캔버스 혹은 나무 등), 다양한 종류의 물감(예를 들어, 유성이나 수성 혹은 아크릴 물감 등), 다양한 종류의 붓(예를 들어, 말총이나 스펀지 혹은 손가락 등), 다양한 종류의 붓놀림(예를 들어, 폭이 좁거나 혹은 넓거나) 등 이들 요소들은 셀 수 없이 많은 변이를 만들어 낸다. 실제로 이 요소들의 조합으로 수십여 가지의 다양한 회화 기법들이 만들어지고 있으며, 그림의 주제 또한 말할 수 없을 정도로 다양하다. 이들 중 어떤 것들은 다른 것들에 비해 보다 많은 강화를 받게 되고, 이는 다음 작품을 그릴 때 보다 많은 강화를 받았던 작품과 유사한 작품을 그리게 하는 경향을 갖게 한다.

서로 다른 변이가 가져오는 서로 다른 강화의 결과가 화가의 '스타일'을 선택하는 것이다. 만약 창의적인 예술가가 다양한 변이가 가져오는 결과에 신경 쓰지 않고 마구잡이로 단순히 변이만을 고집하게 된다면, 우리는 그의 작품에 '창의적'이라든가 '중요한' 혹은 '유의한'이라는 형용사를 붙이지 않을 것이다. 대신에 아마도 그의 작품은 '산만하거나' 혹은 '혼란스러운' 작품이라 불릴 것이다. 이는 유용성을 고려하지 않고 오직 새로움이라는 준거만을 만족시켰기 때문이다. 만약 창의에 강화의 기능이 배제된다면, 파블로 피카소(Pablo Picasso)의 큐비즘(cubism), 클로드 모네(Claude Monet)의 인상주의(impressionism) 혹은 헤밍웨이(Hemingway)의 스토이시즘(stoicism) 등은 그처럼 창의적인 것으로 인정되지 않았을 것이다. 오히려 큐비즘, 인상주의, 스토이시즘 등은 수많은 변이 중 단지 하나의 변이에 불과했을 것이고, 이후에 창의적이라 불리는 작품들은 이들이 생산한 그런 변이에 영향을 받지 않았을 것이다. 아마도 이들의 작품은 작품에 새겨진 작가의 이름을 확인하기 전에는 누구의 작품인지 알 수 없는 그런 작품으로 끝났을 것이다. 만약 창의가 환경과 상관없이 오직 창작자의 내부에서 유래되는 것이라면, 회화에서의 입체파 작품은 피카소뿐만 아니라, 어니스트 헤밍웨이나 심지어는 스키너에 의해서도 만들어질 수 있었을 것이다! 그러나 이들은 각자의 영역에서 강화를 받았으며, 창의는 이들 강화의 기능이었다. 피카소의 큐비즘, 모네의 인상주의, 헤밍웨이의 스토이시즘은 모두 그런 과정을 통해 형성된 것이다. 그들 작업에 있어서의 변이는 큐비즘, 인상주의, 스토이시즘 각각의 영역 내에 존재한다. 이전의 창의가 그 이후의 창의적 작업에 영향을 주는 것이다.

그럼에도 불구하고, 예술가가 자신만의 스타일을 고집하면 할수록 작품들은 어느 예술가가 만들었는지 보다 쉽게 알 수 있게 되고, 그 예술가는 덜 창의적이 될 것이라는 주장이 있을 수도 있다. 특정한 스타일 내에서 강화를 받게 되면 이는 결국 그 작가가 다른 스타일의 작업(불가능한 일이지만, 예를 들면, 헤밍웨이가 위대한 그림을 그리게 되는 것)을 하지 못하게 된다는 것이다. 따라서 강화가 결국에는 창의를 약화시킨다는 주장이다. 그러나 이는 창의가 조작적 반응군(operant response classes)으로서 선택될 수 있다는 것과 각각의 개인에게는 강화를 받은 자신만의 내력이 있다는 사실을 이해하면 어렵지 않게 해결되는 문제다. 조작적 반응군으로서 선택된다는 것은 행동의 '무대(arena)' 혹은 맥락(예를 들어, 직업이냐 취미냐)이 반드시 선택되어야만 하고, 유의미한 창의가 발생하기 전에 그 무대 내에서 관습적인 행동들이 먼저 선택되어야만 하며, 때로는 숙달되어야만 한다는 의미다.

⫶ 창의의 조작적 선택

강화는 조작적 반응군이라는 기능을 통해 창의를 선택할 수 있다. 20개의 연구를 분석한 결과, 강화가 창의를 증가시킨다는 것은 의심할 여지가 없다고 결론 내린 윈스턴과 베이커(1985)의 연구뿐만 아니라, 최근에 수행된 로버트 아이젠버거와 그의 동료들의 연구결과 역시 조작으로서의 창의는 강화로 인해 선택된다는 결론을 지지한다.

아이젠버거의 전형적인 창의 관련 실험에서(예를 들어, Eisenberger et al., 1999; Eisenberger, 개인적인 토론) 아이들은 일상적인 물건을 가지고 일반적으로 사용하거나 혹은 창의적으로 사용하는 것에 대해 강화를 받는다(전형적으로 각각의 정답에 대해 5센트를 받는다). 실험의 한 예를 살펴보면, '일반적 사용 집단'의 아이들에게는 종이클립을 보여 준 후, 종이클립을 일상적으로 어떻게 사용하는지에 대해 물었고 아이들은 종이클립이 여러 장의 종이를 고정하는 데 사용된다는 의미가 담겨 있는 대답에 강화를 받았다. 이에 반해, '창의적 사용 집단'의 경우, 아이들에게 종이클립을 보여 준 후, 이를 평범하지 않게 사용해 보라고 요구했다. 여러 장의 종이를 고정한다는 의미가 담긴 답은 강화를 받지 못했다. 이러한 관습적인 답이 아닌 '귀걸이로 사용한다.' '자물쇠를 따는 데 사용한다.' 혹은 '마우스의 안테나로 사용한다.'와 같이 창의적이라고 판단되는 답은 모두 강화를 받았다. 또 다른 실험은 일련의 알파벳을 제시한 후, 이를 사용해 여러 개의 단어를 만드는 것에 강화를 주는 것이었다(예를 들어, Eisenberger & Selbst, 1994). 이때 서로 다른 다섯 개의 단어를 만드는 것이 같은 단어를 다섯 번 만드는 것보다 더 창의적인 것으로 인정되었다.

아이젠버거의 실험에서 테스트 기간에 창의적인 반응을 보였던 아이들은 완전히 다른 과제에서도 창의가 향상되는 결과를 보여 주었다. 아이들에게 여러 개의 원이 그려져 있는 종이를 제시했는데, 그중 하나의 원에는 '행복한 얼굴'을 예시로 그려 놓았다. 그런 다음, 제시된 원을 사용하여 그림을 그리라고 말해 주었는데, 행복한 얼굴 이외의 다른 얼굴을 그려도 되고(관습적 행동) 얼굴이 아닌 다른 것을 그려도 된다고 말해 주었다. 이 검사는 창의적 사고에 대한 토런스 검사(Torrance Tests of Creative Thinking)(Torrance, 1965; Eisenberger et al., 1999 참조)를 변형한 것으로, 창의를 확인하는 도구로 교사들에게 널리 알려져 있는 검사다.

관습적으로 사용하지 않는 훈련을 받은 아이들이 보다 창의적인 그림을 그렸다. 즉, 창의적으로 말한 것에 대해 강화를 받았던 아이들이 보다 창의적인 그림을 그렸던 것이다(Eisenberger & Armeli, 1997; Eisenberger et al., 1999; Eisenberger & Selbst, 1994). 관습적으로 사용하는 대답에 강화를 받았던 아이들은 행복한 얼굴 혹은 슬픈 얼굴 등등 예시로 보여 준 것과 비슷한 그림들을 그렸다. 하지만 일상적인 물건을 관습적이 아닌 창의적으로 사용하는 것에 강화를 받은 아이들은 제시된 원으로 얼굴이 아닌 다른 그림들을 그렸다. 예를 들면, 안경, 꽃, 드라이버의 머리 부분, 컵, 우주선, 전투용 전차, 전등, 자동차, 오토바이 등을 그렸던 것이다.

종합해서 말하면, 아이젠버거의 창의 연구는 창의가 강화를 받으면 창의가 일반화된 조작으로서 선택된다는 것을 분명하게 보여 준다. 하나의 상황에서 창의가 강화를 받으면, 완전히 새로운 상황에서도 창의는 증가한다. 창의적 행동에 강화를 주는 것이 창의를 선택한다는 이러한 진실이 주는 함의는 매우 분명하다. 만약 누군가가 보다 창의적으로 행동하기를 원한다면, 창의에 강화를 주어라!

실내게임 vs. 진실

이러한 연구는 강화가 태생적으로 창의에 해롭다는 주장과 동일한 근거로 비판받을 수도 있다. 즉, 아이젠버거의 창의에 대한 연구는 강화가 창의를 증가시킬 수 있다는 것에 대한 설득력 있는 증명이 아니라는 것이다. 이는 단지 '실내 게임'일 뿐이라는 것이다(나는 아이젠버거의 연구가 창의를 향상시키는 데 강화가 효과적으로 사용될 수 있다는 것을 설득력 있게 증명한다고 믿는다. 하지만 관심 있는 독자는 연구의 원본을 읽어 보고 스스로의 결론을 찾아보길 바란다). 아브라(Abra)의 실험실이 아닌 상황에서의 창의에 대한 분석과 아이젠버거의 최근 연구결과들은 모두 동일한 결론을 말하고 있다. 창의는 강화의 작용이라는 것이다. 창의가 강화를 받으면, 창의가 선택된다.

아이젠버거와 린다 로아즈(Linda Rhoades)(2001)의 연구는 하나의 과제에 있어 창의적인 수행(관습적이 아닌 용도로 사용하는 것에 대해 말하기)에 강화를 주는 것이 영화나 단편소설의 제목을 붙이는 과제에서의 창의를 증가시킨다는 결과를 보고하고 있다. 이러한 결과는 종이에 원을 그리는 아이젠버거의 연구를 넘어 완전히 상이한 과제에도 일반화되고 있다. 이들 연구자들은 대학생을 대상으로 한 연구에서도 동일한 연구결과를 얻었으며, 이는 창의가 강화에 의해 선택된다는 결론이 아이들뿐만 아니라 성인 초기 연령에도 적용될 수 있다는 사실을 보여 준다.

학교뿐만 아니라 기업 상황에서도 강화는 창의와 정적으로 연관되어 있다. 아이젠버거와 로아즈는 전기전자 판매점 직원 수백 명을 대상으로 한 연구를 통해 높은 수준의 수행에 대한 보상과 직장에서의 창의에 정적인 상관이 있음을 밝혔다. 더욱이 높은 수준의 수행에 대해 돈을 지급하는 강화가 창의뿐만 아니라 지각된 자기 결정감과 내재적 흥미 역시 증가시켰다! "보상이 일반적으로 내재적 과제 흥미를 감소시킨다는 주장과는 반대로, 수행-보상의 기대 수준과 창의 간에는 정적인 상관이 있는 것으로' 나타났으며, 이때 내재적 직업 흥미는 매개변인으로 기능했다. …… 이러한 결과들은 높은 수준의 수행에 대해 보상을 기대하는 형태의 외재적 동기가 자신의 행위에 대해 보다 높은 수준의 지각된 자기 결정감을 형성시키고, 이것이 내재적 과제 흥미와 창의에 영향을 미친다는 견해와 일치한다."(Eisenberger & Rhoades, 2001, p. 735) 결론적으로, 높은 수준의 수행으로 강화를 받은 직원은 자신의 직업에 대해 보다 높은 흥미를 갖게 되고, 보다 높은 수준의 창의를 만든다. 강화에 대한 자연주의적이고 결정론적인 이해를 통해 우리가 알 수 있는 것이 바로 이러한 진실인 것이다.

● 필요는 발명의 어머니: 창의적 행동의 맥락

창의적 행동을 유발하는 데 있어 경쟁의 역할을 강조하면서 아브라(Abra)는 '위대한 성취'는 분야 내에서 발생한다는 점을 강조하였다. 위대한 성취는 거의 예외 없이 창의적이다. 만약 어떠한 일의 결과가 새롭지 않고 단지 과거의 성취를 반복한 것에 그친다면, 그 일에 '위대한' 혹은 '성취'라는 말을 붙이지 않는다. 따라서 '거인의 어깨 위에 서서'라는 말이 의미하는 것처럼, 의미 있는 창의는 거의 대부분 전통적인 현존하는 그 분야에서의 현상들을 일단 숙달한 이후에 그 분야 내에서 발생한다. 이러한 맥락에서 창의적 작업이란 '학생들이 즐기는 실내게임이 아니라 직업에서의 자부심과 생계가 관여되는 것이며', 이때 창의에 있어 경쟁과 강화는 "보편적인 현상"(Abra, 1993, p. 312, 강조는 저자가 첨가한 것임)이 된다. 즉, '필요는 발명의 어머니인 것이다.' 실제 삶에서의 의미 있는 창의는 전문성에 기초한 성취가 강화를 받는 과정을 통해 만들어진다. 아브라는 "뛰어남을 알아보지 못하는[강화를 주지 않는] 사회는 창의적이지 못할 뿐만 아니라 지루하기까지 하다."(p. 303)라고 강조하였다.

위대한 창의적 성취는 테레사 아마빌레(Teresa M. Amabile), 에드워드 디시(Edward L. Deci), 알피 콘(Alfie A. Kohn), 리처드 라이언(Richard Ryan)과 같은 낭만주의적 관점의 학자들이 주장하는 것처럼 상황과 결과에 종속되지 않고 아무런 제약 없이 그저 '탐색하고 즐기는' 과정을 통해 발현되는 것이 아니다. 위대한 창의적 성취란 특정한 영역에서 창의적 성취에 대한 요구가 있고 그 결과가 중요한 의미를 갖는 그런 환경에서 발생한다. 이는 어떠한 창의라 하더라도 그것이 발현되기 위해서는 엄청난 양의 현존하는 지식과 행동을 우선적으로 습득해야만 한다는 것을 의미한다. 화학이나 물리학 혹은 행동분석 등 어느 분야라 하더라도 그 분야에서 창의적인 성취를 이루기 위해서는 그 분야의 현존하는 지식을 반드시 숙지하여야 하며, 표준적이고 일반적인 실험 방법에 대한 전문성을 확보해야만 한다. 매우 전문적이 되지 못한다 하더라도 적어도 아주 익숙해져야만 한다. 과학자의 경우, '실험 과학' 분야에 창의적이고 진보적인 성취를 이루려면, 잘 정비된 현존하는 '교과서 과학'이 제시하는 사실과 절차에 능통해야만 한다.

혁신은 현존하는 지식의 토대 위에서만 가능하다. 필자의 방 벽에는 광대의 그림이 하나 걸려 있다. 이 그림은 피카소가 그린 그림의 복제판이다. 피카소는 입체파로 유명하지만, 광대의 옷을 입고 가면을 들고 있는 이 남자의 초상화는 '입체주의'가 아니라 사실주의 화풍의 그림이다. 광대의 얼굴엔 씁쓸하면서도 달콤한, 그러면서도 약간은 우울한 느낌이 나타나 있다. 입체파라는 혁신을 이루기 전에 피카소는 현존하는 그림 기법에 대해 정통해 있었던 것이다.

분야를 선도하고 개인이 이전에 경험하지 못한 새로운 강화를 창출하는 그런 의미 있는 창의의 선행조건은 근면성이다. 아이젠버거는 이렇게 강조한다. "노력에 대해 강화의 가치를 증가시키는 것은 [노력에 대해 강화를 주는 것이기에] 힘든 학문 과제를 선택하고 지속하는 효과를 갖게 된다. 따분하고 반복적인 노력에 강화를 주는 것은 내재적으로 흥미가 있는 과제에도 노력을 증가시키는 역할을 할 수 있다." (Eisneberger, 1992, p. 263) 아이젠버거의 창의에 대한 최근 연구와 다음 장에서 설명할 스티븐 킹(Stephen King)의 삶이 증명하듯이, 이러한 진술은 창의와 직접적으로 관련을 맺고 있다.

성취, 근면성, 그리고 창의적 천재: 영재와 '타고난다'는 신화

천재는 만들어지는 것이 아니라 태어날 때부터 '타고나는' 것이라는 일반인의 믿음은 하나의 신화일 뿐이다. '천재란 10퍼센트의 영감과 90퍼센트의 노력' 이라는 토마스 에디슨의 말처럼, 창의를 포함하여 그 어떤 위대한 성취라 하더라도, 위대한 성취에는 맥락과 결과에 신경 쓰지 않고 '아무런 제약 없이 즐기는' 것이 아닌, 고된 작업이 요구된다. '버드(Bird)' 라는 애칭으로 불리던 재즈계의 위대한 음악가인 찰리 파커(Charlie Parker)는 청소년기에 매일 열한 시간에서 열네 시간씩 연습했다[2000년 11월 14일에 방송된 미국공영라디오(National Public Radio) 인터뷰에서]. '비트(beat)' 소설가인 잭 케루악(Jack Kerouac)이 『길 위에서(On the Road)』라는 소설을 1951년 4월에 단지 3주만에 완성했다는 것은 창의에 대한 또 하나의 신화다. 진실은 매우 다르다. "케루악은 아주 꼼꼼한 전통적인 장인(craftsman)이었다. 살아가는 하루하루가 『길 위에서』를 쓰는 데 필요한 날들이었다. 매일매일 자료를 모으고 한 달씩 외부와 고립되어 치열하게 써냈던 것이다." (Brinkley, 1998, p. 51, 강조는 원문에 있는 것임) 마이클 조던(Michael Jordan)만큼 피나는 연습을 하는 선수는 흔치 않을 것이다(Smith, 1999). 프란시스 크릭(Francis Crick)과 제임스 왓슨(James D. Watson)의 DNA

구조의 발견은 수년 동안 잔혹할 정도로 작업을 지속해야 하는 경쟁의 연속을 이겨 낸 결과였다(Watson, 1968). 무술영화 산업에 일대 변혁을 가져왔으며, 영화 속에서의 창의적인 몸동작으로 잘 알려져 있는 브루스 리(Bruce Lee)는 하루에 여덟 시간 이상의 연습을 했다. 그가 보여 준 영화 속에서의 무술 동작은 매일 1,000번 이상 동일한 기초 동작을 반복한 결과였다. 재키 찬(Jackie Chan)의 곡예사와 같은 무술 액션 역시 매일 1,000번 이상의 찌르기와 500번 이상의 발차기를 연습한 결과다(Buchalter, 2001).

⦂ 비범은 평범의 숙달을 통해서만 가능하다

한 분야에서 창의적인 혁신을 이루기 위해서는 일단 그 분야에 존재하는 기존의 것들을 숙달해야만 한다. 이는 매우 힘든 과정이며 끊임없이 노력해야 가능한 일이다. 위대한 성취와 창의적인 혁신이 '단지 우연히 만들어졌다' 거나 혹은 그런 성취를 이룬 사람이 단지 '타고났기' 때문이라고 말하는 것은 일종의 모욕이다. 무언가를 능숙하게 하는 것을 보면 그런 능력은 타고난 것처럼 보일 수 있다. 하지만 정확하며 틀림이 없는 행동을 의미하는 능숙함은 그 반응에 반복적인 강화를 받음으로써 획득되는 것이다(1장 참조).

다이빙 선수나 댄싱 선수 혹은 체조 선수나 아이스 스케이팅 선수가 하나의 혁신, 즉 새로운 창의적인 기술을 만들기 위해서는 일단 현존하는 기술, 예를 들어 처음에는 공중 1회전을, 그다음에는 공중 2회전을, 몸을 구부린 상태에서, 그리고 몸을 편 상태에서 등등 현존하는 기술을 숙달해야만 한다. 현존하는 기술에 능숙해지지 않는 한 혁신을 이루기는 어렵다. 창의는 현존하는 것을 숙달할 수 있느냐 없느냐에 종속된다. 이는 운동뿐 아니라 다른 영역에 있어서도 마찬가지다. 건축가가 혁신적이고 창의적인 건물을 만들기 위해서는 기하학과 물리공학, 그리고 기타 필수적인 지식들을 습득해야만 한다.

의사의 경우, 혁신적이고 창의적인 수술 절차를 개발하기 위해서는 일단 현존하는 수술 절차에 능숙해야만 한다. 현존하는 수술 절차에 능숙한 의사라는 믿음이 없는데, 그 의사에게 창의적인 절차로 수술하라고 허락할 환자는 없을 것이다.

일단 창의적인 혁신이 일어나면, 그런 창의는 곧 일반적인 것이 된다. 피겨 스케이팅에서 '공중 3회전' 이 창의적인 혁신이었던 적이 있었다. 이제 '공중 3회전' 은 최고 수준에 이르기 위해서는 반드시 숙달해야만 하는 일반적인 기술이 되었다. 인공수정을 시술하는 의사들에게 정자주입술은 한때 창의적인 혁신이었지만, 이제 정자주입술이란 인공수정을 시술하는 모든 의사에게는 평범한 기술이 되었다. 한때 단지 몇 명의 '창의적인' 사람들만이 컴퓨터, 인터넷, 컴퓨터 소프트웨어, 컴퓨터 프로그래밍 등에 익숙했었다. 하지만 이제 컴퓨터의 사용은 읽기, 쓰기, 수학과 같은 기초교육에 필수적인 것으로 인식되고 있다. 컴퓨터 언어는 이제 일반적인 언어로 간주된다. 보다 창의적인 것이 발생하면 할수록, 보다 많은 것들이 일반적이 되어 간다. 현존하는 지식과 창의적인 지식 모두를 얻고, 이를 수행할 수 있는 가장 좋은 방법은 노력과 성취에 대해 많은 칭찬과 애정이 포함되어 있는, 즉 자연발생적인(내재적인) 강화와 인공적인(외재적인) 강화 모두를 이용하는 체계적인 강화 프로그램을 활용하는 것이다.

영 재

수없이 반복된 연습이 없었다 하더라도 마이클 조던은 농구에서 덩크슛을 할 수 있었을 수 있다. 사실 미국에서 덩크슛을 할 수 있은 아이들은 수만 명에 이른다. 덩크슛은 평범한 것이다. 마이클 조던을 마이클 조던으로 만든 것은 덩크슛을 할 수 있다는 사실이 아니라, 꾸준하고 일관되게 노력하는 강화된 연습이었다(Smith, 1999). 만약 강화로 인한 근면성이 발달하지 않았다면, 조던은 그저 농구에서 덩크슛을 할 줄 아는 많은 아이들 중 하나였을 것이다. 수백 명의 생물학자가 있지만, 찰스 다윈(Charles Darwin)을 찰스 다윈으로 만든 것은 꾸준하고 일관된 노력이었으며(Desmond & Moore, 1991), 조지 패튼(George Patton)을 위대한 장군으로 만들고, 헨리 포드(Henry Ford)를 창의적인 기업가로 만든 것 역시 꾸준하고 일관된 노력이었다(Eisenberger, 1989).

영재는 만들어지는 것이지 타고나는 것이 아니다. 영국 엑서터 대학교(Exeter University)의 미카엘 하우(Michael J. A. Howe)는 '선천적' 재능, 그중에서도 음악가들의 재능에 대한 연구에 7년 이상을 투자했다. 선천적 재능 혹은 창의적 천재를 증명할 만한 것을 전혀 발견할 수 없었다는 것이 그의 연구결과였다. 대신에 그가 발견한 것은 '훌륭한 음악가가 되는 데는 수천 시간 동안 외롭고 지루하고 고독하게 집중하는' 것이 필요하다는 것이었다. '선천적으로 그렇게 하고 싶어 하는 아이나 청소년은 절대 없다.' 하우의 연구결과에 따르면, 좋은 음악가가 되는 데 있어 가장 결정적인 요인은 부모의 지원과 격려(칭찬과 강화)였다. 실제로 피아니스트가 자신의 직업에서 보여 주는 빠른 향상은 '열정적인 격려'의 산물이다. 마찬가지로, "의도적인 부모의 격려 없이 어린 시절 매우 뛰어난 징후를 보이는 수학자는 거의 없다."(Howe et al., 1998, p. 404) 부모의 격려 없이 어린 시절 창의적 성취를 보이는 경우는 거의 없으며, 청소년기에는 더더욱 그 확률이 줄어든다. 하우와 그의 공동 연구자들이 발견한 것은 "매우 높은 수준의 성공을 이룬 어린 음악가들은 그들의 부모가 연습하도록 격려해 주지 않았다면 자신들이 성공하는 데 필요했던 정규적인 연습의 양을 결코 소화하지 못했을 것이라는 점을 분명하게 인정하고 있었다. 성공을 이룬 어린 음악가들 모두에게 나타나는 공통점은 연습을 하도록 부모가 끊임없이 그리고 강력하게 격려를 했다는 점이다."(p. 406, 강조는 저자가 첨가한 것임)

수백 명의 '영재성을 지닌' 아이와 청소년, 그리고 그들의 부모를 대상으로 높은 수준의 성취와 창의적인 천재의 요인을 탐구한 하우의 연구결과는 높은 수준의 성취는 낭만주의적 결론이 아닌 강화가 그 원인이라는 입장을 지지하였다. 높은 수준의 성취는 전문적이고 기술적인 연습을 필요로 한다. 정형화된 절차에 따라 최선의 연습을 하는 것이 음악에서의 성취를 결정한다(Sloboda et al., 1996). 어느 곳에서도 영재라는 특성의 성공을 예측할 수 있는 징후를 찾을 수 없다. 대신에 영재라 불리는 학생들에게는 그들의 향상을 격려해 주고 이를 관리해 주는 적극적인 부모가 있을 뿐이었다(Sloboda & Howe, 1991). '힘들지 않아 보이는' 수행은 사실 수년에 걸친 고된 연습의 결과다(Howe, 1990). 선천적인 능력을 지지하는 증거는 찾을 수 없으며, 누구라고 하더라도 오랜 기간 동안 집중적으로 신중하게 준비를 하지 않고는 위대한 성취를 이룰 수 없다(Howe, 1990).

대중적인 믿음과는 반대로, 모차르트는 '타고난' 사람이 아니다. 모차르트와 비틀즈[폴 메카트니(Paul McCartney)와 존 레논(John Lennon)]의 '창의적인' 작곡과 연주는 그 시대에 존재하던 음악을 숙달한 후에야 비로소 가능했다. 템플 대학교(Temple University)의 로버트 와이즈버그(Robert W. Weisberg)에 따르면, 모차르트가 11세부터 16세 사이에 작곡한 처음 7개의 작품들은 실제 모차르트의 곡이 아니라 다른 작곡가들의 작품의 변주곡이었다. 첫 번째 '걸작'(9번 작품)은 한참이 지난 후에 만들어졌다. "그때 모차르트의 나이는 21살이었는데, 이는 그가 음악을 시작한지 16년이 지난 다음이었으며, 협주곡을 작곡하기 시작한지는 10년이 지난 다음이었다. 이 기간 동안 모차르트는 다른 작곡가들의 작품에 몰두하여 연습하고 학습했다. 그의 걸작은 단순히 타고난 재능이 꽃핀 것이 아니다."(Weisberg, 1998, p. 430) 비틀즈 역시 첫 번째 곡이 나오기 전까지 존 레논과 폴 메카트니는 연습 시간을 늘려가면서 공연도 1,200시간이나 진행했다. "그들의 초기 공연 레퍼토리는 다른 작곡가들의 곡들을 충실하게 리메이크 한 것들이 대부분이었기 때문에 그들의 공연은 연습과 다름없었던 것이다."(p. 430) 반복되는 연습을 통해, 비틀즈는 기존의 곡들을 숙달했던 것이다.

레이 찰스(Ray Charles)의 가수 50주년을 기념하기 위하여 미국공영라디오에서 진행된 인터뷰에서(1997년 9월 23일) 사회자인 로버트 시걸(Robert Siegel)이 질문했다. '연습을 많이 하시나요?' '짬이 날 때마다 언제나 연습을 합니다만 …… 내가 하고 싶은 만큼 하는 건 아닌 것 같아요. …… 음계와 코드와 피아노를 칠 때의 내 손의 움직임, 그런 것들을 연습해요. …… 내가 연습하는 이유는 연주를 더 잘하고 싶기 때문이죠.' 비범하기 위해서는 일단 평범한 것을 완전하게 숙달해야만 하는 것이다.

낭만주의자와 인본주의자들이 주장하는 것처럼, 맥락이나 결과에 구속되지 않고 아무런 제약 없이 탐색하고 즐길 수 있는 기회를 주는 것은 성취도 창의도 만들어 내지 못한다. 사실 행동에 있어 일정한 경계나 제한을 받지 않았던 아이들에게는 불안의 문제가 발달할 수 있는 위험이 있다(Heckhausen, 1967). 어린 시절에 칭찬과 격려, 그리고 관리를 해 주는 것이 미래의 성취와 창의에 있어 강력한 결정요인으로 발현된다는 것이 진실이다[하지만 어린 시절에 이러한 기회를 얻지 못하고 성장한 성인의 경우에도 적절한 환경이 제공된다면, 여전히 창의적인 성취를 이룰 수 있는 가능성이 열려 있다(Howe, 1990)]. 칭찬의 힘은 아무리 강조해도 지나치지 않다. 왜냐하면 행동을 조성하는 데 있어 칭찬의 효과는 우리가 상상하는 것보다 훨씬 더 거대하기 때문이다.

시어도어 루즈벨트(Theodore Roosevelt)가 어린 시절에 겪었던 자신의 질병을 극복하는 과정은 어린 시절에 부모의(루즈벨트의 경우에는 특히 아버지) 관심과 칭찬, 그리고 격려가 어떠한 효과를 갖는지에 대해 직접적으로 알아볼 수 있는 좋은 예가 될 수 있을 것이다. 루즈벨트는 어린 시절에 천식으로 고통받았는데, 그의 "부모는 그들이 생각해 낼 수 있는 모든 것을 하려고 노력했다. …… 발작이 시작되면 그들은 어린 루즈벨트를 안아 주고, 그와 주변을 걸으며 그를 편안하게 해 주려 노력했으며, 이는 아버지의 몫이었다."라고 전기 작가인 브랜즈(H. W. Brands)는 기술하고 있다. "그 결과, 그 소년은 무의식적으로 발작의 시작을 아버지의 전적인 관심을 받을 수 있는 기회와 연관 짓게 되었다." (Brands, 1997, p. 10) 즉, 루즈벨트의 어린 시절 천식의 발작은 아버지의 관심이라는 긍정적인 강화를 받았던 것이다. "분명히 루즈벨트는 그가 발작을 하고 있는 동안은 아버지라는 세계의 정중앙에 자신이 자리하고 있다는 생각을 하고 있었다. [다른 형제들은] 기다려야 했다. …… 아버지는 그를 담요에 감싸 안고 맨해튼(Manhattan)의 깜깜한 밤거리를 차를 몰아 내달렸다. 이는 어린 루즈벨트에겐 감사하고 황홀한 경험이었던 것이다."(p. 11) 천식이라는 질병이 부모의 끝없는 관심과 애정을 가져온다면, 다른 모든 변인에 변화가 없을 때 발작의 빈도는 증가하게 된다. 루즈벨트가 발작을 시작하면 아버지는 관심과 애정으로 강화를 주었고, 이러한 반응은 발작의 빈도를 높였을 뿐만 아니라 치통, 두통, 장염과 같은 다른 질병에까지 일반화되었다(p. 23). 루즈벨트는 여동생의 경우에도 병이 났을 때 부모의 관심이라는 강화를 받게 되면 그 병이 더 심해졌다고 기억한다. 루즈벨트는 "코니(Conie)는 아팠지만 어머니가 밖으로 나가 더 이상 관심을 받을 수 없게 되었을 때는 언제나 병세가 나아졌다."라는 글을 쓰기도 했다(Brands, p. 23).

아들의 폐를 깨끗하게 해 주려고, 루즈벨트의 아버지는 맑은 공기가 있는 곳을 아들과 함께 걸으며 아들이 산책을 지속하는 것에 칭찬과 격려를 해 주었다. 따라서 루즈벨트의 아버지는 폐를 깨끗하게 해 주는 동시에, 아들이 신체적으로 산책을 완수하는 것에 대해 격려와 칭찬을 시작했던 것이다. "[아버지는 이렇게 말했다.] '시어도어, 너는 건강해져야만 해. 분명 힘들 거야. 하지만 난 네가 그렇게 할 수 있을 거라는 걸 알아.' 아버지를 아주 좋아하고 자연스럽게 아버지에게 인정을 받고 싶어 하게 된 그 어린 소년은 아버지의 말에 반응을 보였다. 소년은 다짐했다. '난 건강해질 거예요.' 이때부터 체력단련을 위한 운동이 시작되었고, 이는 루즈벨트가 죽는 날까지 지속되었다." (Brands, 1997, p. 26) 루즈벨트의 일화가 보여 주듯이, 어린 시절에 천식이 발작했을 때 부모가 관심을 보인다면 천식이 자주 발생하는 결과가 나타난다. 하지만 여기서 보다 중요하고 고무적인 것은 부모의 격려와 칭찬이 커다란 성취를 이루는 데 도움이 된다는 사실이다.

실제로 찰스 다윈(Charles Darwin)의 경우에도 그가 자연선택 이론을 완성한 생물학자가 되는 데 있어 어른의 관심과 칭찬은 적지 않은 역할을 했다. "찰스의 교육은 집에서 시작되었는데, 그를 가르친 사람은 누나인 캐롤라인(Caroline)이었다. 그는 그녀의 관심을 받기 위해 노력했다. …… 그는 관심을 추구하는 성격이었다. 그는 칭찬을 원했던 것이다."라고 전기 작가인 아드리안 데스몬드(Adrian Desmond)와 제임스 무어(James Moore)는 쓰고 있다(Desmond & Moore, 1991, pp. 12-13). "그는 습관적으로 조개껍데기, 우편물의 소인, 새의 알, 광물 등 무엇인가를 수집하고 쌓아 두는 성향이 있었다. 이들은 칭찬을 받기 위해 쌓아 놓은 트로피였던 것이다."(p. 13, 강조는 저자가 첨가한 것임) 이러한 트로피가 인정을 받지 못했거나 그냥 무시되어 버렸다면, 다윈은 자연선택이라는 이론에 필요한 증거들을 결코 수집할 수 없었을 것이다. 칭찬과 관심이라는 강화를 받게 했던 어린 시절에 무언가를 수집하는 행동은 훗날 과학적인 행동에 이르게 하는 연속적인 근사치였다. 어린 시절의 행동이 강화를 받지 못했다면, 훗날의 행동은 결코 발생하지 않았을 것이다. 다윈은 "학교에서 '관심을 받고 사람들을 깜짝 놀라게 하는 그런 순수한 즐거움'을 위한 일들을 즐겼다. …… 그는 자연사에 존재하는 믿기 힘든 얘기들을 들려주고, 희귀한 새에 대해 발표하고, 꽃의 색깔을 변화시킬 수 있는 능력을 뽐냈다."(p. 13) 그는 "아버지가 인정해 주기를 바랐으며"(p. 21) 인정을 받기 위해 최선을 다했다. 다윈은 성장해 가면서 수집하는 취미에 더해 아주 열정적인 사냥 애호가가 되었다. 사냥감을 찾아 다녔으며, 다양한 총 쏘기 게임에서 남들이 경탄할 만큼의 실력을 보여 주었다. 어린 시절, 자연과학에 대한 열정으로 받았던 칭찬이 그에게 보다 심도 있는 일을 하도록 유도했다. 다윈은 학생 신분으로 베르네리안 자연사 학회(Wernerian Natural History Society)에서 주최하는 학회에 참석하여 그때까지 미스테리로 남아 있던 굴 껍질 내부의 검은 부분이 거머리의 알이라는 사실을 밝혔다. 이 발견은 "'열성적인 젊은 친구인 찰스 다윈 군'의 발견을 축하하는"(p. 37) 다윈의 초기 멘토 중 한 명에 의해 학술지에 실리기도 했다. 위대한 과학적 성취를 향해 나아가는 연속적인 근사치들이 칭찬과 인정이라는 강화를 받았던 것이었다. 데스몬드와 무어의 전기에서 볼 수 있듯이, 다윈의 위대한 업적들은[몇 개만 예로 들자면, 『종의 기원(On the Origin of the Species by Means of Natural Selection)』(1895), 『인간과 동물의 감정의 표현(The Expression of Emotions in Man and Animals)』(1872) 『인간의 유래, 그리고 성선택(The Descent of Man, and Selection in Relation to Sex)』(1871)] 결코 그의 내부에서 유래된 것이 아니었으며, 아무런 제약 없이 탐색하고 즐기다가 어느 순간 갑작스러운 영감으로 만들어진 것도 아니었다. 다윈의 위대한 업적은 어린 시절부터 인생 전반에 걸쳐 환경과 상호작용하고, 고통스러울 정도의 꼼꼼한 노력을 기울이고, 이러한 행동들의 연속적인 근사치들이 강화를 받음으로써 만들어진 것이다.

많이 얘기되는지는 않지만, 오늘날의 기업에서는 아주 자연스러운, 존 록펠러(John D. Rockefeller Sr.)가 만든 몇 가지 관행들은, 어떤 것들은 경멸되기도 하고 어떤 것들은 존경을 받기도 하는데, 한때는 창의적인 혁신으로 인정되었던 것들이다. 루즈벨트와 다윈의 경우와 마찬가지로, 성인이 되었을 때 록펠러가 보여 준 열정과 성취가 어린 시절에 받았던 격려와 관심에 직접적으로 관련이 있다는 것은 어렵지 않게 추적할 수 있는 사실이다. 마이크로소프트(Microsoft)가 윈도우 운영체계에 인터넷 익스플로러를 끼워 팔려 했던 시도는 「독점금지법」을 어겼다는 법원의 판결을 받았는데, 이는 모든 정유회사를 종적으로 횡적으로 묶어 독점을 이루었던 록펠러의 스탠다드 오일(Standard Oil)을 조금 흉내 낸 것에 불과했다. 경쟁을 제거하는 록펠러의 창의적이고 혁신적인 방법들이 없었다면(예를 들어, 비밀리에 '경쟁' 회사를 인수하기, 경쟁 회사를 파산시키기 위해 낮은 가격으로 물건 팔기, 시장을 조정하기 위한 담합을 위해 회사를 합병하기, '뇌물' '거래제한 조건'에서의 트러스트를 조직하기 등), 독점을 금지하는 오늘날의 수많은 법과 규제는 존재하지 않았을 것이라고 전기 작가인 론 처노(Ron Chernow)는 말하고 있다. 록펠러의 아버지는 그에게 "수단과 방법을 가리지 말고 어떻게 해서라도 남들보다 앞서야 한다."고 가르쳤다(Chernow, 1998, p. 25).

거대하게 커 나가는 기업을 장악하고, 개인적인 법적 책무로부터 자본을 보호하기 위해 개발된 집행위원회와 분과위원회라는 오늘날의 기업에 있어 표준이 되는 이러한 시스템은 록펠러와 그의 분신 스탠다드 오일의 창의적인 혁신이었다. "집행위원회 시스템은 **기발한**(ingenious) 적응이었다."(Chernow, 1998, p. 229, 강조는 저자가 첨가한 것임) 합동기업이 회사들 간의 경쟁을 제거하는 동안, 스탠다드 오일의 위원회들은 각 분과별 이익에 따라 강화를 받음으로써 지속적인 생산성을 확보할 수 있었다. "위원회는 수행계수를 평가하고 포상[강화물]을 얻기 위한 경쟁을 유도하면서 각 지역의 분과 간에 경쟁의 구도를 만들었다."(p. 229)

록펠러의 관심은 돈과 침례교회에 대한 봉사에 집중되었는데, 이 두 가지는 어린 시절 부모의 격려와 관리에 의해 형성된 것이었다. 또한 부모의 영향으로 록펠러는 이 두 가지의 흥미가 서로 충돌하는 것이 아니라 상호 보완적인 것이라고 생각했다. 그의 어머니는 '자식들에게 헌금함에 동전을 넣도록 권장했다. 록펠러는 훗날 어머니의 이타심이 자신의 자선사업의 근원이라고 밝히고 있다. 어린 시절에 그는 신은 돈을 모아 오는 사람을 원하고 있으며, 그 돈을 끊임없이 기부하기를 원한다고 배웠다. "나는 어린 시절부터 일하고 저축하는 것에 대해 훈련받았다."라고 록펠러는 말했다. "나는 항상 내가 할 수 있는 모든 것을 명예롭게 모으고, 가능한 한 모든 것을 다시 주는 것이 종교적 의무라고 생각한다. 내가 어렸을 때 나는 그것이 바로 성직자의 길이라고 배웠다. 교회는 부의 축적을 금지하지 않았다."(Chernow, 1998, p. 19, 강조는 저자가 첨가한 것임) 록펠러의 아버지는 그가 어렸을 때 성경을 사서 읽으라고 5달러를 주었는데 그 성경이 "어린 록펠러에게 신과 돈의 연관성에 대한 개념을 형성시켰다."(p. 18)

록펠러의 부모가 격려를 해 주고 '외재적' 강화물을 준 것은 록펠러의 흥미를 손상시키지 않았으며 오히려 흥미를 확장시켰는데, 이는 논리적으로 충분히 예측 가능한 것이다.

어렸을 때 이미 록펠러는 사탕을 살 때 파운드 단위로 사서, 이를 소량으로 다시 나누어 아주 작은 이익을 남기고 형제들에게 팔았다. 일곱 살이 되었을 때, 그의 어머니는 그가 모은 금화, 은화, 동화들을 벽난로 앞에 놓여 있던 푸른색의 중국 도자기 병에 저축하게 하였다. 록펠러의 첫 번째 사업에서의 성공은 그가 일곱 살 때였다. 어느 날, 그는 뒤뚱거리며 숲 속으로 들어가고 있는 칠면조를 몰래 따라가서 칠면조 둥지에서 새끼 몇 마리를 가져와 판매를 목적으로 키우기 시작했다. 그의 사업을 도와주기 위해[강화], 엘리자(Eliza)[그의 어머니]는 그에게 칠면조를 키울 수 있는 응고된 우유를 제공했고, 다음 해가 되었을 때 그는 매우 건강하고 커다란 새끼를 얻을 수 있었다. 어른이 된 록펠러는 이렇게 말했다. "그 시절, 칠면조를 키우는 게 참 즐거웠어요. 그리고 칠면조를 키우면서 그들에 대한 공부를 할 수 있었어요."(Chernow, 1998, p. 17)

이러한 경험들이 강화에 반대하는 사람들이 주장하는 것처럼, 사업이라든가 혹은 칠면조에 대한 록펠러의 흥미를 손상시키지 않았다. 오히려 이러한 일들은 사업과 칠면조에 대한 즐거움과 흥미를 증가시켰다('성인'이 되어서까지)! 그런 일들이 록펠러의 자유(freedom)를 손상시킨 것이 아니라, 오히려 자유에 대한 느낌을 증가시켰던 것이다. 첫 번째 사업을 통해 록펠러는 '일이 그를 황홀하게 만들고, 일이 그를 자유롭게 하며, 일이 그에게 새로운 정체성을 준다.'는 것을 알았다(Chernow, 1998, p. 47). 일은 록펠러의 자유를 증가시킨 것이다.

어린 시절, 알게 된 돈('외재적 보상')과 교회에 대한 관계성이 교회에 대한 록펠러의 흥미를 결코 손상시키지 않았다. 오히려 교회는 록펠러에게 여러 가지 중요한 강화물을 제공했다. "교회는 록펠러에게 그가 원하는 친구들을 만날 수 있는 기회를 제공했고, 그가 필요로 하는 존경과 애정을 제공했다."

(Chernow, 1998, p. 51, 강조는 저자가 첨가한 것임) 록펠러의 어린 시절의 기부에 대한 훈련은 그의 전 생애에 걸친 자선사업의 연속적인 근사치였다. 그가 처음 직업을 가졌을 때, "그 어린 직원은 월급의 6퍼센트를 자선단체에 기부했다."(p. 50) 조지아 주의 첫 번째 흑인 여성 고등 교육기관인 스펠만 대학(Spelman College)은 록펠러의 기부로 설립될 수 있었다. 사실, 대학의 설립자들은 대학의 이름 앞에 록펠러의 이름을 넣자고 제안했다. 하지만 록펠러는 노예 해방론자인 루시 스펠만(Lucy Spelman)의 이름을 넣기로 결정했다. 시카고 대학교(University of Chicago) 또한 록펠러의 기부가 없었다면 결코 존재하지 않았을 것이다. 요즘에도 우리는 공영방송의 화면에서 '존 록펠러 재단의 기금에 의해 만들어진'이라는 문구를 자주 볼 수가 있다. 실제로 자선재단이라는 것은 록펠러의 또 다른 형태의 **창의적 혁신**으로 볼 수 있다. 그는 그의 돈을 장기적으로 좋은 목적을 가진 단체를 선별하여 체계적이고 객관적으로 기부하고 싶어 했다. 하지만 돈을 요구하는 단체가 너무나 많았기에 각 단체의 장점을 파악하는 것은 불가능한 일이었다. 따라서 재단에 의해 체계적으로 기부하는 창의적인 해법이 개발되었다. 이는 순간적인 영감이나 자유롭게 탐색하고 즐기는 가운데 개발된 것이 아니라, 필요에 의한 것이었다.

다윈이나 루즈벨트와 마찬가지로, 록펠러의 생애는 특정한 행동에 대한 (돈과 자선) 어린 시절의 강화가 생애 전반의 행동 경향성을 형성한다는 사실을 보여 주고 있다. 이는 좋다 나쁘다(good or bad)의 문제가 아니라 실제(reality) 다. 만약 특정한 행동에 대한 어린 시절의 강화가 생애 전반의 행동 경향성을 형성하고 이것이 자선과 이타심을 발달시키는 데 적용되면, 대부분의 사람들은 이것을 선이라고 말할 것이다. 하지만 어린 시절의 훈련이 절도나 사기와 같은 행동 경향성을 형성하는 데 사용되면, 대부분의 사람들은 이를 유해하다 할 것이다. 그럼에도 불구하고, 일단 이러한 행동 경향성이 형성된다면 창의적인 혁신이 요구되는 어떠한 상황이 오면 **창의적인 혁신**이 발생하게 될 것이고, 그런 혁신은 강화를 받게 될 것이다. 상황과 결과에 상관없는 환경에서 아무런 제약 없이 즐겨도 되는 그런 시기에는 창의적인 혁신은 발생하지 않을 것이다. 그런 상황에서는 창의적이거나 혁신적일 필요가 없기 때문이다.

창의성에 대한 결론: 이상하리만큼 평범한 스티븐 킹의 사례

스티븐 킹(Stephen King)은 스릴러, 공포, 공상 과학, 어린 시절의 우정 이야기 등 다양한 소재로 35권 이상의 소설과 수많은 단편 작품을 쓴 베스트셀러 작가다. 킹의 많은 작품들이 블록버스터 영화로 제작되었는데, 몇 개만 예를 들어 보면 〈샤이닝(The Shining)〉[잭 니콜슨(Jack Nicholson) 주연], 〈그린 마일(The Green Mile)〉[톰 행크스(Tom Hanks) 주연], 〈러닝 맨(The Running Man)〉[아놀드 슈왈제네거(Arnold Schwarzeneger) 주연], 〈캐리(Carrie)〉, 〈스탠드 바이 미(Stand by Me)〉 등이 있다. 스티븐 킹보다 창의적이고 독창적인 작품을 많이 쓴 사람을 찾기란 쉽지 않을 것이다. 자신의 회고록이자 글쓰기 방법에 대한 조언을 담고 있는 『글을 쓰면서: 글쓰기에 대한 회고록(On Writing: A Memoir of the Craft)』(2000)이라는 제목의 그의 책은 인공적인 강화물('외재적 보상')과 창의적 산출물에 대한 내재적 흥미, 그리고 창의에 대한 칭찬의 효과 및 창의에 있어서의 낭만주의적·인본주의적 설명과 실용주의적이고 행동주의적인 강화 이론의 설명 중 상대적 진실이 무엇인가를 검증할 수 있는 기회를 제공한다.

내재적 보상

낭만주의자들은 그 책의 내용을 근거로 글쓰기가 적어도 킹에 있어서는 외재적 보상이나 인공적인 강화가 아닌 내재적 흥미의 산물이라고 결론 내릴지도 모른다.

나는 돈을 위해서 일을 하는가? 답은 아니다이다. 지금도 그렇지 않고 과거에도 절대 그런 적은 없다. 나는 물론 소설로 정말 많은 돈을 벌었다. 하지만 돈을 생각하면서는 한 글자도 글을 쓴 적이 없다. …… 내가 글을 쓰는 이유는 그것이 나에게 성취감을 주기 때문이다. 내가 쓴 글 때문에 주택 융자 대금을 갚을 수 있고, 아이들을 대학에 보낼 수 있는 것도 사실이다. 하지만 그것은 부차적인 것이다. 나는 글 쓰기가 신나고 즐겁다. 내가 글을 쓰는 이유는 글 쓰기의 순수한 즐거움 때문이다(King, 2000, pp. 248-249, 강조는 원문에 있는 것임).

내재적 흥미에 대해 이보다 더 분명한 언급은 없을 것이다. 그러나 이 책의 248쪽 앞부분에는 이러한 주장과 모순되는 많은 내용이 들어 있다. 이미 수백만 달러를 벌었고, 이후의 어떤 작품이라 하더라도 수백만 달러의 수입이 보장되는 그런 상황에서, 돈 때문이 아니라고 말하는 것은 그리 어려운 일이 아닐 것이다. 하지만 많은 돈을 벌기 이전의 킹에게 돈이란 '부차적' 인 것 이상이었다. 물론 돈이란 토큰과 마찬가지로 그 자체로는 아무것도 아니다. 하지만 돈이란 셀 수 없이 다양한 백업 강화물과 교환되는 조건화된 강화물이기에, 돈은 매우 가치 있는 토큰인 것이다. 따라서 돈을 위해 글을 쓰지 않았다는 킹의 말이 사실이라면, 그는 실제로 돈과 관련되었거나(칭찬, 관심, 환호 등) 혹은 돈으로 교환할 수 있는(건강 관리, 약, 음식 등) 다른 어떠한 강화물 때문에 글을 썼을 것이다.

낭만주의적 인본주의자들의 관점은 이렇게 정리될 수 있다. 모든 외적 제약들은 창의의 발현을 방해한다. 자유롭게 탐색하고, 제약 없이 즐기고 순간적으로 영감을 느끼는 자유가 전제된 이러한 맥락에서 창의가 극대화된다. 따라서 일, 노력, 반복, 결과에 대한 벌과 강화 등은 창의에 해로울 수밖에 없다. 물론 '모든 외재적 보상은 내재적 흥미를 손상시킨다.' 이와는 반대로, 행동주의적 강화주의자의 관점은 창의는 창의적인 행동에 강화를 줌으로써 만들어지며, 창의는 노력과 연습 그리고 반복적인 강화를 기반으로 현존하는 것들의 숙련 이후에 만들어진다는 입장이다. 스티븐 킹의 책에 나와 있듯이, 그의 창의적 삶은 행동주의적 강화가 설명하는 창의의 원형이라 할 것이다.

작업

킹에 따르면, 창의적인 글쓰기는 노력과 연습의 결과다. 창의적인 글쓰기란 '학습된 기술'이다. "우리는 지금 기본적인 많은 것들 중에 오직 학습된 기술만을 논의해 봤는데, 그렇다면 그런 가장 기본적인 기술들이 우리의 예상을 훨씬 뛰어넘는 창의적인 무언가를 만들어 낼 수 있다는 것에 동의할 수 있을까?" (p. 137, 강조는 저자가 첨가한 것임) 그와 곧 결혼을 앞 둔 여인이 쓴 시를 설명하는 부분에서, 그 시에는 "바닥을 닦는 일에도 존재하고 신화에서 신의 계시를 받는 순간에도 존재하는, 시를(혹은 소설이나 에세이) 쓰는 데 있어 내가 좋아하는 작업윤리가 들어 있다." (King, 2000, p. 65, 강조는 저자가 첨가한 것임)고 킹은 말했다. 실제로 창의적으로 글을 쓰기 위해 필요한 것은 끈질기고 완강한 투지다. 작업을 하는 데 있어 일반적인 '내재적 흥미'가 존재한다 하더라도, 창의는 그 작업이 즐겁지 않은 고통스러운 기간을 필요로 하는 것이 사실이다. 킹의 인생을 완전히 바꾸어 놓았던 소설 『캐리(Carrie)』를 집필할 때, 킹에게도 이런 일은 자주 발생했다. 킹에 따르면, "감정적으로 혹은 상상하는 일이 너무 힘들다고 일을 쉬는 것은 좋지 않다. 때로는 작업이 마음에 들지 않을 때도 계속해서 해야만 한다. 자리에 앉아서 그저 시시한 얘기를 끼적이고 있는 것처럼 느껴진다 해도, 실은 일이 잘 진행되고 있는 경우가 있다." (pp. 77-88) 노력과 연습 그리고 기존의 것에 대한 숙달이 창의적인 글쓰기에 필요한 것들인데, 킹의 말을 빌리자면 "좋은 글쓰기는 본질적인 것의 숙달로 구성되어 있다." (p. 142) "만약 당신이 작가가 되기를 원한다면 …… 당신은 지루하고 고된 모든 일들을 해야만 한다." (p. 144) "만약 당신이 작가가 되기를 원한다면 무엇보다 먼저 두 가지를 해야만 하는데, 그것은 바로 많이 읽고 많이 쓰는 것이다. 내가 아는 한 이 두 가지 이외에 다른 방도는 없다. 지름길은 없는 것이다. …… 이것이 바로 지속적으로 계속해야 하는 학습과정이다."(p. 145) 창의적인 글쓰기란 "배관이나 장거리 트럭 운전과 동일한 단지 또 하나의 일일 뿐이다."(p. 157) "오직 글을 쓰면서만 배울 수 있다."(p. 173) "[창의적인 작업을 하는데] 필요한 기술은 수년 간의 연습을 통해서만 얻을 수 있다. 예술은 힘들게 작업하고 그것을 즐거워하는 가운데 얻어지는 창의적인 상상력으로부터 만들어진다."(p. 185, 강조는 저자가 첨가한 것임) 좋은 이야기를 만드는 데 있어 "연습은 참으로 소중하다."(p. 195) 비범은 평범의 숙달을 요구하는 것이다.

칭찬과 돈으로 연속적인 근사치에 강화 주기: '외재적 보상'

킹의 조언은 삶을 살면서 창의에 필요한 고된 작업이 강화를 받는다는 것을 깨닫게 된 인생의 경험으로부터 온 것이다. 어린 시절 몸이 좋지 않아 거의 1년을 침대에 누워 지냈던 킹은 "거의 6톤 분량의 만화책"(King, 2000, p. 27)을 읽었다. "그리고 내 작품을 쓰기 시작했어요. 우선 모방을 했죠. 나는 만화책의…… 한 단어 한 단어를 베꼈어요."(p. 27, 강조는 저자가 첨가한 것임) 모차르트나 비틀즈와 마찬가지로, 킹의 창의적인 행동은 다른 작품을 그저 베끼는 것으로부터 시작되었다. 이처럼 창의적이지 않고 상상력이 전혀 없는 행동은 기존의 것을 숙달하고 창의적이 되어 가는 연속적인 근사치였다. 여기에 더해 킹의 모작은 매우 강력한 사회적 강화, 즉 어머니로부터의 칭찬이라는 결과를 가져왔다. "나는 엄마에게 모방하고 짜깁기한 작품들 중 하나를 보여 주었고, 엄마는 내 작품에 매혹되었어요. 약간 놀라며 미소 짓던 엄마의 얼굴을 기억합니다. …… 나는 그게 너무 좋았던 거죠."(p. 28, 강조는 저자가 첨가한 것임)

하지만 그 글이 단지 베낀 것이라는 것을 알게 되자, 어머니는 애정을 거두었고, 킹에게 자신만의 이야기를 써 보라고 제안했다. 결국 킹의 창의적인 글쓰기는 아무런 제약 없이 탐색하고 즐기는 가운데 어느 순간의 기분에 따라 시작된 것이 아니라 부모의 격려로 인해 시작되었던 것이다. 더욱이 창의적으로 글을 쓴 그 결과는 부모의 관심과 칭찬, 그리고 심지어는 돈이라는 매우 강력한 외재적 강화물을 만들어 냈다. "나는 드디어 오래된 자동차를 몰고 다니며 어린 아이들을 도와주는 네 마리의 마법의 동물에 대한 이야기를 완성했어요. 작품이 끝났을 때 거실 의자에 앉아 있던 엄마에게 보여 드렸죠. 엄마는 읽고 있던 책을 거실 바닥에 내려놓으시고는 내 이야기를 한숨에 다 읽으셨어요. 엄마가 내 글을 재미있어 한다는 걸 느낄 수 있었죠. 엄마는 내가 의도했던 모든 부분에서 소리 내어 웃으셨어요." (King, 2000, pp. 28-29) 이러한 엄마의 반응은 즉각적인 관심을 의미하는 것이며 또한 강력한 정적 강화물인 것이다. 킹의 창의적인 글 쓰기는 더 나아가 칭찬으로 강화되었다. "엄마는 내 글이 책으로 만들어져도 좋을 만큼 아주 훌륭하다고 말씀하셨어요. 그전까지는 나를 그렇게 행복하게 만든 그런 말을 해 준 사람은 아무도 없었어요." 킹의 다음의 말은 이러한 칭찬이 창의적인 행동에 정적인 강화물로 기능했다는 증거다. "나는 래빗 트릭 씨(Mr. Rabbit Trick)와 그의 친구들에 대한 네 개의 소설을 더 쓰게 되었죠." (p. 29)

이 소설들은 돈으로도 강화를 받게 되었다. "엄마는 소설 하나에 25센트씩을 주셨고, 그 소설들을 네 명의 누나들에게 읽게 했어요. …… 소설 하나에 25센트씩을 더 받을 수 있게 된 거죠. 그것이 내가 번 첫 번째 돈이었어요." (King, 2000, p. 29) 따라서 킹이 자신은 결코 돈을 위해 글을 쓰지 않았다고 주장하고 있지만, 어릴 때부터 그에게 돈이란 관심, 칭찬, 사랑과 강하게 연관되어 있는 조건화된 강화물로서 작용했다는 것은 명백하다. 이러한 강화물들이 킹에게 '즐거움'과 '신바람'을 느끼게 했던 것이다. 칭찬과 돈이라는 이 두 가지가 창의적인 결과가 나오게 된 그 지점에 이르기까지의 연속되는 근사치에 지속적인 강화물로 기능했다. 잡지에 응모했던 킹의 초기 작품들 중 대부분이 채택되지 못했지만, 편집자들이 적어서 보내 준 칭찬은 그의 노력에 강화물로 작용했다. 한 편집장은 이렇게 적어 주었다. "좋은 작품입니다. 이번엔 채택되지 못했지만, 그래도 참 좋습니다. 당신은 재능이 있습니다. 다음번에 꼭 다시 응모해 보세요." 킹은 말했다. "그 간단한 네 개의 문장이 우울했던 나의 열여섯 살, 그 겨울을 환하게 밝혀 주었죠."(p. 41) "불합격 통지서에 적혀 있는 작은 개인적인 평[관심과 칭찬]을 즐거워하게 되었어요. 물론 그런 평을 받아 보는 건 아주 가끔 있는 일이었지만, 그래도 그런 평을 받는 날엔 세상이 밝아졌고 내 얼굴엔 미소가 떠나질 않았죠."(p. 222)

그렇게 창의적인 글 쓰기에 노력하는 한편, 킹은 창의와 관계없는 표절(plagiarism)과 신문기사의 작성 등을 통해 계속해서 전통적인 기법들을 숙달해 나갔고, 이러한 모든 작업은 돈과 칭찬으로 강화되었다. 고등학교 시절 킹은 공포 영화를 보고 그 내용을 그대로 적어서 '소설판'을 만들어 팔았다. 당시 고등학생으로서는 꽤 많은 돈이었던 9달러를 벌었고, 킹은 "이전에는 상상할 수 없었던 부의 영역으로 갑자기 신분이 상승하는 믿기 힘든 그런 꿈을 꾸기 시작했다."(King, 2000, p. 49) 만약 돈이 강력한 강화물이 아니라면, 만약 돈이 전혀 중요하지 않다면, 만약 외재적 보상이 내재적 흥미를 손상시킨다면, 만약 전통적인 행동을 숙달하는 것이 후일 창의적인 행동을 방해한다면, 그렇다면 킹은 절대 영화를 보고 이를 베껴 책을 만들지 말았어야 했고, 책은 훨씬 적게 팔렸어야 했다. 의심할 것도 없이, 킹의 고등학교 친구들이 그 책을 샀다는 사실은 글 쓰기가 친구들의 관심이라는 강화를 받았다는 것을 보여 주는 것이며, 이러한 친구들의 관심은 돈과 사회적 강화가 더욱 강하게 연계되도록 만들었던 것이다.

공포 영화를 소설로 만들어 학교에서 그 책을 파는 것은 당연히 학교 관계자가 좋아할 만한 일은 아니었다. 그럼에도 불구하고, 학교 관계자들은 킹에게 지역 신문에 스포츠 기사를 쓰는 일을 소개해 줌으로써 킹의 노력에 강화를 주었다. 신문사의 편집장은 그에게 "한 단어에 0.5센트의 보수를 약속해 주었다. 이것이 글을 쓰고 임금을 받은 첫 번째 사건이었다."(King, 2000, p. 56) 체계적인 강화에 반대하는 사람들의 주장과는 달리, 이러한 '기대된 보상'은 킹의 글 쓰기에 대한 흥미를 손상시키지 않았다. 결코 그런 일은 일어나지 않왔다. 대신에 킹은 신문사에서의 일을 매우 중요한 훈련으로 받아들였다(pp. 56-58). 창의를 위해서는 전통적인 것을 숙달해야만 한다. 어니스트 헤밍웨이(Ernest Hemingway) 역시 『캔자스 시티 스타(*The Kansas City Star*)』라는 신문에 글을 쓰며 글 쓰기를 연마했다. 지역 신문에 글을 쓰면서 킹은 그의 형과 함께 집 한 켠에 신문사를 차리고, 그 신문을 이웃 사람들과 친척과 친구들에게 판매했다. 비트작가(beat writer)인 잭 케루악(Jack Kerouac) 역시 이러한 경험이 있었다. 결국, 20세기의 가장 창의적인 작가들 중 다수는 인공적인 외재적 강화물인 돈이 지급되는 상황에서 전통적인 주제에 대한 전통적인 글쓰기를 통해 자신의 기술을 연마했던 것이다.

조건화된 강화물인 돈은 킹에게 나이가 들면서도 계속해서 글을 쓰게 하는 동력이었다. 고등학교를 졸업한 이후, 킹은 신문사에서 계속 글을 쓰면서 방직공장에서도 일을 했다. 그 무렵 킹은 '고양이만큼 커다란' 쥐에 대한 얘기를 듣게 되었고, 이를 소설로 써서 200달러를 벌게 되었다. "한 번에 200달러였어요. 숨이 멎을 것만 같았어요. 난 부자가 된 거였죠."(King, 2000, p. 60) 돈이 창의적 글쓰기를 강화하는 것이다. 물론 돈은 당연히 필수적인 조건화된 강화물이지만, 때로는 사랑하는 사람으로부터의 칭찬이나 격려 역시 지속적으로 노력하는 것에 강화를 준다. 킹은 처음에는 어머니에게서, 그다음에는 부인에게서 이러한 사회적 강화를 받았다. "내 부인은 정말 남달랐어요. …… 집사람의 지원은 한결같았어요. …… 글 쓰기는 외로운 작업이에요. 그런데 누군가 나를 믿어 주는 사람이 있다는 건 정말 굉장한 일이거든요."(pp. 73-74) 실제로 킹은 소설 『캐리』의 집필을 포기하고 원고를 휴지통에 던져 버린 적이 있었다. 하지만, 그의 아내는 휴지통에서 원고를 꺼내 왔고, 킹의 창의적인 노력에 강화를 주었다. "집사람은 내가 계속하기를 원했어요. …… 그녀는 정말 귀엽고 사랑스런 모습으로 턱을 아래로 기울이면서 미소를 지었어요. 그러고는 이렇게 말했죠. '당신에겐 무언가가 있잖아요. 나는 진실로 당신이 그것을 할 수 있으리라 믿어요.'"(p. 77)

칭찬과 지원이 필수적인 것은 사실이지만, 창의적인 글쓰기를 위해서는 창의적인 작품을 파는 것, 즉 돈을 버는 것도 매우 중요한 일이다. 돈은 조건화되고 일반화된 강화물로 기능한다. 돈을 받는다는 것은 행동이 인정받았음을 의미한다. 돈은 칭찬이나 애정과 항상 연관되어 있다. 돈은 가치 있는 여러 가지와 교환될 수 있다. 예를 들어, 돈은 공과금을 납부할 수 있게 해 준다. 킹 역시 글을 쓰고 소설을 판매한 것에 대한 강화, 즉 돈이 부인과의 부부관계에 있어 친밀감을 가져왔다고 말하는데, 좋은 부부관계는 대부분의 남자에게 매우 강력한 강화물이다. 팔리지 않을 것이라 생각했던 소설이 팔리게 되었을 때, "수표에는 500달러가 적혀 있었고, 이는 내가 지금까지 받은 돈 중에 가장 큰 액수였어요. 갑작스럽게 우리는 약도 사고, 병원도 다닐 수 있는 형편이 되었고, 근사한 주말 저녁 외식을 할 수 있게 되었어요. 그리고 나는 아이를 갖는 상상을 하게 되었고, 아내와 나는 더 다정해졌어요."(King, 2000, p. 71) 돈, 돈, 돈은 참으로 강력한 일반화된 강화물이다. 창의적인 작업을 선택하게 하는 매우 유용한 강화물이다. 킹에게 소설 『캐리』가 2,500달러에 팔렸다는 말을 전하는 그때, 그의 아내는 "가쁜 숨을 몰아쉬며 어쩔 줄 모르게 기뻐했다."(p. 83)라고 킹은 회상하였다. 돈을 받고 소설을 파는 일은 글쓰기에 대한 킹과 그의 아내의 내재적 흥미를 손상시키지 않았다. 오히려 글쓰기에 가치를 더한 것이다. 『캐리』를 페이퍼백(paperback)으로 출판하면서 400,000달러를 받게 되었을 때, 킹과 그의 부인의 기쁨은 상상을 초월했으며 그들은 아무 말도 못하고 그저 기쁨의 눈물만 흘렸다.

외부의 제약이나 영향은 킹의 창의에 해가 되었던 것이 아니라, 창의의 원인이 되었던 것이다. 자유로운 탐색, 제약 없는 즐김, 자유를 느끼게 하는 일시적인 기분 같은 것들이 창의를 가져오는 것이 아니다. 킹의 창의적인 글쓰기는 작업, 노력, 반복, 결과에 대한 강화가 그 원인이 되었던 것이다. '외재적 보상'이 킹의 창의적 글쓰기에 대한 '내재적 흥미'에 가치를 더해 주었다는 것은 분명한 사실이다. 그가 벌었던 그 막대한 돈, 즉 '외재적 보상'이 어떤 식으로든 내재적 흥미를 손상시켰다는 증거는 어느 곳에서도 발견할 수 없다. 킹의 창의는 창의에 대한 강화의 산물이다. 창의는 기존의 것들을 숙련한 이후에 찾아왔으며, 이는 노력과 연습과 강화를 받는 반복의 기능이었던 것이다.

결론적으로, 창의에 있어 돈이 킹의 내적 흥미를 손상시키지 않았다는 것은 분명하다. 자신이 주장하는 것처럼, 어쩌면 킹은 돈을 위해 글을 쓰지 않았을지도 모른다. 하지만 세 명의 실제 친구들의 경험을 근거로 만들어진 '프랭크'라는 소설 속의 인물을 묘사하는 과정에서, 킹은 돈이 실제로 창의적인 작가에게 있어 칭찬이나 관심, 그리고 환호와 같은 사회적 강화와 연관되어 있는 강력한 강화물임을 분명히 말하고 있다.

> 프랭크는 투고한 글의 출판이 결정되었다는 편지를 처음으로 받게 되었다. …… 25달러와 12권의 증정본이 배달되었다. 당연히 프랭크는 기쁨에 들떴다. 절정의 순간이었다. …… 25달러는 집세를 낼 수 있는 돈도 아니었고 프랭크와 부인의 일주일치 반찬값도 되지 않았다. 하지만 그것은 그의 포부에 대한 확인서였으며, 그 가치는 돈으로 환산할 수 없는 것이었다. 신인 작가라면 누구나 프랭크의 기분을 이해할 수 있을 것이다. 내가 만든 무언가를 원하는 누군가가 있다! 만세! 그 돈은 단순히 돈이 아니었다. 그것은 바로 인정(credit)을 의미하는 것이었다(King, 2000, p. 241, 강조는 원문에 있는 것임).

돈은 창의의 연속적 근사치에 강화를 준다. 정적 강화가 아닌 다른 어떤 것이 열심히 일한 것에 마법 같은 결과를 만드는 것처럼 보일 수도 있겠지만, 강화 이외에 다른 마법이란 존재하지 않는다.

모방과 지시 따르기가
강화이론이 틀렸음을
입증한다는 신화

　　　　　　　대학에서 심리학을 강의하는 대부분의 강사
들은 모방이나 '관찰 학습(observational learning)' ['사회적 학습 이론(social learning theory)'
으로도 불린다]을 소개하면서, 이것이 바로 강화 이론이 틀렸다는 혹은 적어도 강
화가 관찰 학습에 불필요하다는 것을 증명하는 것이라고 가르친다. 학생이
강화의 개념을 처음으로 접하는 시기에 모방에 강화가 관련되지 않는다거나
혹은 중요하지 않다는 신화가 사실인 것처럼 제시되고 있는데, 이는 학생들
이 관찰 학습이나 강화의 개념 자체를 이해하는 데도 해로울 뿐만 아니라 과
학으로서의 심리학의 발전에도 해로울 수 있다. 기초 심리학 교재에서 학습
을 다루는 챕터는 거의 동일한 형식으로 구성되어 있다. 첫 부분은 대개 심리
학에서의 학습의 중요성을 강조하며 시작된다. 시험, 운전, 섹스, 도둑질, 폭
식증에 이르기까지 거의 모든 행동에 학습이 관여한다는 것에는 이견이 없다
는 것이다. 이러한 설명을 하고, 파블로프의 고전적 조건화(classical Pavlovian
conditioning)에 대한 논의가 이어진다(이 책의 주제는 아니지만 이러한 형태의 학습은 매우 중

요한 주제다). 고전적 조건화에 이어 조작적 조건화(operant conditioning)나 강화 이론을 다루고, 그다음에 관찰 학습이나 '사회적 학습이론'이 나온다. 이제 교재는 고전적 조건화와 조작적 조건화, 그리고 사회적 학습이라는 세 종류의 학습이 실제로 발생하는 행동에 어떻게 서로 관련을 맺고 있는지에 대해 설명한다(예를 들어, 식당의 간판을 보고 인슐린과 침의 분비량이 증가하는 것은 고전적 조건화다. 사람들이 식당에 들어갔다가 만족스러운 얼굴로 나오는 것을 보는 것은 관찰·사회적 학습과 관련된다. 그리고 과거에 그 식당에서 식사를 하고 강화를 받았던 경험이 있었다. 그 식당에 식사를 하러 들어가는 것은 이 세 요인의 산물인 것이다).

이처럼 세 종류의 학습이 관련되어 있음에도 불구하고, 거의 모든 교재의 사회적 학습을 다루는 부분에서는, 강화가 개입되지 않는다고 추정되는 상황에서 관찰에 의해 학습이 발생할 수 있기 때문에 강화는 관찰 학습이나 사회적 학습에 불필요하거나 전혀 관련되지 않는다고 나와 있다. 그러나 이는 옳지 않다. 이러한 신화는 대개 뚜렷한 강화가 없어도 모방을 하는 동물이나 아이들을 보여 주는 연구(예를 들어, Bandura et al., 1963)에 의해 지지된다. 이러한 접근이 전형적인 것이고, 어쩌면 입문서 수준에서 보여 주기에는 증거가 충분히 설득력 있을지 모르지만, 이러한 증거는 그릇된 결론으로 이끄는 제한된 것들이기 때문에 그렇게 주장할 수 없는 일이다. 어쩌면 이는 관찰 학습에도 혹은 관찰 학습의 사용에 대해 가르치는 것에도 강화가 불필요하다고 결론 내린 사람들에게 실망스런 결과일지도 모르겠다.

유기체의 자연사(natural history), 즉 진화는 이로운 변이(variation)를 선택하는 과정이다. 대개 동일한 종이나 혹은 유사한 다른 종의 행동을 모방하는 유기체가 모방하는 경향성이 없는 유기체에 비해 진화상의 이점을 갖는다. 예를 들어, 사자로부터 도망치는 갓 태어난 얼룩말을 잡아먹기 위해 뒤쫓는 다른 들개를 모방하는 들개는 이러한 상황에서 뛰는 것을 모방하지 않는 들개보다 진화상의 이점이 있을 것이다. 특별한 종류의 행동 융통성을 '모방하는 능력'이 유전적으로 나타날 수 있을 정도가 될 때까지 계속해서 여러 세대에 걸처 모방한 틀개가 변별적으로 선택될 것이다. 이를 통해, 모방 경향성이 선택되는 것이다. 이러한 분석 역시 강화가 관찰 학습에 불필요하다는 것을 시사한다. 유사하게 뚜렷한 강화가 없는 상황에서의 모방에 대한 아동과 대학생에 대한 수많은 연구는 강화가 관찰 학습에 불필요하다는 사실을 보여 주고 있다.

실제로 나는 일반화된 조작적 반응(generalized operant response)으로서의 모방에 대한 강의를 시작할 때, 학생들에게 엄지손가락과 집게손가락으로 원을 만들어 보여 준다. 그다음에 손을 뒤집어 원을 내 눈 위에 두고 바보 같은 표정을 짓는다. 그리고 나서 학생들에게 똑같이 해 보라고 한다. 대부분은 나와 똑같이 한다. 대부분 모방을 하는 것이다. 그다음 나는 이전에 그것을 해 본 적이 있는지 묻는다. 대부분은 해 본 적이 없다. 학생들은 뚜렷한 강화가 없음에도 단지 모방만으로 바보 같은 표정을 짓는 방법을 학습했다.

하지만 학생들이 모방을 하는 이유는 그들이 모방에 대한 강화를 받았던 내력이 있었기 때문이다. 유아기에서 시작하여 전 생애에 걸쳐 거의 모든 아이는 말 배우기에서부터 글자 만들기, 농구 슛하기, 화학 시간에 화합물 가열하기에 이르기까지 부모와 교사를 모방하는 것에 강화를 받는다. 예를 들어, '대장 따라 하기' 놀이에서 아이들은 대장의 행동을 따라 하면 강화를 받게 되는데, 아이들이 이처럼 모방에 대해 강화를 받기 시작하는 시점은 아마도 까꿍 놀이를 하는 영아기 때부터일 것이다! 따라서 대학 때 쯤이 되면 모방하는 것, 특히 교사를 모방하는 것에 대해서는 수천 번의 강화를 받아 왔을 것이다. 따라서 강화를 받지 않고도 모방을 하게 되는 특별한 경우가 있다 하더라도, 모방이 발생하는 이유는 모방을 하는 것이 과거에 강화를 받았기 때문인 것이다. 모방은 일반화된 조작적 반응으로서 선택되는 것이다.

서로 다른 많은 행동들이 모델링되고 모방되며 이들이 강화를 받기 때문에, 모방되는 특별한 행동이 아닌 모방 그 자체가 조작적 행동으로서 선택된다. 예를 들어, 부모가 식탁 닦는 법을 보여 주고 자녀가 이를 모방했을 때 아이에게 뽀뽀를 해 준다면, 식탁을 닦는 행동뿐만 아니라 모방하는 것도 강화되는 것이다. 아이가 텔레비전을 켜는 형의 행동을 보고 나중에 똑같이 모방하여 프로그램을 볼 수 있게 되었다면, 텔레비전을 켜는 것과 모방하는 것이 동시에 강화되는 것이다. 수천 번의 이러한 사례가 반복되면, 모방은 매우 강력한 조작 반응이 되는데, 이는 모방되는 특정 행동들이 아니라 모방 그 자체가 선택되기 때문이며, 따라서 모방은 새로운 행동을 가르치고 학습하게 하는 매우 강력한 방법이 된다. 모방이 발생하는 과정에 있어서의 이러한 특징 때문에 부분 강화(partial reinforcement)의 경우와 마찬가지로 모방을 하는 모든 행동에 강화가 주어질 필요는 없다. 따라서 강화가 주어지지 않는 상황에서도 모방이 발생하는 것처럼 보이기도 하고, 또 어떤 모방 행동에는 실제로 강화가 주어지지 않을 수도 있다. 하지만 그렇다고 해서 살아오면서 모방에 대해 강화를 받았던 내력이 없었다고 말할 수는 없다(거의 항상 있어 왔다).

더욱이 조작 반응으로서의 모방은 강력한 변별 자극 통제(discriminative stimulus control) 아래에 놓여 있다. 예를 들어, 강의 도중에 어떤 '문제 학생'이 바보 같은 표정을 지었다면, 학생들 대부분은 이를 모방하여 같은 표정을 짓지 않을 것이다. 교실에서의 모방은 일반적으로 자극 통제하에 있기 때문이다. 교사의 행동이 자주 모방되는 이유는(특히 교사가 그렇게 하라고 지시를 할 때) 과거에 따라하라고 교사가 보여 주는 행동을 모방하는 것이 강화를 받았기 때문이다. 같은 이유로, 과거에 문제 학생을 따라하는 것이 강화를 받지 않았거나 혹은 벌을 받았기 때문에 문제 학생의 행동을 따라하지 않는 것이다.

모방이 조작 반응으로서 기능한다는 사실을 실험으로 증명한 밀러(Neil Miller)와 달라드(John Dollard)(1941)의 연구를 살펴보면, '추종자' 역할의 아이는 '리더' 역할의 아이가 사탕을 발견한 곳에서 자신도 사탕을 찾게 되면 리더의 행동을 모방했다. 하지만 리더가 사탕을 발견한 곳에서 자신은 사탕을 발견하지 못하게 되면, 추종자인 아이는 더 이상 리더의 행동을 모방하지 않았다. 밀러와 달라드의 단순한 이 실험은 모방이 강화를 받으면 모방이 발생하고, 모방이 강화되지 않으면 모방은 사라진다는 사실을 분명하게 보여 준다. '제발'이라고 말하거나 레버를 누르는 것이 조작적 반응일 수 있는 것처럼, 모방 역시 조작적 반응이다. 이전에 본 적도 없거나 해 본 적도 없는 행동을 포함하여 다양한 특정 행동이 모방될 수 있다는 점에서 모방은 특히 강력하고 유용한 조작적 반응이다.

남자는 남자를 더 모방하게 되고, 여자는 여자를 더 모방하게 된다. 모방하는 사람은 강화를 받지 않거나 혹은 벌을 받는 모델보다는 강화받는 모델을 모방하게 된다. 사회적 학습 이론가들은 강화가 이러한 현상을 설명할 수 없다는 잘못된 주장을 한다(이 주장에 대한 설명과 조작적 행동으로서의 모방에 대한 명료한 이해를 위해서는 Mazur, 1998 참조). 하지만 강화, 특히 차별적 강화(differential reinforcement)가 이러한 현상이 발생하는 이유를 설명한다.

개인이 타인의 행동을 모방하는 것을 처음 학습할 때는 강화를 받는 모델을 모방하는 것이나, 벌을 받는 모델을 모방하는 것이나, 혹은 행동에 대해 명백히 강화나 처벌을 받지 않는 모델을 모방하는 것 모두, 누구의 행동을 모방할 것이냐에 대한 확률은 동일하다. 그러나 아주 이상한 환경이 아니라면, 강화를 받았던 모델을 모방할 때 강화를 받을 확률이 가장 높아진다. 또한 벌을 받았던 모델을 모방할 때는 강화를 받을 가능성이 가장 낮아진다. 강화를 받았던 모델을 모방해서 강화를 받았던 모방자의 경험과 강화를 받지 못했던 모델을 모방해서 강화를 받지 못했던 모방자의 경험 때문에 모방이 발생하느냐 그렇지 않느냐는 그 모델이 받았던 결과에 종속된다.

예를 들어, 모방이 모델이 받는 결과에 대한 변별 통제(discriminative control) 아래에 놓이기 전에 아이가 형이 벽에 진흙을 던지고 벌(타임아웃)을 받는 것을 보았다고 하자. 그 아이는 진흙 던지기를 모방하고 그 결과로 벌(타임아웃)을 받게 된다. 아이가 형이 방을 깨끗하게 청소한 결과로 포옹이나 애정 같은 강화를 받는 것을 볼 수도 있다. 그 아이는 이번에는 이 행동을 모방하고 그 결과 강화로 기능하는 애정을 받게 된다. 이와 비슷한 많은 경우를 경험한 이후에 궁극적으로 아이는 형이 어떤 행동을 수행하여 그 행동에 대해 벌을 받는 것을 보고, 형이 보여 준 모델링된 그 행동을 덜 모방할 것이다. 유사하게 그 아이는 형이 강화받는 행동을 수행하는 것을 볼 때, 형에 의해 모델링된 그 행동을 더욱 모방할 것이다. 모방은 모델의 행동이 강화될 때 발생할 확률이 높아지는데, 이는 과거 자신이 모델이 강화를 받았던 행동을 모방했을 때 자신의 행동 또한 강화를 받았기 때문이다. 조작적 강화 분석에서는 모델이 만드는 결과는 모방하는 사람의 행동이 가져올 결과를 변별해 주는 그 지점까지만 중요한 역할을 한다.

어째서 이성의 행동보다는 동성의 행동을 더 모방하게 되는가에 대한 주된 이유는 모방자에게 발생하는 차별적인 결과 때문이다. 이 말은 직장과 체육계에 종사하는 여성이 증가하는 현 시점에서 어쩌면 여자에게는 사실이 아닐 수도 있다. 그러나 전형적인 가정을 생각해 보면, 남자아이가 어머니를 모방하여 원피스를 입고, 립스틱을 바르고, 바느질을 하는 것은 다른 아이들에게 놀림감이 될 수도 있고, 부모에게 꾸중을 듣게 될 확률이 크다. 간단히 말하면, 여성을 모방하면 벌을 받는 것이다. 하지만 아버지를 모방하여 '작업복'을 입고, 기계를 만지며, 몸싸움을 하고, 축구를 하는 남자아이는 다른 아이들과 부모 모두에게 강화를 받을 확률이 높아진다. 간단히 말하면, 남성을 모방하면 강화를 받는 것이다.

이러한 강화에 대한 내력의 결과로 모델의 성별은 모방자의 모방 행위에 대한 변별 통제의 기능을 획득하게 된다. 그러므로 남자아이는 여자아이에 비해 여성보다 남성을 모방할 가능성이 더 높아지는 것이다. 요즈음에는 여자아이의 경우에는 전형적으로 남성이 하는 것으로 생각되었던 공격적인 농구나 전형적으로 여성이 하는 것으로 생각되었던 치어리더 같은 행동 모두를 모방하는 것에 대해 둘 다 강화를 받을 가능성이 높아졌지만, 여전히 남자아이의 경우에는 그렇지 않은 듯하다.동성의 행동을 모방하는 것에 대한 강화가 사회에서의 성차를 만드는 유일한 이유라고 주장하는 것은 아니다. 단지 여러 이유들 중 하나라는 것이다. 설득력 있게 증가하고 있는 일련의 증거들이 보여 주고 있듯이, 남성과 여성 간에는 상이한 행동 경향성을 만드는 호르몬이나 유전적 혹은 (뇌를 포함한) 구조적인 차이가 존재한다. 하지만 이는 이 책에서 다루고자 하는 주제가 아니다).

영아를 포함하여 어떤 동물들에게 모방할 수 있는 생득적 **경향성**(tendency)이 있다는 사실이, 강화가 일반적인 조작적 반응으로서 모방을 만드는 것이 아니라는 것을 의미하지는 않는다. 처음으로 모방하는 것은 생득적일 수도 있고 아닐 수도 있다. 그러나 생득적이든 아니든 그 모방에 대한 결과는 생기게 되고, 그 이후의 모든 모방은 이전의 모든 모방의 누적적 결과에 영향을 받는다. 예를 들어, 들개는 갓 태어난 얼룩말을 쫓는 다른 들개를 모방하는 생득적 경향성을 지니고 있을지도 모른다. 그러나 다른 들개들이 얼룩말을 쫓는 것을 보고 이 들개도 얼룩말을 쫓았는데, 이 얼룩말이 자기를 발로 차고, 자기의 이빨 몇 개를 부러뜨리고, 뒤돌아서 자기를 물어뜯는다면, 이 들개는 얼룩말을 쫓는 것을 그만 두게 될 것이며, 더 이상 다른 개들을 모방하지 않을 것이다. 마찬가지로, 어린아이가 자신을 돌봐 주는 사람의 미소나 얼굴 표정을 따라할 때마다 맞게 된다면, 이 아이는 더 이상 모방하지 않을 것이다.

다행스럽게도, 거의 모든 영아는 모방하는 것에 대해 강화를 받으며 이러한 강화의 결과로 모방은 조작적 반응으로서 선택된다. 소리가 모방되고 이 모방이 강화되어 언어가 학습된다. 만약 소리를 모방하는 것이 강화되지 않는다면 언어는 학습될 수 없을 것이다. 모방이든 아니든 일단 어떤 행동이 일어나면 그 행동에 대해서는 결과가 있기 마련이다. 만약 그 결과가 강화를 받는 것이라면 그때의 그 행동은 선택된다. 요약하자면, 비록 모방하는 경향성은 생득적일지 모르지만, 모방이 일어나는가 그렇지 않은가는 과거에 모방이 만들어 낸 결과 때문이다. 유사하게, 지시에 따르는 행동이 일어날지의 여부는 이 행동에 대한 과거의 결과에 달려 있다.

지시 따르기

부모나 교사는 자신들이 강화를 사용하지 않는다고 주장할지 모른다. 자신들은 단지 자녀나 학생에게 무엇을 해야 할지 지시하거나 말할 뿐이고 아이들이 그것을 한다는 것이다. 실제로 이는 자주 일어나는 일이다. 하지만 사람들이 지시에 따르는 이유는 이러한 행동에 대해 강화를 받았던 경험 때문이다. 지시 따르기는 조작적 반응군(operant response class)으로서 선택된다. 외현적인 강화 없이 지시만으로 통제되는 행동에는 강화가 개입되지 않는다는 주장은 틀린 말이다. 강화는 지시를 따르는 모든 행동의 이유가 된다.

모델링과 지시는 대체로 생애 초기에 동시에 발생한다. 돌봐 주는 사람은 '크게 벌려요. 크게 벌려요.' 라고 지시를 하면서, 동시에 자신의 입을 크게 벌린다. 만약 아이가 지시를 따르고 입 벌리는 행동을 모방하면, 그 행동은 음식과 애정으로 강화될 것이다. 돌봐 주는 사람이 "'엄마' 해 봐. '엄마' 해 봐."라고 지시할 때, 아이가 그 소리를 모방하여 지시를 따르면 '엄마' 라고 말하는 행동은 애정으로 강화될 것이다. 이러한 예에서 알 수 있듯이, 모방되고 지시되는 특정 행동만이 강화되는 것이 아니라, 모방을 하는 것과 지시를 따르는 것 역시 일반화된 조작 반응으로서 강화되고 있는 것이다. 따라서 처음에는 생득적인 경향성을 이용하여 지시를 따르는 것일 수도 있지만, 지시를 따르는 행동이 일반화된 조작적 반응이 되는 것은 바로 그 행동의 결과 때문인 것이다.

그러다가 결국 이러한 지시 따르기와 모방은 분리된다. '식탁을 치우고 조리대를 닦으면, TV를 봐도 좋아.'라든가 '숙제를 끝내면 밖에 나가 놀아도 좋아.'와 같이 지시했을 때, 이러한 지시가 그 지시에 분명하게 언급되고 있는 강화물(TV 보기와 밖에 나가 놀기)로 강화가 되면, 식탁 치우기와 조리대 닦기, 숙제

끝내기와 같은 행동뿐만 아니라 일반적으로 지시를 따르는 행동 역시 강화가 되고 있는 것이다. 대부분의 사람들의 경우, 이러한 일들을 수천 번 경험하는 과정을 통해 지시에 따르는 것은 매우 강력한 조작 반응이 되는 것이다.

지시 따르기는 자동적으로 발생하지 않는다. 지시 따르기가 발생하기 위해서는 반드시 강화가 되어야만 한다. 많은 신임 교사들은 이 사실에 놀랄지도 모른다. 폴 알베르토(Paul A. Alberto)와 앤 트라우트만(Anne C. Troutman)이 강조하는 것처럼, 교사들은 학생들의 행동이 '지시를 따르는 것'의 자극 통제 아래에 있다고 가정할 수도 있다. 하지만 "설령 학생들이 교사의 지시를 따르지 않더라도 놀라지 마라. …… 경험 많은 교사들이 항상 말하는 것처럼, 학생들은 그저 지시만 한다고 그 지시를 따르지 않는다."(Alberto & Troutman, 1999, p. 339) 알베르토와 트라우트만은 학생에게 지시를 하고 나면 "지시를 따르는 것에 대해 아주 구체적인 세부 사항까지 강화를 주라."(p. 339)고 제안하였다. "행동이 규칙[지시]의 통제 아래에 있지 않은 학생에게는 규칙 [혹은 지시] 따르기와 정적 강화가 서로 관련이 있다는 것을 알게 하는 체계적인 노력이 있어야 한다. …… 교사는 [지시를] 따르는 것에 대해 일관된 강화를 계속 제공해야만 한다."(p. 468) 실제로 규칙 따르기(규칙은 지시와 같다)에 대한 강화 내력이 없는 청소년이 지시하는 사람의 지시를 따를 것이라고 기대하는 것은 비현실적이다. 청소년이 '규칙을 따르지 않는' 한 가지 이유는 규칙 따르기가 강화된 적이 없기 때문이다!

지시 따르기에 대한 부적 강화와 암묵적 강화

강화를 비판하는 사람은 여전히 납득이 안 될지도 모른다. '나는 지시를 따르는 것에 대해 어떠한 정적 강화도 준적이 없지만 아이들은 모두 내 지시를 따르고, 잘하고 있어요! 나 또한 아무런 강화를 받지 않았는데도 항상 지시를 따르고 있어요.' 비판하는 사람들이 이러한 말을 하는 이유는 지시 따르기가 정적 강화뿐만 아니라 부적 강화로 발생하기도 하고, 이 행동에 대한 강화물이 종종 지시에 명백하게 나타나지 않는 데도 그 지시를 따르는 행동이 발생하기 때문이다.

일반적으로 대개 지시를 받으면 그 지시를 따른다. 그들이 지시를 따르게 되면, 이에 대해 굳이 정적으로 강화를 줄 필요가 없다. 하지만 지시를 따르지 않으면 혐오적인 결과가 생길 수도 있다. 엉덩이를 맞거나 특전을 잃을 수도 있다. 어떤 부모는 이렇게 말할지도 모른다. '나는 지시를 따르는 것에 강화를 주지 않아요. 그것은 아이들이 반드시 해야만 하는 일이니까요. 하지만 내 지시를 따라야 한다는 것을 아이들이 알고 있기 때문에, 만약 지시대로 하지 않으면 보통 벌을 주지요.' 일상적인 언어로 이해한다면 이 진술의 의미를 파악하는 것은 어렵지 않다. 하지만 전문적인 의미로 해석하면, 이 부모는 벌을 주고 있는 것이 아니라, 지시 따르기에 대해 부적으로 강화를 주고 있는 것이다(벌, 부적 강화, 정적 강화의 정의는 부록 2 참조). 이 예에서 지시 따르기는 혐오적인 결과를 회피(avoid)하고, 혐오적 결과의 위협으로부터 도피(escape)하게 한다. 만약 지시를 따르지 않으면 발생하게 될 혐오적인 결과를 회피하기 위해 지시를 따르는 것은 지시 따르기에 대한 부적 강화다. 이 행동은 혐오스러운 결과를 도피하거나 회피하기 위해(부적) 늘어난다(강화). 이런 경우에는, 비록 지시를 하는 개인은 분명하게 알고 있지 않다고 하더라도, 지시 따르기는 외현적인 정적 강화를 가져오는 경우와 마찬가지로 강력하게 강화를 받고 있는 것이다.

지시를 따르지 않는 것에 대해 위협적이고 혐오적인 결과를 사용하는 것은 지시를 따르게 하는 데 효과적일 수는 있지만, 그러한 혐오 기법을 사용하는 것은 일반적으로 우리가 원치 않는 많은 부작용을 초래한다는 것이 명확하게 입증되어 있다(예를 들어, Sidman, 1989; Straus, 1994). 혐오기법을 사용했을 때의 부작용 중 하나는 혐오자극을 받는 사람에게 도피 경향성이 생긴다는 것이다. 따라서 만약 한 아이가 고통의 위협으로부터 벗어나기 위해 지시를 따른다거나, 규칙을 위반했을 때 발생할 혐오스러운 결과를 피하기 위해 규칙을 지킨다면, 그 아이는 지시가 내려지는 전체 환경을 회피하려 하는 위험성이 높아지는 지점에 놓이게 된다. 즉, 혐오스럽고 강압적인 수단 때문에 규칙을 따르는 아이는 집으로부터 가출하거나, 학교에 결석하거나, 학교를 그만둘 위험성이 높아진다.

만약 규칙과 지시를 따르는 것이 부적으로 강화되고 있다면, 그 학생은 규칙과 지시를 따르지 않았을 때 발생할 혐오적인 결과를 회피하기 위해 규칙과 지시를 매우 잘 따를지도 모른다. 그러나 학교를 완전히 회피하는 것도 혐오스러운 결과를 회피할 또 하나의 방법인 것이다. 이와는 반대로, 만약 아이가 정적 강화를 얻기 위해 지시를 따른다면 그 아이는 지시가 내려지는 환경을 더 찾으려 할 것이고, 더 행복하게 집안일을 할 것이며, 학교에 머무를 가능성이 더 높고, 지시를 하는 사람에게 보다 많은 지시를 요청할 가능성이 높아질 것이다. 행동이 정적으로 강화받기 위해서는 정적 강화물이 일어날 수 있는 환경에 있어야만 하기 때문이다.

도피 경향성에 더불어, 또 하나의 부작용은 불안이다. 따라서 규칙 따르기가 부적으로 강화되기 때문에 규칙을 따르는 사람은 불안 자체와 불안에 의해 야기되는 우울증과 같은 모든 결핍된 행동으로 인해 고통받게 될 확률이 높아지게 될 것이다. 지시 따르기가 정적으로 강화되는 아이의 경우에는 위협이 항상 존재하는 그런 상황에 놓이지 않기 때문에 만성 불안 문제를 겪을 가능성이 더 적어진다.

대부분의 아이는 정적 강화와 부적 강화가 혼재되는 상황에서 지시 따르기를 학습한다. 예를 들어, '동생을 때리지 마라' 라는 지시를 따르지 않게 되면, 타임아웃이라는 벌을 받게 될 수 있다. 타임아웃의 의도는 동생을 때리는 행동에 대해서는 벌을 주고(줄이고) 지시 따르기는 부적으로 강화하는(늘리는) 것이다. 이 아이가 다음과 같은 지시를 들을 수도 있다. '동생이 씻는 걸 도우면 과자를 먹어도 좋아.' 이때 과자는 협동과 지시 따르기 모두를 정적으로 강화하는(늘리는) 것이다.

　행동이 그 결과와의 함수, 특히 강화와의 함수라는 사실을 아는 사람은 정적 강화로 인해 규칙 따르기를 조성하게 될 가능성이 높다. 규칙과 지시를 따르는 것이 강화될 때, 이 행동은 선택될 것이다. 규칙을 위반하고 지시를 따르지 않는 것은 그 사람의 과거 강화 내력(혹은 강화의 부족)과 현재 환경의 산물이다. 벌보다는 정적 강화가 좋다고 생각하는 사람은 아이가 과거에 규칙을 따르는 것 대신 강화를 받았던 어떤 다른 행동이 있었는가를 살펴볼 것이다. 이 아이에게 지시 따르기에 대한 강화 내력이 부족한 것인가? 만약 그렇다면 지시적인 통제를 선택하는 것에 강화를 주는 과정이 시작될 필요가 있다. 현재의 환경에서 지시 따르기 대신에 일어나는 다른 행동을 더욱 강력히 강화하는 것이 무엇인가? 아이의 행동이 현재와 미래에 규칙과 지시의 자극 통제 아래에 놓일 수 있도록 어떻게 환경을 배열하여 지시 따르기를 정적으로 강화할 수 있는가? 간단히 말하자면, 정적 강화는 바라는 행동을 선택하는 데 사용된다.

　때로는 어떠한 지시를 따르는 것에 명확한 강화가 개입되지 않는 것처럼 보일 수도 있다. 하지만 그런 지시를 따르는 것에는 일반적으로 자연적인 강화가 발생한다. 지시에 따라 운전하는 것은 가고자 하는 지점에 도착하게 해 주는 강화를 준다. 물건을 조립하는 지시를 따르는 것은 그 물건을 제대로 조립하게 만드는 강화를 준다. 요리 조리법에 나와 있는 지시를 따르는 것이 어쩌면 가장 일반적인 예가 될 수 있을 것이다. 예를 들어, 수플레 요리에 대한 지시를 따라서 요리를 하면 조리법을 따르지 않고 요리를 하는 것보다 훨씬 더 강력한 강화를 받게 된다. 자동차 관리와 유지에 대한 지시를 따르는 것은 제대로 작동하고, 오래 유지되는 자동차에 의해 강화된다. 만약 지시를 따르는 것이 강화를 받지 못하게 된다면 그 행동은 소거될 것이다.

　사람이 나이가 들고 교육 수준이 높아짐에 따라 즉시적인 강화에 의해 직접적으로 조성되는 행동은 점점 더 적어진다. 지시를 통한 학습이 점점 더 많

아지게 되는 것이다. 그렇다고 강화가 작용하지 않는다고 결론 짓는 것은 잘
못된 것이다. 일상생활에서 강화는 아주 명백하게 나타나지 않을지 모르지
만, 이때도 강화는 암묵적으로 작동한다. 학교에서의 지시를 잘 따르게 되면,
더 좋은 성적과 취업에 유리해진다는 암묵적 강화를 받게 된다. 어쩌면 지시
를 따르는 것에 대한 최고의 강화는 그것이 일반적으로 개인이 강화를 받을
수 있는 행동의 목록을 증가시켜 준다는 점일 것이다. 지시를 따르는 일은 자
유를 증가시킨다. 예를 들어, 요리책과 같이 충분한 지시가 제시되어 있는 재
료를 이용할 수 있다면, 요리책에서 지시하는 조리법을 따르는 요리사는 시
행착오로만 학습하는 요리사에 비해 요리에 더 큰 자유를 가질 수 있게 된다.

모방과 마찬가지로, 지시 역시 타인의 과거 경험으로부터 학습할 수 있게
해 준다. 따라서 모방을 하고 지시를 따르는 능력은 인간 사회를 매우 빠르게
발전시켜 왔다. 이러한 능력으로 인해 우리는 타인의 성공을 되풀이할 수 있
고, 타인의 실패는 되풀이하지 않을 수 있다. 타인으로부터 이러한 형태의 학
습이 가능한 이유는 결과에 의해 선택되는 강화의 힘 때문이다. 모방과 지시
따르기가 강화될 때 이들은 선택된다. 강화되지 않으면 이러한 행동들은 개인
의 행동 목록에서 소거된다. 관찰 학습과 지시 따르기는 강화 없이 일어나는
학습의 예가 아니다. 관찰 학습과 지시 따르기는 강화의 힘에 대한 확증인 것
이다.

PART 2

좋든 나쁘든 질병과 건강에 실제로 작용하는 강화

:

PART 2
좋든 나쁘든 질병과 건강에 실제로 작용
하는 강화

성취와 저성취에 대한 강화

09

　　　　　　모든 부모와 교사는 자신의 아이들이 성공하
기를, 즉 성취를 이루기를 원한다. 높은 성취동기를 가진 사람은 독립적이고
신속하게 일을 한다. 그들은 탁월한 성취를 위해 어려움을 극복하고 타인의
성공을 뛰어넘는다. 그들에게는 야심이 있고 경쟁력이 있다(Klein, 1982, p. 353).
미국 역사의 제1세대들에게는 자신의 자녀가 삶의 기준을 낮게 잡고 있다면,
그들의 성취동기를 발달시키는 것이 가장 중요한 관심사일 것이다. 성취동기
가 높은 사람은 낮은 성취동기의 사람보다 대학에 진학할 확률이 높고, 높은
학점을 받으며, 좋은 직업을 갖고, 그 직업에서 열심히 일하며 미래에 보다
큰 성공을 이룰 확률이 높기 때문이다. 성공한 사업가는 그렇지 못한 사업가
에 비해 성취동기가 높고 보다 많은 수익을 창출한다(McClelland, 1961, 1985).
　창의적 성취에 강화가 중요한 역할을 하듯이, 정적 강화는 성취동기의 발
달에 가장 중요한 요인이다. 성취를 했을 때 부모가 격려해 주고, 지원과 칭
찬을 하는 것은 높은 수준의 성취동기를 이루게 하는 행동 특성을 선택하게

한다. 성취동기에 대한 많은 연구들은 높은 성취동기를 보이는 아이의 부모가 낮은 성취동기를 보이는 아이의 부모에 비해 보다 높은 기대수준을 갖고 있으며, 보다 긍정적인 감정을 표현하고, 아이가 성공을 했을 때 안아 주기나 뽀뽀와 같은 강화를 보다 많이 준다고 보고하고 있다(Rosen & D'Andrade, 1959). 성취동기는 성취가 긍정적인 정서(positive affect), 즉 정적 강화와 연관되었을 때 발달하는 것이다.

높은 성취동기를 가진 남자아이들의 아버지는 낮은 성취동기를 가진 남자아이들의 아버지에 비해 보다 덜 지배적이라는 사실 또한 중요하다. 부적 강화(협박이나 엄포)나 벌(고함이나 엉덩이 때리기)을 주는 것은 행동억제라든가 공포, 혹은 불안 등을 만들 뿐 성취를 유도하지는 못한다. 긍정적인 감정, 즉 성공에 대한 정적 강화가 높은 성취동기를 선택하게 하는 것이다.

그렇다고 긍정적인 감정이 '어떠한 것도 괜찮다' 거나 모든 행동이 허용된다는 것을 의미하지는 않는다. 높은 성취동기를 가진 아이의 엄마는 높은 기대수준을 가지고 있으며, 아이에게 강화를 주기에 앞서 아이가 반드시 만족시켜야 할 기준과 한계점을 분명히 설정해 놓는다. 예를 들어, 스티븐 킹의 엄마는 킹이 작문을 끝냈을 때 킹에게 좋은 감정을 표현했지만, 그 작문이 스스로 한 것이 아니라 만화책에서 베낀 것이라는 것을 알게 되었을 때 그런 감정을 거두어 버렸다(7장 참조). 그녀는 킹에게 스스로 작문을 완성하도록 격려함으로써 높은 수준의 성취 기준을 만들어 놓았다. 킹이 스스로 작문을 완성하여 이러한 기준을 만족시켰을 때, 엄마는 그 작문에 대해, 즉 킹의 성취에 대해 관심과 좋은 감정을 표현하고, 용돈을 주는 등 강화를 주었던 것이다. 강화 없는 기준은 효과가 없으며, 기준 없는 강화 역시 효과가 없다.

규율과 자기규제

　　　　　　　　규칙을 따르고 스스로를 통제하며 독립적으로
과업을 완수하고 미래의 목표를 위해 홀로 정진하면서 가치 있고 협동적인
'조직의 일원'으로서 일하는 데 필요한 그런 규율과 자기규제는 부모나 교사
혹은 관리자들이 바라는 성취와 관련된 행동 특성이다. '규율(discipline)'은 벌
이 아니며, '자기규제'는 행동을 억제한다는 의미가 아니다. '규율'은 '따르
다(to follow)'라는 의미를 갖는 '종교적 제자(disciple)'라는 단어와 동일한 어원
을 갖는다. 이는 역할모델이 자기규제가 발달되는 데 중요한 요인임을 암시
한다.

　오래전에 수행된 학습과 관련된 실험(Bandura & Kupers, 1964)을 살펴보자. 실험
에서 아이들은 30점 만점인 볼링게임을 하는 어른들의 경기를 참관했다. 아
이들 중 일부에게는 어른들이 20점 이상을 획득했을 때만 사탕바구니에서 사
탕을 꺼내 먹는 것을 보게 했고, 다른 일부는 그보다 조금 낮은 기준인 10점
이상이었을 때 사탕을 꺼내 먹는 것을 보게 했으며, 나머지 일부는 점수에 상
관없이 사탕을 꺼내 먹는 것을 보게 했다. 실험이 끝난 후, 사탕바구니를 옆
에 놓아두고 아이들에게 똑같은 볼링게임을 하게 했을 때, 점수와 사탕에 대
해 아무런 말도 하지 않았음에도 아이들은 자신이 관찰한 바로 그 어른들의 기
준에 따라 사탕을 꺼내 먹는 행동을 보였다. 사탕을 꺼내 먹기 전에 자제력을
보여 주고, 높은 성취기준을 설정해 놓은 어른의 모습을 본 아이들은 자기가
높은 성취를 이루었을 때만 사탕을 먹었다. 반면에 낮은 기준의 어른을 관찰
한 아이들은 낮은 기준을 세웠고, 아무런 기준이 없었던 어른을 관찰한 아이
들은 아무런 기준을 세우지 않았으며, 자신들의 수행과 상관없이 사탕을 먹
었다.

　어른이 성공에 필수적인 자기규제의 모범을 보이고 아이들이 그런 자기규

제를 비슷하게 따라할 때 강화를 주면, 아이들은 규율과 성취를 발달시킬 것이다. 규율을 가르친다는 것은 벌을 준다는 의미가 아니다. 규율을 가르치는 것은 적절한 예를 설정한 후, 적절한 행동에 강화를 준다는 의미다. 예수나 부처, 혹은 모하마드와 같은 위대한 성인들 중 그들의 제자를 체벌하거나 통제한 사람은 아무도 없었다. 그들은 단지 적절한 예를 설정해 놓고 제자들이 그런 행동을 하도록 격려하고 강화를 주었을 뿐이다. 만약 그들이 체벌이나 또 다른 벌을 사용했다면, 아마도 그들을 따르는 제자는 아무도 없었을 것이다.

벌을 사용하는 서구의 전통을 옹호하는 사람들은 어쩌면 "매를 아껴라. 그러면 아이를 망칠 것이다."라는 성경의 문구를 인용하며 벌의 사용을 정당화할지도 모른다. 그러나 훌륭한 양치기는 양을 통제하는 데 채찍을 사용하지 않는다. 채찍은 양에게 적당치 않다. 채찍은 늑대나 여우에게나 적합한 것이다. 만약 양에게 채찍을 사용한다면, 아마도 양들은 우리의 아이들이 체벌을 당했을 때 보이는 행동과 마찬가지로 멀리 도망가고 말 것이다(Straus, 1994). 양에게 사용되어야 하는 것은 양들이 자신들의 무리에서 벗어나지 않도록 온화하게 유도할 수 있는 구부러진 막대기인 것이다.

벌은 행동을 억제하는 데 사용될 수 있다. 하지만 벌은 무엇을 하지 말아야 하는지를 가르칠 뿐이다. 벌은 무엇을 해야 할 것인가를 가르치지는 못한다 (Martin & Pear, 1999, p. 171). 벌은 적절한 행동이 무엇이고 어떠한 행동이 정적 강화를 가져오는지를 가르치지 못한다. 이론적으로 벌은 법이나 규칙, 그리고 사회적 관습을 어기는 것을 막아 낼 수는 있다. 하지만 벌은 벌을 받는 사람의 공격성을 끌어낼 수도 있다는 점 때문에(Azrin & Holz, 1966; Sidman, 1989) 궁극적으로 역효과를 가져오게 된다. 만약 벌이 과도하게 사용된다면, 벌을 받는 사람은 결국 공격적이고 부정직하며 법을 어기는 우울증 환자가 되고 말 것이다(예를 들어, Straus, 1994). 벌로써 행동을 억제시키는 것은 높은 성취를 이루는 사람들이 갖는 '할 수 있다' 혹은 '성취하겠다'는 '자기규제'의 발달을 저해하는 결과를 가져온다. 벌이 사용되면 될수록 아이들은(실은 벌을 받는 누구라도) 새로운 행동을 시도하려 하지 않는다. 왜냐하면 과거에 했던 새로운 행동들로 정적 강화보다는 벌을 더 자주 받았던 경험이 있기 때문이다.

　벌과 마찬가지로 **부적 강화** 역시 높은 성취를 만들어 내지 **못**한다. 부적 강화는 어떠한 행동이 불쾌한 사건이나 자극을 제거하거나 혹은 불쾌한 사건이 일어나지 않도록 하기 때문에 그 행동의 비율이 증가하는 것을 의미한다(부록 2 참조). 부적 강화는 목표행동이 발생하지 않았을 때 불쾌한 결과가 오느냐 그렇지 않느냐에 종속되기 때문에 부적 강화를 사용하게 되면 벌을 사용함으로써 발생할 수 있는 해로움과 부작용, 즉 공격성이라든가 우울증 그리고 기타 심리학적 문제들이 발생할 확률이 높아질 수 있다. 더욱이 부적 강화는 '무언가를 얻기 위해 필요한 만큼의' 행동만을 하는, 즉 불쾌한 결과를 피하는 데 필요한 최소한의 행동만을 하게 되는 결과를 낳는다. 반면, 정적 강화는 무언가를 얻는 데 필요한 행동의 양보다 많은 양의 행동을 하도록 하는 것이 일반적이다. 정적 강화는 **자유재량효과**(discretionary effect)를 낳는 것이다(Daniels, 1994, p. 28). 정적 강화는 성취를 만든다. 밖에 나가 놀고 싶어서 혹은 맞지 않으려고 (부적 강화) 부모가 시키는 집안일을 하는 아이는 일을 하지 않았을 때 받게 될 불쾌한 결과를 피할 수 있을 만큼, 딱 그만큼만 일을 한다. 하지만 집안일을 끝낸 대가로 용돈이나 칭찬을 받기 위해 일을 하는 아이는 부모가 시킨 것보다 많은 일을 하며, 또한 일을 하는 데 있어 보다 나은 방법을 찾아내곤 한다. 기업의 경우에도 마찬가지다. 회사에서 해고당하지 않기 위해 혹은 상사로부터 질책당하지 않기 위해(부적 강화) 일을 하는 사원들은 일을 하지 않아서 발생하는 불쾌한 결과를 피할 수 있을 만큼, **딱 그만큼만** 일을 한다. 하지만 연봉인상이라든가 임원 전용 화장실을 사용할 수 있는 자격, 혹은 성과에 따라 회사에서 보내 주는 휴가나 성과급 등에 동기화된 사원은, 다시 말해 정적 강화에 동기화된 사원은 보다 높은 수준에 이르기 위해 일을 할 것이다. 벌과 부적 강화는 높은 성취가 아니라 용인되는 만큼의 저성취에 머무르게 한다.

벌과 불쾌한 결과 줄이기

벌이 필요하다는 생각을 하지 않게 되는 가장 효과적인 방법은 정적 강화의 사용을 증가시키는 것이다. 주어진 시간 동안 사람이 할 수 있는 일에는 한계가 있다. 만약 적절하고 유용하며 사회적으로 생산적인 그런 행동들을 하게 되면, 적절하지 않은 행동을 할 시간은 줄어들 수밖에 없다. 적절한 행동을 증가시키고, 수행을 극대화하며, 높은 성취를 이루는 사람을 만들 수 있는 최선의 방법은 강화를 주는 것이다.

그림 그리기, 컴퓨터 하기, 보드게임 하기, 운동, 블록이나 인형놀이, 세발자전거 혹은 두발자전거 타기, 이야기 듣기 혹은 이야기하기, 청소나 음식 만드는 일을 '도와주기' 혹은 책 읽기 등의 행동에 칭찬이나 강화물을 받은 아이들은, 강화의 정의에 따르면, 이러한 행동을 보다 많이 하게 된다. 따라서 스스로를 망가뜨릴 수도 있는 부적절한 행동을 하는 시간은 적어질 수밖에 없다.

적절하고 생산적인 행동을 했지만 이에 대해 충분히 강화를 받지 못한 아이들은 스스로를 망가뜨리는 부적절한 행동이라 할지라도 관심을 끌 만한 행동을 찾게 된다. 실제로 적절하지 않은 행동을 감소시키려고 하는 부모의 행동이 때때로 적절하지 않은 그 행동을 유지시키는 결과를 가져올 때가 있다. 아이가 엉덩이를 맞는 순간에는 적어도 아이는 관심을 받고 있는 것이다. 만약 아이가 관심을 받을 수 있는 유일한 방법이 잘못된 행동을 하는 것이라면, 그 아이는 관심을 받기 위해 그런 행동을 하게 된다고 많은 교사들은 증언하고 있다. 적절하지 않은 행동에 대해 승인해 주지 않는 것이 오히려 처음에는 적절하지 못한 그 행동을 유지시키는 기능을 한다. 한 교사는 다음과 같이 말하고 있다. "승인해 주는 경우를 늘리는 반면에, 승인해 주지 않는 경우는 줄일 필요가 있어요." (Flora, 2000, p. 68) 캔자스 대학교(University of Kansas)의 로리 그린(Lori Greene), 데브라 캠스(Debra Kamps), 제니퍼 위블(Jennifer Wyble), 신시아 엘리스(Cynthia Ellis) 등의 연구에서는 행동에 문제가 있는 아이가 적절한 행동을 했을 때 부모가 칭찬의 비율을 높이면 부모의 말을 보다 잘 따르고, 적절하지 않은 행동의 비율이 감소한다는 사실을 보여 준다(Greene et al., 1999). 만약 정적 강화가 적절하게 사용된다면, 벌은 필요하지 않게 된다. 그러나 아이가 유일하게 관심을 받을 수 있는 때가 부모에게 맞을 때 뿐이라면, 아이는 맞으려고 나쁜 행동을 하게 될 것이다. 크랙 코카인이나 헤로인 같은 마약을 파는 어느 마약 판매자의 말을 들어보자. "할머니만이 나를 때렸던 유일한 사람이었어요. 그런데 나는 그게 좋았어요. …… 할머니는 나를 때렸고, 나는 즐거웠어요. …… 나는 항상 [할머니에게] 맞을 만한 일을 찾았던 거죠. 할머니가 나를 주먹으로 때릴 때도 있었죠. 아주 세게 말이죠."(Bourgois, 1996, pp. 184-185, 강조는 저자가 첨가한 것임) 그가 만약 자신의 적절한 행동으로 관심을 받고, 생산적인 일을 한 것으로 강화를 받으며, 칭찬으로 행동이 조성되었다면, 아마도 그는 불법적인 마약 상인이 아닌 전혀 다른 직업을 갖게 되었을 것이다.

벌이 필요하다는 생각을 감소시키고, 불법적이고, 자신을 파탄에 이르게 할 수 있는 행동을 감소시킬 수 있는 방법은 성취에 대한 강화를 증가시키는 것이다. 독서, 컴퓨터 작업, 과학 프로젝트, 건축, 기계, 목공, 스포츠, 드라마, 토론, 밴드 활동, 작문, 사진, 노래, 정원 손질 등의 활동에 강화를 주면 아이들은 이러한 활동으로 시간을 보내게 될 것이다. 관심이나 칭찬 혹은 부모와 '좋은 시간' 보내기, 돈, 장난감, 드라이브, 견학, 영화, 늦잠, 운동기구, CD 그리고 이러한 활동에서 얻게 되는 내재적 강화를 포함하여 이들 모두는 좋은 강화물이 될 수 있다. 하지만 어떠한 강화물이 사용되는가에 상관없이 보다 중요한 것은 생산적인 행동을 했을 때 강화를 받게 되면 파탄에 이르는 행동이 아닌 생산적인 행동을 하는 데 바빠지게 되고, 쇼핑몰을 돌아다니거나 혹은 불법적인 마약과 같은 비생산적인 일을 할 시간이 줄어든다는 사실이다.

매를 맞지 않는 아이들은 '난폭해지거나' '통제가 되지 않거나' 버릇이 없어지거나 하지 않는다. 실제로 매를 자주 맞으면 맞을수록 더 많은 문제행동을 보인다(Capaldi et al., 1997; Straus, 1994). 자신의 아이가 생산적이고 높은 성취를 보이는 사람으로 발달하는 데 도움을 주는 부모는 매를 사용하지 않는다. 이들에게는 매가 필요하지 않다. 이런 부모는 아이들의 적절한 행동을 칭찬하고 스스로 일하는 것을 격려하기 때문에 아이들 스스로 적절한 행동을 하는 것이다. 높은 성취동기를 가진 아이의 부모는 아이가 어떤 일이든 최선을 다하도록 격려하고 칭찬을 미루지 않는다. 이러한 부모의 행동패턴이 아이가 좋은 행동을 하도록 만드는 것이다.

높은 성취동기를 가진 아이의 부모는 아이가 실패했을 때 벌을 주지 않고, 오히려 실패 이후에 성공할 수 있는 영역을 찾을 수 있도록 격려하고 도와준다. 실패란 실패했다는 그 이유만으로도 아이에게는 이미 충분한 벌이다. 야구 시합에서 삼진 아웃을 당한 아이에게 감독이나 부모, 혹은 동료가 소리를 질러대야 할 이유가 없다. 삼진 아웃은 그 자체로 이미 충분한 벌이다. 노래 중간에 음 이탈을 했다거나 악기를 연주하는 도중에 음을 잘못 짚었다고 부모나 교사로부터 꾸중이나 질책을 들어야 할 이유는 없다. 연주 도중에 발생한 실수는 그 자체로 이미 그 아이에게는 벌인 것이다. 아이가 높은 성취동기와 높은 자아효능감을 발달시키는 데 도움을 주는 부모는 벌 대신 아이가 성공할 수 있는 다른 무엇이 있는지를 고민한다. 어떤 아이는 야구보다는 육상을 좋아할 수도 있고, 또 어떤 아이는 노래나 악기 연주보다는 소설 쓰기로 더 많은 강화를 받을 수 있을지도 모른다. 혹은 실패한 일과 완전히 다른 일을 찾는 대신에, 아이가 선택한 일이 실패했을 때 연속적인 근사치에 강화를 줌으로써 아이가 그 일을 성공하는 데 필요한 기술을 익히는 것을 도와줄 수도 있을 것이다. 야구에서 배팅을 할 때 타격 자세를 수정하고, 배트를 '꽉 쥐거나', 팔을 뻗는 동작을 보다 부드럽게 하는 등등의 행동에 강화를 주고 격려를 하는 것이다. 이러한 기술들이 발전을 보일 때마다 아이가 칭찬을 받게 되면, 결국에는 이러한 발전을 가져온 노력에 '내재적으로' 강화를 받게 되어 향상된 결과를 가져오게 될 것이다.

끈기, 노력, 근면, 그리고 성취

최고의 타자라고 하더라도 타석에서 안타를 칠 때보다는 치지 못할 때가 더 많다. 최고 수준의 연주가라 하더라도 연주 도중에 건반을 잘못 누르거나 음정이 틀리는 실수를 할 때가 있다. 음악가, 소설가, 컴퓨터 프로그래머, 과학자, 세일즈맨과 같은 거의 모든 전문가들도 성공만큼 실패를 경험한다. 사실 성공보다 실패를 하는 사람들이 더 많다. 하지만 성공에 이르는 사람들은 그런 실패에도 불구하고 끈기 있게 노력한다. 꾸준히 나아간다는 것은 어려운 일임에 틀림없지만, 성공을 향해 가려면 꾸준히 나아가야만 한다. 실패를 했거나 즉각적으로 성공하지 못한 사람이 그럼에도 꾸준히 근면하게 최선을 다하는 이유는 이전에 최선을 다해 근면하게 일한 것에 대해 강화를 받았던 경험이 있기 때문이다. 뛰어난 성취를 이루는 과정에 반드시 필요한 작은 성취들이 격려를 받고 조성되기 시작하는 시점이 바로 어린 시절이다. 초기 행동주의자인 존 왓슨(John B. Watson)은 "분야와 상관없이 그 분야에서 성공할 수 있는 가장 중요한 요인은 어린 시기에 형성된 남들보다 더 오래 공부하고, 남들보다 더 집중하는 습관이라는 것이 우리가 오늘날 설명할 수 있는 가장 합리적인 답일 것이다. 그리고 이는 천재의 경우에도 예외가 될 수 없다."(Watson, 1930/1970, p. 212)고 주장하였다.

집중력을 갖고 연습하고, 오랜 시간 공부하는 습관을 만드는 것은 집중력 있게 공부하고 연습하는 것에 강화를 받았던 경험들이다(1~9장 참조). 이제 성취와 강화 간의 관계성에 대해 정리를 해 보고, 조금 확장을 해 보자. 성취에 대해 직접적으로 격려하고 강화를 주는 것뿐만 아니라(예를 들어, McClelland, 1985; Rosen & D' Andrade, 1959), 성취를 이루는 과정에서 불가피하게 마주치는 장애물

을 극복하는 데 필요한 노력과 끈기에 대해서도 강화를 주는 것이 필요하다
(극복해야 할 장애물이 없을 때의 행동을 성취라고 부를 수는 없을 것이다. 그런 행동은 그저 누구나 할 수
있는 단순한 행동일 뿐이다). 노력을 많이 해야 하는 과제에 강화를 받게 되면, 그 결
과 전반적인 행동에 끈기가 일반화되고, 보다 높은 수준의 근면성이 만들어진
다. 받아쓰기에서 연속해서 5개를 맞혔을 때 강화를 받은 아이가 문제를 맞힐
때마다 강화를 받은 아이보다 공부하는 시간이 길어지고, 보다 많은 수학문
제를 푼다(Eisenberger & Adornetto, 1986). 실제로 근면성에 대한 로버트 아이젠버거
(Robert R. Eisenberger)의 연구에 따르면, 어떤 과제를 할 때 노력의 양을 증가시켜
야만 강화를 받을 수 있도록 연습시키면, 이는 광범위한 행동, 예를 들어 청
소년기의 학습부진아 및 보통 학생들의 필기행동, 그림 그리기, 수학, 대학생
의 지각식별, 에세이, 철자 순서 바꾸기 문제 풀이(anagram solving), 시험에서 부
정행위 안하기 등과 같은 행동들에 좋은 영향을 주게 된다(Eisenberger, 1992;
Eisenberger & Cameron, 1996 참조). 노력에 대해 강화를 주면 그 노력이 행동 전반에
걸쳐 일반화되는 것이다. 이러한 근면과 끈기가 성취를 이루기 위한 전제조
건이다.

이때 강화를 받기 위해 요구되는 노력의 수준을 증가시키는 것은 반드시
점진적으로 진행되어야만 하는데, 그렇지 않으면 요구되는 노력과 끈기가 형
성되기도 전에 사라져 버리게 된다. 즉, 그 일을 그만두게 되는 것이다. 만약
쥐에게 처음에는 지렛대를 한 번 눌렀을 때 먹이를 주다가, 100번을 눌러야
먹이를 주는 것으로 조건을 갑자기 바꾸어 버리면, 쥐는 100번을 누르기 전
에 그 행동을 그만두게 될 것이다. 그러나 강화를 받는 준거를 1에서 2, 2에서
4, 4에서 8, 8에서 20, 20에서 40, 40에서 80으로 점진적으로 변화시키면, 쥐는
결국 음식을 얻기 위해 지렛대를 100번 누르게 되는, 즉 높은 수준의 노력이
조성될 수 있다.

이와 마찬가지로, 처음에는 집안일을 할 때마다 즉각적으로 용돈을 받다
가, 나중에는 지난 일주일 동안 집안일을 도왔던 것에 수반하여 일주일에 한

번씩 용돈을 받고, 조금 더 나중에는 지난 2주일 동안 집안일을 도왔던 것에 대해 2주에 한 번씩 용돈을 받는 그런 경험을 가진 아이에 비해, 집안일을 돕지 않아도 그냥 용돈을 받았던 아이는 단지 한 달에 한 번씩 월급이 지급되는 그런 직장을 다니는 것을 힘들어할 수 있다. 첫 번째 아이는 강화를 받는 데 필요한 노력을 점진적으로 증가시키는 경험을 했던 것이다. 같은 논리로, 처음에는 철자를 학습한 것으로 강화를 받지만, 다음에는 닥터 수스(Dr. Seuss)의 동화책을 읽은 것에 대해 강화를 받고, 다음에는 『구스 범스』(Goose Bumps) 시리즈에 대해, 그다음에는 『용감한 형제』(The Hardy Boys)나 『낸시 드류』(Nancy Drew) 혹은 『척척박사 브라운』(Encyclopedia Brown) 등에, 그다음에는 『해리 포터』(Harry Potter)나 10대를 위한 소설들, 그다음에는 어니스트 헤밍웨이(Ernest Hemingway)나 에리카 종(Erica Jong)의 소설을 읽는 것에 강화를 받았던 아이는 독서에 들여야 하는 노력을 증가시키는 것에 강화를 받아본 적이 없는 아이에 비해 대학에서 성공할 확률이 높아질 것이다(물론 어떤 아이들의 경우에는 독서에 대한 노력을 증가시키는 것이 독서 그 자체에서 얻어지는 내재적인 강화 때문일 수도 있다. 예를 들어, Carson, 2001).

실제로 내가 재직하고 있는 영스타운 주립대학교(Youngstown State University) 같은 5년제 개방 대학교(open admissions university)의 졸업 비율이 40퍼센트를 넘지 못하고, 신입생들 중 많은 학생이 2학년으로 진급하지 못하는 주된 이유 중의 하나가 공부를 하는 데 있어 노력과 끈기에 강화를 받은 경험이 적었던 때문일지도 모른다. 대개 유치원부터 고등학교 3학년 때까지는 매일매일은 아니라 하더라도 적어도 일주일 단위의 숙제가 있고, 이러한 숙제는 학생들이 옳은 수행에 대해 강화를 받을 수 있는 기회를 제공한다. 그러나 대학 1학년 수업에서는 한 학기에 고작 두 번이나 네 번 정도의 시험만이 있을 뿐이고, 더욱이 강사가 학생들의 이름조차 기억하지 못하는 그런 상황에서 학생들이 자신의 공부에 대한 피드백을 받을 기회는 매우 적은 것이 사실이다. 하지만 시험을 보는 횟수가 적다 하더라도, 시험을 준비하기 위해서는 수백 페이지에 달하는 복잡한 내용을 읽어야 하고, 수백 개의 새로운 단어에 대한 정확한 정의를 학습해야 하며, 수십 개의 수학 공식을 공부해야 하고 또 그런 공식을 어떻게 적용해야 하는지를 알아야만 한다. 끈기 있게 노력하는 것에 강화를 받은 경험이 없는 대학생이라면 그가 대학에서 성공하는 것이 불가능하지는 않다 하더라도 거의 힘들다고 봐야 한다. 끈기 있게 노력하는 것에 강화를 받은 경험이 없는 학생들은 책을 읽거나 정의와 공식을 공부하는 대신, 아르바이트나 음주 혹은 파티와 같이 즉각적인 강화를 가져오는 그런 행동에 더 몰두하게 될 것이다. 이와는 반대로, 끈기 있게 공부하고 노력하는 것에 강화를 받았던 경험이 있는 학생들은 그런 경험이 학업 과제에 대한 끈기를 선택했기 때문에 대학에서의 성공에 필요로 하는 것들을 공부하는 데 보다 많은 시간을 투자할 것이다. 어린 시절, 좋은 성적을 받은 것에 대해 부모로부터 돈을 받았던 대학생들이 어린 시절에 그런 경험이 없었던 학생들에 비해 보다 높은 성적을 받는 이유 중의 하나가 그들의 부모가 공부를 하는 데 있어 끈기와 노력에 강화를 주었기 때문일 수 있다(Flora & Popanak, 2001).

˙늦게라도 하는 것이 하지 않는 것보다 낫다

높은 성취와 끈기, 그리고 노력에 대해 칭찬을 받았던 어린 시절의 경험은 개인이 살아가는 데 있어 그런 행동 특성을 선택하게 할 것이다. 하지만 나이에 상관없이 그런 특성은 성취와 노력에 대해 적절한 강화가 주어졌을 때에만 형성될 수 있다. 예를 들어, 맥클리랜드(David McClelland)와 윈터(Winter)(1969)는 낮은 성취의 사람들이 높은 성취동기를 가질 수 있도록 훈련시키는 프로그램을 개발했다. 연구에 참여한 사람들은 성취동기의 개념과 성취동기와 성공 간의 관계에 대해 설명을 들었고, 높은 성취동기를 가진 사람들은 적절한 수준의 위험을 감수하면서도 장기적인 목표를 세우고 그 목표를 성취하기 위해 필요한 단계를 계획한다는 설명을 들었다. 그리고 그들에게 해야 할 과제가 주어졌고, 목표를 세우게 했으며, 그 목표가 달성되면 강화를 주었다. 인도의 두 도시에서 기업인들을 대상으로 이 프로그램을 도입한 결과, 그들은 더 많은 시간을 일하려 했고, 보다 많은 새로운 사업을 벌이기 시작했으며, 보다 많은 자본을 투자하고, 보다 많은 사원을 채용했으며, 그 결과 기업 이윤이 증가하게 되었다. 이 프로그램을 시행하지 않은 비슷한 규모의 다른 도시에서는 기업 혹은 경제활동에 있어 아무런 변화가 없었다. 성취동기 훈련 프로그램을 받은 기업인의 경우, 훈련을 받은 이후 처음 이룬 성공이 성취를 이루기 위한 노력 때문이라는 긍정적인 피드백을 줌으로써 보다 높은 성취를 지향하는 노력을 기울이게 하였다. 성취를 지향하는 노력이 유지되기 위해서는 반드시 강화가 지속되어야 한다.

갈릴레오(Galileo)를 종교재판으로 이끈 그의 위대한 저서인 『대화(*Dialogue*)』가 완성되는 데는 수년이 걸렸다. 그가 이러한 노력을 기울일 수 있었던 것은 강화 때문이었다. 전기 작가인 데이바 소벨(Dava Sobel)에 따르면, 갈릴레오가 그의 위대한 저작을 끝낼 수 있도록 동기화시켰던 것은 동료와의 경쟁, 저작이 가져올 사회적 명성, 그리고 바로 돈이라는 '외재적 강화' 였다.

> 자신이 알려주기 이전에는 태양의 흑점에 대해 잘못 알고 있었던 [신부 크리스토퍼(Father Christopher)] 샤이너(Scheiner)가 이제 그런 기념비적인 발견에 대한 내용을 출간할 준비가 되었다니 얼마나 충격적이었겠는가! 그 충격이 갈릴레오로 하여금 아직 끝내지 못한 원고로 돌아가도록 만들었다. 임신 중이었던 두 명의 며느리와 아직 직장을 구하지 못했던 아들, 그리고 수녀원 생활을 하며 생활의 질을 향상시키고 싶어 하던 마리아 첼레스테(Sour Maria Celeste)[갈릴레오의 딸]를 위해, 그는 더 많은 인센티브가 필요했고, 그러기 위해서는 저서를 완성하고 인세를 받아야만 했던 것이다(Sobel, 2000, p. 165, 강조는 저자가 첨가한 것임).

소벨 역시 이러한 강화가 갈릴레오의 과학적 흥미를 손상시키지 않았다는 점을 분명히 말하고 있는데, 갈릴레오는 죽을 때까지 연구를 계속했으며, 또한 훌륭한 성과를 계속 만들어 냈다.

　갈릴레오와 같은 과학자뿐만 아니라 음악가나 수학자(Howe et al., 1998) 그리고 작가들(예를 들어, King, 2000)에 이르기까지 능숙함과 높은 성취를 이루기 위해서는 수천 시간 동안 매우 힘들게, 최선을 다해 끈기 있게, 때로는 고독하기까지 한 연습에 연습이 필요하다(Howe et al., 1998). 음악가이자 작곡가인 브루스 혼스비(Bruce Hornsby)는 음악가가 되고자 하는 이들에게 이렇게 조언한다. "잠시도 쉬지 말고 연습하고 습작하라. 내 어린 시절 영웅이었던 뉴욕 닉스(New York Knicks)의 농구선수이자 미국 상원의원이었던 빌 브래들리(Bill Bradley)의 말처럼, '만약 당신은 연습하지 않고 다른 누군가는 연습을 한다면, 그리고 그와 시합을 한다면, 이기는 사람은 그가 될 것이다.'"(Waggoner, 2001에서 발췌. 강조는 저자가 첨가한 것임) 잠시도 쉬지 말고 연습하고 습작하라는 것은 스티븐 킹이 작가를 꿈꾸는 이들에게 했던 바로 그 조언이다.

　그러나 킹 또한 말했듯이, 지원이나 칭찬 없이, 즉 강화 없이는 그토록 힘들고 최선을 다해야 하는 길고 외로운 연습을 지속하는 일은 가능하지 않다. 이 사실은 여름 캠프에 참여한 저성취 아이들을 대상으로 성취동기를 가르친 콜브(Kolb, 1965)의 실험을 통해 분명하게 입증되었다. 실험에 참여한 아이들은 지능검사에서는 모두 120점을 넘게 받았지만, 학업 성적은 평균 아래인 아이들이었다. 프로그램을 받고 6개월이 지났을 때, 모든 아이의 학업 성적은 유의하게 높아졌다. 하지만 18개월이 지난 시점에서는 높은 사회경제적 지위 가정의 아이들의 경우에만 향상된 성적이 유지되고 있었다. 콜브가 주장하듯이, 낮은 사회경제적 지위의 가정에서는 학업 성취가 그다지 가치 있게 받아들여지지 않기 때문에 성취가 더 이상 강화를 받지 못하게 되었고, 그런 환경 아래에서는 향상되었던 성적이 유지되기가 힘들 수밖에 없다는 것이다. 실제로 낮은 사회경제적 수준의 소수 집단의 아이들의 경우 그들이 학업에서 높은 성적을 받으면 비아냥거림을 받는 경우가 있으며, 때로는 '백인처럼 보이고 싶어' 한다거나 '똑똑한 척' 한다는 식의 비난을 받는 경우도 있다. 이런 경우, 성취는 강화되지도 않을뿐더러 오히려 벌을 가져오는 결과를 만든다. 이로 인해, 이전에 성취를 이루었다고 하더라도 학교에서 성적이 점점 떨어지고 그들의 언어 문법이 더욱더 나빠지는 것은 그리 놀라운 일이 아니다. 저성취가 강화를 받게 되면 저성취가 발생하고, 성취가 강화를 받게 되면 성취가 발생하는 것이다. 아이들을 발달하게 하고 이를 유지시키기 위해서는 노력과 끈기와 같은 성취지향적인 행동들이 격려되고 강화를 받는 환경이 반드시 필요하다. 이러한 맥락에서 어닝 바이 러닝(예를 들어, McNinch et al., 1995)이나 피자헛의 북 잇! 독서 프로그램, 로손(예를 들어, Rawson, 1992)의 교정 프로그램, 청소년 집단 가정의 '가족교육' 모델 등을 통해 전형적으로 저성취를 보이는 사람들이 높은 수준의 성취가 조성되고, 강화를 받으며, 유지되고 있다는 것은 참으로 다행스러운 일이라 할 것이다.

교육에서의 강화

강화가 교육의 동의어는 아니지만, 방대하고 체계적인 강화가 없다면 정규교육은 사실상 성공할 수 없다. 최적의 교육성과를 위해서는 체계적인 강화가 영아기 때부터 시작되어 교육과정이 진행되는 내내 지속되어야만 한다.

미국의 경우 상원의원, 하원의원, 국무위원, 의사, 변호사, 회사 대표, 교수와 같은 좋은 직업에 종사하는 사람들이 특정 인종이나 사회계층에 몰려 있지 않고, 모든 인종과 사회계층에서 배출된다. 이는 누구라 하더라도 적절한 교육을 받고 노력만 하면 성공할 수 있다는 증거라 할 수 있다. 이렇게 중요한 교육의 경험은 영아기부터 시작되며, 이 중 가장 필수적인 것이 바로 강화의 경험이다.

아이들이 배워야 하는 가장 중요한 것 중 하나가 바로 행동이 결과를 만든다는 것을 이해하는 것, 즉 강화의 경험과 조작적 조건화의 경험이다. 노스캐롤라이나 대학교 프랭크 포터 그라함 아동 발달 센터(University of North Carolina

Frank Porter Graham Chilid Development Center)의 크레이그 레이머리(Craig I. Ramely)와 닐 핑켈스타인(Neal W. Finkelstein)(1978)은 사회문화적 요인으로 인한 정신지체를 감소시키기 위하여 프로그램을 개발했는데, 이 프로그램은 가정에서 영아가 소리를 낼 때마다 시각적 · 청각적으로 자극을 받을 만한 강화를 주는 내용으로 구성되어 있다(영아가 어떠한 소리라도 내야만 강화가 제공된다). 이러한 강화훈련을 받은 아이는 가정과는 완전히 다른 환경인 실험실에서의 학습에서도 그 성취가 향상되는 결과를 보였다. 어린 시절에 학습했던 행동과 결과의 인과성(강화)이 전반적 학습 능력을 향상시켰던 것이다. 행동과 결과를 연결시키는 이러한 강화는 학습과 감정에 영향을 미치는데, 이는 태어난 지 3일밖에 되지 않은 영아의 경우에도 적용된다(예를 들어, DeCasper & Carstens, 1981). 울거나 소리를 낼 때 부모가 반응을 보이거나, 발로 차거나 손을 움직일 때 소리를 내고 움직이는 모빌이나 자신의 행동에 반응하는 장난감이 있는 아기들은 부모가 별로 반응을 하지 않거나 자신의 행동에 강화를 주는 장난감이 적거나 혹은 아예 없는 아기에 비해 교육적 · 감정적인 이점을 갖게 된다.

우울증의 중요한 원인 중 하나인 **학습된 무기력**(Learned Helplessness)(보다 자세한 논의는 13장에서 다루고 있음)은 자신의 행동이 스스로에게 아무런 영향을 미치지 못한다는 것을 알게 될 때 발생한다. 이와는 반대로, 학습된 낙관주의(learned optimism)(예를 들어, Seligman, 1990)는 학습된 무기력에 '면역력'을 갖게 하는데, 이는 자신의 행동이 의미 있는 결과를 만들 수 있다는 것을 알게 될 때 발생한다. 우리는 자신의 행동이 강화를 만들 때 낙관주의를 학습하게 된다. 낙관주의를 학습하든 무기력을 학습하든 이러한 학습은 영아 시기부터 시작된다. 울음이 무시되거나 혹은 울었을 때 주위에 아무도 없거나, 배가 고파서 울었는데 음식을 얻지 못하거나, 무언가가 불편해서 울었는데 기저귀나 옷 혹은 실내온도를 바꿔 주지 않거나, 미소를 지었는데 미소가 돌아오지 않거나, '구우우(goo)'나 '가아아(gaa)'와 같이 무언가 말을 했는데 아무런 반응이 없다면, 아이가 무력감을 학습하게 될 확률은 증가한다. 자신의 행동이 모두 쓸모없는 것이 되어 버리는데, 무슨 이유로 울거나 미소 짓거나 '구우우(goo)' 혹은 '가아아(gaa)'와 같은 말을 하겠는가? 아기는 무력감을, 즉 강화의 결핍으로 인해 우울함을 배우게 되는 것이다. 하지만 울음이 즉각적으로 관심을 받고, 배가 고파서 울었을 때는 음식을 받고, 불편한 무언가 때문에 울었을 때는 기저귀나 옷 혹은 실내온도 등 불편한 조건이 해소되고, 미소를 지었을 때 미소가 돌아오고, '구우우'나 '가아아'와 같은 말을 했을 때 어른들이 '구우우'나 '가아아' 하면서 대꾸를 해 주면, 아이는 낙관주의를 학습하게 된다. 아이의 그런 행동은 증가하게 될 것이고, 이는 그 행동이 유용하기 때문이다. 다시 말하면, 아이의 행동이 증가되는 것은 그 행동이 강화를 받기 때문이다. 아이는 낙관주의를 학습하게 되는 것이다.

아이가 강화를 받지 못함으로써 무력감을 학습하느냐 혹은 강화를 받음으로써 낙관주의를 학습하느냐는 훗날 아이가 학습하는 데 있어 동일한 방식으로 영향을 미친다. 컴퓨터 소프트웨어로 학습하는 학령 전 아이의 경우를 예로 들어 보면, 유아기에 무력감을 학습한 아이에 비해 자신의 반응이 결과를 만들어 내는 경험이 많았던, 그로 인해 자신의 행동이 강화를 가져온다는 것을 학습한 아이는 컴퓨터 마우스를 움직이고 클릭함으로써 컴퓨터 소프트웨어의 색깔이나 소리 혹은 애니메이션을 바꾸는 것을 보다 빠르게 학습하게 된다. 이에 비해, 유아기에 자신의 반응이 결과를 만들어 내는 경험이 적었던, 그로 인해 자신의 행동이 강화를 가져온다는 것을 학습하지 못한 아이는 컴퓨터 마우스를 움직이고 클릭함으로써 컴퓨터 소프트웨어의 색깔이나 소리 혹은 애니메이션을 바꾸는 것을 학습할 확률이 줄어들게 된다. 양육환경이 열악했던 아이에 비해, 유아기에 칭찬을 자주 받고 많은 대화를 하고(Hart & Risley, 1995), 울거나 혹은 소리를 낸 것에 대해 보모로부터 적절한 반응을 받았던, 즉 유아기에 자신의 행동에 대해 강화를 받았던 경험이 있는 학령 전 혹은 유치원 아이들은 교사에게 보다 집중을 잘하고, 보다 반응을 잘하며, 보다 편하게 도움을 요청할 수 있게 된다. 이러한 아이들은 어른들의 사회적 강화를 이끌어 내는 행동을 할 기회를 많이 갖게 되고, 그런 행동을 했을 때 받게 되는 긍정적인 피드백을 통해 아이들은 다시 또 적절한 행동을 하게 되는, 그런 순환 고리가 만들어지게 된다. 하지만 이와는 반대로, 열악한 양육환경에서 자란 아이는, 즉 유아기에 칭찬을 자주 받지 못했고, 대화를 거의 하지 못했으며(Hart & Risley, 1995), 울거나 소리를 내는 것에 대해 아무런 관심을 받지 못했거나 심지어는 이로 인해 벌을 받았던(예를 들어, '조용히 해.' 라는 식의) 학령 전 혹은 유치원 아이들은 교사에게 집중하지 못하고, 반응을 잘하지 못하며, 도움을 요청하는 빈도도 높지 않게 된다. 이러한 아이들은 어른들의 사회적 강화를 이끌어 내는 행동을 할 수 있는 기회를 많이 갖지 못하게 되고, 이는 결국 잠재적으로 강화를 받을 수 있는 적절한 행동을 할 수 있는 비율이 낮아지는 결과를 낳는다. 아래로 향해 있는 나사모양과 같이 점점 더 적절한 행동이 줄어들게 되면, 결국 강화를 받을 확률도 적어지게 되는 것이다.

베티 하트(Betty Hart)와 토드 리슬리(Todd B. Risley)의 종단연구에 따르면, 아이들이 알고 있는 단어의 수와 IQ 점수는 가정 배경에 따라 차이가 있으며, 그 순서는 전문가(professional) 가정, 노동자 계급(working-class) 가정, 그리고 복지 지원을 받는(welfare) 가정의 순이었다. 하지만 사회경제적 배경이 아이들의 언어와 IQ를 설명하는 가장 강력한 변인은 아니었다. 가장 강력한 변인은 바로 부모가 주는 강화였던 것이다. 통계적으로, 사회경제적 지위는 언어 발달의 42퍼센트, IQ 점수의 29퍼센트를 설명하는 반면, 양육방법(칭찬이나 격려를 하는 횟수와 벌이나 꾸짖음의 횟수)은 언어 발달의 61퍼센트, IQ 점수의 59퍼센트를 설명했다(Hart & Risley, 1995, p. 158). "부모가 강화를 주고 격려를 하는 상대적인 양이…… 언어 발달 및 IQ 점수로 예측할 수 있는 일반적인 성취와 매우 강하게 관련되어 있었다. 아이들과 상호작용 하는 동안, 긍정적인 반응을 더 많이 보이면 보일수록 [정적 강화를 더 많이 줄수록] 아이들은 새로운 주제를 더 많이 탐색하려 하고, 더 많이 가설적인 관계를 검증해 보려 하고, 더 많이 듣고 연습하려 하며, 이미 알고 있는 단어에 더 많은 단어를 추가하려 하고, IQ 검사 문제에 더 많

이 집중한다."(p. 155)

따라서 낮은 사회경제적 가정의 아이들이 상대적으로 높은 사회경제적 가정의 아이들에 비해 평균적으로 학습이 부진한 경향을 보이는 이유는 낮은 사회경제적 지위 그 자체 때문이 아니라, 물론 여러 이유가 있겠지만, 낮은 사회경제적 가정에서는 아이를 돌보는 사람이 그 아이들에게 특히 언어와 탐구적 행동에 대해 정적 강화를 적게 주기 때문이다. 하트와 리슬리의 연구결과가 보여 주듯이, 사회경제적 지위에 상관없이 아이들이 적절한 양의 강화를 받는다면(이때 적절한 양이란 상당히 많은 양을 의미한다), 아이들은 학문적으로 발전할 수 있는 가능성이 매우 높아진다. 이는 부모에 대한 훈련이 저성취 아이들의 학업수행을 향상시키는 하나의 방법이 될 수 있다는 사실을 암시한다. 실제로 연구결과들은 부모에게 기초적인 강화절차를 가르쳤을 때, 아이들의 행동이 향상된다는 것을 증명하고 있다(예를 들어, Greene et al., 1999; Wierson & Forehand, 1994).

부부 간에 정적 강화를 주는 비율이 낮은 부부가 이혼의 확률이 높다는 연구결과를 지속적으로 발표하고 있는(예를 들어, Gottman et al., 1997) 결혼 연구가인 존 가트만(John H. Gottman)은 이들 부부에게 아이가 있을 경우 이러한 부부 관계가 아이의 신체적·사회적·학문적 성장에 좋지 않은 영향을 준다고 강조한다. 갈등이 많고 강화는 적은 가정에서 일어나는 해로운 결과를 완충하는 기능을 할 수 있는 '발판/칭찬(Scaffolding/Praising)' 양육기법과 같은 프로그램이 있다는 것은 참으로 다행스러운 일이 아닐 수 없다. 발판/칭찬 양육기법의 핵심은 부모의 관심과 반응, 칭찬 및 신체적 애정표현 등 따뜻한 격려와 정적 강화를 제공하는 것이다. 워싱턴 대학교(University of Washington)의 가트만과 그의 공동 연구자들인 린 카츠(Lynn F. Katz)와 캐롤 후븐(Carole Hooven)은 부모의 양육행동에 대한 연구를 통해 아이가 4세와 5세일 때 부모가 아이에게 주었던 정적 강화의 양이 아이가 8세가 되었을 때의 학업 성취를 매우 강력하게 설명한다는 사실을 발견했다. "발판/칭찬 양육기법은 수학과 읽기 성적 모두에 정

적 상관을 보였다."(pp. 157-158)

반대로, 아버지가 비난과 조롱의 태도를 보이는 가정일수록 아이의 읽기와 수학에서의 성취는 낮아지는 경향이 있었다(Gottman et al., 1997, p. 157). "부모가 아이를 거슬려 하거나 조롱하고 비난하면, 이로 인해 아이들은 자신이 무능하고 부족하다고 인식하게 된다. 이러한 부정적인 이미지를 갖고 살아가는 아이들은 삶에 어려움을 겪으며, 결국 저성취아로 전락하게 된다."(p. 159) 거슬려 하고, 조롱하고, 비판하는 양육방식은 "수학이나 국어의 이해력 그리고 …… 집중력에 있어서의 낮은 점수와 상관을 보인다. …… [그러나] 부모의 발판/칭찬 양육방법은 아이들의 향상을 촉진시킨다."(p. 159) 부모로부터 칭찬을 많이 받는 정적 강화는 학문적 수월성의 기초가 된다. 아동기 초기에 정적 강화를 많이 받지 못하면 아이는 학문적으로 발전하는 데 어려움을 겪는다.

무엇이 정신지체이고, 무엇이 천재인가

어떤 해바라기는 3미터 넘게 자라며 수천 개의 씨앗을 만든다. 하지만 어떤 해바라기는 겨우 몇십 센티를 자라며 어렵게 생존하고, 전혀 씨앗도 만들지 못한다. 번창하게 꽃피는 식물이 있는가 하면, 성장이 지체되는 식물도 있다. 식물들이 이러한 차이를 보이는 데는 두 가지 이유가 있다. 한 가지는 성장이 지체되는 것이 유전적인 결함으로 인한, 즉 안 좋은 쪽으로 돌연변이가 일어났기 때문일 수 있다. 또 다른 이유로는, 이 것이 보다 그럴듯한 이유인데, 두 종류의 식물이 서로 다른 관리를 받았기 때문일 수 있다. 잘 자라는 식물은 적절한 양분과 물과 햇빛을 받았고, 성장이 더딘 식물은 양분과 물, 햇빛에 결핍이 있었고, 어쩌면 독소에 노출되었을 수도 있다. 사람의 경우, 잘 자라는 아이가 있는 반면 지체를 보이는 아이가 있는 이유도 동일하다. 그것이 식물이든 아이든 간에, 어딘가에 지체가 나타났다면 이는 그 부분의 성장이 방해를 받았거나 억눌렸거나, 심지어는 줄어들었다는 의미다. '정신지체(mental retardation)', 보다 정확하게 말하자면, 학습지체 혹은 학업지체는 단순히 학업에서의 성취가 일반적으로 기대하는 수준에 비해 무슨 이유에서든 지체되었거나 방해받았거나 억눌렸거나 혹은 줄어들었다는 것을 의미할 뿐이다. 정신지체라는 이름표(label)는 이러한 지체의 원인이 무엇인지에 대해서는 전혀 말해 주는 바가 없다.

다운증후군(Down's syndrome)을 유발하는 3염색체성 21(trisomy 21)과 같은 유전적 기형이 지체의 원인이 되기도 한다. 태아기 알코올 증후군(fetal alcohol syndrome)과 같은 지체는 독소에 노출된 식물의 경우와 마찬가지로 독소, 즉 아주 좋지 않은 환경의 결과다. 또 다른 지체인 '사회문화적 요인으로 인한 정신지체'는 특정한 유전적 기형이나 독소로부터의 노출 때문이 아니라, 햇빛이나 적절한 양분을 받지 못한 식물처럼 열악한 환경이 그 원인이다. 성장이 더딘 식물에게 최적의 햇빛과 물과 양분이 제공되면 대부분의 식물이 잘 자라기 시작하듯이, 인간에게 나타나는 모든 종류의 정신지체 역시(그것이 유전적 요인 때문이든 환경적 요인 때문이든) 적절한 영양분과 정적 강화가 주어진다면 충분히 극복될 수 있다. TV 시리즈 〈인생은 흐른다(Life Goes On)〉에서 주연을 맡았고, 〈터치드 바이 언 엔젤(Touched by an Angel)〉에서는 천사로 열연했던 크리스 버크(Chris Burke)가 다운증후군을 가진 배우였다는 사실이 하나의 예라 할 것이다.

통계적으로, 지능검사에서 70점 이하(평균으로부터 2 표준편차 이하)의 점수를 받으면 지체라고 얘기되며, 130점 이상(평균으로부터 2 표준편차 이상)은 '영재(gifted)'로 불린다. 지체라는 이름표를 달든 영재라는 이름표를 달든, 아이가 지체 혹은 영재라 불리는 점수를 받았다는 말을 듣게 된 부모는 그것을 평생 기억하게 될 것이고, 그 아이의 남은 인생을 지체로 혹은 영재로 생각하며 살게 될 가능성이 매우 크다. 하지만 70점과 130점이라는 점수는 임의적인(arbitrary) 것이다. 123점을 받은 아이는 영재라는 이름표를 달지 못하겠지만 만약 적절한 환경이 주어진다면 이 아이는 130점 이상을 받은 아이 못지않게 학교와 인생에서 뛰어난 삶을 살 수 있을 것이다. 마찬가지로, 지능검사에서 68점을 받은 아이는 지체라는 이름표를 달게 되겠지만, 만약 이 아이에게 적절한 환경이 주어진다면 아이는 학교와 인생에서 성공적인 삶을 살 수 있을 것이다. 사실 아이들의 IQ 점수란 점수를 받은 후 바로 다음 검사에서도 얼마든지 달라질 수 있는 그런 것이다.

지능이란 우리의 머릿속 어딘가에 떠 있는 신비한 것이 아니다. 지능이란 단지 행동을 간단하게 요약하는 하나의 방식일 뿐이다. IQ 점수란 한 사람이 어느 특정한 시점에 매우 특이한 시험을 치르는 동안 어떻게 행동하는가를 측정하는 것에 불과하다. 이러한 검사들은 인간의 내적이고 안정적인 특질을 측정하지 않는다. 실제로 알프레드 비네(Alfred Binet)가 처음으로 지능검사를 개발한 이유는 학교에서 저성취를 보이는 프랑스 아이들을 판별하여 그들의 학업을 향상시킬 수 있는 적절한 방안을 제공하기 위해서였다. 즉, 처음의 지능검사는 '지능이 변화될 수 있기' 때문에 개발되었던 것이다. 비네에 따르면, "어느 누구라도 지능은 발달할 수 있다. 노력과 열정이 있고, 집중력, 기억력, 판단력을 증가시킬 수 있는 방법을 안다면 이전보다 더욱 높은 지능을 갖게 될 것이다."(Weiten, 2000, p. 255에서 재인용)

지능은 변화할 수 있다는, 보다 구체적으로는 향상될 수 있다는 사실에 더해, 보다 중요하게 알아야 할 것은 지능검사란 오직 학업에서의 수행만을 반영하는 것이지 성공에 대한 잠재력을 반영하지는 않는다는 사실이다. 사회심리학자인 로버트 자욘스(Robert Zajonc)는 이렇게 주장하였다. "지능검사는 단지 학업에서의 수행만을 예측하기 위해 개발되었다. 만약 인생에서의 성공을 예측할 수 있는 무언가를 원한다면, 우리는 지능검사와는 완전히 다른 새로운 검사를 개발해야만 한다."(Zajonc, 1984, p. 22) 지능검사에서 130점을 받은 열 세 살짜리 아이는 수학시험이나 혹은 십자 낱말 맞추기를 잘할 수는 있지만, 이 점수는 이 아이의 고등학교 무도회라든가 동네 야구 시합에서의 수행에 대해서는 아무것도 말하지 못한다.

지능이란 단지 특정 시점의 특정 조건에서 발생하는 개인의 행동 경향성을 요약하는 단어일 뿐이다. 미국에 있어 소수 민족의 역사는, 특히 흑인(African-American)과 북미 원주민(Native American)의 역사는 백인인 유럽계 미국인(White European-American)에 의해 행해진 살해(murdering)와 린치(lynching) 그리고 부정(dishonesty)과 기만(cheating) 등으로 점철된 역사였다. 흑인은 지배계급인 백인들이 그들에게 부과하는 잔혹하고 비현실적인 요구를 모면하고 축소하며 회피하고자 하는 부적 강화를 통해 서서히 생존의 메커니즘을 터득해 왔다. 백인 지배 계급은 흑인과 북미 원주민이 교육받는 것을 금지했으며 심지어는 이를 처벌하기까지 했다. 노예인 흑인들은 글을 읽거나 수학을 배우려 하면 구타를 당하거나 심지어는 린치를 당했다. 북미 원주민 아이들은 학교에서 자신들의 언어를 사용할 수 없었는데, 이들은 부모로부터 떨어져 기숙학교에 있었으므로 이러한 사실을 부모에게 알릴 수도 없었다. 심지어는 오늘날에도 높은 학력을 갖는 것은 백인에게 아첨을 떠는 사람에게나 가능한 것으로 인식되고 있는 실정이다. 이처럼 모순으로 점철된 역사와 사회문화적 사실을 이해한다면, 북미 원주민과 흑인의 IQ 점수가 특권을 가진 백인 계층에 비해 일반적으로 낮게 나온다는 것은 그리 놀라운 일이 아니라는 것을 알 수 있을 것이다. 하지만 적절하고 지속적인 정적 강화로 모두의 교육적 성취가 높아질 수 있다는 것은 매우 다행한 일이다.

아무런 이유도 없고 아무런 강화도 없는데 무엇 때문에 백인을 위해 개발된 낯선 검사에 최선을 다한단 말인가? 북미 원주민과 흑인 아이들은 뚜렷한 이유도 없이, 아무런 강화도 없이 지능검사에 최선을 다하기를 강요당한다. 하지만 만약 IQ 점수에 대해 체계적인 강화가 주어진다면, 교육 배경과 인종에 상관없이 그들의 점수는 유의하게 향상될 것이다. 센트럴 미시간 대학교(Central Michigan University)의 로버 디버스(Rober Devers), 샤론 브래들리 존슨(Sharon Bradley-Johnson), 멀리(J. C. Merle)(1994) 등은 초등학교 5학년부터 중학교 3학년까지의 북미 원주민 학생을 대상으로 토큰 강화를 받는 집단과 그렇지 않은 집단의 IQ 점수를 비교하는 실험을 수행했다. 제공된 토큰은 나중에 강화물(장난감이나 과자 혹은 놀이체험 등)과 교환될 수 있다는 것을 알려 주었다. 실험결과는 토큰 강화를 받은 집단이 그렇지 않은 집단에 비해 유의하게 높은 점수를 받은 것으로 나타났다.

지능검사에서 토큰 강화의 효과는 점수가 낮은 아이들에게만 국한되지 않는다. 정답에 대한 강화는 점수가 낮은 아이뿐만 아니라 점수가 높은 아이들에게도 효과를 보인다. 아이오와 주에 위치한 드레이크 대학교(Drake University)의 로이드와 질라(Lloyd & Zylla, 1988)는 4세, 5세, 6세 아이들의 IQ 점수를 상하로 구분하고, 이들을 다시 각각 두 집단으로 나누어 한 집단에게는 정답에 대해 토큰 강화를 주고, 다른 집단에게는 강화를 주지 않는 실험을 진행했다. IQ 점수가 높은 집단과 낮은 집단 모두 토큰 강화를 받은 아이들의 점수가 향상되었다. 이러한 결과와 유사하게, 헤드 스타트 프로그램(Head Start Program)에 참여하는 저소득층 아이들을 대상으로 지능검사에서 정답을 맞히면 M&M 초콜릿으로 강화를 주는 연구는(Edlund, 1972) 통제집단은 원래 점수 그대로 82점이었던 반면, 강화를 받은 아이들의 평균점수는 82점에서 94점으로 증가했다는 결과를 보고하고 있다. 이러한 결과는 특수반에 배치된 저소득층 아이들 중 많은 수가 생물학적 신체적·인지적 장애 때문이 아니라, 어쩌면 학업 관련 수행에 대해 적절한 강화를 받지 못하고 이로 인해 적절하게 동기화되지 못한 때문일 수 있다는 가능성을 제시하고 있다.

현재의 환경적 조건, 즉 정답에 대해 정적 강화를 받느냐 아니냐에 더하여, 모든 행동 수행의 경우와 마찬가지로, IQ 점수는 개인이 강화를 받았던 과거의 경험과 과거의 환경에도 영향을 받는다. 이 영향은 영아기부터 인생 전반에 걸쳐 지속된다. 아이에게 부모의 반응을 이끌어 내는 행동을 할 수 있도록 풍부한 기회를 만들어 주고, 따뜻하고 애정 있게 대하고, 무언가 발전을 했을 때 이에 강화를 주고, 질문하는 것을 격려하고, 자주 대화하며 아이가 내는 소리에 애정 있게 반응하고, 꾸중과 칭찬의 비율을 1대 5로 유지하며 아이를 키웠을 때, 그 아이가 학업에 성공하고 지능검사에서 높은 점수를 받을 확률은 매우 높아지게 된다.

아이에게 주는 정적 강화는 식물이 최적으로 성장하는 데 필수적인 햇빛에 비유될 수 있다. 햇빛에 더하여, 식물이 잘 자라기 위해서는 적절한 양분을 함유한 토양과 충분한 물이 필요하다. 이와 마찬가지로, 아이가 최적의 성장을 하기 위해서는 정적 강화와 더불어 강화를 받을 수 있는 행동을 하도록 유도하는 적절한 도구와 환경조건 역시 필요하다. 이들 도구와 환경조건으로는 일관된 육아, 모든 종류의 책, 예술도구(예를 들어, 펜, 종이, 물감, 찰흙 등), 수학 관련 도구(예를 들어, 블록, 자석 달린 숫자, 숫자판 등), 아이를 돌보는 사람의 빈도 높은 언어적 자극과 책을 읽어 주고 내용에 대해 질문하기 등을 생각해 볼 수 있다. 아직 체계적인 연구가 수행되지는 않았지만, 자극에 반응했을 때 결과가 도출되는 방식으로 색깔과 소리를 가르치는 요즘의 유아용 컴퓨터 소프트웨어가 매우 유용하게 사용될 수 있을지도 모른다. 소프트웨어에 많은 정적 강화가 포함되고 학령 전의 학습 관련 행동을 조성시킬 수 있는 내용이 적절하게 포함된다면, 이러한 종류의 소프트웨어는 사회 전반의 발달에 매우 유용하게 기능할 수 있을 것이다. 즉, 이러한 소프트웨어가 낮은 사회경제적 지위의 아이들에게 제공된다면, 그 아이들이 초기에 경험하게 되는 수많은 학문적인 불리함은 해소될 수 있을 것이다.

24개월에서 30개월 된 아이들의 읽기 행동에 대한 연구에서 조이 갤런타인(Joy K. Galentine)은 "구어적 언어학습의 경우와 마찬가지로, 글자를 익히는 것 역시 어른이 소유하는 방대한 양의 글자를 기반으로 어른과 함께 지속적으로 수정해 나가는 경험을 통해 발달한다. 그리고 읽기와 쓰기에 있어 훗날의 성공에 영향을 미치는 것이 바로 아이가 초기에 얼마나 글자에 노출되느냐는 것이다."(Galentine, 1996, p. 255, 강조는 저자가 첨가한 것임)라고 결론 지었다. 벤(Ben)과 커티스(Curtis)의 엄마가 깨달았던 것이 바로 이것이었다. 벤은 예일 대학교(Yale University)와 미시간 대학교 의과대학(University of Michigan Medical School)을 졸업했으며, 존 홉킨스 아동 센터(John Hopkins Children's Center)의 소아신경외과 과장이고, 커티스는 공학자다. 지금은 이렇듯 훌륭하게 성장했지만, 디트로이트의 쇠락한 도심지역에서 학교를 다녔던 흑인인 벤의 5학년 때 성적은 거의 '참혹한' 수준이었으며, 그의 엄마는 글자를 읽지 못하는 파출부였다. 벤은 그 시기를 이렇게 회고한다. "어머니는 파출부로 나가던 집에서 무언가를 깨달았던 거죠. 그것은 바로 책이었어요. 어느 날 어머니는 집에 돌아오셔서 TV를 치워 버리고는 우리를 불러 앉혔죠. 그러고는 우리들에게 이렇게 말씀하셨어요. '너희는 이제 매주 두 권의 책을 읽고 독후감을 나에게 제출해야 한다.' …… 어머니는 우리가 책이 있는 곳에 가게 될 것이라고 말씀하셨죠. 그곳은 바로 도서관이었어요."(Carson, 2001, pp. 33-34) 벤이 처음 읽었던 책은 『목수, 댐 건설자(Chip the Dam Builder)』였는데 참으로 운 좋게도 벤은 이 책을 읽는 순간 내재적으로 강화를 받아 버렸다. "책이 보여 주는 또 다른 그 세상에서 나는 인생에서 처음으로 길을 잃었어요. TV 프로그램은 나를 이처럼 숲 속에 자리한 차가운 강으로 이끌지 않았었죠. …… 그리고 나는 결국 보다 중요한 무언가를 발견하게 되었어요. 독서가 재밌었을 뿐만 아니라, 활자로 만들어진 세상에서 그동안 내가 [TV에서] 소리와 영상으로 얻을 수 있었던 것보다 훨씬 많은 정보를 훨씬 빠르게 흡수할 수 있었던 거예요."(pp. 35-36) 독서에서 받게 된 내재적 강화물은 또 다른 강화물을 가져왔다. "그 길에서 아주 재미있는 일들이 생겼어요. 나는 무언가를 알기 시작했고, 선생님들도 그 사실을 알기 시작했어요. 나는 책이 있는 집으로 너무너무 가고 싶었어요. …… 그런 여행이 시작되던 날을 기억하고 있어요. 그건 어머니가 TV를 치워 버리고는 우리 형제를 차에 태워 도서관으로 데려갔던 바로 그날이었지요."(p. 36) 벤의 이야기는 성공적인 교육을 위해서는 아이들이 교육 관련 도구에 접근할 수 있어야만 하고, 또 그것을 사용하도록 격려되어야만 한다는 사실을 잘 보여 주고 있다.

정적 강화와 학교에서의 교육

교사들은 학생이 정규교육을 받을 수 있도록 준비되지 않은 채 학교에 온다고 학생의 부모를 탓하는 반면, 부모들은 미국의 공교육 체제가 아이들을 가르치는 데 실패하고 있다고 주장한다. 학교 관계자들은 아이들이 준비되지 않은 채 학교에 오는 것이 사실이라고 말한다. 그럼에도 다행스러운 것은 아주 어린 시기부터 정적 강화를 사용함으로써 아이들이 정규교육을 받을 수 있도록 준비시킬 수 있다는 사실이다. 부모가 강화에 기초한 양육 기법을 보다 많이 사용하면 할수록, 자녀들의 정규교육을 위한 준비 상태는 보다 잘 이루어질 것이다. 하지만 학교가 아이들을 교육하는 데 실패하고 있다는 부모의 믿음 역시 어느 정도는 사실이다. 아이들은 법적으로 하루에 최소 6시간, 1년에 180일 이상을 학교에 있어야 한다. 학습의 대부분이 이 기간에 이루어지는 것이 사실이다. '향상을 이루기에 학교만한 곳이 없는' 것이 사실이고, 학교가 교육에 실패하고 있다는 비판이 있기는 하지만, 그럼에도 미국의 교육 체제는 일정 부분 성공하고 있으며, 전 세계의 부러움의 대상이 되고 있는 것 또한 사실이다. 지금의 많은 문제들은 학교에서 정적 강화를 최적으로 사용함으로써 바로잡을 수 있고, 성공 역시 늘어날 수 있다. 최적의 학교 성취를 위해서는 학생들의 개별 수업 수준(컴퓨터의 사용을 포함), 수업경영, 교사의 수행, 전반적인 학교체제 등에 강화가 고려되어야만 한다.

개별 수업

비록 서로 구분되어 연구되고 논의되고 있지만, 행동과 강화는 상호작용이라는 강물의 역동적인 흐름 속에 존재한다. 정적 강화는 전형적으로 행동이라는 강물이 보다 잘 흐르게 하는 반면, 벌은 행동의 흐름을 억제하는 바위나 둑의 기능을 한다. 때로는 미묘하기도 하고 알아채지 못하기도 하지만, 행동은 끊임없이 강화를 받거나 벌을 받는다. 교사와 학생 간에 발생하는 세 가지 형태의 상호작용을 생각해 보자.

> 1. 교사: "'cat'의 철자를 말해 보렴."
> 학생: "$k - a - t$."
> 교사: "아니, 틀렸어."

교사는 잘못된 철자에는 물론이거니와 학생의 시도, 즉 노력에도 벌을 주고 있다. 만약 아이가 최선을 다했는데도 교사가 단지 아이가 틀렸다고 말하기만 한다면, 아이는 더 이상 최선의 노력을 하지 않을 것이다. 아이는 학습된 무기력에 빠질 수 있는 위험에 처하게 된다.

> 2. 교사: "'cat'의 철자를 말해 보렴."
> 학생: "$k - a - t$."
> 교사: "아주 좋아! 거의 맞췄어! 다시 한 번 생각해 볼래?"

이 교사는 철자가 틀렸다는 것을 분명하게 알려 주는 동시에, 노력에 강화를 주고 있다. 아이는 다시 한 번 시도해 볼 것이다. 그러나 교사는 아이가 말한 답의 어디가 틀렸는지에 대해서는 알려 주지 않는다. 아이가 어떠한 철자를 알고 있느냐에 따라 아이의 다음 답은 '$k - a - c$'나 '$c - e - t$'가 될 수도 있고, '$k - a - f$'가 될 수도 있다. 이처럼 천천히 발전하는 것은 학생과 교사 모두에게 실망감을 안겨 줄 수도 있다.

> 3. 교사: "'cat'의 철자를 말해 보렴."
> 학생: "$k - a - t$."

교사: "아주 좋아! 거의 맞혔어! 그럼 이제 'ka' 소리를 낼 수 있
　　　는 다른 철자를 한 번 생각해 볼까?"

학생: "c?"

교사: "맞았어! 자, 이제 'cat'의 철자를 말해 주렴."

학생: "*c - a - t*!"

교사: "훌륭한데! 자, 'cat'의 철자를 한 번 더 말해 줄래?"

학생: "*c - a - t*."

교사: "아주 잘했어! '*c - a - t*'가 바로 cat의 철자야. 정말 잘
　　　했어."

　　이 예에서 교사의 행동을 연속해서 살펴보면, 일단 교사는 아이가 철자를
말하게 한 후, 철자가 틀렸음을 아이에게 확인시켜 주는 동시에 아이의 노력
에 강화를 주었으며, 그다음으로는 틀린 곳이 어디인지를 알게 한 후, 틀린
곳을 바로 잡을 수 있도록 유도하고, 틀린 곳을 바로잡은 것에 대해 강화를
주고, 철자를 다시 한 번 말하게 한 이후에 그것에 대해 다시 강화를 주었으
며, 마지막으로 교사 자신이 옳은 철자를 한 번 더 말해 주었다. 이 예에서 알
수 있듯이, 아주 간단한 단어의 철자를 가르치는 일에도 교사는 정말 많은 양
의 강화물을 제공해야 한다. 어떤 교과라 하더라도 효과적인 수업을 위해서
는 학생의 행동과 긴밀하게 연계된 방대한 양의 강화가 필요하다.

　　학교에서의 성취에 있어 체계적인 강화 프로그램의 대단한 효과는 워싱턴
주립대학교(Washington State University)의 브루스 채드윅(Bruce A. Chadwick)과 로버트
데이(Robert C. Day)(1971)의 '체계적 강화: 저성취 학생의 학문적 수행(Systematic
Reinforcement: Academic Performance of Underachieving Students)'이라는 연구에서 이미 증
명되었다. 연구는 흑인 아이들과 멕시코계 아이들 25명을 대상으로 했으며,
이들의 연령은 8세에서 12세 사이였다. 이들의 캘리포니아 성취 검사(California
Achievement Test)의 평균 평점은 1.47이었으며, 이는 평균보다 1.5점 정도 낮은

것으로, 등급으로 따지면 D등급 정도의 점수였고, 이 아이들 부모의 평균 교육 연수는 7년 정도였다. 일단 참가자들이 기초 학력 수준을 갖추게 하기 위해 아무런 처치 없이 3주 동안 기초 교육이 실시되었으며, 이후 6주에 걸쳐 체계적인 토큰 강화 프로그램과 교사의 사회적 강화(칭찬과 다정한 관심)를 동시에 투입하였고, 그다음 2주 동안은 토큰 강화 프로그램 없이 사회적 강화만을 투입하였다.

토큰 강화 프로그램 기간에는 학업과 직접적으로 관련된 행동들(책 읽기나 수학 문제 풀기 등)과 학업과 관련된 사회적 행동들, 예를 들어 수업시간에 질문하려고 손을 든다든가 잡담이나 싸움을 하지 않고 자습을 한다거나 하는 행동들에 대해 점수(즉, '토큰')가 주어졌다. 학습 행동들은 정확성과 속도라는 두 측면에 가중치를 달리하여 평가되었는데, 정확성에는 67퍼센트의 가중치가 주어졌고 속도에는 33퍼센트의 가중치가 주어졌다. 획득한 점수는 점심식사(아이들 중 점심식사권을 획득하지 못한 아이는 아무도 없었다), 사탕, 의복, 장난감, 그리고 보트 타기나 수영과 같은 체험학습에 참여할 수 있는 쿠폰과 교환되었다.

프로그램의 결과는 매우 고무적이었는데, 사실 체계적 강화의 효과에 대해 이해하고 있는 사람에게는 그리 놀라운 결과도 아니었다. 기초 수준 확립 기간에 학생들이 공부에 투자하는 비율은 전체 시간 중 단지 39퍼센트에 불과했었다. 하지만 프로그램이 시작된 첫날, 공부에 투자하는 시간이 즉각적으로 57퍼센트로 증가했다. 문제를 완료하는 비율 역시 드라마틱하게 증가했다. 수학 연습 문제집을 끝까지 푸는 비율은 83퍼센트가 증가했으며, 실험실습에 관한 내용을 끝까지 다 읽는 비율은 410퍼센트나 증가했다. 전반적으로 "7개 교과에서 학생들이 효율적으로 공부하는 수준이 의미 있게 증가했다." (Chadwick & Day, 1971, p. 315) 효율성뿐만 아니라 문제를 정확하게 해결하는 비율 즉, 학습 또한 의미 있는 수준으로 향상되었다. 기초 수준에서 50퍼센트로 시작한 정답률이 프로그램이 끝난 시점에서는 73퍼센트가 되었다. 아이들은 "연구에서 계획한 분명하고 실체가 명확한 강화물과 사회적 강화가 제공되는 체계적인 강화 프로그램을 통해 보다 오래, 보다 빠르게, 보다 정확하게 학습하게 되었다."(p. 318, 강조는 원문에 있는 것임) 11주 동안 지속된 여름 프로그램이 끝난 후 캘리포니아 성취 검사 점수는 평균 0.42학령 수준이 증가했다. 이 기간 중 강화 프로그램이 투입된 기간이 단지 8주였다는 점을 고려해 보면, 만약 이 프로그램이 지속적으로 계속된다면 아이들의 학업 성취는 어쩌면 1년 내에 서너 등급이 더 올라갈 수도 있을 것이다! 강화는 분명 효과적이다.

체계적인 정적 강화는 학업 성취에 즉각적으로 효과가 있을 뿐 아니라, 누적 효과 또한 갖는다. 조지아 주립대학교(Georgia State University)의 테오도로 아일론(Teodoro Ayllon)과 캐시 켈리(Kathy Kelly)는 메트로폴리탄 성취 검사(Metropolitan Achievement Test)를 사용해 '일반적인' 학생들의 점수를 향상시키는 데 현 시점에서 받는 토큰 강화뿐만 아니라 과거에 토큰 강화를 받았던 경험 또한 영향을 미친다는 것을 보여 주었다. 실험집단의 학생들은 6주에 걸쳐 맞춤법, 작문, 수학, 읽기에서 정답을 맞혔을 때 토큰으로 강화를 받았다. 이 토큰은 다양한 물건을 얻고 재미있는 활동을 선택하는 데 사용될 수 있는 토큰이었다. 실험이 끝난 후 토큰 강화 프로그램을 받았던 아이들과 프로그램에 참여하지 않고 일반 교실에서 수업만 받았던 아이들 모두 동일한 표준검사를 받았다. 통제집단의 점수는 약간 내려간 반면, 정답에 토큰강화를 6주 동안 받았던 실험집단의 점수는 향상되었다. 검사가 끝난 후, 두 집단은 또 하나의 검사를 받았고, 이때는 두 집단 모두에게 정답에 대한 강화를 주었다. 그 결과, 두 집단 모두 성적이 오른 것을 확인할 수 있었다. 하지만 강화의 효과는 이전에 강화를 받았던 경험이 있었던 아이들에게 보다 강하게 나타났다. 현재 강화를 받는 것과 과거에 강화를 받았던 경험이 함께 존재할 때 최적의 학업 성취가 이루어지는 것이다. 연구자들이 강조하듯이, "현재 똑같이 강화를 받는다 하더라도 과거에 강화를 받은 경험이 있었을 때, 보다 높은 학업 성취가 나타난다."(Ayllon & Kelly, 1972, p. 483) 강화가 계속 주어졌던 실험집단 아이들의 성적은 기초 수준을 기준으로 약 50퍼센트나 증가했다.

체계적인 토큰 강화의 강력하고 유용한 효과는 표준화 성취 검사나 수학 혹은 맞춤법과 같은 기초 학력에 국한되지 않는다. 작문과 같은 '심화 능력' 역시 신장시킬 수 있다. 뉴욕 대학교(New York Universtiy)와 예시바 대학교(Yeshiva University)의 토마스 브리검(Thomas A. Brigham), 폴 그라우바드(Paul S. Graubard), 에일린 스탠스(Aileen Stans)는 "복잡한 인간의 행동은 여러 요소로 나누어 분석될 수 있고, 이러한 요소들은 문제해결에 필요한 복잡한 기술을 익히기 위해 순차적으로 가르쳐질 수 있다."(Brigham et al., 1972, p. 421)고 주장하였다. 그들은 실험에서 "현재의 행동들을 결합하고 향상시키기 위해 강화를 사용했고, 그 결과 보다 복잡한 행동을 하도록 만들 수 있었다."(p. 421) 구체적으로 살펴보면, 문제행동과 학업 실패를 교정하기 위한 특별교실의 5학년 남자아이들에게(이들은 모두 일반 학생들에 비해 최소 2년 정도 학령 수준이 낮은 아이들이었다) 제자리에 앉기라든가 과제 끝내기와 같은 일상행동에 대해 점수를 주었다. 이에 더하여 작문 시간에 같은 단어가 아닌 유사한 여러 단어를 사용했을 때와 완전히 새로운 단어를 사용했을 때 그 개수만큼의 점수 역시 받았다. 그 결과, 작문을 할 때 유사한 다른 단어와 새로운 단어를 사용하는 빈도가 증가했을 뿐만 아니라, 작문의 질 또한 향상되었다. 기계적인 측면(맞춤법, 문법, 문장부호)과 어휘력(다양함과 단어를 사용하는 기술) 그리고 아이디어의 수와 아이디어의 내적 일관성 등 모든 측면이 향상되었다. 더욱이 프로그램을 받는 동안 작문을 하는데 있어서의 열정, 즉 내적 흥미 또한 증가하였다. 연구자들은 이러한 결과가 "작문과 같은 복잡한 행동은 그 행동을 구성하는 다양한 측면에 강화를 주고 이를 통합함으로써 완성될 수 있다는 것을 보여 준다."(p. 427)라고 결론 지었다.

교육 현장에서의 체계적인 강화가 단순한 행동뿐 아니라 작문과 같은 복잡한 활동 또한 향상시키는 것과 마찬가지로, 체계적 강화는 토큰이라든가 포인트와 같은 물질적 강화물에만 제한되지 않는다. 강력한 사회적 강화물인 칭찬 역시 교육 관련 수행을 크게 향상시킬 수 있다. 예를 들어, 전교생 중 99퍼센트가 흑인이고, 80퍼센트가 저소득층인 애틀랜타(Atlanta) 주의 캐스케이드 초등학교(Cascade Elementary School)에서 3단계로 구성된 즉각적인 개인적 관심을 보여 주는 프로그램을 시행한 결과, 성적과 기초 학력이 크게 향상되었다. 5학년 학생들의 아이오와 기초 능력 검사(Iowa Test of Basic Skills) 점수가 4년 만에 읽기에 있어서는 44 백분위수(percentile)에서 82 백분위수로, 수학의 경우에는 37 백분위수에서 74 백분위수로 향상되었다. 현재는 읽기의 전체 평균이 74 백분위수이며, 수학은 83 백분위수에 이르고 있다. 알폰소 제시(Alfonso Jessie) 교장은 이 학교의 성공이 체계적인 사회적 강화, 즉 칭찬에 기반하고 있다고 말했다. 제시 교장은 "아이들은 지속적으로 격려될 필요가 있습니다. 하지만 그 격려는 학습에 직접적으로 연결되어 있어야 합니다."라고 강조하였다. 이 학교의 정기 시험 체제는 아이들의 수행을 향상시키는 기회를 제공하는 데 기여하고 있었다. "우리는 우리가 긍정적인 말을 해 줄 수 있는 기회를 만들기 위해 모든 노력을 기울이고 있습니다. 하지만 중요한 것은 그런 말들이 아이들의 수준이 향상되는 데 강화가 되어야 한다는 점입니다."(Carter, 2000, p. 50) 이 초등학교에서는 학생들의 학습 관련 기술이 강화되기 때문에 학습 관련 기술 수준이 향상되는 것이다. 읽기에서 평균 아래로 떨어진 학생들을 돕는 데 효과를 보인 프로그램들을 검토해 보면, 성공한 모든 프로그램에는 휴식(pause), 문제 제시(prompt), 칭찬(praise)의 절차가 포함되어 있다(Merrett, 1998).

칭찬을 통해 체계적으로 강화를 주는 것은 모든 교육 수준에서의 교육적 성취를 향상시킬 수 있다. 예를 들어, 과제에 대해 언어적 칭찬을 받은 대학생들은 과제를 완성하는 데 보다 많은 시간을 할애한다(Hancock, 2000). 사실 교사가 학생들의 학업 행동을 형성시키는 가장 손쉬운 방법이 근사치에 대해 연속적으로 칭찬을 하는 것이다. "어느 날 이전에 숙제를 해오지 않았던 학생이 숙제를 하나 더 해 왔을 때 칭찬을 했더니, 그다음날엔 그 학생이 숙제를 더 많이 해 오는 것이었어요."(Flora, 2000, p. 68)라고 어느 교사는 말했다. 교육에서의 강화 프로그램에 있어 가장 결정적인 것은 학업 행동 및 학업 관련 행동에 대한 강화가 일관성 있게, 즉각적으로, 그리고 빈도 높게 사용되어야 한다는 것이다. 어떠한 강화물이 사용되는가는(토큰이냐 점수냐 혹은 칭찬이냐) 결정적 특성이 아니다. 강화물의 유일한 특성은 그것이 **강화**를 준다는 점이다.

즐겁게 반복하기

물론 한 명의 교사가 25명이 넘는 학생들에게 그들이 적절한 학업 행동을 하는 순간에 적절한 양의 강화를 준다는 것은 현실적으로 어려운 일임에 틀림없다. 하지만 이는 어려운 것이지 불가능한 것은 아니다. 매우 높은 빈도로 강화를 주는 직접교수법(direct instruction)과 같은 매우 효과적인 프로그램이 이미 개발되어 있다(예를 들어, Tashman, 1994). 그러나 이러한 종류의 교수 프로그램은 대부분 매우 세세한 지시사항을 기초로 개발되기 때문에 많은 교사들은 이러한 프로그램을 사용하는 것에 거부감을 보인다. 교사들은 이러한 프로그램은 '죽을 때까지 반복만 하는(drill and kill)' 그런 상황을 만들 뿐이고, 또한 교사가 최적이라고 판단하는 방법을 자율적으로 사용할 수 있는 기회를 박탈시킨다고 주장한다. 하지만 이러한 주장은 전혀 가치가 없다.

교수 방법의 선택권을 전적으로 교사에게 일임하는 것은 의사에게 독단적으로 처방할 수 있도록 하는 것에 비유될 수 있다. 의사의 경우, 이는 비윤리적이며 불법이기도 하다. 이는 교사에게도 그대로 적용되어야 한다. 의사는 가능한 방법 중에서 가장 효과가 좋은 처방을 하도록 되어 있다. 교사 역시 가능한 방법 중에서 가장 효과가 좋은 교육을 하도록 되어야만 한다. 진료나 처방이 효과적이지 않거나 혹은 역효과를 보이는 경우 당연히 그 처방은 중지된다. 이후에 과학적으로 효과성이 검증된 방법이 나오면, 효과가 떨어지는 이전의 처방은 보다 효과적인 처방으로 대체된다. 효과가 떨어지는 방법을 계속해서 사용하는 것은 분명 비윤리적이다. 하지만 애석하게도 교육 분야에는 이러한 윤리적 규제가 없다. 1970년대에 시행된 헤드 스타트(Head Start) 프로그램에 투입된 다양한 교육 방법의 효과성이 프로젝트 팔로우 스루(Project Follow Through)라는 이름의 프로젝트를 통해 검증되었다. 연구결과, 헤드

스타트 프로그램에 가장 효과적인 교육 방법은 강화기반 접근법에 기초한 매우 잘 구조화된 직접교수법(direct instruction)과 행동분석(Behavior Analysis)이었다(예를 들어, Berlau, 1998). 하지만 불행하게도 그리고 비윤리적이게도, 이 결과는 무시되고 잊혀졌다.

매우 높은 수준으로 구조화된 강화 프로그램이 수업에서 교사의 자율권을 침해하는 원인이 된다고 생각되고 있는 것뿐만 아니라, 이처럼 효과적인 프로그램들은 그저 학생들을 '죽을 때까지 반복만 하게' 함으로써 아이들을 '로봇'으로 만든다는 비판을 받기도 한다. 하지만 수업에서 '죽을 때까지 반복만 하느냐(drill and kill)' 아니면 '즐겁게 반복하느냐(drill and thrill)'는 것은 그렇게 반복하는 것이 내재적으로 강화가 되느냐 혹은 수업에 강화물이 제공되느냐에 달려 있다. 이 책에서 살펴본 강화 프로그램들 중에서 (그리고 저자인 내가 아는 한 어느 곳에서도) 정적 강화가 역효과를 보였던 사례는 단 한 건도 없었다. 예외 없이, 구조화된 강화 프로그램들은 내재적 흥미와 열의를 증가시킨다. 구조화된 강화 프로그램들은 학습에 있어서의 즐거움을 증가시킨다.

작가이자 『사이콜로지 투데이(*Psychology Today*)』의 편집자인 폴 챈스(Paul Chance)는 이렇게 묻는다. "도대체 로봇이 어디에 있단 말인가?"(Chance, 2000, p. 1) 챈스는 잦은 반복을 기초로 구성된 구조화된 강화 프로그램이 아이들을 로봇으로 만들지도 모른다는 주장에 반대하였다. 지금까지 수년간 교육기관에서 그런 주장이 계속되어 왔지만, 그럼에도 불구하고 아이들이 로봇으로 변한 경우는 한 건도 없었다. 프로그램으로 인해 기계적인 행동을 하는 아이는 한 명도 없었다. 실제로는 그 반대 경우가 발생했다. 이 책의 앞부분인 '창의에 있어서의 강화'에서 이미 증명했듯, 반응에 대해 반복적으로 강화를 제공함으로써 현재 통용되는 지식을 숙달하는 것은 훗날 창의적인 성과를 이루는 기초가 된다. 모차르트(Mozart)나 레이 찰스(Ray Charles), 그리고 비틀즈(Beatles)의 멤버들이 당시에 통용되던 음악과 노래를 수천 시간 반복하여 연습한 결과(8장 참조) 그들은 음악로봇이 되었는가? 그렇지 않다. 반복에 대해 강화를 줌으로써 평범을 숙달하는 것이야말로 비범의 전제조건이다. 이것이 진실이라는 것은 체육 분야를 살펴보면 확실히 이해될 수 있다. 예외 없이 그 분야의 최고 선수는 끊임없이 반복적으로 기초 기술을 연마한다. 기초가 완성되지 않으면, 즉 기초를 자유자재로 구사하지 못하면 기초 수준을 넘어서는 어떠한 성취도 불가능하기 때문이다.

자아 존중감

1900년대 후반, '자아 존중감' 열풍이 교육기관을 휩쓸었다. 아이들이 일단 '높은 자아 존중감'을 갖지 않으면 학습은 일어나지 않는다는 말이 도처에서 들려왔다. 하지만 이 주장은 검증되지도 않았으며 옳지도 않다. 그럼에도 불구하고, 학습을 강조하는 대신 아이들이 스스로에 대해 좋은 느낌을 갖는 것이 보다 중요하다고 강조되었다. 이러한 말도 안 되는 열풍으로 인해 강화에 기반을 둔 효과적인 교육 방법들은 배제되기 시작했다(Berlau, 1998). 그것이 어떤 이유라 하더라도 실패는 자아 존중감을 해친다는 믿음을 근거로, 아이들이 토큰이나 칭찬뿐만 아니라 어떠한 강화물도 얻을 수 있는 상황을 만들어서는 안 된다는 주장이다. 이러한 자아 존중감에 대한 열풍이 만들 수 있는 최선의 결과는 아이들이 자신의 무지에 대해 정말 좋은 느낌을 가질 수 있다는 것, 그것이 전부다. 최악의 결과는, 사실 이것이 불행한 현실이기도 하지만, 이러한 열풍으로 인해 매우 잘 구조화된 강화에 기초한 효과적인 교육방법이 현장에서 배제됨으로써 수많은 아이가 교육적 성취를 이루는 데 어려움을 겪고 있다는 것이다(Bereiter & Kurland, 1981; www.uoregon.edu/~adiep/ft/ bereiter.htm).

의미 있는 자아 존중감이란 강화를 받는 행동으로부터 만들어지는 것이지, 아무런 조건도 없이 그저 승인한다고 만들어지는 것이 아니다. 예를 들어, that을 'dat'으로 the neighborhood를 'da, hood'로 썼을 때 '정말 잘했어! 계속해서 그렇게 해. 넌 정말 최고야!'라는 말을 듣게 된다면, 그 아이는 칭찬을 받는 그 순간에는 자신에 대해 좋은 느낌을 갖게 될 것이다. 하지만 진실은 그 아이가 이러한 철자를 용인하는 소위 교육자라 불리는 그 사람에게 기만 당하고 있다는 것이다. 장기적으로 보았을 때, 이러한 '자아 존중감'에 기초한 교육으로 인해 만약 맞춤법을 정확하게 배우지 못한다면 그 아이가 취업을 할 기회는 매우 희박해질 것이며, 결국 그 아이는 높은 자아 존중감이 아닌 낮은 자아 존중감을 지닌 채 삶을 살아갈 것이다. 아이는 '자아 존중감' 기반 교육의 희생자가 되는 것이다. 이와는 대조적으로, 철자를 익히려는 노력에 강화를 주고 옳은 철자를 익히도록 유도하여 맞춤법을 적절하게 익힌 아이는 장기적으로 보았을 때, 자신의 삶에 성공을 이루고 높은 자아 존중감을 지니고 살아가게 될 것이다. 칭찬이란 단지 잘했다고만 말하는 것이 아니다. 대신에 교사는 이렇게 칭찬할 수도 있다. "거의 비슷해. 많은 사람이 그렇게 발음해. 하지만 the는 'T-H' 소리가 나는 단어야. 그렇게 한 번 발음해 보렴. 좋았어. 이제 th를 사용해 the라는 단어를 열 번만 써보렴. 그러면 너에게 점수를 줄게."

'에보닉스(ebonics: 흑인 영어)'에 근거한 철자만을 알고 있거나 혹은 틀린 철자를 알고 있는 아이들, 혹은 손상되기 쉬운 자아를 지켜 주기 위해 수학 학습에 필수적인 반복학습을 시키지 않았던 아이는 높은 자아 존중감을 갖지 못한다. 아이들은 속고 있는 것이다. 자아 존중감이 높은 아이가 평균 이하의 학력 수준인 경우는 없다. 그 아이들은 책을 읽는 방법과 맞춤법을 알고 있으며, 자신들이 현대 사회에서 무언가를 배울 수 있고 무언가에 공헌할 수 있다는 사실을 안다. 자아 존중감이 높은 아이들이 낙관적인 이유는 그들의 노력이 강화를 받아 왔기 때문이다. 사회는 무조건적으로 승인해 주거나 강화를 주지 않는다. 조건 없이 승인해 주는 그런 교육은 아이를 미래의 성공으로 인도하지 못하는, 진정한 교육에 역행하는 치명적이고 위험한 관행이다.

훌륭한 모든 교육 프로그램에는 정적 강화가 구조적으로 사용된다. 아이들의 행동이 높은 빈도로 강화되는 것이다. 효과적인 교육 프로그램 아래에서는 학업과 사회적 행동의 연속적인 근사치에 강화가 주어지고, 이를 통해 그런 행동이 서서히 조성된다. 따라서 무조건적으로 승인을 해 주거나 무조건적으로 강화물을 주지 않아도 모든 아이는 여전히 상당한 양의 칭찬과 애정을 받을 수 있으며, 자아 존중감의 형성에 필요한 적절한 행동들은 높은 빈도로 강화를 받을 수 있게 된다. 자아 존중감이 향상되는 것은 구조화된 정적 강화 프로그램의 자연스러운 부산물이다. 정적 강화의 사용으로 조성된 아이들의 학업 성취는 내재적인 학업 흥미를 증가시키고(예를 들어, Rawson, 1992) 강화를 가져오는 그 교과에 대한 열정을 높이게 된다(예를 들어, Brigham et al., 1972). 간단히 말해서, 학습이 강화를 받을 때 학습은 즐거워진다.

컴퓨터의 가능성

요즘 아이들은 세가(Sega)나 닌텐도(Nintendo) 같은 컴퓨터 게임이나 전자 게임에 필요한 기술을 아주 스마트하고 매우 '빠르게' 익히며, 어느 다른 분야에서보다 훨씬 더 긴 시간을 게임에 집중한다. 아이들은 아주 오래 집중하여 게임에 필요한 복잡한 재료와 행동을 학습한다(셀 수 없이 많은 부모들이 시도해 보았겠지만, 아이들에게 컴퓨터 게임을 하는 것과 비슷한 강도로 무엇인가를 하도록 유도하는 것은 거의 불가능하다). 선구적인 강화 자문위원인 오브리 다니엘스(Aubrey C. Daniels)는 이러한 게임에 내재하는 강화의 원리가 기업경영에 효과적으로 적용될 수 있다고 주장하였다. 그가 주장하는 내용은 교육에 있어서도 동일하게 적용될 수 있다.

> 게임을 분석해 보면, 게임을 하는 사람은 그가 무엇을 해야 하는지를, 그의 행동이 계속해서 측정되고 있다는 것을, 그리고 자신이 어느 수준에 이르고 있는지에 대한 피드백이 제공된다는 것을 분명하게 인지하고 있다는 사실을 알 수 있다. 마지막으로, 이것이 가장 중요한 점인데, 게임을 하는 동안 게임을 하는 사람에게 게임을 지속적으로 반복할 수 있게 하는 높은 비율의 강화가 제공된다는 사실이다. 실제로 1분 동안 100여 번의 강화를 받는다(Daniels, 2000, p. 1).

만약 이러한 구조가 모든 수업에 채택된다면 교육이 얼마나 효과적이겠는가!

　　수업을 분석해 보면, 학생은 자신이 무엇을 해야 하는지를, 자신의 행동이 계속해서 측정되고 있다는 것을, 그리고 자신이 어느 수준에 이르고 있는지에 대한 피드백이 제공된다는 것을 분명하게 인지하고 있다는 사실을 알 수 있다. 마지막으로, 이것이 가장 중요한 점인데, 수업을 받는 동안 학생에게 공부를 지속적으로 반복할 수 있게 하는 높은 비율의 강화가 제공된다는 사실이다. 실제로 1분 동안 100여 번의 강화를 받는다.

효과적인 컴퓨터 프로그램은 효과적인 교사와 유사하며, 그 역도 사실이다. 예를 들어, 학생이 피드백이나 강화 없이 서너 시간을 계속 공부하는 전통적인 교실과 효과적인 교사가 매 분마다 두 번씩 피드백과 강화를 주고 꾸준히 상호작용하며 학생이 반응하도록 끊임없이 유도하고 다시 그 반응이 강화를 받게 하는 그런 환경을 비교해 보자(Bostow et al., 1995). 전통적인 교실에 비해 직접교수법(direct instruction)과 같은 매우 높은 수준으로 구조화된 교육 방법 아래에서는 학생의 반응과 피드백, 그리고 강화가 매우 높은 비율로 존재할 것이다. 하지만 이러한 교수 방법이 아무리 효과적이라 하더라도, 25명의 학생을 교사 한 명이 모두 가르쳐야 한다면 학생의 모든 반응에 즉각적으로 최적의 피드백과 강화를 주기는 어려울 것이다. 그러나 '중독성이 있는' 전자게임처럼, 적절하게 프로그래밍된 컴퓨터 학습 소프트웨어라면 각각의 학생에게 최적의 피드백과 강화를 제공할 수 있을 것이다. 이러한 프로그램은 학생이 무엇을 해야 하는지를 분명히 제시해야 하고, 그 수행을 지속적으로 측정하고, 그 결과에 근거하여 즉각적인 피드백과 높은 비율의 강화를 제공해야만 한다. 여기에 더하여 능력이 향상되지 않고서는 상위 수준이나 상위 '영역'의 게임을 할 수 없는 전자 게임처럼, 그리고 효과적인 모든 종류의 강화 프로그램이 그렇듯, 학습 소프트웨어 역시 연속적인 근사치에 강화를 줌으로써 점진적으로 보다 높은 학업 수준으로 도달할 수 있는 능력을 조성시켜야만 한다. 이렇게 접근한다면, 컴퓨터 소프트웨어를 통한 학습은 매우 신속하게 효과를 낼 수 있으며 또한 즐겁게 진행될 수 있을 것이다.

학습자의 적극적인 반응이 높은 빈도의 피드백과 강화를 받게 된다면, 효과적인 컴퓨터 기반 학습 혹은 컴퓨터 보조 수업(Computer Assisted Instruction: CAI)은 모든 수준의 교육현장에서 효과가 있을 것이다. 정적 강화가 핵심인 컴퓨터 보조 수업은 단 서너 달 만에 몇 년 수준의 읽기 능력의 향상을 가져올 수 있다(Davidson & Flora, 1999). 캐시 홀(Cathy Hall), 토마스 홀(Thomas Hall), 주디스 카스페렉(Judith Kasperek)은 지역 전문대학(community college)에서 생물학과 화학을 전공하는 학생들의 경우 '컴퓨터 소프트웨어와 상호작용하는 시간이 많으면 많을수록 더 높은 학점을 받는다.'는 것을 발견했다(Hall et al., 1995, p. 967). 심리학을 전공하는 학생을 대상으로 한 연구에서는 정답에 대하여 즉각적으로 강화를 주는 컴퓨터 보조 프로그램을 사용하게 했을 때, 이들의 평점이 컴퓨터 보조 수업을 받지 않은 학생에 비해 약 0.5점이 높았다(Flora & Logan, 1996). 컴퓨터 보조 수업에 관한 메타연구는 인내와 에너지에 한계가 있을 수밖에 없는 사람과 비교했을 때, "컴퓨터 보조 수업은 필요할 때면 언제나 피드백을 제공할 수 있고, 학생의 능력수준이 어느 정도이든 그 수준에 맞춰 제공할 수 있는 수많은 예제가 내장되어 있어 끊임없이 격려(강화)할 수 있으며, 학생이 계속해서 도전할 수 있게 하는 체제를 갖는"(Fletcher-Flinn & Gravatt, 1995, p. 231) 장점이 있다고 결론 지었다.

리처드 로간(Richard E. Logan)의 연구는 컴퓨터 보조 수업이 마약남용자의 재활치료에 효과적이라는 사실을 보여 주었다. 은퇴한 트럭운전사인 로간은 흑인으로, 40대 중반의 나이에 대학을 진학하여 우수논문상을 받고 졸업했으며, 오하이오(ohio)의 애크런 대학교(University of Akron)에서 박사학위를 받았다.

우수논문상을 받은 연구에서 로간은 마약환자를 교육하는 컴퓨터 프로그램을 개발했는데, 이 프로그램은 마약환자의 재활을 위한 입원치료 센터에서 그 효과성이 검증되었으며, 지금도 사용되고 있다. 이 프로그램을 사용한 환자들의 주말 검사 결과는 유의하게 높게 나왔다. 즉, 마약남용에 대한 교육을 받은 마약남용 환자들의 재발률이 떨어졌던 것이다(Logan & Flora, 1997). 로간의 프로그램은 컴퓨터 보조 수업에 근거한 강화의 효과가 기존의 전통적인 교육 기관의 교육 효과보다 뛰어나다는 사실을 증명한 것이었다. 누차 강조하지만, 교수의 전달 매체가 무엇이든(컴퓨터, 교사, 부모, 동료), 강화물의 형태가 무엇이든(칭찬, 토큰, 점수, 사탕), 처치를 받는 사람이 누구이든(대학생, 유아, 지체아, 영재, 마약재활 환자) 간에, 학업 목표나 인생 목표에 이르기까지 근사치에 체계적으로 강화를 주는 것이 가장 효과적인 교육 방법인 것이다.

학급 경영

학업 관련 행동에 제공되는 높은 빈도의 체계적인 정적 강화는 학급의 규율을 세우는 데 있어서도 매우 효과적인 방법이다. 학생들이 학업 행동에 수반하는 정적 강화를 위해 행동하면, 그들은 바람직하지 않은 행동이 아닌 학업과 관련되는 행동을 하게 되는 것이다. 교사가 학생이 해야 하는 것을 분명히 하도록 하고, 그 수행을 지속적으로 측정하고, 그 결과에 근거하여 즉각적으로 높은 비율의 강화를 제공하고, 보다 높은 학업 성취를 조성하기 위하여 성취에 이르는 연속적인 지점에 연속하여 강화를 주는 이런 과정을 지속한다면 아이들은 비행이 아닌 성취를 이루게 될 것이다. 자신이 발표할 차례를 기다리기, 줄을 서서 순서를 기다리기, 복도에서 뛰지 않고 걷기와 같은 행동이 정적 강화를 받게 되면, 강화의 정의에 따르면 이러한 행동이 증가하게 될 것이다. 자신의 차례까지 기다리지 않거나, 새치기를 하거나, 혹은 복도에서 뛰는 행동은 자연스럽게 감소하게 될 것이다. 발표를 위해 손을 드는 행동, 의자에 차분히 앉아 있는 행동, 친구와 싸우거나 잡담하지 않고 공부하는 행동이 정적으로 강화를 받게 되면, 강화의 정의에 따르면 그런 행동이 증가하게 될 것이다. 손을 들지 않고 일단 말부터 하거나, 의자에 앉아 있지 않고 돌아다니거나, 친구와 싸우는 행동은 자연스럽게 감소할 것이다.

조지아 주립대학교(Georgia State University)의 테오도로 아일론(Teodoro Ayllon)과 마이클 로버츠(Michael Roberts)는 '학업 성취 향상을 통한 규율 관련 문제의 해법(Eliminating Discipline Problems by Strengthening Academic Performance)'이라는 제목의 연구에서 학업 성취에 대한 체계적인 정적 강화가 규율과 관련된 문제들을 감소시킨다는 사실을 보여 주고 있다. 부유한 지역의 중산층 아이들이 다니는 어느 한 학교에서 5학년의 학급이 매우 소란하고 규율이 잡히지 않게 되자 한 명의 교사를 더 투입하여 이 문제를 해결하고자 했다. 하지만 교실에서의 소란은 감소되지 않았다. 규율 관련 문제를 감소시키기 위해 연구자들은 읽기 수업에서 평가지를 사용해 학생들의 읽기 행동에 강화를 주는 토큰강화 체제를 개발했다. 문제행동은 단지 평가지에 기록되었을 뿐이었다. 그 후, 읽기 수업에서 획득한 토큰을 추가 휴식시간과 같은 다양한 활동에 참여할 수 있는 쿠폰과 교환해 주었다. 그 결과, 50퍼센트 아래였던 읽기에서의 정확성이 85퍼센트로 향상되었다. 게다가 수업에 방해되는 행동의 비중이 약 40퍼센트에서 5퍼센트로 감소했다. 학업 성취에 대한 정적 강화가 학업 성취를 증가시켰을 뿐만 아니라, 문제행동 역시 대폭으로 감소시켰던 것이다. "이 연구에서 밝혀진 바와 같이, 학업 관련 목표에 초점을 두는 정적인 접근이 바람직하지 않은 행동에 초점을 두는 접근에 비해 문제행동을 감소시킨다는 점은 교육자들이 매우 흥미롭게 생각해 봐야 할 것이다."라고 연구자들은 말한다(Ayllon & Roberts, 1974 p. 75). 좋은 것, 즉 교육 성취에 대한 정적 강화가 좋지 않은 것의 발생을 억제하는 것이다.

좋은 교사 아래 '나쁜 아이'란 존재하지 않는다. 교사들이 마주하는 학생들은 상이한 학업 수준을 지니고 있고, 상이한 강화를 받아 온 다양한 배경을 가진 학생들이다. 좋은 교사는 각각의 학생에게 가장 효과적인 강화물이 무엇인지를 알아내고, 강화가 발생할 수 있는 환경을 설정함으로써 모든 학생이 성취를 이루게 해야 한다. 높은 빈도의 강화를 제공함으로써 점진적으로 보다 더 숙련된 수행을 하도록 만드는 잘 디자인된 전자게임처럼, 숙련된 교사는 점진적으로 강화의 준거를 변화시킴으로써 교육에 도움이 되는 행동이 증가하도록 만들어야 한다. 위험하고 아주 극단적으로 타인에게 피해를 주는 행동을 제거하기 위해 '정적 강화를 중단' 해야 하는 경우가 아주 가끔 있기는 하지만, 그럼에도 가장 효과적인 학급 경영 절차가 적절한 행동에 대한 체계적인 정적 강화라는 것은 분명한 사실이다(Alberto & Troutman, 1999; Martin & Pear, 1999; Schloss & Smith, 1998).

교사와 학교에서의 성과급 체제

가르친다는 것은 행동이다. 다른 모든 행동과 마찬가지로, 가르치는 행동을 조성하고 유지하는 가장 효과적인 방법은 체계적인 정적 강화다. 성인에게 가장 효과적이고 보편적인 강화물은 여전히 돈이다. 충분한 교사를 확보하기 위해서는 교직에 대해 반드시 충분한 강화를 주어야만 한다. 수학 분야에서 박사학위를 받은 사람이 가르치는 일이 즐겁다는 이유만으로 연봉 1억 원이 넘는 회사를 포기하고 연봉 4천만 원이 안 되는 교직을 선택하는 일은 거의 없을 것이다. 교직이 가장 낮은 연봉을 받는 직업 중 하나로 남아 있는 한, 물론 예외는 있겠지만 교직은 그저 능력이 낮은 학생들에게나 매력적인 직업이 될 것이다(이것이 바로 우수한 사립학교에서는 교육을 전공하지 않은 사람을 선호하는 이유 중 하나다). 교육의 질을 높이는 가장 손쉬운 방법은 좋은 가르침에 대해 보수를 높여 주는 것이다. 교사는 자신의 수행 성과와 사회에서의 가치에 근거해 보수를 받을 필요가 있다. 어떤 교사로 인해 자신의 인생이 매우 중요하게 변화했던 그런 경험을 가진 사람은 좋은 교사의 가치가 돈으로 환산할 수 없다는 것에 동의할 것이다.

좋은 교사 아래 '나쁜 학생' 이 있을 수 없듯이, 효과적인 교사 아래 '배우지 못하는' 학생이란 있을 수 없다. 만약 학습이 없다면, 가르침도 없는 것이다. 말 그대로 정말 간단하다. 만약 학생의 학업 행동을 측정했을 때 아무런 변화를 보이지 않는다면, 교사는 가르쳤다고 주장할 수 없다. '나는 가르쳤는데 학생이 배우지 못한 것이다.' 라고 말하는 것은 모순어법(oxymoron)이다. '나는 가르쳤는데 학생이 동기화되지 않았다.' 고 말하는 것 역시 받아들여질 수 없다. 학습과 성취는 분리될 수 없다. 학생이 정말 학습했다면, 그렇다면 그들은 성취를 이룰 것이다. 외현적인 행동으로 드러나지 않는 사고란 전혀 사고하지 않는 것과 기능적으로는 동일한 것이다.

다행스럽게도 가르친다는 것은 행동이기 때문에 가르치는 것은 가르쳐질 수 있다. 가르치고 이를 유지시키는 가장 효과적인 방법은 체제적인 정적 강화를 사용하는 것이다. 텍사스 주 휴스턴에 위치한 웨슬리 초등학교의 로트 교장이 했던 것이 바로 이것이었다(1장 참조). 교사들은 학생이 해야 할 목록을 설정하여 이를 학생이 명확하게 알게 하는 방법을 배웠고, 이들의 학습은 강화를 받았다. 교사들은 학생의 행동을 지속적으로 측정하는 방법을 배웠고, 이들의 학습은 강화를 받았다. 교사들은 피드백을 주는 방법에 대해 배웠고, 이들의 학습은 강화를 받았다. 이러한 학습의 결과, 교사와 학생은 측정이 학생의 학습에 대해 무엇을 말해 주고 있는지를 알게 되었다. 이 과정에서 가장 중요한 점은 교사들이 학생의 학습을 동기화하는 높은 비율의 강화를 제공하는 방법을 배우고, 그런 학습에 강화를 받았다는 사실이다. 코네티컷 대학교(University of Connecticut)의 노만 브레이어(Norman L. Breyer)와 조지 알렌(George J. Allen)의 연구(1975)에 따르면, 과제행동(on-task behavior)에 칭찬을 하고 과제 외 행동(off-task behavior)에 대해서는 무시를 하면 과제행동이 증가한다. 연구자들이 과제행동에 대해 토큰을 지급하기 시작하자, 과제행동은 더욱 증가하였다. 그런데 이 연구에서 시험을 보고 이에 근거하여 칭찬과 토큰으로 강화되었던 것은 학생들의 과제행동이 아니라, 교사의 행동이었던 것이다! 가르치는 행동은 다른 행동들과 마찬가지로 강화에 영향을 받는 행동인 것이다.

물론 불가능하지야 않겠지만 효과적인 교수기법과 교수행동에 대해 즉각적이고 빈도 높은 강화를 주기 위해 하루 종일 교사의 행동을 끊임없이 모니터하라는 말은 비현실적인 제안일 것이다. 그러나 효과적으로 가르치기 위해서는 끊임없이까지는 아니라 하더라도 교수행동에 대한 정확한 기록은 반드시 존재해야 한다. 학생의 향상 정도와 학업 성취가 이러한 기능을 할 수 있는데, 학생의 향상과 성취는 교수행동의 효과성에 대한 기록이기 때문이다! 하지만 애석하게도, '노동조합'이 존재하는 상황에서 교사의 고용조건은 노동조합이 존재하는 여타 어느 곳에서의 고용조건과 크게 다르지 않다. 교사에게 요구되는 가장 중요한 것은 제 시간에 출근하는 것이고, 최소한의 가르침을 완수하는 한, 그리고 중대한 윤리적 과오가 없는 한 교사는 절대 교직을 박탈당하지 않는다. 미국에서는 교사에 대하여 학생의 성취에 따라 교사가 강화를 받는 정적 강화 체계가 없기 때문에 학생의 학업을 향상시키고자 하는 동기가 형성되지 않으며, 학생의 학습에 자발적으로 집중하려는 노력이 감소하는 실정이다. 교사의 주된 목표는 학생의 성취를 위한 노력이 아니라 '금요일까지만 버티자(making it till Friday).'인 것이다(실제로 본 저자가 대학에서 교육심리를 수강할 때의 교재 제목이 바로 이것이었다). '학생이 무언가를 배웠다면 좋은 일이다. 만약 배우지 못했다면 안 된 일이다. 어쨌거나 난 시간을 투자했다.' 이것이 바로 교사들의 태도인 것이다.

이렇게 가서는 절대 안 된다. 성과를 내기 위해 기업에서 사용되는 성과급(예를 들어, Nelson, 1994)이라든가 기타 여러 정적 강화물은 가르치는 일에서도 성과 향상에 대한 동기 부여에 사용될 수 있으며, 이로 인해 학생의 성취가 향상될 수 있을 것이다. 하지만 가르치는 일은 인류에 필수적인 직업이기 때문에 모든 교사는 이러한 중요성에 상응하는 최소한의 연봉, 즉 현재 대부분의 교사가 받고 있는 연봉 수준 이상은 받아야만 한다. 그리고 그들이 가르치는 학생이 매년 한 학년 수준만큼 향상된다면, 교사들은 계속 이러한 최소 연봉(물가 상승률을 고려한 생활비)을 계속 받아야만 한다. 하지만 연봉의 인상분은 호봉이 아니라 효과성에 기초해야만 한다. 어째서 효과적이지 않은 교사가 단지 20년 동안 '가르쳤다'는 이유로 연봉이 인상되어야 하는가?

연봉의 인상이나 성과급, 그리고 정적 강화는 학생의 성취라는 결과에 근거하여 제공되어야 한다. 예를 들어, 학생이 1년 동안 평균 1학년 수준의 발전이 있었다면 그 학생을 가르친 교사의 연봉은 물가 상승률을 고려한 생활비 수준만큼 인상되는 것이 적당할 것이다. 하지만 1년 동안 가르친 결과가 1학년 수준의 발전을 넘어서면 넘어선 만큼에 비례하여 연봉이 인상되는 체제를 만들 수도 있다. 10퍼센트의 발전에 2퍼센트의 연봉 인상이라는 식으로 강화를 주는 것이다. 만약 학생의 수준이 1년 동안 1.2학년 수준 증가했다면 그 학생을 가르친 교사의 연봉은 4퍼센트가 증가하고, 학생이 2학년 수준의 발전을 보였다면, 교사의 연봉은 20퍼센트가 증가하게 되는 것이다. 물론 성취를 기반으로 하는 보상 체제 아래에서 교사들은 자신이 가르친 학생이 성과를 내야 한다는 압박감을 느낄지도 모른다. 하지만 분명한 것은 이것이 '금요일까지만 버티는' 것보다는 좋다는 것이다.

증거가 보여 주는 바와 같이, 교수성취와 동의어라 할 수 있는 학생의 성취를 극대화할 수 있는 체계적인 정적 강화 프로그램이 있다는 것은 참으로 다행스러운 일이다. 피드백과 강화가 자주 사용되고, 높은 비율로 상호작용을 하며, 학생들이 높은 비율로 반응하고, 이러한 반응이 다시 강화를 받는 그런 수업이 진행될 때, 학업에 대한 내재적 흥미가 증가하고 열정이 증가하며 학생들은 즐거워하게 된다. 학생이 흥미를 느끼고 열정적으로 참여하고 즐거워하면, 가르치는 일이 즐거워지고 내재적으로 강화를 받게 된다. 따라서 교사가 처음에 느꼈을 수도 있는 압박감은 열정으로 진화하게 된다. 더욱이, 학생의 성취는 결국 교수 효과성을 측정하는 것이고, 이는 학생의 향상 정도에 따라 강화를 받게 되기 때문에(금전적이든 혹은 다른 방식으로든) 교수 효과성은 교사에게 조건화된 강화물로서 기능하게 될 것이다.

실패하는 학생-실패하는 교사

학생의 실패는 곧 '교사'의 실패를 의미한다. 학습이 없다면 가르침도 없다. '낙제'하는 학생이 나온다는 것은 결국 교사가 실패했다는 증거다. 조지 부시(George W. Bush) 대통령은 교육에 '결과(consequences)'가 있어야만 한다고 반복해서 주장했다. 하지만 교육에서의 '결과'가 '벌'의 동의어가 되어서는 안 된다. 이 장에서 강조하는 것처럼, 교육에서 뛰어난 성취가 나타났을 때 이로 인해 도달할 수 있는 가장 좋은 결과는 그런 적절한 행동에 정적 강화를 받는 것이다.

부시가 말하는 결과란 학생의 학업 성적이 좋지 않은 학교에 정부의 지원을 중단하는, 즉 실패한 학교에 불이익을 주는 형태로 나타나고 있다. 하지만 실패라는 결과를 만든 학교에 보다 효과적인 것은 실패를 했을 때, 오히려 지원금을 증가시키는 것이다. 지원금이란 성취에 대응하는 것이므로 학생을 우수하게 가르친 교사는 상여금이나 성과급, 혹은 여러 정적 강화물을 받아야 한다. 따라서 이러한 장려금은 성취가 낮은 학교의 교사들에게 더욱더 지급해야만 하는 것이다.

성취가 낮은 학교의 학생은 자신이 원할 때면 언제나 정적 강화에 기반을 둔 학습 소프트웨어(이 장의 앞부분에서 설명)를 사용할 수 있어야만 하며, 교사는 이러한 소프트웨어를 사용할 수 있는 연수를 받아야만 한다. 모든 교실이 인터넷으로 연결되는 환경이 급한 게 아니다. 가장 시급한 것은 연속적인 근사치에 정적 강화를 제공하는 소프트웨어를 학생들이 언제나 사용할 수 있게 함으로써 읽기, 쓰기, 맞춤법, 수학, 과학적 방법론 등 학업 관련 지식을 산출하는 것이다.

학생의 성취를 올리지 못하는, 즉 효과성이 떨어지는 교사에게는 효과적인 교수행동과 관련된 연수를 반드시 받게 해야 한다. 지원금을 중단하지 말고 지원금이 이러한 연수에 사용되도록 해야만 한다. 이때 연수는 당연히 정적 강화를 효과적으로 사용하는 방법에 초점이 맞추어져야 한다. 연수에서 교사는 학생에게 무엇을 기대해야 하는지를 배우고, 학생의 행동을 연속해서 측정하고 기록할 수 없다 하더라도 가능한 한 자주 측정하고 기록하는 방법을 배우며(그래야 학생들의 행동이 가능한 한 많이 강화받게 되므로), 교사와 학생 모두가 시험 결과가 의미하는 바에 대해 알 수 있도록 피드백을 제공하는 방법에 대해 배워야만 한다.

가장 중요한 것은 학생의 학습 동기를 높이기 위하여 교사가 높은 비율의 정적 강화를 사용할 수 있도록 훈련받아야만 한다는 것이다. 대부분의 교사는 자신이 칭찬과 강화를 많이 주고 있다고 믿지만, 사실은 그렇지 않다(Flora, 2000; White, 1975). 이 책에서 계속해서 증명하고 있듯이, 정적 강화를 많이 사용하는 교사가 학생의 성취와 발달을 극대화시킴에도 불구하고, 대부분의 교사는 된다는 말보다는 안 된다는 말을 더 많이 한다(White, 1975; Wyatt & Hawkins, 1987). 다행스러운 것은 이러한 습관이 변화될 수 있다는 사실이다. 20년 이상을 교직에 몸담은 중년의 베테랑 교사의 교수행동 조차도 적절한 정적 강화가 사용되면 효과적으로 변화될 수 있다(예를 들어, Breyer & Allen, 1975). 모든 교과의 모든 수준에서 교사들은 된다는 말의 비율을 높이고 안 된다는 말의 비율은 낮춤으로써, 예외 없이 학생의 수행을 향상시키는 결과를 가져올 수 있다(예를 들어, Flora, 2000).

사회는 교사를 위해 지원금을 확보하고, 이를 바탕으로 효과적인 교수가 일어날 수 있도록 꾸준히 노력해야 한다. 학생의 성취를 근거로 효과성이 인정된 교사에게는 이에 대해 정적 강화로서의 장려금을 지급해야 한다. 반면에, 효과성이 떨어지는 교사의 경우에는 확보된 지원금의 일부로는 강화에 기반을 둔 연수를 받게 하고, 나머지 일부는 연수를 성공적으로 이수했을 때 지급하는 것이 바람직할 것이다. 연수를 받는 것을 거부하거나 자신의 교수행동을 변화시키지 않고 계속해서 낮은 효과성으로 일관하는 교사에게는 새로운 직업을 찾아보게 해야만 할 것이다.

표준화 검사, 검사를 가르치기

교사에 대한 진정한 평가의 준거는 학생의 성취다. 의심할 것도 없이 이것이 바로 교육에 종사하는 많은 사람들, 특히 교원노조에서 표준화 검사를 반대하는 이유다. 모든 직업노조는 성과가 좋은 노조원뿐만 아니라 그렇지 못한 노조원까지, 모든 노조원을 보호하기 위해 존재한다. 교원노조 역시 마찬가지다. 일부 교육자들은 표준화 검사를 강조하는 것이 '시험에 대해 가르치는' 결과를 가져온다고 주장한다. 마치 시험에 대해 가르치는 것이 본질적으로 잘못된 것인 양 말이다. 그들의 주장에 동의하지 않는다고 말하면, 일반적으로 돌아오는 말이 시험 준비 때문에 다른 활동을 할 수 없다거나 혹은 모호하고 감정적이며 의미가 불분명한 용어인 '전인적 성장(holistic growth)'의 발달이 저해된다는 것이다. 표준화 검사에 반대하는 사람들이 내세우는 가장 중요한 학문적 근거는 교육에 대한 낭만주의적인 인본주의 철학에 기초한다(1장 참조). 그리고 교사의 경우, 그들이 표준화 검사에 반대하는 진짜 이유는 학생의 성적이 교사 자신의 효과성에 대한 평가라는 것을 알고 있기 때문이다.

오하이오(Ohio) 주에서는 4학년에서 5학년으로 진급하려면 표준화된 읽기 시험을 통과해야만 한다. 2001년 오하이오 주의 영스타운(Youngstown)에서는 44퍼센트의 아이들이 이 시험을 통과하지 못했다. 솔직히 말해서 실패한 사람은 아이들이 아니라 부모와 유치원 교사, 그리고 1, 2, 3, 4학년 교사들이라고 말하는 것이 옳다. 아이들은 그저 희생자일 뿐이다. 읽기를 가르치는 효과적인 방법은 분명 존재한다. 그럼에도 5년 동안 일 년에 180일을, 하루에 6시간씩 교실에 있었던 아이들이 어떻게 읽는 방법을 모를 수 있단 말인가? 5년 동안 일 년에 180일, 하루에 6시간씩 아이들을 교실에 데리고 있으면서도 그 아이들이 읽지를 못하는데 어떻게 이런 교사를 '교사'라 부를 수 있겠는가? 이러한 교사들에게는 정적 강화에 기초한 수업 절차와 기술을 훈련받게 해야만 한다. 교사가 효과적으로 가르칠 때, 아이들은 성취할 수 있다. 아이들이 성취를 이루게 될 때만 교사에게 보상이 주어져야만 한다. 노조가 있든 없든 간에 학생이 성취하지 못한다면 교사는 연봉 인상과 같은 강화물을 받아서는 안 된다.

우리의 인생이 시험으로 가득 차 있기에 '시험에 대해 가르치는 것'은 언제나 좋은 것이다. 이는 운동경기나 전투를 생각해 보면 쉽게 이해될 수 있다. 축구나 야구와 같은 운동경기에서 매번 치르는 경기는 결국 일종의 시험이다. 감독이 하는 말을 들어보자. "이번 주말에는 캐럴라이나 대학과 우리의 스피드를 시험해 볼 거야. 하지만 진짜 시험은 2주 후에 미시건 대학과 있어." 이러한 시험의 준비를 위해 감독은 시험에 대해 가르치는 것이다! 팀은 다가올 상대, 즉 다가올 시험과 매우 유사한 전력을 가진 연습 상대와 경기를 한다. 선수들은 상대방의 경향성이나 습관이 무엇인지, 무엇을 주목해야 하는지, 무엇을 피해야 하는지를 공부한다. 만약 감독이 효과적으로 시험에 대해 가르친다면, 그 팀은 승리할 것이고, 즉 시험을 통과할 것이고 강화를 받게 될 것이다. 마찬가지로, 권투 감독 역시 시험에 대해 가르친다. 인사이드 파이터인 마이크 타이슨(Mike Tyson)과 아웃사이드 복서인 레녹스 루이스(Lennox Lewis)는 다른 종류의 시험이다. 이들 중 어느 한 명과 시합을 하게 되는 선수는, 즉 시험을 통과할 기회를 갖는 선수는 시험에 대해 배워야만 한다. 그의 연습 상대는 시합을 하게 될 선수에 따라 다부지고 거칠거나 혹은 키가 크고 팔이 길거나 해야만 하고, 그는 각각의 시험에서 예측되는 문제를 준비해야만 한다. 시합에서 이기기 위해서는, 즉 강화를 받기 위해서는 감독은 '시험에 대해 가르쳐야'만 한다.

교육 분야에 있어서도 시험에 대해 가르치는 것은 언제나 현실 그 자체다. 운전면허 교육에서 학생은 적절하게 운전하는 기술을 배우고, 운전면허 시험에는 운전하는 기술이 포함된다. 적절하게 운전하지 못하는 학생은 운전면허를 딸 수 없다. 만약 적절하게 운전하게 되면, 그 학습은 운전면허증이라는 강화를 받게 된다. 운전을 배우는 학생은 결국 시험에 대해 배우는 것이다. 운전하는 시험에 대해 배우지 않은 사람에게 어떻게 운전을 하라고 허락하겠는가? 배관공이나 전기기술자 혹은 전문적으로 물건을 거래하는 사람은 면허를 취득하기 전에 시험에 통과해야만 한다. 그들은 시험을 통해 자신들이 얼마나 정확하고 안전하게 그 직업에서의 일을 수행할 수 있는가를 증명해야 한다. 따라서 그들은 배관작업에 대해 연습하며, 정확하고 안전하게 전기 작업하는 것을 연습한다. 즉, 그들은 시험에 대해 학습하는 것이다. 적절하고 안전하게 전기 작업을 할 수 있는가에 대한 시험을 통과하지 못한 사람에게 어느 누가 자기 집의 전기공사를 맡기겠는가? 어느 누가 '전인적 전기기술자(holistic electrician)'를 선호하겠는가?

4학년의 읽기 시험이나 고등학교의 능력 시험 역시 전혀 다르지 않다. 4학년 학생들은 반드시 읽을 줄 알아야만 한다. 고등학교 3학년 학생들은 졸업 자격을 갖추기 위해 중학교 3학년 수준의 기초 능력 시험을 통과해야만 한다. 만약 시험에 대해 가르치는 것으로 인해 교실에서 다른 활동을 하지 못한다고 비판한다면, 그 다른 활동이란 도대체 무엇이란 말인가?

표준화 검사에 대한 또 다른 비판은 표준화 검사는 검사가 측정하고자 하는 것을 측정하지 못한다는 것이다. 이것이 사실이라 하더라도, 이는 시험을 어떻게 구성하느냐에 따라 충분히 교정할 수 있는 문제이지, 표준화 검사 자체에 내재된 치명적인 결점은 아니다. 만약 읽기 시험이라 불리는 시험이 읽기에 대해 검사하고 있지 않다면, 그 시험은 교체되면 될 일이다. 일단 교체를 하고 만약 이후에 읽기가 여전히 검사되어야 할 필요가 있다고 판단되면, 시험은 자주 치르는 것이 보다 바람직하다. 이러한 시험은 중요한 진단도구로서 기능하고, 학문적 향상에 대해 정적 강화를 제공하며, 부가적인 주제를 가르칠 수 있는, 즉 의미 있는 '전인교육'의 기회로서 기능할 수 있기 때문이다.

예를 들어, 표준화된 읽기 이해력 시험은 거의 모든 문제가 선다형 문제로 구성되어 있다. 교사들은 판에 박힌 비판을 하곤 한다. "이러한 포맷은 학생들을 혼란스럽게 만든다. 학생들을 너무나 헷갈리게 한다. 심지어는 교사인 나도 혼란스럽다." 하지만 성취를 만들어 내는 교사의 반응은 그렇지 않다.

"선다형 시험 문제를 가르치는 것은 내용에 제시된 대인관계에 대해 이해하는 것뿐만 아니라, 수학적인 관계성을 탐색하고 기호논리학(symbolic logic)을 도입하는 기회로 활용될 수 있다. 예를 들어, 답이 될 가능성의 순서가 'D, A, C이고, B는 확실히 아닌' 문제의 경우, 이러한 문제를 풀기 위해 학생들은 A와 B와 C가 무엇인지와 이의 관계에 대해 확실히 이해해야만 하며, 이를 해결하는 과정을 통해 제대로 된 읽기 이해와 논리적 사고가 발달하게 된다. 학생들에게 읽기 이해력 검사를 준비시키는 것은 이러한 두 가지 측면을 모두 가르칠 수 있다는 점에서 참 바람직하다고 생각한다."

표준화 검사를 자주 치르게 되면, 누가 학습에 문제가 있는지 그리고 그 문제가 어느 영역에 존재하는지를 정확하게 확인할 수 있다. 부족한 부분이 확인되었는데 그 부분이 개선되지 않으면, 이를 개선하기 위한 특별한 프로그램이 도입될 수 있다. 이 프로그램들은 문제점들의 주변이 아닌 부족한 부분, 즉 문제점의 정확한 지점을 직접적으로 다루어야만 한다. 읽기에 문제가 있는 아이에게 읽을 때 건너뛰는 것을 허락하거나, 필기를 대신해 주거나, 읽어야 할 부분을 읽지 않아도 이를 눈감아 주어서는 안 된다. 이는 아이를 더욱더 뒤처지게 할 뿐이다(Davidson & Flora, 1999). 읽기에 문제가 있는 학생은 더욱더 많이 읽도록 해야 한다. 물론 읽기 능력이 부족한 아이에게는 보통의 아이들이 받는 강화보다 훨씬 자주 강화가 주어져야만 하며, 강화를 받을 수 있는 연속적인 근사치들은 보다 촘촘히 구성되어야 한다. '독서 장애'가 있었던 내가 만약 부족한 부분을 건너뛰어도 좋다고 교육받았다면, 아마도 나는 지금 이 책을 쓸 수 없었을 것이다. 나에게 행운이었던 것은 나의 아버지가 내 부족함에 대해 그냥 넘어가지 않고 정면으로 맞서 주셨다는 사실이다[주중에 맞춤법 시험을 보기 전에 나는 단어를 각각 100번씩 써야 했고, 그것에 대해 강화를 받았다(Flora, 1998)]. 일단 학습에서의 문제가 무엇인지 확인되면(문제가 무엇인지는 표준화 검사로 확인될 수 있다), 그 문제들은 반복적으로 정적 강화를 제공함으로써 해결될 수 있다. 학습에서의 문제는 이해되거나 양해될 수 있는 것이 절대 아니다.

물론 아주 드문 경우이긴 하지만, 표준화 검사가 효과가 없는 경우가 있기는 하다. 아주 심하게 시력이 안 좋은 학생은 일반적인 지필 검사를 통과하기 어려울 수 있다. 하지만 이러한 아이에게는 점자를 통해 읽는 것을 가르치고 이에 대해 강화를 주면 된다.

표준화 검사를 많이 보면 볼수록, 교사는 학업 향상에 강화를 줄 수 있는 기회를 보다 많이 얻을 수 있다. 교사는 아이들 각각의 현재 학업 능력 수준에 대해 보다 정확히 알 수 있고, 따라서 아이들이 현재 무엇을 할 수 있는지와 강화를 주기 위한 시작점을 어디부터 설정해야 하는지에 대해 알 수 있는 것이다. 지속적으로 실시되는 표준화 검사의 결과들은 교사가 얼마나 성공적으로 가르치고 있는지에 대한 피드백을 제공한다. 시험에 대해 가르치는 것과 표준화된 시험을 보는 것은 학습이 일어날 수 있는 매우 좋은 기회이며, 교사와 학생 모두에게 정적 강화를 제공할 수 있는 기회다.

약물 사용과 남용,
치료에 미치는 강화의 역할

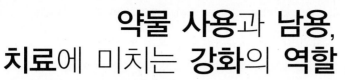

수많은 사람이 합법적인 약물이나 불법적인 약물을 사용하고 있으며, 때로는 남용하기까지 한다. 행동을 바꾸고 '마음을 바꾸는' 향정신성 약물을 사용하고 남용하는 이유에 대한 가장 기본적이고 유용하며 정직한 설명은 약물의 사용이 강화를 받기 때문이라는 것이다. 버몬트 대학교(University of Vermont)의 정신 의학 교수인 스티븐 히긴스(Stephen T. Higgins)는 "약물은 음식, 섹스, 물, 온도 등과 동일한 방식으로 강화물로 작용함으로써 행동을 통제한다."(Miller, 2000, p. A19)라고 말한다. '불안을 감소시키기 위해' '삶에서의 문제들을 잊기 위해' 혹은 '고통을 완화하기 위해' 다시 말해서 혐오자극이나 혐오적인 생리 상태를 피하기 위해 약물을 복용한다면, 이는 부적 강화 때문이다. 만약 '파티를 하기 위해' '짜릿함을 위해' '술에 취한 느낌을 위해', 즉 약물이 가져오는 기분 좋은 효과 때문에 복용한다면 이는 정적 강화 때문이다.

약물 사용이 부적으로 강화될 때 남용하거나 중독될 가능성이 더 크다

(Franken, 1994). 과도한 약물 사용은 자연상태에서 발생하는 일반화 과정의 산물이며 불법적인 약물과 합법적인 약물 모두에 해당된다. 예를 들어, 고등학생이 중요한 시험에서 낙제하거나 사업가가 중요한 계약에 실패하는 경우를 생각해 보자. 이때 친구들이 그들에게 실패를 잊어버리고 '우울함'을 떨치도록(상황에서의 도피) 술을 한 잔 하자거나, '마리화나' 혹은 다른 약물을 복용하라고 부추길 수 있다. 만약 약물 사용이 성공적이라면, 즉 일시적으로라도 실패를 잊고 우울을 떨쳐 버리게 한다면, 약물을 사용하는 행동은 부적으로 강화된 것이다. 나중에 또 실패를 하거나 우울한 상황에 처하면, 그 상황이 처음에 약물을 사용하게 만든 사건과 동일한 사건이 아니라 하더라도, 강화와 일반화 과정에 의해 또다시 약물을 사용하게 될 확률이 높아진다. 예를 들어, 데이트 신청을 거절당해서 유발된 기분 나쁜 감정이 약물을 사용하게 만들 수 있다. 학교에서의 낙제나 직장에서의 좌천 같이 혐오스러운 경험을 했을 때, 약물을 계속해서 몇 번 사용해 볼 수 있다. 안타깝게도, 이때쯤 어떠한 혐오스러운 상황에서 약물을 더 사용함으로써 비록 일시적이지만 즉각적으로 그 상황을 벗어날 수 있다는 것을 학습하게 되고, 그 결과 불쾌한 상황을 겪을 때마다 약물을 사용하게 될 수 있다. 심지어 불쾌한 사건이 발생하기도 전에 약물을 사용하기 시작함으로써 혐오스런 감정을 회피하고자 하게 될 수도 있다. 핵심은, 그 사람이 부적 강화 과정을 통해 '기분이 안 좋을 때면 언제나 혹은 불쾌한 상황을 겪을 것 같을 때면 언제나 약물을 복용하여 불쾌감으로부터 도피(escape)하거나 회피(avoid)할 수 있다.'는 것을 학습했다는 사실이다.

합법적으로 처방 받은 약물의 사용과 남용도 거의 비슷한 과정을 따른다. 어떤 사람이 교통사고 때문에 진통제를 처방 받았다고 하자. 만약 진통제가 효과적이라면, 즉 통증이 감소되거나 사라졌다면 진통제의 복용은 부적으로 강화된 것이다. 다음에 '정서적 고통'을 포함하여 어떠한 통증이나 불편을 느낄 때, 강화 과정으로 인하여 그 사람은 진통제를 복용할 가능성이 높아진다. 만약 합법적으로 처방된 진통제를 구할 수 없다면, 술이나 불법적인 약물로 '스스로 치료하기' 를 시작할 수 있다.

⦂ 수반성 함정

약물 사용의 즉각적인 강화 효과는 수반성 함정으로 기능함으로써 더 많은 사용을 유발할 가능성이 있으며, 매번마다 사용해야 하므로 약물 없이 살아가는 것은 더욱 힘들게 된다. 수반성 함정(contingency traps)이란, 즉각적으로 주어지는 강화로 인해 그러한 강화를 초래하는 행동이 '함정에 빠지도록' 만들지만, 장기적으로는 그것이 벌이 되거나 혹은 나중에 얻을 수 있는 더 큰 강화물을 얻을 수 없도록 하는 것을 의미한다. 수반성 함정에서는 작더라도 좀 더 빨리 얻을 수 있는 강화물을 선택하는 충동적 반응이 발생하며, 나중에 받을 수 있는 더 큰 강화물을 받기 위해 노력하는 '자기 통제' 가 어려워진다. 자신이 처한 어려움을 잊기 위해 매번 약물을 사용하는 고등학생과 사업가는 그들이 약물을 사용할 때마다 정말로 문제를 잊고(즉각적인 부적 강화) 심지어는 즐거운 시간을 보낼 수(즉각적인 정적 강화) 있을지도 모른다. 하지만 만약 중독이 된다면, 다음 시험이나 계약에 최선을 다할 수 없게 되고 또다시 낮은 성적을 받거나 계약을 놓칠 가능성이 높아질 것이다. 즉, 약효가 떨어져서 그들이 '현실로 돌아왔을 때' 그들은 문제가 더 악화되어 있고, 자신이 처한 상황이 처음 약물을 복용하기 시작했을 때보다 훨씬 더 혐오스럽다는 사실을 알게 될 것이다. 역설적이고도 불행한 것은, 이처럼 증가된 어려움에서 벗어나기 위해서는 점점 더 많은 약물을 사용해야만 한다는 사실이다(이로 인해 더욱 심각한 상황이 초래된다). 결국, 부적 강화로 인해 수반성 함정의 늪에 점점 더 깊게 빠져 들게 되는 것이다.

수반성 함정은 합법적 약물을 사용하는 경우에도 동일한 덫을 놓는다. 예를 들어, 어떤 대학생이 수업 시간에 발표하는 것을 두려워한다고 하자. 이러한 '사회적 불안(social anxiety)'을 해결하는 데는 사회적 공포를 극복할 수 있는 행동 치료가 보다 효과적이고, 불안의 재발률을 낮추며, 부작용이 적은 것이 사실이지만, 의사는 항불안제를 처방할 수도 있다(Ballenger, 1999). 결과적으로 그 학생은 미래에 마주할 수 있는 당혹스러운 공개적인 상황에 맞서 이를 해결하는(거의 모든 사람이 그렇게 해야만 한다) 방법을 배우는 대신, 약물의 복용을 학습한 것이다. 나중에 그 학생이 불안을 일으킬 가능성이 있는 수업에서의 발표나 친구들과의 파티와 같은 사회적 상황에 부딪히게 되면, 부적 강화 과정의 작용으로 약물을 사용하는 행동이 늘어나게 될 것이다.

행동 치료가 궁극적으로는 보다 효과적이고 여러모로 유용한 점이 있지만, 여러 회기에 걸친 역할놀이라든가 체계적인 이완 훈련 혹은 점진적인 불안노출 연습 등을 해야만 한다. 하지만 약물의 사용은 이러한 노력 없이도, 행동 치료가 할 수 없는 즉각적인 효과를 가져올 수 있기 때문에 약물의 사용이 늘어날 가능성이 더 커지게 된다. 약물 사용은 즉각적인 부적 강화라는 수반성 함정의 유혹에 걸리게 되는 것이다. 잠재적으로 불안이 야기될 수 있는 모든 상황에서 약물의 사용이 증가하게 되고, 역설적이게도 결국은 이러한 항불안제가 오히려 불안 문제를 악화시키게 된다. 왜냐하면 약물을 사용한 결과로 인해, 처음 '약물'을 사용하지 않았을 때 발생했을 불안보다 더 큰 불안이 초래되기 때문이다.

안타깝게도 내 수업을 들었던 한 학생의 경우가 바로 그런 경우였다(아마도 이러한 사람은 셀 수 없이 많을 것이다). 그 학생뿐만 아니라 대부분의 대학생들은(교수들도 마찬가지다) 가끔은 수업에 들어가는 것만으로도 불안해질 때가 있다(물론 '내가 읽어 왔나?' '잘 따라가고 있는 거지?' '교수에게 질문 받으면 대답할 수 있을까?' 등 어느 정도까지는 자연스러운 현상으로 이해될 수 있다). 연극 전공인 그 학생은 약물을 복용함으로써 얻게 되는 부적 강화를 통해 수행 불안을 해결하는 것을 학습했기 때문에 수업과 관련된 불안을 완화하기 위해 항불안제를 복용하기 시작했고, 마침내 파티나 가족 모임과 같은 사회적 상황에서 발생하는 불안을 해소하는 데도 항불안제를 사용하게 되었다. 의사가 처방전을 써 주지 않자, 처방전을 써 줄 다른 의사를 찾아다녔다. 결국 합법적인 약물을 사용할 수 없게 되었을 때, 그 학생은 마리화나와 또 다른 불법적인 약물로 '자가 치료를 했다'. 약물 사용은 즉각적인 강화, 즉 즉각적으로 불안에서 '도피' 할 수 있고 즉각적으로 불안감을 경감시켰기 때문에 그 학생은 약물을 남용하는 것을 학습했던 것이다.

환경의 영향

혐오적인 환경에 처했을 때 충동적인 행동이 늘어난다. 설사 그 행동으로 인해 혐오스러운 상황 자체가 없어지거나 줄어들지 않는다 하더라도, 그 행동은 즉각적인 강화를 주기 때문에 그러한 반응이 늘어나는 것이다(Flora et al., 1992). 따라서 폭력적인 관계성이 존재하는 환경이나 주변 관계가 해로운 환경에서 살아가는, 즉 혐오스러운 상황에 처한 사람들은 약물을 사용할 가능성이 높아지는데, 이는 약물 사용이 즉각적인 강화를 가져오기 때문이다. 약물을 사용하게 되면 바로 당장 도피할 수 있게 되는데, 약물은 그 사람이 즉각적으로 기분이 나아지도록 해 주기 때문이다. 그러나 폭력적인 관계를 끝내거나 해로운 환경에서 벗어나기 위해서는(물론 그냥 살아가는 것도 가능한 일이기는 하다) 매우 힘든 노력이 필요하고, 단기적으로는 고통이 유발될 수도 있다. 관계를 끝내거나 환경으로부터 벗어나는 것이 장기적으로는 훨씬 더 큰 이익과 안전을 가져오겠지만, 이러한 강화는 오랜 시간이 지난 후에야 찾아오기 때문에 행동에 큰 영향을 주지 못한다.

고 통

마찬가지로 사람이 신체적으로 고통을 느낄 때는 장기적으로 전체적인 강화를 극대화하는 능력, 즉 자기 통제력이 줄어든다. 설사 즉각적으로 발생하는 결과가 고통의 원인을 없애 주거나 줄어들게 하지는 않는다 하더라도, 즉각적인 강화를 가져오는 그런 반응은 늘어나게 된다(Flora & Wilkerson, 2001). 신체적 혹은 정서적 고통을 경험하는 사람은 약물 사용이 가져오는 즉각적인 강화 결과로 인해 약물을 남용할 가능성이 커진다.

록그룹 핑크 플로이드(Pink Floyd)를 인용하자면, 고통에 빠진 사람은 '편안하게 무감각해지려고' 약물을 남용할 수도 있는데, 이는 무감각해지는 것이 궁극적으로 가장 큰 강화를 받는 상태이기 때문이 아니라, 약물로 인한 무감각이 일시적이긴 하지만 즉각적으로 고통에서 벗어나게 해 주기 때문이다. 약물 사용은 즉각적인 강화를 주는 것이다.

약물 사용과 남용에 대한 정적 강화

우리가 장례식장에서만 술을 마시는 것은 아니다. 역사 이래로 사람들은 축하하기 위해서도 술을 마시고, 약물을 복용해 왔다(결혼식, 승리 축하, 졸업 파티, 새해 전야제 등). 대학생은 'F' 학점을 잊기 위해서도 술을 마시지만, 'A' 학점을 축하하기 위해서도 술을 마시게 된다. 사업가는 계약에 실패한 고통에서 벗어나기 위해 술을 마시지만, 계약을 성사시킨 것을 축하하기 위해서도 술을 마신다. 즐거운 시간을 위해 사람들이 모이는 곳이라면 그곳이 어디라 하더라도 약물이 사용될 수 있다. 약물을 복용하는 이유는 약물을 복용하는 것이 기분을 좋게 만들기 때문이며, 약물을 복용하기 전에 이미 기분이 좋은 상태라면 약물을 복용하면 기분이 더 좋아지기 때문이다. 약물 복용은 강력한 정적 강화를 즉각적으로 만들어 낸다. 사람들은 '황홀감을 느끼기 위해' '좋은 기분을 느끼기 위해' '파티를 위해' 약물을 복용한다. 마약 상습자에게 '지금 뭐하고 있어?'라고 질문했을 때, '지금 파티하고 있어.'라고 대답한다면 그는 실제로는 혼자 있을지도 모른다. 많은 사람에게 '파티하고 있다.' 라는 말은 '약물을 사용하고 있다.'와 동의어다. 술과 담배를 포함하여 남용되는 모든 약물은 뇌의 강화 회로를 활성화시킴으로써 생리적으로 작용한다.

⦂ 이해 수준

수많은 사람은 수동변속 자동차가 어떻게 작동하는지에 대해 '알고' '이해한다'. 동해안에서 차를 주면 서해안까지 몰고 갈수 있다. 기어를 중립에 놓고, 열쇠를 꽂은 뒤 시동을 걸고, 클러치를 밟고, 저속 기어를 넣고, 연료가 주입되는 동안 클러치를 떼면서 운전을 하는 것이다. 효과적으로 '운전을 하는 것'이 그들이 '자동차가 어떻게 움직이는지를 알고 있다'는 증거다. 자동변속 자동차가 '어떻게 작동하는지에 대해 아는' 사람은 더 많다. 그러나 기계학적인 수준에서 표준 4행정 내연기관이 어떻게 작동하는지에 대해 '아는' 사람은 상대적으로 많지 않으며, 피스톤에서 생성된 힘이 어떻게 타이어를 돌게 하는지에 대해 아는 사람은 거의 없다(혹은 피스톤이 무엇인지조차도).

이와 유사하게, 자연선택이라는 기제로 진화를 설명하고자 했을 때 찰스 다윈은 유전자나 DNA를 전혀 보지 못했지만 어떻게 진화가 일어나는지에 대해 '알았다'. 수천 번의 관찰을 기초로, 유기체를 생식 가능한 연령에 이르게 하고, 후손을 갖게 하는 특질을 환경이 선택한다는 사실을 이해했던 것이다. 그러한 특질을 소유한 유기체는 모집단에서 증가할 것이고, '적합성이 떨어지는' 유기체, 즉 그러한 특질을 갖지 못한 유기체는 모집단에서 사라진다. 사실 진화에 대한 이러한 기능적인 이해는 수백 년 동안(사실은 다윈 이전에도) 있어 왔고, 지금도 인공적으로 인위적 세대형성(selective breeding)과 교잡수분(cross-pollination)을 하는 데 사용되고 있다. 빠른 말과 느린 말을 교배시키는 것이 빠른 말끼리 교배시키는 것보다 경주 우승마를 낳을 가능성이 더 적다는 사실을 이해하는 데 있어 말의 유전자 지도가 필요한 것은 아니다. 다윈은 근친 교배의 위험성에 내재된 유전학적 원인은 몰랐지만, 근친 간의 교배가 열성 형질이 나타날 가능성을 증가시킨다는 것을 이해하고 있었다. 이러한 지식이 있었기 때문에 다윈은 자신의 아이들의 질병이 자신이 사촌과 결혼하여 출산했기 때문이라는 것에 마음 아파했다(Desmond & Moore, 1991). 유전학적인 분석 없이, 이처럼 유기체와 환경의 상호작용에 대한 이해 수준만으로도 자연 선택을 통한 진화를 이해하는 것이 가능하다.

이와 마찬가지로, 강화의 생리학적 기제를 모르더라도 행동과 환경의 상호 작용에 대한 이해 수준만으로도 강화를 이해하는 것은 가능하다. 수천 번의 관찰을 통해 환경이 강화를 받는 행동을 선택한다는 사실을 알 수 있다. '적합하지 않은' 행동, 즉 강화를 유발하지 않는 행동은 '멸종될' 것이다. 공부를 하는 행동에 토큰을 주면 학업 행동이 증가하고, 싸움을 했을 때엔 강화로부터 타임아웃을 시키면 싸움이 줄어든다는 것을 아는 데 반드시 강화의 생리학적 기초를 이해할 필요는 없다. 강화에 대한 어떠한 생리학적 지식 없이도 강화를 이해하고 효과적으로 사용할 수 있다.

그러나 약물은 뇌의 자연적(natural) 강화 회로에 즉각적이고 강력하게 영향을 미치는 경향이 있기 때문에 강화에 대한 약물의 생리학적인 영향에 대한 간단한 이해는 약물남용의 경우뿐만 아니라 강화에 대한 전반적인 이해에 많은 도움이 될 수 있다. 강화와 약물의 생물학적인 기초를 이해하게 되면, 어째서 어떤 사람이 자신을 죽이고 있는 것이 명확한 약물을 계속해서 '자발적으로' 남용하는지를 이해할 수 있을 것이다.

강화와 습관성 약물의 생리학

강화물이란 강화물이 제시되기 직전에 일어났던 행동이나 혹은 강화물과 함께 제시되었을 때 일어났던 행동이 반복해서 발생할 가능성을 높여 주는 그 행동에 대한 결과를 의미한다. 강화란 강화물로 행동을 증가시키는 과정이다. 성적 오르가슴이 그에 앞서는 행동의 가능성을 높이는 경우처럼 강화의 과정은 자연적(natural)이거나 내재적(intrinsic)일 수도 있고, 부모의 칭찬이나 비디오 게임의 허락이 숙제를 하는 행동의 빈도를 높이는 경우처럼 인공적일 수도 있다(contrived). 일차적 강화물(primary reinforcer)이란 오르가슴, 탄수화물과 지방이 풍부한 음식, 따뜻함과 스킨십, 다양한 감각 자극과 같은 사건과 자극을 의미한다(Baldwin & Baldwin, 2001). 만약 인간과 다른 영장류가 이런 일들에 강화를 받지 못한다면 그 종은 사라지게 될 것이다. 진화에는 반드시 강화를 주는 **생리적인 기제**가 있어야만 한다. 성관계 중에도 혹은 끝난 후에도, 칼로리가 풍부한 음식을 먹는 중에도 혹은 먹고 난 후에도 '계속해라. 끝났을 때, 또다시 해라.' 라고 신체가 말을 하는 그러한 기제가 있어야만 하는 것이다. 그런 기제가 없다면 섹스와 식사라는 행동이 우연히 발생했다고 하더라도 또다시 발생하지는 않을 것이다. 그런 기제가 없다면 종은 멸종될 것이다.

이처럼 '또 해라.' 라고 말하는 과정을 의미하는 것이 바로 **강화**다. 진화가 만들어 낸 강화의 생리적인 기제는 뇌에서의 '보상 경로(reward pathway)' 다. '보상 경로'를 활성화하는 것은 쾌락을 경험하는 기제다. 강화가 일어날 때, 도파민으로 활성화되는 뉴런, 즉 신경전달물질인 도파민을 방출시키는 뉴런의 활동이 늘어난다. 보다 구체적으로 강화는 뇌 회로에서 시상하부를 거쳐 중뇌로부터 전전두엽 피질로 신경전달물질인 도파민을 증가시킨다(이러한 설명은 생리학과 학생에게는 너무나 피상적일 수 있지만, 약물남용과 강화에 대한 이해를 돕기에는 충분할 것이다).

레버를 누르는 것이 강화 회로를 직접적으로 자극하도록 수술받은 동물은 하루 종일 계속해서 레버를 누르고, 피곤해 쓰러져서 8시간을 자고 일어나 또다시 레버를 누르기 시작한다. 실험실에서 벗어나지 않는다면, 이들은 음식과 물은 찾지도 않고 죽을 때까지 이 과정을 계속할 것이다. 간단히 말하면, 뇌 회로를 직접적으로 자극하는 것이 동물이 할 수 있는 가장 강화적인 활동인 것이다.

물론 인간과 동물은 뇌에 전기적인 자극으로 쾌락을 경험하게 하는 강화 회로를 가지고 태어나지는 않는다. 그러나 어떠한 행동과 경험은 그러한 강화 회로를 활성화한다. 그 회로가 즉각적이고 격렬히 활성화되면 될수록 그 행동은 더욱더 강화를 받게 된다. 만약 행동이 강화 회로를 활성화시키지 못한다면, 그 경험은 즐겁지도 않고 강화를 받지도 못할 것이며, 따라서 그 행동이 또다시 일어날 가능성은 증가되지 않을 것이다.

강화를 받는 행동이 뇌의 강화 회로를 활성화하는 것은 당연한 일이다. 『뉴스위크(Newsweek)』 기자인 샤론 베글리(Sharon Begley)는 이렇게 말한다. "보상 회로라고 불리는 이 회로를 활성화하는 것은 기분 좋은 느낌을 불러일으킨다. 치즈 케이크나 타코 같이 좋아하는 음식을 먹는 것은 회로를 활성화한다. 섹스, 우승, A 성적, 칭찬 등 쾌락적인 경험들도 마찬가지다."(Begley, 2001, p. 40) 간단히 말해 정적 강화는 강화 회로를 활성화한다. 계속해서 베글리는 말한다. "쾌락 회로는 도파민 화학 언어로 전달된다. 이 신경전달물질은 회로의 뉴런에서 뉴런으로 퍼지면서 다른 뉴런을 점화하고, 작은 행복감으로부터 희열에 이르는 감정으로 치닫게 한다."(p. 40)

칭찬은 작은 행복감을 불러일으키고, 성적인 열정으로 가득한 밤은 희열을 느끼는 밤을 만든다. 도파민의 활동이 늘어나면 기분 좋은 느낌이 증가되며, 이러한 느낌과 관련된 행동을 반복하는 경향성이 증가된다. 바로 강화 과정이 일어나는 것이다. 밤에 섹스를 끝내고 치즈 케이크를 먹으면서 칭찬을 받게 되면 이 회로는 상당히 활성화될 것이다. 그러나 이러한 활성화를 증가시키는 가장 직접적이고 즉각적인 방법은 전기 뇌 자극으로 도파민 뉴런을 직접적으로 유도해 내는 것이다. 우리들 대부분은 뇌에 전선 심기를 원치 않기 때문에 그다음으로 가장 직접적이고 빠르게 회로를 자극하는 방법은 회로에서 도파민 농도를 높이는 약물을 복용하는 것이 된다.

전기 자극은 몇 밀리세컨드(1,000분의 1초)면 충분하다. 도파민 증가제를 코로들이마시면 몇 초면 가능하다. 정맥주사는 그보다 몇 초 정도 더 걸리고, 입으로 삼키는 약물은 몇 분 정도 걸리게 된다. 약물의 양이 늘면 늘수록, 도파민 활동은 더 증대된다(일시적으로). 시험에서 A받기, 칭찬받기, 치즈 케이크 먹기, 섹스는 회로를 활성화하는 사건들인데, 하루에 이 모두를 다 경험하는 것은 그리 쉽지 않은 일일 것이다. 그러나 약간의 크랙 코카인은 지난밤의 칭찬, 치즈 케이크, 섹스보다도 몇 배나 큰 도파민 쾌락 강화 회로를 활성화할 수 있다. 약물 중독자가 약물이 '섹스보다 좋다'고 주장한다면, 그는 강화 회로 활성화라는 생물학적 수준에서 진실을 말하고 있는 것이다.

니코틴, 알코올, 코카인, 암페타민, 헤로인 이외에도 중독성을 가진 모든 약물은 강화 회로를 활성화한다. 모든 약물이 회로를 활성화하는 정도는 다양한데, 각각의 약물이 서로 다른 효과를 내는 이유는 그 약물이 서로 다른 신경전달물질과 뇌 회로를 활성화하거나 억제하는 정도가 다르기 때문이다. 각각의 약물에 얼마나 강력하고 빠르게 중독되는지는 그 약물이 얼마나 강력하고 빠르게 강화 회로를 활성화하는지에 달려 있다. 중독성 있는 약물은 뇌의 강화 회로를 활성화시키는 개인 및 종의 생존에 중요한 가치를 지닌 행동이 만들어 가는 일반적인 과정을 축소함으로써 일반적으로 진화에 적응하는 강화 체계가 작동하는 것처럼 유기체를 속인다.

따라서 약물이 사용자를 일시적으로 기분 좋게 하는 것이 아니라, 진화에서의 생존 기제인 도파민 쾌락 강화 회로를 활성화한다 할지라도, 약물 사용에는 일반적으로 적응적 가치가 존재하지 않는다. 생존에 필요한 가치가 없는 것이다. 약물 사용은 유기체의 진화에 아무런 이익을 주지 않는다. 약물 사용은 즉각적이고 강력한 강화를 제공하지만, 결국엔 지연된 벌을 야기하고 장기간이 지나야 얻을 수 있는 그런 강화를 받을 수 없게 하는 수반성 함정인 것이다.

약물 사용의 대가

약물로 인한 사건과 싸움, 그 밖의 다른 부적응 행동을 고려하지 않더라도 약물 사용은 생리적인 수준과 행동 및 환경의 상호작용 수준 모두에서 다양한 혐오스러운 결과를 일으킨다. 생리적 수준에서 약물이 도파민 시스템에 미치는 영향은 어떤 나라가 풍부하고, 값싸고, 쉽게 구할 수 있고, 쉽게 이용할 수 있는 외국의 에너지를 수입하는 경우에 비유될 수 있다. 값싼 에너지가 유입되면 모든 것이 좋다. 드라이브, 연비 높은 차, 차고에 있는 3대의 차, 20도에 맞춰 놓은 에어컨, 27도의 난방, 대중교통 등 아무런 걱정이 없다. 하지만 그 나라의 내부 에너지와 교통 시스템에도 어떤 일이 발생하게 된다. 대중교통(버스, 철도, 지하철)이 개발되지 않고, 국내의 잠재 에너지원(풍력, 태양, 수력)을 위한 기술 발전에 관심을 두지 않으며, 국내에 설치된 파이프라인은 녹슬고, 많은 양은 아니지만 꾸준히 생산되던 유정은 폐쇄되는 등 국내의 에너지 시스템은 악화된다. 외국에서 훨씬 더 많은 원유를 더 싸게 구할 수 있는데 국내에서 원유를 탐사하고 퍼 올리는 수고를 할 필요가 없는 것이다. 그 결과, 1970년대 미국 에너지 위기 시기에 일어났던 경우처럼, 외국에서 원유 유입이 중단되면 '중독된' 국가는 큰 고통을 겪게 된다. 이러한 고통으로 인해 다음에 외국의 원유 공급원이 위협을 받게 되면, 아마도 그와 같은 나라에서는 이러한 값싼 석유 공급원을 지키기 위해 전쟁까지 불사할 것이다. 미국이 원유 유입을 유지하기 위해 1990년대 쿠웨이트에 '필수 국가 안전 보장 권리'를 선언하고 이라크와 전쟁을 했던 경우처럼 말이다.

값싼 외국 에너지에 대한 사례와 마찬가지로, 도파민 시스템이 약물에 의해 활성화되면, 뇌의 입장에서는 모든 것이 좋다. 희열을 느끼게 되는 것이다. 수업이나 직장에 가야 하는가? 그저 약을 좀 더 먹으면 된다. 그러나 약물이 도파민 강화 시스템을 인위적으로 자극하면, 이러한 시스템에도 무엇인가가 발생하게 된다. 인위적으로 활성화된 도파민 수준을 처리하기 위해 뇌에서는 과열된 시스템을 식히기 위해 도파민 수용체는 작동을 멈추게 되고, 남용되는 약물의 정도에 따라 도파민의 저장량도 대폭 줄어들 수 있다. 도파민의 양은 감소하고 도파민 수용체의 수는 줄어들게 되면서 평소에 강화를 받던 활동들이 강화를 덜 받게 된다. 치즈케이크, 칭찬, 섹스는 약물 사용이 시작되기 전의 수준만큼 기분을 좋게 하지 못한다. 높은 수준의 쾌락을 다시 경험하기 위해 약물 사용자는 더욱 많은 양의 약물을 복용하게 되고, 이는 결국 도파민 수용체를 줄이는 결과를 가져옴으로써 아이러니하게도 즐거움을 경험하는 능력까지 줄여 버리는 악순환이 계속되는 것이다. 결국, 수반성 함정인 것이다. 그 결과, 약물에의 접근이 차단될 때 중독자는 심한 고통을 겪는다. 이러한 고통으로 인해 다음에 약물에의 접근이 위협받을 때, 심지어는 약물 사용이나 다른 모든 것이 점점 덜 쾌락적이 되는 때, 중독자는 약물을 구하는 것을 보장받기 위해 사기를 치고, 거짓말을 하고, 절도를 하고, 살인까지 저지르게 되는 것이다.

도파민 강화 회로를 직접적이고 강력하게 자극하는 가장 중독성 있는 약물로는 코카인이나 암페타민 등이 있지만, 니코틴 중독 역시 약물중독을 일으키는 기만적인 수반성 함정으로 잘 설명될 수 있다. 흡연(매우 효과적인 니코틴 공급 방식)이 스트레스를 줄이는 것이 아니라 오히려 일으킨다는 사실이 일관되고 반복적으로 보고되고 있다. 이스트 런던 대학교(University of East London)의 앤디 패럿(Andy C. Parrott)에 따르면, "성인 흡연자의 스트레스 수준은 …… 비흡연자보다 높고, 청소년 흡연자는 습관적으로 담배를 피게 됨에 따라 스트레스 수준이 증가한다."(Parrott, 1999, p. 817) "감정 조절에 도움이 되는 일은 절대 없으며, 니코틴에 의존하는 것은 오히려 스트레스를 악화시키는 듯하다."고 패럿은 주장한다. 성인 흡연자의 경우, "담배를 피우는 중에 느끼는 기분은 평상시 수준이며, 담배를 피우고 다시 담배를 피우기 전까지, 즉 담배를 피우지 않는 사이에는 기분이 더 나빠진다. 흡연이 명백하게 완화 효과를 보이는 지점은 니코틴이 감소할 때 생기는 긴장과 짜증이 전환되는 순간일 뿐이다. 중독된 흡연자는 평소의 기분을 유지하기 위해 니코틴을 필요로 하는 것이다." (p. 817)

날씨에 상관없이 건물 밖에 모여 담배를 피우는 직장인들과 뒷골목에 모여 마약을 하는 헤로인 중독자들 사이에 행동적인 차이는 없다. 중독된 특정 약물이 다를 뿐이다. 헤로인 중독자와 마찬가지로, 흡연자들 역시 기분이 좋아지기 위해 담배를 피운다고 이야기한다. 담배를 피우는 순간에는 확실히 기분이 좋아질 수도 있다. 그러나 니코틴 수준이 떨어지기 시작하여 도파민 강화 회로가 잠잠해지는 순간, 중독된 흡연자는 맨 처음 흡연을 시작하지 않았을 때보다 더 안 좋은 기분을 느끼기 시작한다. 기분이 좋아지기 위해 그들은 또 피운다. 따라서 다른 약물의 경우와 마찬가지로, 니코틴 중독의 수반성 함정은 매혹적인 착각을 만들어 낸다. 고통이나 혐오자극에 놓여 있는 그 순간에는 흡연이 실제로 중독자의 기분을 좋게 할 수 있다. 그러나 종합적으로는 그 중독자가 처음부터 흡연을 시작하지 않았다면, 장기적으로 보았을 때 더 좋은 기분을 느꼈을 것이다.

강화와 약물 사용의 시작

약물남용이 가져오는 생리적인 악영향에 대한 지식이 없다 하더라도, 약물을 사용하는 것이 결국은 벌을 주는 것이며 해로운 영향을 미친다는 사실은 모두가 알고 있다. 회사나 학교를 반복적으로 빠지고 결국은 시험에서 실패하거나 해고를 당하는 상습적인 음주자나, 계단을 오를 때 숨이 차서 중간중간 쉬어야 하는 흡연자가 그 예라 할 것이다. 교통사고, 일시적인 의식 상실, 무감각, 개인위생의 소홀, 메스꺼움, 구토 등은 명백하게 나타나는 약물 사용으로 인한 위험이다. 비록 약물이 뇌의 쾌락 강화 회로를 활성화한다 할지라도, 약물을 처음 사용할 때는 불안, 우울, 메스꺼움, 어지러움, 오한, 발한과 같은 생리적 현상을 경험할 수 있으며, 따라서 초기 약물 사용은 종종 생리적으로 혐오적일 수 있다. 하지만 혐오적인 초기 경험에도 불구하고, 수많은 사람은 내성이 생겨 중독될 때까지 반복해서 약물을 사용한다. 약물 사용이 생리적인 혐오감을 줄 뿐 아니라 인생까지 망가뜨릴 수도 있다는 것을 알면서도 어째서 약물을 사용하기 시작하는가에 대한 질문은 복잡한 문제다. 약물을 사용하기 시작하는 데 있어 매우 중요한 역할을 하는 것이 바로 모델링과 강화일 것이다.

초기의 약물 사용은 신체적으로는 강화를 받지 못할 수도 있지만, 사회적으로 강화받을 수 있는 가능성이 높다. 친구들이 약물 사용에 대해 정적 강화와 부적 강화 모두를 줄 수 있다. 약물을 시도해 보지 않으면, '아기' 라든가 '겁쟁이' 라 불리며 괴롭힘을 당하거나 놀림을 당할 수 있다(중학교 2학년 때 한 친구는 나에게 이렇게 말했다. "스티븐, 담배를 피우면 넌 참 멋있을 텐데."). 약물을 사용함으로써 아이들은 괴롭힘으로부터 도피하거나 회피한다. 즉, 약물 사용에 대한 사회적 부적 강화인 것이다. 일단 약물을 사용하기 시작하면 그 아이는 '멋있어' 지고 '패거리의 일원' 이 된다. 즉, 인정받게 된다. 약물 사용에 대한 사회적 정적 강화인 것이다.

또래와 부모는 약물 사용에 대한 생리적인 강화 효과와 사회적인 강화 효과에 대한 모델이 될 수 있다. 만약 모델링이 알코올의 소비를 늘리지 않는다면, 주류 회사가 술을 마셨을 때의 사회적 · 생리적인 즐거움을 보여 주는 광고에 수억 달러를 쓰는 일은 없을 것이다. 아빠가 피곤하고 짜증나는 모습으로 퇴근하더니 술을 몇 잔 마시고는 기운이 나고 행복해지는 것을 보게 될 때, 아빠는 아들에게 약물 사용 행동의 모델이 되고 있는 것이다. 엄마가 모든 일을 멈추고 밖으로 나가 담배를 피우는 것을 자주 보게 되고, 흡연이 얼마나 기분 좋게 만들어 주는지에 대해 반복해서 듣게 되면, 엄마는 아이에게 약물 사용 행동의 모델이 되고 있는 것이다. 부모가 금요일 밤에 춤추고, 노래하고, 웃고, 약물을 하는 것을(술을 포함) 보게 되면, 그 부모가 주말 내내 침대에 누워 신음하고 아파한다 하더라도, 그 부모는 아이에게 강화를 가져오는 약물 사용 행동의 모델이 되고 있는 것이다. 아이들이 처음 약물을 사용하도록 강화를 주는 어른들도 있다. "한 모금만 마셔 봐!" 혹은 "한 모금만 빨아 봐!"라고 말하면서 그 행동을 하면 스킨십이나 칭찬을 해 주는 것이다("이 녀석, 다 컸네!" "네 삼촌처럼 너무 많이 마시지만 않으면 돼!"). 이 모든 경우에서, 처음 약물을 시작하는 사람은 약물의 사용이 즐거움을 가져다준다는 것을 배우고 있는 것이다.

어른들은 약물 사용의 부적 강화 속성, 예를 들어 도피 유발 같은 속성을 모델링하게도 만든다. '미치게 좀 하지 마! 담배 피우고 올 테니까 제발 보채지 좀 마!'라고 소리를 지르고는 나가서 담배를 피우고, 담배를 다 핀 후에 차분하게 다가가 '이제 뭐 해 줄까? 아가, 엄마가 담배를 피우고 싶어서 그랬던 거야. 이젠 완전히 좋아졌어.'라고 한다면, 이는 자녀에게 약물 사용이 부적으로 강화된다는 사실을 가르치고 있는 것이다. 마찬가지로 부모가 고통을 덜기 위해 혹은 직장에서의 나쁜 일을 잊기 위해 술을 마시거나 다른 약물을 복용하면, 약물 사용의 부적인 강화가 모델링된다.

이러한 사회적 강화와 모델링으로 인해 계속해서 약물을 사용하게 되면 계속해서 인정을 받을 수 있고, 지위를 유지시켜 줄 수 있으며(사회적 정적 강화), 괴롭힘과 '따돌림 당하는 것을' 피할 수 있게 해 주기 때문에(사회적 부적 강화) 처음 약물을 사용했을 때는 약물이 생리적으로는 즐겁지 않다 하더라도 반복적으로 약물을 사용하게 되는 것이다. 자신이 생리적으로 즐겁지 않다고 하더라도, 약물을 사용하는 다른 사람들이 약물을 즐기고, 기분과 행동을 조절하는 데 효과적으로 약물을 사용하는 것을 보기 때문에 자신이 아직 '약물을 제대로 사용하지 못하고 있을 뿐'이라고 가정하게 된다. 자신들은 아직 흡입하기, 원 샷 하기, '술을 이기는 법'을 정확하게 학습하지 않았을 뿐이라고 생각하는 것이다. 그 결과, 그들은 약물 사용을 계속하게 되고, 도파민 강화 회로의 수반성 함정에 빠질 가능성이 높아지게 된다.

약물 사용 행동(특히 흡연)을 조성하는 사회적 강화의 위력은 미국 전역의 대학 캠퍼스에서 쉽게 발견된다. 나는 동일한 패턴을 자주 볼 수 있었다. 학생들은 '오직' 사회적 강화가 있고, 친구들이 강하게 권유하는 술집과 파티에서만 담배를 피운다고 주장한다. 하지만 많은 대학생들은 한 달에 서너 번씩 술집에 가고 파티를 한다. 따라서 '오직 파티와 술집에서만' 담배를 피우는 그 학생들은 실제로는 꽤 자주 담배를 피우고 있을 수 있다. 함께 파티를 하는 그룹은 함께 공부하는 그룹일 가능성이 높다. 공부를 하다가 잠깐 커피를 마시는 쉬는 시간에 그룹의 누군가가 담배를 피우면서 '오직 술집과 파티에서만' 담배를 피우는 학생에게 담배를 권하는 사회적인 압박을 줄 수도 있다. 사회적 강화를 받으면서 이제 그 학생은 파티와 술집에서, 커피를 마시면서, 공부하면서도 담배를 피우는 것을 학습하게 된다. 나중에 그 학생은 수업에 들어가기 전에도 담배를 권유받게 될 것이다. 이 시기쯤 되면, 그 학생은 매우 다양한 상황에서 담배 피우는 행동이 사회적 강화로 인해 학습되었을 것이다. 이 기간 동안, 그 학생에게는 흡연으로 인한 메스꺼움에 내성이 생겼을 것이고, 도파민에 의해 강화를 받는 뇌 회로의 활성화는 니코틴에 의존하기 시작하는 것이다.

강화와 비상습적 사용

수많은 사람이 술을 마시지만 알코올 중독자가 되지는 않는다. 니코틴, 헤로인, 코카인을 한 번 시도해 보는 사람들도 꽤 많지만 모두가 중독자가 되는 것은 아니다. 중독에 대한 이해와 마찬가지로, 어째서 많은 사람들이 약물을 사용하지만 중독은 되지 않는지를 이해하는 것 역시 복잡한 문제다. 또다시 강화는 약물 사용 행동을 이해하는 데 핵심적인 역할을 한다.

약물을 남용하면서 중독이 되든지 아니면 시도만 해 보거나 비상습적으로 사용하는지의 여부는 약물의 사용이 부적인 강화에 의해 동기화되는지 아니면 정적인 강화에 의해 동기화되는지에 달려 있다. 로버트 프랑켄(Robert E. Franken)은 자신의 저서인 『인간의 동기(*Human Motivation*)』에서 "해롭거나 혐오적인 상황을 회피하기 위해 약물을 사용하는 것이[부적 강화] 단순히 즐기기 위해 사용할 때보다[정적 강화] 중독될 가능성이 높다는 많은 증거들이 있다."(Franken, 1994, p. 184)고 말한다. 프랑켄은 헤로인 중독에 있어서의 부적 강화 과정을 이렇게 설명한다. "헤로인은 배고픔, 피로, 불안, 고통과 같은 다양한 불편함을 효과적으로 감소시킬 수 있는데…… 헤로인 중독자는 헤로인을 사용하게 되면 그런 불편이 감소된다는 것을 우연히 알게 되었을 수 있다. 예를 들어, 불안감을 없애기 위해 어느 시점에 헤로인을 한 번 사용해 보았던 사람은 헤로인을 지속적으로 사용하는 것이 불안에 효과적으로 대처하는 방법이라는 것을 학습하게 된다."(p. 187) 알코올이나 니코틴을 포함한 여러 약물에도 이러한 과정이 동일하게 적용된다는 것은 어렵지 않게 알 수 있다. 프랑켄의 말을 바꿔 표현해 보자. 알코올이나 니코틴은 배고픔, 피로, 불안, 고통과 같은 다양한 불편함을 효과적으로 감소시킬 수 있는데…… 알코올이나 니코틴 중독자는 알코올이나 니코틴을 사용하게 되면 그런 불편이 감소된다는 것을 우연히 알게 되었을 수 있다. 예를 들어, 불안감을 없애기 위해 어느 시점에 알코올이나 니코틴을 한 번 사용해 보았던 사람은 알코올이나 니코틴을 지속적으로 사용하는 것이 불안에 효과적으로 대처하는 방법이라는 것을 학습하게 된다. 부적 강화를 통해 중독이 발생하는 것이다.

안타깝게도 고통이나 혐오스러운 상황을 감소시키기 위해 약물을 사용하는 사람들에게는 그들에게 정적 강화를 줄 수 있는 잠재적인 것들이 많지 않을 가능성이 높다(만약 그들에게 정적 강화를 줄 수 있는 것들이 많이 존재한다면, 그들의 상황은 그렇게 혐오적일 리가 없을 것이다). 반대로, 즐거움을 목적으로 시도해 보거나 비 상습적으로 사용하는 사람들의 경우(정적 강화를 위해 사용하는 사람들) 이들에게는 강화를 줄 수 있는 또 다른 것들이 있을 가능성이 높다. 따라서 정적 강화를 위해 약물을 사용하는 사람들에게 있어, 약물 사용이란 강화를 주는 유일한 행동이 아니라 이미 잘 확립되어 있는 강화를 주는 다른 활동과 경쟁하는 행동인 것이다. 베트남에서 헤로인을 사용했던 사람이 전쟁이 끝난 후 강화를 받을 수 있는 다른 것들이 거의 존재하지 않는 환경으로 돌아온다면 계속해서 헤로인을 사용할 가능성이 높다(1부 참조). 하지만 강화를 받을 수 있는 것들이 풍부한 환경으로 돌아온 사람들은(예를 들어, 안정된 가정이라든가 교육이나 취업을 할 수 있는 환경) 헤로인을 더 이상 사용하지 않을 가능성이 높다(예를 들어, Franken, 1994; McKim, 2000).

⦙ 나의 시도

내가 담배를 피우지 않는 이유는 흡연이 나에게 강화를 주는 이미 확립되어 있던 활동들과 경쟁했기 때문이다. 어린 시절, 나는 산악자전거 타기에 빠져 있었는데(BMX를 탔었다), 친구들과 혹은 혼자서 깊은 숲 속을 돌곤 했다. 6학년 때의 어느 날, 한 친구가 약간의 담배를 가지고 왔다. 산꼭대기에 오르자 우리는 담배를 피워 보기로 했다. 우리는 멈춰서서 담배를 쥐고는 라이터를 꺼내 돌려가며 불을 붙여 이내 끔찍하고 불쾌한 맛의 연기를 기침하지 않으면서 들이마시려 했다. 이러한 행동 중에서 강화를 주는 것은 아무것도 없었다. 단지 혐오스러웠으며, 오히려 강화를 주는 일을 할 수 있는 시간을 빼앗고 있었던 것이다. 페달을 힘껏 밟으며 앞으로 나아가면 몇 초 만에 '요란스럽게' 튀어 올라 '앞바퀴를 든 채로' 하늘을 가를 것이라는 것을 나는 알고 있었다. 생리적으로 이것이 아드레날린을 분출시켜 쾌락 회로를 활성화할 것을 나의 몸은 이미 '알고 있었던 것이다'. 어색하게 담배를 만지작거리며 나는 '이건 멍청한 짓이야.' 라고 생각했고, 담배를 돌려주고는 산 아래로 빠르게 내려왔다. 그 후로 나의 담배를 피우려는 시도는 끝났다.

고등학교 때 다시 한 번 가볍게 시도해 보려고 했을 때, 몇몇 친구들은 이미 학교에 있을 때는 물론이고 아무 때나 담배와 마리화나를 피우고, 술을 마시고, 약물을 복용하기 시작했다. 인생을 바꿀 수 있는 심각한 문제를 만들고 약물을 남용하는 그런 친구들을 보면 부모가 학대를 하거나 부모가 이혼과 재혼을 하는 등 어김없이 가정 문제가 있었다. 이 친구들은 도피하기 위해 약물을 사용했다. 그들의 약물 사용은 부적 강화의 기능이었던 것이다. 또 다른 몇몇 친구들 역시 술에 취해 느끼는 희열을 즐기기는 했지만, 대개 주말에만 술을 마셨으며, 학교에서는 거의 마시지 않았다. 이 친구들에게는 약물로 인한 문제가 덜 했다. 그들은 흥분과 즐거움을 위해 약물을 사용했다. 그들의 약물 사용은 정적 강화의 기능이었던 것이다. 나를 포함한 또 다른 몇몇 아이들 역시 고등학교 때 시도해 보긴 했지만 훨씬 가벼운 수준이었다. 나는 약물 사용이 운동 기록에 지장을 주리라는 것을 알았기 때문에 약물 사용은 거의 자동적으로 제외되었다. 운동을 하지 않을 때는 당시 즐기던 것을 연습하고 준비하였다. 밴드, 연극, 과학부, 학습 동아리, 운동 등을 통해 강화를 받는 다른 아이들과 마찬가지로, 약물은 이미 강화를 주고 있던 다른 활동들과 경쟁을 해야 했기 때문에 나는 약물을 하지 않을 수 있었다.

학교에서 선수 생활을 그만두었을 때, 약물을 시도하지 말아야 할 주된 이유가 사라져 버렸고(정적 강화를 주는 강력한 원천이 사라져 버린 것이다), 나는 '미친 듯이 파티에' 참석했다. 다행스럽게도 나의 이러한 시도는 언제나 정적인 강화, 즉 재미와 짜릿함을 위해서였고 나는 정말로 내가 학습을 하고 있다고 믿었다. 록그룹 더 도어스(The Doors)의 짐 모리슨(Jim Morrison)의 노래 제목처럼 '다른 세계로 가려면 지금을 깨야만 한다(break on through to the other side).'고 생각했던 것이다.

내게 전문적인 지식이 있었던 것은 아니지만, 대학에 들어갈 때쯤엔 지속적인 약물 사용이 거의 항상 혐오적인 결과를 일으키고, 정적 강화물을 잃게 한다는 사실과 성공적인 학업 행동이 정적인 강화를 받을 수 있는 많은 기회를 준다는 사실을 교육과 관찰을 통해 알고 있었다. 나는 두 가지 규칙을 정했다. 전날 밤에 아무리 늦게까지 놀았어도 수업은 절대 빠지지 않는다는 것과 '시험 이틀 전에는 파티 금지'가 그것이었다. 거의 언제나 시험 기간이었던, 학기에 대한 부담감 속에서도 이런 규칙을 정한 덕분에 지속적으로 약물을 남용하게 되는 수반성 함정을 피할 수 있었으며, 나의 도파민 강화 회로가 '외부의' 자극에 의존하지 않도록 만들 수 있었던 것이다.

• 광고의 진실

　　　　　　　매년 마약퇴치 캠페인을 광고하는 일에 수백만 달러가 쓰인다. 그러나 매년 수억 달러가 전구약물(pro-drug)을 광고하는데 쓰이고 있다. '머리가 아프십니까? 이 약을 드세요. 기분이 나아질 거예요.' '잠을 못 주무세요? 이 약을 드세요. 나아질 거예요.' '아침에 일어나기 힘드세요? 이 약을 드세요. 괜찮아질 거예요.' '적게 먹고 싶으세요? 이 약을 드세요.' '긴장을 풀고 싶으세요? 이 약을 드세요. 좋아질 거예요.' '아이가 아픈가요? 이 약을 먹이세요.' '파티에 가시나요? 이 약을(술을) 드세요. 훨씬 재미있을 거예요.' '야구장에 가십니까? 이 약을(술을) 드세요. 훨씬 재미있을 거예요.' 이 광고들은 약물을 사용하게 되면 부적 강화가 만들어진다는 사실을(고통, 불안, 우울증 등이 완화됨) 아이와 어른에게 가르치고 있는 것이다. 혹은 알코올, 니코틴과 같은 약물이 정적 강화를 일으킨다거나, 결혼식이나 야구장처럼 이미 강화를 받고 있는 활동에 대해서는 강화를 증가시킨다는 것을 가르치고 있는 것이다. '잘하는구나. 담배 한 대 필래?'처럼 말이다. 맥주를 마시면 '이보다 더 좋을 순 없다.'라는 식의 광고는 만약 당신이 술을 마시고 있지 않다면, 술을 마심으로써 기분이 더 좋아질 수 있다는 것을 암시하고 있는 것이다.

부모와 친구 그리고 형제들 역시 약물 사용을 광고하고 있다. 아이는 물론

이거니와 사람들은 약물을 사용하면 강화를 받는다는 사실을 직접 목격한다(만약 실제로 강화를 받지 않는다면, 강화의 정의에 따르면 사람들은 약물을 반복해서 사용하지 않을 것이다). 술을 마시며 정말 재미있게 논다. 담배를 피우며 정말 기분 좋아한다. 마리화나를 피우며 '절정'을 느낀다. 그것이 합법적인 것이든 불법적인 것이든 사람들이 '약물을 사용'하는 진짜 이유는 약물이 **효력**이 있기 때문이다. 약물의 사용은 강화를 준다.

더욱이 과잉행동과 주의력 결핍 장애를 치료하는 데 있어 약물을 사용하는 것보다는 정적 강화에 초점을 두는 행동치료가 훨씬 더 효과적이라는 사실이 오랫동안 입증되어 왔지만(예를 들어, Ayllon et al., 1975), 과잉행동이나 기타 문제를 보이는 3세 반 정도의 아이에게 정신과 약물을 처방하는 일이 늘어나고 있으며, 이렇게 처방되는 약들 중 일부는 약물의 효과나 부작용에 대해 아동에게 테스트해 보지도 않은 채 처방되고 있는 실정이다(Zito et al., 2000)! 아이들에게 현재 먹이고 있는 약물의 장기적 결과에 대해서는 알려져 있지 않은 것이다.

하지만 분명한 것은 아이들이 약물에 대해 무엇인가를 배우고 있다는 사실이다. 아주 어린아이에게 정신과 약을 처방하는 것은 아주 어린 나이의 아이에게 기분을 바꾸기 위해서는 약을 복용하면 된다는 사실을 가르치는 것이다. 행동하는 방식을 바꾸기 위해 약물을 복용할 수 있다는 사실을 배우는 것이다. 아이들은 행동이나 '정신의 상태'를 쉽고 빠르게 바꾸기 위해서는 약물을 복용하면 된다는 사실을 배우게 된다.

부모나 어른들이 아이들에게 그렇게 빨리 약을 먹이는(물론 합법적인 약임) 가장 그럴듯한 이유는 신체적 벌(때리는 것)을 지지하는 어른들의 논리와 동일하다. 체벌과 마찬가지로, 아이에게 약을 먹이면 아이들의 행동에 변화, 대개는 행동의 강도가 줄어드는 변화가 즉각적으로 발생한다. 어른이 아이에게 약을 먹이는 이유는 그것이 장기적으로 아이에게 이롭기 때문이 아니라, 대개는 약을 먹음으로써 아이들이 유발하는 혐오스러운 자극이 감소하고, 이로 인해 어른은 안심이 되기 때문이다. 즉, 아이에게 약을 먹이는 것은 그것이 성인에게 부적인 강화로 기능하기 때문인 것이다!

지나치게 활동적인 아이와 함께 지내는 것은 매우 피곤하고, 스트레스를 받는 일이며, 때로는 혐오스러울 수도 있다(이는 유능한 교사가 연봉을 더 많이 받아야 하는 또 하나의 이유다). 이러한 아이들의 안전과 성장 그리고 학습을 책임지는 성인이 이들의 행동을 관리하는 데 사용 가능한 방법은 세 가지가 있을 수 있다. 첫째는 벌과 위협을 기초로 하는 혐오기법이고, 둘째는 아이에게 약물을 투여하는 방법이고, 셋째는 체계적인 칭찬이나 토큰 강화 시스템에 기초한 정적 강화 접근이다. 일반적으로 벌과 약물에 기초한 접근은 사용하는 데 노력이 적게 들고(이때 적은 노력이란 아이의 입장에서가 아니라 교사의 입장에서다), 즉각적인 안정을 가져와, 그 결과 어른에게 즉각적인 부적 강화를 준다는 장점이 있다. 하지만 어른에게 즉각적인 결과를 줄 수 있다 하더라도, 약물과 벌에 의한 접근은 행동을 관리하고 교육하는 데 있어 가장 효과적인 접근이 아니다. 가장 효과적인 방법은 정적 강화에 기초한 접근이다. 그러나 잠시도 가만히 있지 않는 아이와 생활하는 교사에게 보다 편한 방법은 그 아이들의 적절한 행동에 끊임없이 강화를 주고 바르게 공부한 것에 대해 자주 칭찬하는 것보다는 진정제를 투여받은 아이를 교실 앞자리에 앉히고 가끔씩 보이는 과잉행동에 대해 엄하게 꾸짖는 일일 것이다. 부모, 교사, 돌봐 주는 사람들은 자신을 가장 편하게 하는 방법을 택해서는 결코 안 된다. 아동에게 최선인 것을 해야만 하는 것이다.

약물 사용에 있어 사회에서 주어지는 메시지와 가르침은 모순적이다. 정치인들은 '마약과의 전쟁'을 소리 높여 외친다. 경찰과 학교는 '약물 방지' 교육을 하며 '허용 불가'라고 말한다. 하지만 운동선수와 연예인들은 끊임없이 술과 담배를 광고하고 있다. 학교에서 학생들은 약물이란 나쁜 것이고, 스스로를 죽이는 것이므로 '이유도 묻지 말고 절대 해서는 안 된다.'고 배운다. 하지만 날마다 보건실에서는 수백만의 아이들에게 행동과 기분을 바꿀 수 있는 약을 먹으라고 요구한다.

⦁ 정직한 약물 교육

            만약 약물 교육이 정직하게 이루어진다면, 아마도 더 큰 효과가 있을 것이다. 현재의 약물 교육은 일반적으로 약물 사용이 어째서 옳지 않은지에 대해 알려줄 뿐이다. 하지만 사람들은 약물을 시도하자마자 무언가를, 즉 약물을 사용하면 강화를 받는다는 사실을 알게 된다. 고통을 완화시키고 혐오 자극으로부터 벗어나게 해 주는 것이다. 약물 사용은 뇌의 쾌락 회로를 활성화한다. 일단 이러한 진실을 직접 겪게 되면, 약물 사용이 옳지 않다는, 즉 한쪽만을 강조하던 약물 방지 교육 선전은 기반이 흔들리게 된다. "약물은 기분을 안 좋게 만들고, 결국 날 죽게 만들 거라고 했잖아. 하지만 기분이 완전히 좋은데! 이런 사기꾼들, 전부 헛소리야!"

  정직한 약물 교육이란 이렇게 가르치는 것이다. "맞습니다. 약을 먹고, 술을 마시고, 담배를 피우고, 그것이 무엇이든 어쨌든 약물을 하면 기분이 좋아질 것이고, 짜릿함을 느낄 것이고, 힘든 문제들을 잊게 될 것입니다. 하지만 단지 잠시뿐이죠. 약물이 당신을 정말 기분 좋게 만들어 준다는 것에는 의심의 여지가 없습니다. 하지만 약 기운이 사라지기 시작하는 순간, 오히려 약을 먹기 전보다 기분이 더 안 좋아지게 될 것입니다. 약을 먹지 않았을 때보다 상황이 더 좋지 않게 됩니다. 일단 약 기운이 다하기 시작하면, 당신이 가진 모든 문제는 되돌아오게 되는데, 약에 취해 있는 동안 그 일을 하지 않았기 때문에 당신이 가졌었던 문제들은 약을 먹기 이전에 비해 더 나빠져 있다는 것을 알게 될 것입니다. 더욱이 약이 당신의 몸과 행동에 영향을 미치고 있기 때문에 당신은 이제 훨씬 더 많은 문제를 갖게 되는 거죠. 이러한 새로운 문제들로부터 벗어나려고 더 많은 약을 쓰게 되면 아주 잠시 효과가 있을 것입니다. 하지만 이는 결국 당신의 문제를 더욱 심각하게 만들 뿐입니다. 약을 먹기 전에 이러한 점들을 생각해 보세요." 약물 사용이 강화 회로를 활성화하고 쾌감을 주는 것은 사실이지만, 그런 쾌감은 약물 사용을 거듭할수록 줄어들게 되고, 약물로 인하여 섹스라든가 식사, 혹은 자전거 타기나 칭찬받기에 이르기까지 자연적으로 쾌감을 주는 다른 활동들이 결코 즐거워지지 않을 수 있다는 사실을 사람들에게 정확히 알려 준다면 약물 교육은 보다 큰 효과를 보게 될 것이다. 현재의 약물 교육은 약물이 효과적이지 않다는 것만을 강조하는 부정직한 교육인 것이다.

⦂ 약물 사용의 감소

합법적인 약물이든 불법적인 약물이든 어떠한 약물을 일시적으로 혹은 아주 심하게 사용했거나 남용했던 사람들 중에는 공식적인 치료를 받지 않고도 사용을 멈추거나 크게 줄이는 사람들이 있다('철이 들었다'는 말을 듣게 된다). 이들이 약물을 줄이거나 멈추는 이유는 약물을 사용하는 행동이 강화를 받을 수 있도록 이미 확립되어 있는 중요한 다른 활동들과 충돌하기 때문이다. 예를 들어, 술을 마시는 것이 가정생활이나 직장에 지장을 주게 되면 대부분의 사람들은 술을 끊거나 줄인다. 멈추거나 줄일 것인가 아니면 그렇지 않을 것인가, 만약 줄인다면 얼마나 줄인 것인가의 문제는 약물 사용이 강화를 줄 수 있는 다른 것들과 직접적으로 충돌되는 정도와 다른 강화물의 상대적 가치에 영향을 받는다.

배우자가 '술을 끊지 않으면 이혼하겠어요.' 라고 최후통첩을 날려도 결혼생활이 행복하지 않은 사람은 술을 끊지 않을 것이다. 반대로 결혼생활과 가정생활에서 매우 큰 강화를 받고 있는 사람은 즉시 술을 끊거나 가정에 지장을 주지 않던 시절에 마시던 정도로 줄이게 될 것이다. 마찬가지로 대학 4학년은 3학년보다 술을 덜 마시거나 덜 취하고, 3학년은 2학년보다 덜 마시거나 덜 취한다. 대부분의 대학 신입생들은 합법적 음주 가능 연령 아래임에도 불구하고, 매우 자주 술을 마시고 취한다. 그들 중 일부는 학교를 그만두기도 하고 F를 받기도 한다. 하지만 대부분은 학년이 올라감에 따라 술을 덜 마시게 되는데, 이는 그들에게 공부라든가 다른 활동이 더 중요해지고 이러한 활동으로 강화를 받기 때문이다. '철이 드는' 것이다. 음주라든가 다른 약물 사용 역시 강화를 주는 다른 활동들과 경쟁을 하는 것이다. 신입생 기숙사 파티에서 술에 취해 쓰러지는 것은 별 상관이 없겠지만, 전공 교수 집 파티에서 술에 취해 쓰러지는 것은 매우 큰 대가를 치러야 하는 일이다. 술이나 약에 취한 상태로 교양 시험을 보는 것은 그들의 학업 이력에 그렇게 큰 타격을 주지는 않을 수도 있다. 하지만 3학년이나 4학년 전공 수업에서 취한 상태로 시험을 보는 것은 남은 학생 생활에 매우 좋지 않은 영향을 주게 된다.

늘어나는 흡연 제한은 반드시 흡연의 감소를 가져와야 하는데, 이는 그러한 새로운 제한들이 흡연을 다른 강화적인 활동과 경쟁하게 만들 수 있기 때문이다. 수년 전만 하더라도 사람들은 언제 어디서나, 즉 사무실이나 식당, 학교, 유치원, 그리고 임신 중에도 담배를 피울 수 있었다. 이제 흡연은 대부분의 장소에서 허용되지 않는다. 장소에 따라서는 건물 입구로부터 일정 거리 내에서 흡연하는 것조차 법으로 금지되고 있다. 흡연으로부터 얻을 수 있는 즉각적인 강화보다 금연 활동의 가치가 충분히 클 때 흡연을 줄이거나 그만둘 것이다.

수반성 함정에 빠지거나 '중독되지' 않고 수년 동안 가끔씩 약물을 계속해서 사용하는 사람들이 있다(일반 사람들 중 소수, 사업상 필요할 때만 술을 마시고 담배를 피우는 사람들, 심지어 '습관성 마약' 사용자 중 일부). 이들은 자신에게 강화를 주는 이미 확립되어 있는 다른 활동에 지장을 주지 않는 범위 내에서 그 사용 방법과 횟수를 제한하는 능력을 가진 것처럼 보인다. 그들이 약물을 사용하는 횟수는 도파민 강화 회로가 쾌락을 경험하는 데 있어 아직은 약물에 의존하지 않아도 될 만큼 그다지 잦은 것은 아닐 것이다. 하지만 이것 역시 위험한 게임이다. 가볍게 약물을 사용하던 많은 사람들이 결국 중독된다. 많은 사람들이 약물 사용으로 인해 강화를 받을 수 있는 원천(연인, 친구, 직업)을 잃는다. 운이 좋게도 약물을 사용하지 않아야 얻을 수 있는 중요한 강화의 원천을 잃지 않기 위해, 혹은 추가로 얻기 위해 정말로 약물 사용을 끊는 사람들도 있다. 예를 들어, 약물 검사를 통과해야만 취업을 할 수 있다면 가끔씩 약물을 하던 많은 사람들은 대부분 약물 사용을 그만둔다(물론 술이나 담배처럼 검사받지 않는 약물은 여전히 남용할 수 있다).

약물을 했던 사람이 약물을 끊고 약물 대신 하게 되는 활동이 약물을 사용하기 전에 느꼈던 쾌감과 강화를 어느 정도로 다시 줄 수 있는가의 여부는 약물 사용이 사용자의 생리를 얼마나 많이 바꿨는지에 달려 있다. 바뀐 정도는 약물의 양, 횟수, 사용 기간에 따라 상이하다. 약물을 많이 사용하면 할수록 생리적인 손상은 더 크며, 일부는 영구적일 가능성도 높아진다. 담배를 끊은 흡연자들의 일부는 한 번도 담배를 피워 본 적이 없는 사람이 간접흡연만으로도 속이 메스꺼움을 느끼는 그 지점에까지 이를 수 있다. 그들의 신경계는 흡연으로부터 완전히 회복된 것이다. 하지만 일부는 몇 년 동안 담배를 끊었다 하더라도 아침에 일어났을 때나 식후에는 언제나 담배가 제일 먼저 생각나기도 한다. 이들은 아마도 흡연에 의해 신경계가 손상되었을 가능성이 크다. 이들에게는 식후에 피우는 담배 없이는 완전하게 만족스러운 식사란 결코 존재하지 않는다.

치 료

약물을 시도하는 대부분의 사람은 어떠한 치료 없이도 '철이 들지만', 그렇지 않으면 알코올과 니코틴을 사용하는 많은 사람들이 그렇듯이 죽을 때까지 계속해서 약물을 사용하는 반면, 어떤 사람은 법원, 보호자, 고용주, 사랑하는 사람에 의해 공식적인 약물 치료 프로그램에 참여하게 된다. 그리고 어떤 사람은 스스로 치료에 참여하기도 한다.

알코올 중독자 모임(Alcoholics Anonymous: AA)이라든가 약물 중독자 모임

(Narcotics Anonymous: NA), 그리고 이를 기초로 하는 수많은 '12스텝(12-step)' 프로 그램이 일반적인 치료법으로 잘 알려져 있다. 알코올 중독자 모임은 익명이 기 때문에 기록이나 자료를 남기지 않으며, 회원은 다른 회원에게 성을 제외한 이름으로만 소개된다. 이러한 익명성으로 인해 알코올 중독자 모임이나 그 외의 프로그램에 대한 효과성을 판단하기가 어렵다. 미국 『고등교육 신문 (Chronicle of Higher Education)』 기자인 밀러(D. W. Miller) 역시 같은 결론을 내렸다. "이를테면 약물 중독자 모임처럼 약물남용자를 위한 12스텝 프로그램의 과학적 효과에 대한 증거를 찾기가 매우 힘든데, 이는 부분적으로 익명성이라는 전통 때문에 그 결과를 평가하기 어렵기 때문이다."(Miller, 2000, p. A20). 많지는 않지만 그래도 존재하는 몇몇 증거를 살펴보면, 알코올 중독자 모임 같은 접근법이 그렇게 효과적이지 않다는 사실을 알 수 있다(Gelman, 1991; Peele, 1989).

(알코올 중독자 모임과 같은 단체에는 종교적 요소가 많이 포함되어 있기 때문에 아마도 미국에서 이러한 모임을 비판하는 것은 종종 기독교 교리를 비판하는 것과 동일한 결과를 가져올 수도 있다. 따라서 이러한 단체의 효과성에 대한 논의는 아예 금지되거나 바로 묵살되어 버리는 경향이 있다. 이로 인해 알코올 중독자 모임이 효과가 있다는 증거도 부족하고, 게다가 효과가 입증된 접근법이 있음에도 불구하고 이러한 모임은 계속해서 장려되고 있다. 관심 있는 독자는 Gelman, 1991; Maralott et al., 1993; Miller, 2000; Peele, 1989 참조) 알코올 중독자 모임을 지지하는 사람들은 프로그램을 잘 따르기만 하면 결코 실패하지 않는다고 주장한다(예를 들어, Gelman, 1991). 만약 회원이 술을 마시면 그 사람이 냉철함을 유지하는 데 실패한 것이지 알코올 중독자 모임이 잘못된 것은 아니라고 얘기된다. 논리적으로 이는 피해자에게 책임을 전가하는 것이다. 마치 모든 경주에서 이기는 프로그램('경주에서 누구보다도 빨리 달려라.')을 가지고 있다고 말하는 것과 같다. 만약 경주에서 이기는 데 실패한다면 이는 프로그램 탓이 아닌 것이다. 당신이 그 프로그램을 이수하는 데 실패한 것이다. 당신은 다른 누구보다 더 빨리 달리지 않았던 것이다.

알코올이나 약물 문제가 있는 많은 사람들은 공식적인 치료나 프로그램 없이도 효과적으로 문제를 해결하고(더 이상 사용하지 않거나 문제가 되지 않는 수준으로 사용량을 줄인다), 나머지 사람들 대부분도 단기 교육 프로그램을 통해 효과적으로 치료받을 수 있다. 이러한 단기적이지만 효과적인 프로그램들에서는 약물남용의 생리적·행동적·교육적·직업적·사회적 결과에 대해 교육한다. 실제로 아주 적은 사람들만이 전문적인 치료를 필요로 한다(Maralott et al., 1993). 이처럼 전문적 치료가 필요한 사람들에게 가장 효과적인 프로그램은 생산적인 비약물 행동에 수반하는 강화에 근거하고 있다[실제 상황에서의 단서 노출 치료법(in vivo cue exposure treatment) 또한 효과적인 치료의 매우 중요한 요소이기도 하다. 강화 기반 접근법(1장 참조)과 마찬가지로, 단서 노출 치료법 역시 동물 연구에 기초한다. 단서 노출은 강화 기반 프로그램을 따른다(Drummond et al., 1995)].

알코올 중독자 모임이 효과적이라면, 이는 이 모임이 약물이 주는 강화를 사회적인 강화로 대체한다는 숨겨진 진실 때문일 가능성이 높다. 미국의 거의 모든 도시에서 매일 서너 개의 알코올 중독자 모임이 열린다. 자신을 소개하는 자리에서 회원은 자신이 얼마나 오랫동안 술을 마셨는지를 발표하고, 따뜻하게 환영받으며, 박수를 받고, 따뜻한 애정을 느낀다. 회원들에게는 하루 24시간 아무 때나 전화를 걸어 지지와 격려를 받을 수 있는 '후원자'들이 있다. 알코올 중독자 모임에 참석하게 되면 외로움에서 벗어날 수 있는데, 많은 사람들이 술을 마시거나 다른 약물을 복용하는 이유가 바로 외로움에서 벗어나고 싶기 때문이다.

실제로 뉴욕 주립대학교 스토니브룩 캠퍼스(SUNY, Stony Brook)의 저명한 심리학 교수인 하워드 라클린(Howard Rachlin)은 『자기 통제의 과학(The Science of Self-Control)』이라는 저서 중 '외로운 중독자(The Lonely Addict)'라는 제목의 챕터에서 중독은 낮은 비율의 사회적 강화, 즉 외로움 때문에 발생한다고 주장한다.

상대적 중독 이론(relative addiction theory)에 따르면, 사회적 지지,
즉 사회적 활동으로부터 얻게 되는 혜택은 중독을 예방하고 치료하

는 데 매우 중요한 역할을 한다. 사회적 지지를 강조하는 알코올 중독자 모임이나 도박 중독자 모임 등은 보다 근본적인 과정(생리적·인지적·행동적·정신적인 과정)의 작용은 보조적인 것이라고 믿는다. 이러한 과정 대신에 상대적 중독 이론에서는 사회적 지지 혹은 그것의 부족을 중독 과정의 핵심으로 이해한다. 그 이론에 따르면, 중독자들은 사회적 지지가 부족하기 때문에 중독자가 된다. 그들은 외롭기 때문에 …… 첫 번째 음주, 첫 번째 흡연, 첫 번째 코카인이 그러는 것처럼, 부족한 사회적 지지는 그들을 중독의 길로 인도하게 되는 것이다 (Rachlin, 2000, p. 82, 강조는 원문에 있는 것임).

하버드에서 공부한 행동주의자 라클린은 실험실에서 쥐와 비둘기의 행동으로부터 얻어진 데이터를 근거로 사회적 강화의 부족이 중독에 이르게 한다고 주장한다(다시 또 '쥐 심리학'이다. 1장 참조).

물론 이 문제[사회적 박탈이 약물 중독에 미치는 영향]를 인간을 대상으로 하여 정밀하게 통제된 실험을 진행하는 것은 불가능한 일이지만, 인간이 아닌 피험자로 실험을 하는 것은 가능하다. 실제로 여러 실험에서 사회적으로 고립된 쥐들이 사회적으로 활동적인 쥐들보다 중독성 강한 물질을 유의하게 더 많이 소비한다는 것이 밝혀졌다 (Rachlin, 2000, p. 98, 강조는 원문에 있는 것임).

귀납적 과학의 입장에 따르면, 일단 실험실에서 상대적인 강화 중독 과정이 확립되고 나면 실험실 밖의 인간 세상에도 적용될 수 있다.

사회적 상호작용은 알코올이나 다른 약물 사용 같은 중독되는 활동을 대체할 수 있다[반대의 경우도 마찬가지다]. …… 치료 프로그램에 참여했던 알코올 중독자들의 재발에 대한 [루디] 부치니치([Rudy] Vuchinich)와 [잘리] 터커([Jalie] Tucker)(1996)의 연구를 살펴보면 보다 직접적인 증거를 확인할 수 있다. 재발의 발생빈도는 사회적 지지가 낮은 사람들에게 유의하게 높은 것으로 나타났다. 알코올 치료 기법을 심도 있게 검토한 결과에 따르면(Miller et al., 1995), 매우 많이 사용되는 어떠한 장기적인 기법들(약물치료, 혐오요법, 12스텝 방법 포함)보다도 사회적 기술 훈련이 훨씬 더 효과적이라는 사실을 알 수 있다(Rachlin, 2000, p. 101, 강조는 저자가 첨가한 것임).

그것이 가장 효과적인 치료가 아님에도 불구하고, 알코올 중독자 모임에서는 외로움을 벗어나기 위해 단지 후원자에게 전화를 하거나 다음 모임에 차를 몰고 가는 일을 한다. 알코올 중독자 모임은 강화를 받을 수 있는 또 다른 원천을 제공하고(사회적인 정적 강화), 동시에 외로움과 삶의 문제를 벗어날 수 있는 또 다른 방법을 제공하는 것이다(부적 강화).

알코올 중독자 모임의 회원은 자신들이 삶에서 '회복 중'이라고 믿게 되고, 삶을 위해 모임에 참여하는 것에 격려를 받는다. 모임에 참석하면 참석한 것에 대한 사회적 강화를 받는다. 모임에 빠지면 후원자가 그 사람을 찾아내어 다음 모임에 데려 오려 시도하는 경우도 있다. 따라서 모임에 참석하지 않으면 사회적으로 불쾌한 결과를 경험할 수도 있다. 알코올 중독자 모임은 의존성의 한 종류인 알코올을 다른 종류의 의존성, 즉 모임 그 자체로 대체한 것일 뿐이라는 비판을 받고 있는 것이 사실이다. 여성금주조직(Women for Sobriety)의 설립자인 사회학자 진 커크패트릭(Jean Kirkpatrick)에 따르면, 여성은 이미 "알코올이나 남편 등 스스로를 제외한 모든 것에 의존적일 수 있다. [알코올 중독자 모임에서] 여성은 자신의 남은 인생 동안 후원자라든가 보다 강력한 권위 혹은 모임 참석과 같은 새로운 의존성을 발달시키게 된다."(Gelman, 1991, p. 63) 실제로 약물에 대한 의존성과 마찬가지로, 알코올 중독자 모임에 대한 의존성도 다른 잠재적인 강화물의 손실을 가져오는 결과를 초래할 수 있다. 만약 어떤 사람이 남은 평생을 매주 여러 알코올 중독자 모임에 가며 '회복하는 일'에만 시간을 보낸다면, 그는 오직 모임에 참석하고 술을 마시지 않는 것으로만 강화를 받게 된다. 반대로, 알코올 중독자 모임에 참석하는 대신에 취업기술, 취미, 자녀 양육, 체력 단련, 영양 높은 식사와 같은 강화를 유발하는 다양한 행동을 체계적으로 발달시킨다면, 강화를 받을 수 있는 원천이 더욱 풍부해질 것이며, 다시 약물을 사용하게 될 가능성은 보다 낮아지게 될 것이다.

그럼에도 불구하고, 이러한 모임이 적어도 자신을 약물에서 벗어나 살 수 있게 해 주었다고 말하는 셀 수 없이 많은 평생회원들은 사회적 지지가 약물 사용보다 전반적으로 더욱 강화적일 수 있다고 주장한다. 이러한 얘기는 결국 약물 사용을 이해하는 가장 유용한 방법은 약물이 강화물로 기능한다는 사실을 인식하는 것이라는 주장을 다시 한 번 강조하고 있는 것이라 할 수 있다.

약물 치료를 위한 강화 접근법에서 첫 번째로 인정하는 것은 약물이 사실상 강화물로 기능한다는 사실이다. 이처럼 솔직하게 인정하는 것이 행동주의적 접근법을 효과 없는 많은 사이비 과학적인 접근법과 구별되게 만드는 지점이기도 하다. 두 번째, 약물이 즉각적인 강화를 일으킨다는 것을 인정한다. 약물 사용에 대해 교도소 수감이라든가 실직 혹은 벌금과 같이 벌을 주는 것은 약물을 사용하는 사람에게 약물 사용에 있어서의 장기적인 가치를 감소시킬 수는 있다. 하지만 이러한 벌은 지연되어 나타나는 반면, 약물 사용은 즉각적으로 강화를 주기 때문에 늘어나는 처벌과 이러한 처벌의 위협성이 약물의 사용을 줄이지 못한다. 약물 사용은 즉각적인 정적 강화와 즉각적인 부적 강화(현실 도피) 모두를 제공하며, 매우 효과적인 수반성 함정으로 기능하기 때문에 약물을 금지하는 법은 실효성이 없다.

약물은 매우 강력한 강화물이며, 약물 사용에 대한 (지연된) 처벌은 약물 사용을 줄이지 못하기 때문에 약물 사용을 줄이기 위한 대안은 약물을 사용하지 않는 다른 행동들로 얻을 수 있는 강화물이 더욱 많은 상황을 만드는 것이다. 알코올 중독자 모임이나 약물 중독자 모임, 그리고 이와 유사한 프로그램들 역시 약물 사용 이외의 행동(예를 들어, 모임 참석)에 대해 사회적 강화를 제공하지만, 이러한 모임에서 제공되는 사회적 강화는 프로그램 자체와는 관계가 없고, 체계적이지도 않으며, 인식할 수 없고, 확신할 수 없는 부분도 있다(예를 들어, '12단계 스텝' 프로그램 중 어느 부분에서도 비약물 행동이나 금주 행동에 대한 사회적 강화를 언급하지 않는다). 한편 강화에 기반한 행동주의적 접근에서는 비약물 행동에 직접적으로 강화를 주며, 이러한 강화가 사람들이 비약물 강화를 받을 수 있는 행동 기술을 발달시키는 방향으로(예를 들어, 취업 훈련) 진행된다.

코네티컷 대학교(University of Connecticut)의 연구원 낸시 페트리(Nancy M. Petry)와 동료들은(Petry et al., 2000) 수반성 관리 치료가 알코올에 의존하는 군인들에게 일반적으로 사용되는 표준적인 치료보다 훨씬 더 효과적이라는 사실을 보고하였다. 수반성 관리 치료에서는 음주 측정 값이 음성이고 치료 목표에 도달하면, 군인들은 상품을 강화물로 받게 된다. 프로그램이 시작되고 8주가 지난 시점에서 수반성 관리 치료를 받은 군인은 69퍼센트가 계속 금주를 하고 있었지만, 표준 치료를 받은 군인의 경우에는 단지 39퍼센트만이 금주를 지속하고 있었다. 금주가 강화를 받을 때, 금주는 증가한다. 사람들이 술에 취해 있을 때는 생산적인 기술을 가르치기 어렵다. 그러나 술에 취하지 않은 것에 대해 강화를 받게 되면, 술에 취하지 않은 시간에 강화를 받을 수 있는 중요한 행동들(예를 들어, 직무 기술과 사교 기술)을 배울 수 있다. 일단 이러한 행동을 배우고 이러한 행동이 강화를 받게 되면, 금주에 대해 직접적으로 강화를 주지 않아도 다시 약물을 사용하는 행동은 서서히 사라지게 된다. 실제로 뉴멕시코 대학교(University of New Mexico)의 윌리엄 밀러(William R. Miller), 로버트 마이어스(Robert J. Meyers), 수잔느 힐러 슈투름 호펠(Susanne Hiller-Sturmhofel)(1999)은 1973년부터 1999년 사이에 발표된 연구들을 검토한 결과, 공동체 강화법(Community

Reinforcement Approach)이 전통적인 치료법보다 더 효과적이라는 사실을 발견했다. 공동체 강화법에서는 대처 기술을 연습하고, 목표를 설정하며, 약물 사용 패턴을 분석하는 일에 정적 강화를 제공함으로써 금주가 약물 사용보다 더 강화를 받을 수 있도록 중독자의 삶을 조정한다. 이 프로그램에서는 중독자에게 의미 있는 주위 사람들이 생산적인 비약물 행동에 대해 사회적 강화를 제공하는 일에 참여한다. 생산적이고 사회적으로 적절한 행동에 대해 공동체로부터 강화물을 얻는 법을 학습하게 되면, 약물의 사용은 줄어든다.

하나의 행동에 대한 강화의 효과는 다른 행동으로 얻게 되는 강화에 상대적으로 기능한다. 약물을 사용하는 경우에는 약물을 사용하는 것이 일어날 수 있는 다른 행동들에 비해 그 당시에는 상대적으로 가장 강화적인 행동일 것이다. 그러나 다른 행동들의 가치가 늘어나면, 즉 다른 행동에 대한 강화가 늘어나면 약물 사용으로 인한 강화의 상대적인 가치는 줄어들 것이고, 결과적으로 약물 사용은 줄어들 것이다. 존스홉킨스 대학교(Johns Hopkins University)의 케네스 실버만(Kenneth Silverman), 매리 앤 츄투아페(Mary Ann Chutuape), 조지 비글로우(George E. Bigelow), 맥신 스티처(Maxine L. Stitzer) 등은 메타돈(methadone)이 효과를 보이지 않는 코카인 중독 환자들에게 이러한 원리를 응용했다(Silverman et al., 1999). 메타돈은 헤로인의 생리적 대체제로서, 헤로인 중독자들을 위한 표준 약제 치료제다. 안타깝게도 많은 헤로인 중독자들은 코카인에도 중독되어 있는데, 메타돈은 코카인 욕구에는 영향을 미치지 못한다.

이들은 코카인이 검출되지 않은 소변 검사를 통과하면, 매주 백 달러 이상의 상품교환권을 받을 수 있음에도 코카인을 끊지 못했었다. 상품교환권보다 코카인이 더욱 큰 강화를 주고 있었던 것이다. 그러나 상품교환권의 액수를 세 배로 늘리자, 절반이 넘는 환자들이 코카인을 끊었다. 어쩌면 이는 많은 중독자들에게 코카인 사용이 매우 강화적이라는 잔인한 현실을 보여 주는 결과일 수도 있다. 하지만 다른 한편으로 이 결과는 만약 약물을 사용하지 않는 것이 충분히 더 강화적이 될 수 있다면, 수많은 '아주 심하게' 중독된 사람들에게도 강화물로서의 코카인 사용의 상대적인 가치는 줄어들 것이고, 결국 사용을 줄이거나 멈출 수 있다는 사실을 보여 준다.

냉소적인 사람들은 이런 주장을 할 수도 있다. "난 약물을 사용하지 않는 대가로 돈을 받지 않아. 왜 우리가 마약중독자들이 약물을 사용하지 않는다고 돈을 줘야 하지?" 이러한 반대는 어느 정도는 정치적인 사회 철학적 문제다. 강화의 사용에 반대하는 이러한 형태의 주장은 그리 바람직하지 않다(1부 참조). 약물남용을 억제하기 위한 아무런 노력도 하지 않는다면, 약물남용은 계속될 것이고 사회와 개별 남용자들은 값비싼 대가를 치르게 될 것이다. 그렇다면 남아 있는 방법은 두 가지 밖에 없다. 하나는, 약물 사용자를 처벌하여 그들을 교도소에 가두는 등 약물과의 전쟁을 계속하는 것이다. 이는 실제로 소수자를 체계적으로 압박하는 기능을 한다(Helmer, 1975). 또 하나는, 생산적인 비약물 행동을 유도하기 위한 치료와 교육, 그리고 강화를 제공하는 것이다. 리처드 닉슨(Richard Nixon) 전 대통령의 '마약과의 전쟁(war on drugs)' 방침과 같이 30년 이상 실시되어 온 처벌과 무관용에 기초한 '그냥 안 한다고 말해(just say no)' 라는 접근법은 무지에 기초한 것이며, 아무런 효과도 없다. 처벌, 즉 마약과의 전쟁은 아무런 효과도 없을 뿐만 아니라, 가장 비용이 많이 드는 방법이다. 랜드 연구소(RAND Corporation's research center)의 약물 정책 책임자에 따르면, "코카인 소비를 현재 수준보다 1퍼센트 낮추기 위해 드는 비용은 코카인을 생산하는 국가들을 통제하는 데 7억 8천 3백만 달러 이상, 코카인의 국내 유입을 차단하는 데 3억 6천 6백만 달러 이상, 국내에서 법을 집행하는 데 2억 4천 6백만 달러 이상인 반면, [강화적 접근법] 치료에 사용되는 비용은 3천 4백만 달러 정도다."(Miller, 2000, P. A22) 가장 비용이 적게 드는 마약과의 전쟁 방법조차도 치료 접근법의 7배가 넘는 비용이 든다.

그리고 약물을 사용하지 않는 사람들이 약물을 사용하지 않는 것에 대해 실제로는 돈을 받고, 강화를 받고 있다는 점을 이해할 필요가 있다. 안정되고 보수가 좋은 직업과 강화를 제공하는 가족이 있고 강화를 받는 사회생활을 하고 있는 사람들은 약물을 사용하지 않는 것에 대해 큰 강화를 받고 있는 것이다. 만약 이들이 약물을 남용하기 시작하면, 아마도 실직하거나 적어도 임금 인상과 승진을 놓치게 될 것이며, 만약 이것들을 전부 잃지 않는다 하더라도 가족과 사회생활이 약물을 사용하기 전보다 덜 강화적이 될 것이다. 아주 실제적인 의미에서 그 사람들은 약물을 사용하지 않는 것에 대해 돈을 받으며 강화를 받고 있는 것이다. 약물을 남용해 온 사람이 사용량을 줄이기 시작하거나 완전히 끊으면 가족과 사회생활이 더욱 강화적으로 기능할 것이며, 직장을 구하거나 임금 인상, 승진의 가능성이 커진다(그의 환경이 직장을 구하기에 손쉬운 환경이라고 가정했을 경우).

불행하게도 다양한 이유(남용, 방치, 가난, 만성 질병이나 통증 등)로 인해 비약물 행동에 대해 많은 강화를 받지 못하는 환경에 있는 사람도 있으며, 강화물을 받는 데 필요한 행동 기술이 없는 사람들도 있다. 학교에서 열심히 공부하면 '백인 행세한다' 고 두들겨 맞고, 부모는 문제를 일으키지 않는 한 아무런 관심도 없는데 어째서 열심히 공부를 하겠는가? 이들에게 약물을 하지 않았을 때 강화를 받을 수 있는 일은 거의 없을 것이며, 설사 받는다 하더라도 오랜 시간이 흐른 다음일 것이다. 그러나 약물을 복용하면 즉각적으로 현실에서 벗어날 수 있고, 즉각적으로 기분이 좋아진다. 이러한 상황에서 만성적인 약물남용이 발생하는 것은 전혀 놀라운 일이 아니다(실제로 그런 상황에서 더 많은 약물 사용이 발생하지 않는다는 사실이 놀라울 따름이다). 안타깝게도 이러한 약물남용은 사용자의 상황을 더욱더 나쁘게 만들고, 사회는 더욱더 큰 대가를 치르게 되는 수반성 함정인 것이다. 이런 경우, 생산적이고 사회적으로 적절한 비약물 행동에 대해 정적 강화를 제공하는 예방치료가 사회적 측면에서는 비용이 가장 적게 들고, 남용자 측면에서는 가장 효과적이며 이로운 방법인 것이다.

버몬트 대학교(University of Vermont)의 스티븐 히긴스(Stephen J. Higgins)와 낸시 페트리(Nancy M. Petry)는 1969년에서 1998년 사이에 수행된(무려 29년간!) 알코올 및 기타 약물 문제를 치료하는 강화 프로그램, 즉 수반성 관리의 효과와 관련된 연구를 검토한 결과, 이러한 프로그램이 금주와 약물 치료 준수, 치료를 위한 참석률 등을 효과적으로 강화한다(증가시킨다)는 사실을 검증하였다(Higgins & Petry, 1999). 헤로인 중독자인 메타돈 환자를 위한 수반성 관리 강화 프로그램의 효과성에 대한 30년 간의 연구결과에 대한 메타 분석결과 역시, 강화 프로그램이 약물 사용을 실제로 유의하게 감소시킨다는 사실을 말해 주고 있다(Griffith et al., 2000). 이들 프로그램이 무료인 것은 아니지만 효과가 있다. 비용을 고려해 보자면 사실 가장 비싼 수반성 관리 강화 프로그램조차도 약물남용자를 범죄자로 취급하여 재판장으로 내몰고, 결국은 납세자들이 돈을 대는 교도소에 수감시키는 비용보다 훨씬 더 저렴하다 할 것이다.

가장 이상적인 약물 치료 프로그램이라 하더라도 다시금 약물로 되돌아가게 만들 수도 있을 것이다. 개인의 특수한 상황과 행동강화의 내력에 따라 영원히 약물을 끊는 사람도 있을 것이고, 재발과 회복을 반복하는 사람도 있을 것이며, 다시 재발하여 약물과 관련된 죽음을 맞이하는 불행한 사람도 있을 것이다. 행동으로 연속되는 인생이라는 강물에서 좌절이나 성취는 불가피하다. 행동의 강물이 얼마나 순조롭고 풍부하게 흘러갈 수 있는가는 우리가 이용할 수 있는 강화물과 그러한 강화물을 만들어 낼 수 있는 행동에 좌우된다. 약물은 행동의 흐름에 함정을 놓는 회오리나 소용돌이와 같다. 이 회오리와 소용돌이를 미리 피할 수 있는가 혹은 피할 수 없다면, 이로부터 탈출할 수 있는가의 여부는 다른 행동들로부터 강화를 받을 수 있는가 없는가에 달려 있다. 만약 환경과 가족과 사회가 강화물을 제공하지 못한다면, 또 제공한다고 하더라도 너무 적거나 너무 약하다면, 약물남용의 수반성 함정에 빠진다 해도 그다지 놀라운 일은 아닐 것이다.

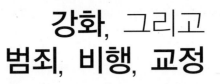

강화, 그리고
범죄, 비행, 교정

아주 간단히 말해서, 중독자가 약물을 남용하는 것과 동일한 이유로 어떤 사람이 반복해서 범죄를 저지르는 이유는 범죄 행위가 강화를 주기 때문이다. 범죄 행위는 여러 측면에서 강화를 받는다. 미시시피 주립대학교(Mississippi State University)의 피터 우드(Peter B. Wood)와 테네시 주에 위치한 밴더빌트 대학교(Vanderbilt University)의 월터 고브(Walter R. Gove), 제임스 윌슨(James A. Wilson), 그리고 사우스플로리다 대학교(University of South Florida)의 존 코크란(John K. Cochran) 등은 서로 관련이 있는 다음과 같은 세 개의 범주로부터 범죄 행위가 강화물을 유발한다고 주장한다. 첫째는 '돈, 사회적 지위, 기타 도구적 보상'을 포함하는 '외생적 보상(exogenous rewards)'이며, 둘째는 '정체성과 자아 존중감' 및 '외재적 보상의 성취에 대한 인식'과 같은 '심리적 보상(psychological rewards)'이고, 셋째는 '내생적 신경생리(endogenous neurophysiological) 보상 시스템의 자극을 통해 경험되는 쾌감'인 '생리적 보상(physiological rewards)'이다(Wood et al., 1997, p. 347).

물질적인 강화물, 즉 '외생적 보상'은 많은 범죄에 있어 강화의 가장 명백한 원천이다. 당연히 절도를 하는 주된 이유는 돈 때문이다(Bennett & Wright, 1984). 누군가가 다른 사람의 돈을 빼앗는 일에 성공한다면, 강도짓은 피해자의 돈에 의해 강화를 받을 것이다. 어떤 아이가 다른 아이의 점심값을 뺏어 달아난다면, 돈을 훔치는 것은 피해자의 돈에 의해 강화를 받을 것이다. 동료 집단 내에서 사회적 지위가 높은 사람은 상대적으로 사회적 지위가 낮은 사람보다 일반적으로 더 많은 강화물을 받을 수 있는 기회를 갖는다(예를 들어, 돈, 차, 성관계 기회). 마피아나 거리의 갱단은 물론이거니와 느슨하고 조직 체계가 잡혀 있지 않은 범죄 집단 내에서조차 범죄에 성공하는 것은 집단 내에서의 사회적 지위를 높여 주고, 결과적으로 다른 강화물을 얻을 수 있는 기회를 증가시켜 준다.

범죄 행위에 대한 '심리적 보상'은 외생적 보상이나 기타 강화물을 받는 것과 관련된다. 범죄자들은 안정적이지 않은 혐오스러운 가정환경에서 자랐을 가능성이 매우 높고, 종종 신체적으로나 심리적으로 학대를 받았으며, 교육을 제대로 받지 못한 데다 직업을 가진 경력이 적은 저소득자다(예를 들어, Wood et al., 1997, p. 343). 간단히 말하면, 범죄자는 정적 강화를 받아본 경험이 거의 없으며, 강화물을 유발할 수 있는 적절한 행동을 발달시키지 못했다. 따라서 법을 준수하는 사람이 범죄를 저지름으로써 자신이 소유하고 있는 강화물을 잃게 되는 것과 같은 그런 상황은 범죄자들에게 그리 큰 문제가 아니다. 왜냐하면 그들은 물질적이나 행동적으로 가지고 있는 것이 거의 없기 때문에 범죄로 인해 잃을 것이 거의 혹은 전혀 없기 때문이다. 결과적으로 범죄 행위는 물질적인 부유함뿐만 아니라 사회가 일반적으로 범죄자에게 주지 않았던 무언가를 제공한다. 지각된 자기 결정감(perceived self-determination), 지각된 자기 실현감(perceived self-actualization), 통제감과 전능함의 느낌(feelings of control and omnipotence) 등이 그것이다(Lyng, 1990; Wood et al., 1997). 통제감과 지각된 자기 결정감은 강화물을 받는 것과 관련되어 있다. 법을 잘 지키는 중산층의 청소년이 A 학점을 받으면 칭찬, 애정, 인정을 받게 된다. '너의 노력이 보답받을 줄 알았어, 우리 예쁜이! 한번 안아 보자. 계속 잘하렴.' 이는 청소년의 지각된 자기 결정감을 높이게 된다. 유사하게, 이미 '상습적인' 청소년 범죄자는 성공적인 범죄 행위에 대해 칭찬, 애정, 인정을 받게 된다. '잘했어! 하이파이브 하자! 역시 넌 최고야!' 이러한 관심은 범죄자의 지각된 자기 결정감을 증가시킨다. 범죄 행위의 '심리적 보상'은 범죄자에게 범죄 행위가 강화를 받는다는 사실을 명료하게 알려 준다. 범죄 행위는 강화를 주는 기능을 한다.

'내생적 신경생리 보상 시스템의 자극을 통해 경험되는 쾌감'을 주는 범죄 행위의 '생리적 보상'(Wood et al., 1997, p. 347)은 약물남용이 강화를 받는 기제와 동일하다(자세한 내용은 11장 참조). 약물남용과 마찬가지로 범죄를 저지르는 것이 즉각적이고 강렬하게 범죄자 뇌의 강화 회로를 활성화한다는 점에서 범죄는 수반성 함정으로 기능한다. 대부분의 상습적인 범죄자들은 심각한 약물남용자이기도 하다. 성공을 예측하는 것이 어려운 범죄 행위에 대해 즉각적이고 강렬하게 주어지는 강화는 도박꾼이 도박에 '중독되는' 것처럼 범죄자가 범죄에 '중독되게' 만들 수 있다.

범죄 행위가 생리적인 도파민 강화 시스템을 즉각적이고 강렬하게 활성화한다는 것을 이해하게 되면, 어째서 '범죄자를 처벌하는 것'이 그다지 효과가 없고, 범죄에서 손을 씻는 것이 그렇게 어려운지 이해할 수 있다('범죄자를 처벌하는 것'에 따옴표를 한 이유는 기술적으로 말해서 사람이 처벌되는 것이 아니기 때문이다. 행동이 처벌되는 것이다). 생리적 강화 시스템은 범죄를 저지르는 중에 즉각적으로 활성화되는 데 반해, 범죄에 대한 처벌은 언제나 지연된다는 특징이 있다. 많은 연구에서 지연되어 나타나는 결과는 즉각적으로 발생하는 결과에 비해 효과가 떨어진다는 사실을 보고하고 있다. 결과란 지연되면 될수록 그 효과가 떨어지게 되는 것이다. 벌은 아이가 '현장에서 잡혀서' 즉각적으로 처벌될 때만 효과적일 가능성이 높다. 범죄가 나중에 발각되면, 설사 그게 같은 날이라 할지라도 처벌은 효과가 떨어지기 쉽다. 아주 어린아이가 아니라면, 현장에서

잡힌다 하더라도 처벌은 훨씬 더 지연된다. 그들은 일단 교장실이나 혹은 경찰서로 가게 되고, 재판을 받을 때까지는 풀려나게 되며, 때로는 자신의 범죄에 대해 수년 동안 어떠한 '처벌'도 받지 않을 수 있으며, 따라서 범죄 이후에 더 많은 범죄를 저지를 가능성도 있다.

게다가 법을 준수하는 시민에 비하여 범죄자는 일반적으로 강화물과 그리고 다른 사람이 혐오스럽게 생각하는 자극, 둘 다에 민감하게 반응하지 않는다. 범죄자들은 습관이 들고 내성이 생겨 일반 시민에 비해 고통에 둔감해진다. 따라서 범죄자에게 '처벌'은 일반 시민에 비해 덜 '처벌적'이 된다. 상당량의 도파민 수용체를 잃어버린 장기 약물중독자처럼, 범죄자들은 일반적으로 일반 시민들만큼 생리적으로 민감하지 않다. 일반 시민은 아이스크림만으로도 충분히 쾌감을 느낄 수 있지만, 범죄자의 경우 일반 시민이 느끼는 만큼의 쾌감을 경험하기 위해서는 아이스크림에 더하여 아이스크림을 훔치는 흥분까지 합해져야 하는 것이다(Blum et al., 2000).

범죄로 인한 처벌의 위험이 증가하는 것은 역설적으로 범죄를 저지르면서 경험하는 쾌감을 증가시키게 된다. '완전 범죄'라는 용어는 언제나 높은 위험요소가 있는 범죄임을 암시하고 있으며, 잡힐 경우 아주 엄한 처벌을 받을 수 있다는 의미를 내포하고 있다. 만약 위험이 많지 않거나 처벌받을 위험이 없다면 그러한 범죄는 저지를 가치가 그다지 크지 않은 것으로 생각될 것이다. 단순히 '완전 범죄'라는 말이 있다는 것만으로도 범죄란 대단히 강화적이라는 사실을 알 수 있다. '완전한' 것은 강화를 받고, '불완전한' 행동은 처벌된다. 위험과 처벌의 가능성이 커질수록 범죄를 저지르는 스릴이 커지고, 흥분이 커지며 강화가 커진다. 범죄에 '중독되어' 가면서(강화를 받기 위해 범죄에 의지하게 되면서) 범죄자는 약물남용자가 같은 수준의 쾌감을 경험하기 위해 약물 복용량을 계속 늘려야 하는 것과 마찬가지로 범죄에서 같은 수준의 흥분을 경험하기 위해 종종 증가하는 위험을 감수하게 된다. 아동 성추행과 특수 강간으로 유죄 판결을 받은 한 수감자는 다음과 같이 말한다.

아이를 성추행하기 위해 그 집에 침입할 때면, 그 전에 일단 자위를 하면서 그 집에서 내가 저지를 행동을 상상하고, 무엇이 잘못되고 어떻게 잡히는지를 단지 생각하는 것이…… 날 흥분시키는 가장 큰 부분이었다. 이러한 상상으로부터 얻는 가장 큰 강화물은 사정이었다. …… 일단 정말로 그 집에 침입하면 그 쾌감은 믿기 어려울 정도였다. …… 일단 극도의 쾌감을 느끼며 도망에 성공하게 되면, 더 위험한 것을 시작했고 더 대담해졌다. 붙잡힐 때까지 매번 좀 더 과감하고, 좀 더 대담한 무언가를 했다. 강도, 빈집털이, 가게 물건 훔치기 같은 일들은 동일한 쾌감은 주지 못했지만, 여기에 성적인 요소가 더해지면 쾌감이 극대화되었다. 나에게는 다른 어떤 것보다도 쾌감이 우선이었다(Wood et al., 1997, p. 358, 강조는 저자가 첨가한 것임).

물론 범죄자들이 범죄를 저지르는 동안 그들의 뇌 도파민 회로를 모니터하는 것은 불가능하겠지만, 거의 모든 범죄자가 보고하는 바에 따르면 그들은 범죄를 저지르는 동안 쾌감을 느끼고 있으며 범죄가 강해지면 강해질수록 쾌감은 증가하게 된다. 우드와 그의 공동 연구자들은 "재산에 관련된 범죄와 폭력에 관련된 범죄가 신경생리적인 황홀감과 개인적인 성취감이라는 강화를 주는데, 이러한 내생적 강화는 특히 폭력적인 대인 범죄와 관련 있다는 것을 데이터는 보여 주고 있다."(Wood et al., 1997, p. 351)고 주장하였다.

우드의 연구에 따르면, 범죄자들이 보고하는 쾌감과는 다르게 대부분의 대학생들은 자신이 범죄를 저지르게 된다면, 걱정과 두려움, 긴장을 느끼게 될 것 같다고 보고했다. 이러한 단어들은 강화가 아닌 처벌에 대한 위험과 관련된 것들이다. "그러나 수감자들이나 범죄에 대해 매우 잘 알고 있는 대학생들은 범죄를 저지를 때 쾌감을 느낄 것 같다고 보고했다."(Wood et al., 1997, p. 351, 강조는 저자가 첨가한 것임) 즉, 재소자와 마찬가지로 범죄를 저지른 적이 있는 대학생 역시 범죄자들이 범죄 행위가 강화를 준다는 것을 알고 있는 것처럼, 그들의 범죄 행위가 강화를 준다는 사실을 알고 있다. 이러한 연구결과는 범죄를 저지르는 사람들 중 어째서 일부는 결국 교도소에 가지만, 다른 일부는 학교로 돌아가는가에 대해 '붙잡혔기 때문에' 라는 식의 너무나 당연한 답이 아닌 다른 답이 있지 않을까라는 의문을 일으킨다. 그들이 대학에 재학 중이라는 사실에서 추론할 수 있듯이, 아마도 범죄가 강화를 준다는 것을 알고 있다 하더라도 그들은 범죄가 다른 강화를 주는 행위에 전체적으로는 덜 강화적이고 덜 가치있다는 것을 알게 되기 때문이라는 것이 분명한 답일 것이다. 그리고 그들은 대학이라는 강화를 주는 원천을 가지고 있기 때문에 만약 잡히는 경우엔 원천이 적은 사람들에 비해 대가가 훨씬 더 클 수밖에 없다. 그렇다면 이제 우리가 대답해야 할 것은 끊임없는 범죄 행위를 유발하는 강화 내력과 환경은 무엇인가라는 질문이다.

초기 범죄 학습과 반항, '품행 장애'

반항을 하고 규칙을 지키지 않는 아이, 반사회적인 아이, '부적절한 행동' 이 잦은 아이, 정신의학적 수준의 품행 장애 아이들은 다른 아이들에 비해, 심지어는 품행에 문제가 없는 '과잉행동' 을 가진 아이에 비해 범죄 행위를 저지를 가능성이 상대적으로 매우 높다. 예를 들어, 오리건 보건 과학대학교(Oregon Health Science University)의 제임스 새터필드(James H. Satterfield)와 그의 동료인 앤 셸(Anne A. Schell)은 수년 동안 수행된 남성에 관한 연구를 통해 "아동기의 품행 장애는 훗날 범죄 행위를 예측할 수 있으며, 청소년기의 심각한 반사회적 행동은 성인기 범죄를 예측할 수 있다. …… 성인기에 범죄자가 될 가능성은 아동기의 품행 장애와 청소년기의 심각한 반사회적 행동(반복해서 공격하기)과 연합된다. [그러나] 품행 장애가 없는 과잉행동 아동들은 훗날 범죄를 저지를 위험이 증가하지 않는다." (Satterfield & Schell, 1997, p. 1726)는 사실을 발견하였다. 이는 과잉행동, 품행 장애, 범죄에 대한 그의 30여 년

간의 다른 연구결과와 유사한 것이었다. 어린 시절에 사회적으로 적절한 행동에 대해 강화를 받지 못하고 공격성과 강압, 비행, 반항 등에 대해 강화를 받게 되면, 범죄 행위 패턴이 발달하게 된다. 강압적인 가족 유형은 아이의 공격성, 강압성, 불응성을 형성시키고, 이에 강화를 주며, 무의식적으로 이러한 성격이 발달되도록 가르친다. 오리건 대학교 사회적 학습 연구 센터(University of Oregon Social Learning Research Center)의 제랄드 패터슨(Gerald R. Patterson)의 가족 강화 역학에 대한 연구(예를 들어, Patterson, 1982)와 조지아 대학교(University of Georgia)의 렉스 포핸드(Rex Forehand)의 부모 행동 훈련에 대한 연구(예를 들어, Wierson & Forehand, 1994)는 아이의 불응적·공격적·강압적 행동이 가족 역학 관계에 존재하는 정적 강화 함정과 부적 강화 함정 모두의 결과임을 말해 주고 있다.

부적 강화 함정 상태에서 아이에게 요구되는 것은 불응과 반항이다. 즉, 발로 차거나, 울거나, 소리를 지르거나, 때리는 것이다. 만약 부모가 아이에게 요구한 것을 취소하거나 줄여 주게 되면, 그 부모는 자녀의 반항에 부적으로 강화를 주는 것이다. 훗날 그 부모는 보다 엄격하게 가르쳐 보려 할 수도 있다. 그러나 반항이 과거에 강화받은 적이 있기 때문에 엄격함이 늘어나게 되면 아이는 떼쓰기 행동의 강도와 지속 시간을 늘리게 된다. 대부분의 부모는 변함없이 엄격하게 가르치는 것이 불가능하다는 것을 알게 되고 '평화를 위해' 항복하게 된다. '항복하는' 부모의 행동은 떼쓰는 행동을 멈추게 하기는 하지만 이는 일시적이기 때문에 결국은 다시 한 번 아이의 반항적인 행동에 부적으로 강화를 주는 결과를 가져온다. 유감스럽게도 그리고 자각하지 못한 채로, 부모는 대인관계에 있어 이러한 부적 강화의 역학 관계를 형성시켜 자녀에게 반항하는 것을 가르치게 되는 것이다. "내가 충분히 반항하고, 충분히 소리 지르고, 충분히 공격적이기만 하면, 그러니까 충분히 오래 하기만 하면, 내 마음대로 될 거야." 부적 강화를 통해 아이는 이런 생각을 학습하고 있는 것이다.

그것이 규칙을 준수하는 행동이든, 공격적이고 규칙을 무시하는 행동이든 어떤 행동의 발생 비율은 그 행동이 강화를 받게 되는 상대적 비율에 직접적으로 영향을 받는다. 만약 공격적인 행동이 비공격적인 행동보다 상대적으로 훨씬 빈번하게 강화물을 가져온다면 아마도 공격적인 행동이 발생할 것이다. 위치토 주립대학교(Wichita State University)의 제임스 스나이더(James Snyder)와 패터슨(Patterson)은 4세에서 5세 아들을 가진 20명의 싱글 맘에 대한 연구에서 공격성과 강화의 관계를 확인하였다. 일부 부모 자녀 간에는 부모와 자녀 모두에게서 높은 비율의 공격성이 나타났고, 일부는 낮은 비율의 공격성을 보였다. 공격적인 가정의 경우, 어머니와 아들은 빈번하게 서로에게 혐오자극(소리 지르기, 비난, 명령)을 주고 있었다. 아들이 공격적이 되면 엄마는 대개 자신이 주고 있던 혐오자극을 종결했고, 결과적으로 다음 번 관찰 때 아들은 더 공격적이 되어 있었다. 아들의 공격성이 부적으로 강화를 받았던 것이다. 마찬가지로, 엄마가 공격적이 되면 아들은 대개 자신이 주고 있던 혐오자극을 종결했고, 결과적으로 다음 번 관찰 때 엄마는 더 공격적이 되어 있었다. 아들의 공격성과 마찬가지로 엄마의 공격성 역시 부적으로 강화를 받고 있었다. 스나이더와 패터슨은 다음과 같이 결론을 내렸다.

공격적인 모자 관계와 비공격적인 모자 관계 모두에서 엄마와 아들의 행동은 갈등을 해결하는 데 있어서 그 행동이 [강화를 유발하는] 유용성이 있는지에 분명하게 맞추어져 있었다. 그러나 갈등을 해결하기 위해 학습하는 내용은 매우 상이했다. 비공격적인 관계의 모자에 비해 공격적인 관계의 엄마와 아들은 갈등을 처리하는 데 있어 서로의 공격적인 방법에 보다 많은 강화를 주고 있었다. 이러한 관계에서 갈등을 해결하는 주된 전략은 상대방에게 무조건적으로 강요하는 것이었다. 역설적인 것은 이 전략이 엄마와 아들의 갈등의 빈도와 지속 기간을 늘린다는 것이다(Snyder & Patterson, 1995, p. 388).

말썽 피우기

규칙에 순응하지 않는 일탈 행동 패턴 역시 어린 시절에 부적인 강화뿐만 아니라 정적인 강화에 의해서도 학습되어 수반성 함정에 빠질 수 있다. 규칙에 순응하지 않는 행동에 대해 주어지는 정적 강화는 일반적으로 부모의 관심인데, 그러한 관심이 규칙에 불응하는 행동을 줄이기 위해, 즉 벌을 주기 위한 경우라 하더라도 정적 강화로 작용한다. 부모가 아주 바쁘거나, 스트레스를 받거나, 피곤한 가정에서는 평화와 조용함은 특히 값진 것이다. 그런 가정에서(대부분의 가정이 그럴 것이다) 아이들이 '조용히 놀고 있을' 때 부모는 자녀를 못 본 체하면서 휴식을 취하거나 집안일을 하고 싶어진다. 그러나 적절하게 성장하고, 학교에서 성취를 이루고, 남들보다 뛰어나려면 아이에게는 높은 비율로 발생하는 부모의 관심과 대화, 그리고 애정(affection)이 필요하다(예를 들어, Gottman et al., 1997; Hart & Risley, 1995).

만약 적절한 행동(그림 그리기, 색칠하기, 노래 부르기, 대화하기, 남과 공유하기, 수 세기, 만들기, 글 쓰기, 협동하기, 엄마 돕기 등)에 대해 필요로 하는 관심을 받지 못하면 아이는 부적절한 행동(소리 지르기, 악쓰기, 잡아채기, 싸우기 등)을 통해 관심을 받으려 할 것이다. 관심을 받지 못하다가 맞을 때만 관심을 받게 되면, 애정과 폭력이 동시에 발생하기 때문에 애정과 폭력을 동일한 것으로 생각하게 된다. 마약을 끊었다가 다시 시작하고 다시 끊는 일을 반복하는 마약 판매상인 캔디(Candy)가 바로 이 경우였다.

> 남편은 우리 아버지와 비슷했다. 나는 학대받는 어린 딸이었고, 학대받는 어린 신부가 되었다. …… 그게 사랑이라고 생각했다. 거짓말이 아니다. 태어나서 열세 살 때까지 아버지에게 계속해서 맞았고, 그다음 열세 살 때부터 서른두 살까지는 남편에게 맞았기 때문에 맞

는 것을 사랑하게 되었다. 그래서 사는 게 원래 그런 거라고 생각했다. 맞는 것 말이다. 남편이 날 때릴 수 있는 싸움거리를 찾곤 했다. 당신이 8개월 때부터 13세까지 학대를 받았던 딸이었다면, 당신은 학대받았던 남편을 만나게 되어 있다. 남자가 사랑을 표현하는 방법이 때리는 거라고 생각하게 되는데, 내 말은 '우리 아빠는 날 사랑해. 그러니까 날 때리지.' 이런 식이란 말이다(Bourgois, 1996, pp. 220-221).

캔디의 남편은 그녀를 너무나 심하게 때렸고, 결국 캔디는 남편을 총으로 쏘았다. 캔디는 너무나 많이 맞아서 다섯 번을 유산했었다. 불행하게도 학대받는 수많은 다른 사람의 경우와 마찬가지로, 남편을 쏘고 난 후 캔디는 그녀를 때려 줄 다른 남자를 만나기 시작했다. 맞으면서 그녀는 성적으로 흥분했다. 남편이 총상에서 회복되자 그녀는 결국 남편에게로 돌아갔다(Bourgois, 1996). 모든 경우가 캔디처럼 비극은 아니지만, 아동이 더 많이 맞으면 맞을수록 결국은 성인기에 폭력적인 관계에 처할 가능성이 더 높아진다는 것은 잘 알려진 사실이다(예를 들어, Straus, 1994). 소리를 지르고, 엉덩이를 때리고, 구타를 하는 이러한 폭력적인 것이 포함된다 하더라도, 부모의 관심은 아이에게 음식이나 물만큼 중요하다. 아이가 반항하고 순응하지 않으면 곧바로 부모의 관심을 받는다. 만약 부모가 순응하는 것에 관심을 보이기보다는 순응하지 않을 때 관심을 보이는 강화를 주게 되면, 그러한 관심이 구타를 하는 것이라 하더라도 부모는 어쩌면 의식하지 못한 채, 자녀에게 순응하지 않는 것을 훈련시키고 학습시키고 있는 것이다.

아이의 행동에 '견디지 못하고' 아이가 원하는 것을 준다면, 부모 역시 아이의 부적절한 행동에 물질적인 정적 강화를 제공함으로써 수반성 함정을 놓게 된다. 갖고 싶어 하던 물건이나 장난감을 부모가 줄 때까지 아이가 소리를 지르고, 악을 쓰고, 눈물을 흘릴 때, 예를 들어 가게 계산대에서 '알았어, 알았어, 초코바 먹어도 돼. 입 좀 닫아!' 라는 상황이 발생했다면, 그 부모는 즉각적인 물질적 강화물로 부적절한 행동을 강화하고 있는 것이다. 다음에 초코바나 장난감, 다른 물건을 원할 때 그 아이는 부모가 항복하여 물건을 주고 적절하지 않은 행동을 또다시 강화할 때까지 더욱더 악을 쓰고, 소리를 지르는 등 부적절한 행동을 할 것이다.

정적 강화 함정, 부적 강화 함정과 관련하여 "우는 아이 젖 준다(The squeaky wheel gets the grease)"는 문장은 '부적절한 행동이 강화물을 얻는다.'로 번역될 수 있다. 이상적으로 우는 것을 방지하는 가장 좋은 방법은 울기 전에 젖을 잘 주는 것이다. 부적절한 행동을 없애는 최고의 방법은 부적절한 행동이 습관 들기 전에 적절한 행동에 대해 강화를 충분히 제공하는 것이다(안 된다고 하기 전에 적어도 다섯 번 이상 허락해 주기)(Flora, 2000). '우는 아이 젖 주기'(순응하지 않거나 부적절한 행동에 무의식적으로 강화를 제공하기)는 원치 않는 행동을 일시적으로 중단시킬 수는 있지만, 아이는 결국 순응하지 않는 것과 부적절한 행동이 강화를 받는다는 것을 배우게 된다. 강화를 받음에 따라 순응하지 않는 일과 부적절한 행동을 하는 빈도는 증가할 것이며, 이는 결국 아이가 미래에 일탈행동과 범죄행동을 하게 될 위험을 증가시키게 되는 것이다.

⁞ 형제자매 간 공격성 강화

가족 중에 부모뿐만 아니라 형제자매 역시 아이에게 매우 많은 자극과 강화를 줄 수 있다. 형제자매 사이에서 발생하는 강압적인 강화의 역학 관계 또한 일탈적이고 비순응적인 행동 패턴을 만든다. 어떤 형제가 아이에게 혐오스러운 자극을 주면, 예를 들어 '흉내쟁이'처럼 굴거나 놀리게 되면, 놀림받은 아이는 그 형제가 놀리지 못하도록 공격적인 반응을 함으로써 공격성은 부적으로 강화를 받는다. 어떤 형제가 내가 좋아하는 장난감을 가지고 놀면 아이는 그 장난감을 차지하기 위해 공격적인 행동을 하거나 다른 부적절한 행동을 하게 되고, 공격성은 장난감을 갖는 것으로 정적 강화를 가져온다. 실제로 오리건 사회적 학습 센터(OSLC)의 패터슨 (Patterson), 토마스 디션(Thomas Dishion), 루 뱅크(Lew Bank)는 91개의 가족을 대상으로, 가족 간의 강압적인 상호작용이 '싸움에 대한 기본 훈련'으로 기능하며 (Patterson et al., 1984, p. 264), "몸싸움으로 이어지는 강압적인 순환 고리를 만들어 낸다."(p. 264)는 사실을 발견했다. 이와 마찬가지로, 품행 장애 치료를 위해 위탁된 소년과 57개 가족에 대한 연구에서 캔자스(Kansas)의 위치토 주립대학교 (Wichita State University)의 제임스 스나이더(James Snyder), 린 쉐레프만(Lynn Schrepferman)과 애리조나 주립대학교(Arizona State University)의 캐롤린 세인트 피터 (Carolyn St. Peter)는 부모와 형제자매가 꾸준하게(아마도 자신도 모르게) 소년의 공격적인 행동을 강화한다는 사실을 발견했다. 연구자들은 "아이의 공격적인 행동은 부모와 형제자매와 상호작용을 하는 가운데 그러한 공격적인 행동에 의해 유발된 사회환경의 [강화] 수반성에 의해 조정되고 조성된다."(Snyder et al., 1997, p. 206)라고 결론 내렸다. 가정에서 훈련된 이러한 공격성은 후일 문제를 일으킨다. 연구자들은 "그것이 부모와의 상호작용으로 유래되었든 형제자매와의 상호작용으로 유래되었든, 부적 강화와 소년의 [공격성의] 시작과 상호작용은 2년 뒤 그 소년의 반사회적 행동에 대한…… 신뢰성 높은 예언 변인임"(p. 207)을 발견했다. 실제로 2년간의 추수 연구에 따르면, 그 소년들의 45퍼센트가 적어도 한 번 체포된 적이 있었고, 35퍼센트는 가출을 했으며, 거의 반 정도의 아이들은 학교에서의 규율 위반 문제를 공식적으로 4번 이상 일으켰다.

자녀들의 싸움은 부모에게 혐오적인 것이며, 부모는 자녀들의 싸움에 공격적으로 반응할 가능성이 높다. 실제로 공격적인 소년의 엄마는 비공격적인 소년의 엄마보다 아들을 일곱 배 정도 더 때리는 경향이 있다(Patterson, 1982). 싸움에 대해 자녀를 때리는 것은 그 싸움은 끝나게 하지만, 공격성을 모델링시킴으로써 부모 역시 자녀가 폭력적이 되도록 훈련시키게 된다. 부모는 자녀에게 "주변에 너보다 큰 사람이 있을 때는 싸우지 마라. 그렇지 않으면 맞게 될 것이다. 하지만 가장 큰 사람이 폭력을 쓰면 원하는 것을 얻을 수 있다."는 것을 가르치고 있는 것이다. 실제로 패터슨, 디션, 뱅크는 '아동의 공격적인 행동은 정적 강화와 부적 강화, 그리고 빈번한 처벌로 이루어진 혼합 계획(mixed schedule)에 의해 유지된다. 공격성을 많이 경험한 아이는 수많은 혐오자극을 경험하게 된다. 사실 그런 사건들이 그 아이의 강압적 행동 대부분의 기본 요소가 되는 것이다."(Patterson et al., 1984, p. 256, 강조는 원문에 있는 것임)라고 주장하였다.

⦁ 청소년 비행 훈련

가족은 평생에 걸쳐 강력한 강화의 원천으로 남아 있지만, 아이가 성숙해감에 따라 잠재적으로 강화를 받을 수 있는 환경은 확대되기 시작한다. 청소년기에는 또래가 강화의 강력한 원천이 된다. 가정에서의 강화 역학 관계에 의해 일탈적인 경향성이 조성된 아이에게 또래의 관심은 비행에 대해 의도하지 않은 훈련을 계속하게 한다. 강압적인 가정에서 자란 아이는 순서를 지키거나, 남과 함께 쓰고, 협력하며, 돕는 것에 대해 강화를 받거나 훈련받지 않고, '싸움을 하고 막무가내로 우기는 것을 훈련받았기' 때문에 보통의 또래에게 거부당한다. 이로 인해, 반사회적 경향성을 지닌 아이는 반사회적 경향성을 가진 소년들과 우정을 쌓는다. 캐나다 라발대학교(Universite Laval)의 프랑수아즈 풀랭(Franciois Poulin)과 마이클 부아뱅(Michael Boivin)에 따르면, 이는 쇼핑 과정(shopping process)의 결과로 발생하는 것이다. 쇼핑이란,

최소한의 사회적 에너지로 최대 수준의 사회적 강화를 제공할 수 있는 사회적 환경을 추구하는 경향성을 의미한다. 이러한 행위는 두 아이가 공동의 관심사로 '아주 친해질' 때까지 또래들이 상호작용하는 동안 무작위로 발생한다. 반사회적 소년에게 이러한 공동의 관심

사는 수업시간에 소란을 피우거나 집단으로 다른 아이를 괴롭히는 것일 수 있는데, 이는 상황을 주도하는 공격적인 소년에게서 흔하게 관찰되는 특성이다(Poulin & Boivin, 2000, p. 238).

풀랭과 부아뱅은 "그들[공격적인 소년]의 대다수는 공격성을 유지시키거나 심지어는 촉진할 수도 있는 또래 조직에 가입한다. 이러한 관계에서는…… 공격성 관련 행동이 지지되거나 강화되며, …… 반사회적 행위의 훈련장이 제공되고, …… 공격적인 소년이 강압적인 방법으로 강화물에 접근할 수 있는 전략적 제휴가 보장된다."(Poulin & Boivin, 2000, p. 233)는 사실을 발견했다. 풀랭과 부아뱅은 주도적인 공격 성향의 소년이 또다른 주도적인 공격 성향의 소년과 안정적으로 지속적인 우정을 쌓는다는 것을 발견하였고, 이를 근거로 공격성에 대해 서로 강화를 주는 행위가 공격적인 행동뿐만 아니라 우정을 유지하는 데도 기여한다고 제안했다. 강압적인 가정은 초기의 공격적인 경험을 제공하고, 이러한 공격적인 행동 패턴에 강화를 주고(예를 들어, Patterson et al., 1992), 이러한 행동 패턴은 또래 체제에 일반화된다. 풀랭과 부아뱅은 "케네스 닷지(Dodge, 1991)에 따르면, 이러한 공격 전략을 지지하는 사회적 환경과 더불어, 공격적인 전략과 그것이 가져오는 긍정적인 결과에 빈번하게 노출되는 경험은 선도적으로 공격 행동을 하는 것을 정적으로 강화한다."(Poulin & Boivin, 2000, p. 238)라고 주장하였다.

또래는 강압적인 가족 역학 관계에 의해 시작된 일탈 행동에 강화를 줌으로써 계속하여 이를 훈련시킨다. 오리건 사회적 학습 센터의 디션(Dishion)과 캐슬린 스프라클렌(Kathleen M. Spracklen)은 청소년들에게 제시된 문제를 해결할 것을 요구하는 연구에서, 규칙 위반과 관련된 이야기를 하는 것은['저속한 행동(예를 들어, 카메라 앞에서 엉덩이 내보이기), 약물 사용, 절도, 공공 기물 파손, 여자 혹은 소수자 괴롭히기, 음란한 몸짓, 학교에서 말썽 부리기, 과제에 부적절한 행동(Dishion & Spracklen, 1996, p.7)] 규칙 위반과 관련된 이야기에 대해 "긍정적인 정서 반응…… 진심으로 웃어주기

…… 엄지손가락으로 최고라고 표현해 주기, 확실한 미소"(p. 7)와 동일한 사회적 강화의 기능이라는 것을 발견했다. 즉, 범죄와 부적절한 행동에 대한 논의에 대해 또래의 강화가 더 많을수록, 규칙 위반에 대한 이야기를 더 많이 하고, 적절한 문제해결은 적게 발생했다. 반사회적 범죄 행위는 역동적인 가족 및 또래의 정적 강화 과정과 부적 강화 과정에 의해 조성되고 학습된다.

근면성과 노력이 요구되는 성취에 대한 어린 시절의 훈련과 강화가 성공과 창의적인 성취를 위한 행동을 만드는 것과 마찬가지로(8장 참조), 반사회적이고 강압적 행동에 대한 어린 시절의 훈련과 강화는 훗날의 범죄 행위의 원인이 된다. 오리건 사회적 학습 센터의 드보라 캐펄디(Deborah M. Capaldi), 패티 체임벌린(Patti Chamberlain), 패터슨(Patterson)은 이러한 과정을 간결하게 요약하고 있다.

> 가족 구성원은 아이의 강압적인 행동과 품행 장애를 의도치 않게 강화한다. …… 순응하지 않는 공격적인 행동은 가정에서 학습되며, 그 후 학교와 같은 다른 환경에 일반화된다. …… 일탈적인 또래 관계는 문제 행동에 대한 또래의 강화를 통해 품행 장애가 발달하는 데 직접적으로 기여한다(Capaldi et al., 1997, p. 345).

이러한 강화 과정은 반드시 어떠한 결과를 초래한다. 오리건 사회적 학습 센터 연구자들은 규율을 무시하는 반사회적 행동이 "청소년의 체포 기록(2회 이상의 체포)과 상급학교 진학에 실패를…… 예측하는 변인"(Capaldi et al., 1997, p. 343)이라는 사실을 발견하였다.

∷ '싹을 잘라라.' 비행과 반사회적 행동 줄이기

가족 구성원이 강압적인 행동에 대해 '의도치 않게' 강화를 주고, 공격적인 행동이 '가정에서 학습되기' 때문에 반사회적이고 공격적이며 범죄적인 행동을 감소시킬 수 있는 가장 바람직한 방법은 부모에게 강압적이지 않은 사회적으로 적절한 행동에 대해 주의 깊게 뚜렷한 목적을 가지고 강화를 주는 방법과 격려, 정적 강화로부터의 타임아웃, 특권 상실과 같은 효과적이면서도 강압적이지 않은 규율에 대해 가르치는 일일 것이다(예를 들어, Capaldi et al., 1997). 이를 위해, 포핸드(Forehand)와 패터슨(Patterson) 각각은 정적 강화에 기반한 효과적인 양육 기술을 가르치고 실습시키는 매우 유사한 부모 행동 훈련 프로그램을 개발하였다(검토와 요약을 위해 Bank et al., 1987; Wierson & Forehand, 1994 참조).

반사회적인 아이의 부모들은 자녀의 소재나 행동의 적절성을 충분히 모니터하지 않는다(예를 들어, Patterson et al., 1984). 그들이 자녀에게 관심을 보이는 경우, "문제 아이의 엄마는 아이의 긍정적인 행동이 아닌 문제를 일으키는 행동에 관심을 보이고, 이로 인해 긍정적인 결과를 제공할 가능성이 높다[강화 함정]".(Capaldi et al., 1997, pp. 345-346) 이처럼 부모가 적절한 행동이 아닌 부적절한 행동에 강화로 기능하는 관심을 보이기 때문에 부모 행동 훈련 프로그램의 첫 번째 단계는 부모에게 (역할 놀이, 실습, 숙제 등을 통해) 순응하기, 말 잘 듣기, 숙제하기, 싫지만 해야 하는 일 끝내기와 같은 적절한 친사회적 행동을 모니터하는 방법을 가르친다. 이처럼 처음으로 적절한 행동에 관심을 보이고 모니터하는 일은 반사회적인 가정의 양육 습관에 큰 변화를 가져오며, 그 자체만으로도 적절한 친사회적 행동에 대한 초기 강화를 제공하는 역할을 하게 된다. "많은 부모들은 자녀가 부모의 관심에 곧바로 반응하여 적절한 행동을 증가시키는 것에 놀라움을 표현한다."고 미셸 위어슨(Michelle Wierson)과 렉스 포핸드(Rex Forehand)는 보고한다(Wierson & Forehand, 1994, p. 147).

위어슨과 포핸드는 계속해서 설명한다. "두 번째 단계는 부모에게 강화 전략을 가르치는 것이다. 부모는 아이의 순응성이나 기타 적절한 행동에 대해 언어적으로 칭찬하는 기법을 배운다."(Wierson & Forehand, 1994, p.147, 강조는 원문에 있는 것임) 일단 부모가 적절한 친사회적 행동에 충분히 관심을 주고 칭찬을 한 후, 토큰경제나 포인트를 통해 강화물을 체계적으로 제공하도록 한다(예를 들어, Bank et al., 1987). 인정받는 적절한 행동으로 획득한 점수는 미리 정해 놓은 특전, 장난감, 선물 등으로 나중에 교환이 가능하다.

마지막으로, 무시하기, 정적 강화로부터의 타임아웃, 반응 대가(response cost)와 같은 경미하면서도 혐오스럽지 않은 벌을 주는 절차를 배우게 된다. 타임아웃과 반응 대가는 부적절한 행동으로 인해 정적 강화물을 잃게 되는 것이다. 비순응적인 아이의 부모는 훈련을 받기 전에는 전형적으로 부적절한 행동에 강화를 준다(자신도 모르게 강압적인 강화 함정에 관심을 주는 것이다). 결과적으로 적절한 행동의 비율은 매우 낮게 된다. 따라서 순응성과 친사회적인 행동에 대해 정적 강화를 제공하는 방법을 부모에게 가르치고, 벌을 주기에 앞서 그러한 행동이 상당한 비율로 발생하도록 만드는 것이 필수적이다.

특히, 어린 자녀를 둔 부모에게는 효과적인 관심이 어떻게 적절한 행동을 늘리고 강화를 주는지 일단 보여 주기만 하면, 사소한 부적절한 행동(징징거리기, 짜증 내기 등)에 관심을 보이지 않는 것이 그 발생빈도를 효과적으로 줄인다는 사실을 납득시키는 것은 어렵지 않은 일이다. 교육을 받게 되면 이는 너무나 쉽게 알 수 있기에 언급할 가치조차 없는 일일지도 모른다. 그러나 훈련을 받기 전에 강압적인 가정에서는 징징대거나 짜증 내는 것에 대해 소리를 지르거나 매질을 했을 것이다. 장기적인 관점에서 보자면, 때리고 소리를 지르는 가운데 주어지는 관심이 징징대고 짜증 부리는 행동에 강화를 주게 되어 그러한 행동의 빈도를 증가시키게 된다. 역으로, 무관심(부적절한 행동에 강화로 작용하는 관심을 주지 않기)은 오직 적절한 행동에 대해서만 변별적으로 관심을 주는 변별적 강화를 가져오게 한다. 이로 인해 적절한 행동의 발생 빈도가 증가하게 되는 것이다.

관심을 보이지 않는 것은 본질적으로는 정적 강화로부터의 타임아웃의 한 형태다. 이는 부적절한 행동에 대한 관심으로부터의 타임아웃이다. 이것의 반대는 적절한 행동이 일어날 때만 관심이라는 정적 강화가 주어지는 타임인(time in)이 된다. 좀 더 나이가 든 아이의 경우에는 단순히 관심을 보이지 않는 것보다는 체계적인 타임아웃이 필요할 수도 있다. 아이는 강화를 받을 수 있는 상황에서 잠시 동안 제외된다. 아이가 적절한 행동을 하게 되면, 정적 강화를 주는 타임인이 다시 시작된다. 반응 대가는 좀 더 나이가 든 이러한 아동들에게도 가장 효과적인 벌로 기능하게 된다. 반응 대가에서는 부적절한 행동을 하게 되면 정적 강화물을 잃게 된다. 적절하지 않은 반응이 정적 강화물에 대가를 치르게 되는 것이다. 일탈 행동을 한 것에 대해 TV 시청, 영화, 운전과 같은 특전을 잃게 되는 것이다.

반응 대가나 타임아웃 둘 다 어떤 식으로든 아이에게 구타, 고함, 혹은 혐오자극 가하기를 수반하지 않는다. 대신에 정적 강화를 받을 수 있는 추가적인 수반성을 확립시킨다. 용납할 수 없는 행동에 수반하여 정적 강화물을 단지 빼앗기거나(반응 대가) 획득할 기회를 일시적으로 잃게(타임아웃) 되는 것이다. 부적절한 행동을 하지 않기만 하면, 정적 강화를 위한 타임인이 있다. 게다가 타임아웃과 반응 대가는 사회에서 사용되는 처벌의 일반적인 형태이므로 타임아웃과 반응 대가를 받아들이는 것을 자녀에게 가르치는 일은 권위(authority)가 만들어 내는 결과를 받아들이는 것을 가르치는 것이 된다. 각종 교통 위반 딱지나 벌금 등은 부적절한 행동에 대해 합법적으로 부과되는 반응 대가(금전적 손해)다. 교도소에서 복역하는 것은 부분적으로는 불법 행위에 대한 타임아웃의 역할을 한다. 담배와 술 등에 부과되는 세금인 '죄악세(Sin taxes)'는 소비를 줄일 의도로 부가된 것이고, 실제로 소비를 줄인다. '죄악세'는 반응 대가의 기능을 하는 것이다.

부모 행동 훈련은 효과적인가

물론이다. 위어슨과 포핸드는 다음과 같이 보고하고 있다. "부모 행동 훈련 프로그램은 아동의 규칙 위반을 감소시키는 데 효과가 있다. …… 처치를 받은 아동의 경우, 이들은 처치를 받기 전에는 매우 높은 수준의 비순응성을 보였음에도, 처치를 받은 이후에는 적어도 지역사회의 관할 아래에 있는 피험자들(즉, 어떠한 진료소에도 보내진 적 없는 아동들) 정도의 순응성을 보인다." 4년 6개월, 10년, 14년 뒤(성인기가 됨)에 수행된 추수 연구 결과는 "행동의 변화가 성공적으로 유지되고 있다."(Wierson & Forehand, 1994, p. 148)는 사실을 보여 주고 있다. 마찬가지로, 오리건 사회적 학습 센터에서의 가족 훈련을 받기 이전에 적어도 3회의 법률 위반 기록을 가진 28명의 십대가 훈련을 받은 이후 2년 동안, 지역사회 처치에 배정된 27명의 통제집단 젊은 이들에 비해 총 2,247일을 더 적게 보호시설에 수감되었다(Bank et al., 1987). 오하이오 주립대학교(Ohio State University)의 마이러 미들턴(Myra B. Middleton)과 그웬돌린 카틀리지(Cartledge)(1995)의 연구에서는 강화 기반 사회 기술 훈련과 부모 역할 훈련을 받은 공격적인 성향의 여덟 살짜리 흑인 소년 5명의 공격적인 행동이 처치 전 125회에서 중재 기간 동안에는 21회(79퍼센트 감소)로 줄어들었으며, 추수 관찰에서는 전혀 발견되지 않았다. 정적 강화의 체계적인 사용이 효과적이기 때문에 부모 행동 훈련은 효과가 있는 것이다.

부모 행동 훈련과 마찬가지로, '가족 포인트제(Home Point System)' 역시 부모에게 적절한 행동을 체계적으로 강화하는 방법을 가르치는 것으로, 적절한 행동을 늘리고 용인할 수 없는 행동을 줄이는 데 매우 효과를 보인다(예를 들어, Christophersen et al., 1972). 가족 포인트제는 쓰레기 비우기, 손 씻기, 청소하기와 같은 적절한 행동에 대해 정적 강화물인 점수나 토큰을 주는 토큰경제이며, 남을 놀리거나 징징대는 것과 같은 용인되지 않는 행동에 대해서는 반응 대가인 벌금을 부과한다. 다른 토큰경제에서처럼 획득된 점수는 TV 시청, 특별 선물, 영화와 같은 강화물과 교환된다. 적절한 행동에 대해서는 특전을 주고, 용인되지 않는 행동에 대해서는 특전을 회수하는 이러한 일은 강압적이지 않은 가정에서는 어느 정도 '자연스럽게' 일어나는 일이다. 그런 가정에서 부모는 이런 말을 하곤 한다. "방 청소하고 자기 전에 몸을 씻으면 내일 친구와 영화를 봐도 좋아. 하지만 계속 징징대면 내일은 방에만 있을 줄 알아." 그러나 강압적인 가정에서는 적절한 행동과 특전의 관계가 존재한다 하더라도 매우 드물며, 부모나 자녀 어느 한쪽의 강압적인 행동으로 인해 부모와 자녀 양쪽 모두의 추가적인 부적절한 행동이 유발되곤 한다. 가족 포인트제는 적절한 행동에 따른 특전과 용인되지 않는 행동에 따른 특전 상실의 관계성을 체계적으로 구축시킨다. 부모들이 적절한 행동을 체계적으로 강화하는 법을 학습하게 되면, 반사회적이고 부적절한 행동은 감소하고 친사회적인 적절한 행동은 증가한다. 이 과정을 통해 아이는 일탈적이거나 범죄와 관련된 행동 양식을 발달시키지 않게 될 것이다. 체계적인 정적 강화가 효과적이기 때문에 가족 포인트제는 효과가 있다.

집 밖의 청소년

아이가 강압적인 가족 역학 관계에 더 오래 노출되고, 비행에 대해 또래의 강화를 더 많이 받아 왔을수록, 비행이라든가 비순응적인 행동, 일탈, 범죄 전조 행위나 범죄 행위를 고치는 일은 더욱더 어려워진다. 그러나 '더 어렵다'는 것이 '불가능하다'의 동의어는 아니다. 가정에서의 경우와 마찬가지로, 가장 효과적이면서 가장 쉽게 사용할 수 있는 접근이 바로 정적 강화를 체계적으로 사용하는 것이다. 주거 치료(그룹 홈), 수용 프로그램(구치소와 교도소), 지역사회 기반 중재 등에 있어 일반적으로 정적 강화 기반 접근이, 구체적으로 가족교육 모델이 문제아에 대한 가장 희망적인 접근법이다(예를 들어, Bedlington et al., 1988; Hicks & Munger, 1990).

가족교육 모델에서는(3장 참조) 친사회적이고, 적절하고, 성취 지향적인 행동에 대해서는 특전과 교환할 수 있는 포인트를 주고, 거주를 하면서 전형적으로 (항상은 아니지만) 발생하는 반사회적이고 부적절한 행동에 대해서는 포인트를 상실하는 반응 대가도 일어난다. 경찰과 법원 데이터를 분석한 캔자스 대학교(University of Kansas) 존 영 바우어(John G. Young-bauer)의 연구에 따르면, 다른 홈 프로그램에 비해 '더 거칠고 사회성 기술이 부족한' 젊은이들이 전형적으로 가족교육 모델 프로그램에 배정되는데, 그럼에도 불구하고 이 모델에 배정된 사람들이 범죄로 체포되는 비율이 더 낮았다(Youngbauer, 1998). 문화 간 비교를 위해 수행된 국제 연구에 따르면, 가족교육 모델이 청소년 범죄의 감소와 사회적 유능성의 증가를 가져오면서도 비용적인 측면에서는 교도소와 같은 사회 시설을 유지하는 비용의 25퍼센트 정도만으로 가능하다는 사실을 알 수 있다(Slot et al., 1992). 이 모델에 참가한 정서 장애 청소년들의 경우 성적은 향상되었으며, 법원 호출이나 형사 범죄, 혹은 훗날 사회 시설에 수감되는 비율은 감소했다(예를 들어, Hicks & Munger, 1990).

강화에 기초한 가족교육 모델은 비행 경력이 있는 청소년들의 사회 복귀에 도움을 줄 수 있는 효과적인 접근법인 동시에 일반 청소년에게도 도움을 줄 수 있는 '가장 친절하고 너그러운' 접근법이기도 하다. 실제로 사우스플로리다 대학교(University of South Florida)의 마사 베들링턴(Martha M. Bedlington)과 캔자스 대학교(University of Kansas)의 커티스 브라우크만(Curtis J. Braukmann), 캐스린 램프(Kathryn A. Ramp), 몬트로즈 울프(Montrose M. Wolf)는 다른 프로그램과 비교했을 때 가족교육 프로그램이 '구조와 통제' '긍정적 대인 관계' '호감도' '가족과의 유사성' 항목에서 높은 평가를 받았으며, '친사회적 행동에 대한 지원이라는 항목에서도 더 높은 점수를 받았다.' 고 보고하였다(Bedlington et al., 1988, pp. 360-361). 이들은 다음과 같이 결론 지었다.

행동주의 프로그램은 냉정하고 기계적이며 융통성이 없다는 일반적인 비판과는 다르게…… 가족교육 프로그램의 청소년들은 프로그램의 공정성, 호감도, 중요성, 효과성에 대한 만족도 설문에서 보다 높은 점수(청소년 범죄와 부적으로 유의한 상관관계를 지닌 평가)를 주었다(Kirigin et al., 1982). …… 유연한 정적 토큰경제를 가르치고 사용하는 것과 같은 행동주의적 절차는 처벌적이지 않은 방식으로 필요한 규율을 일관되게 교육하며, 그렇게 함으로써 프로그램을 운영하는 직원들이 긍정적이고 건설적이며 관계 향상에 도움을 주는 행동에 관심을 보이도록 만들고 있다(Bedlington et al., 1988, pp. 361-362).

교도소

심각한 청소년 범죄는 사회에 지속적인 근심과 위협이 된다. 범죄자로 처리하는 연령 기준이 점점 더 낮아지는 추세는 역효과를 낳을 수도 있다. 아동을 나이 든 범죄자와 함께 수감하는 것은 그 아동에게 범죄의 '고등 교육'을 받을 기회를 제공할 뿐이다. 친사회적이고 성취 지향적인 행동에 강화를 줄 수 있고, 적절한 준법 시민의 역할 모델을 하도록 훈련받은 가족교육 프로그램에서의 '부모'가 교도소에는 존재하지 않는다. 대신에 '교정' 공무원들과 강압적인 대인 관계를 통해 비행을 계속해서 훈련시키는 범죄자들이 있을 뿐이다. 반사회적 범죄 행위에 강화를 주고, 추가적인 '교육'을 하는 범죄 역할 모델들이 있는 것이다(교도소와 길거리의 속어로 다른 사람을 심하게 구타한 사람은 피해자를 '교육했다'고 말한다. '내가 저 문제아를 교육 좀 했지.'). 공격성에 대한 행동 연구(Baron, 1977)와 전 세계에서 수세기 동안 지속되는 갈등이 증명하고 있듯이, 복수와 보복에 근거한 접근은 더 많은 공격성과 강압을 야기할 뿐이다. 하지만 '무조건적인' 긍정적 존중에 근거한 접근이나 '자존감 형성' 혹은 기타 증명되지 않은 인본주의적 접근 역시 실패할 가능성이 크다.

강압과 조작에 이미 익숙한 청소년들은 어떠한 실질적 재활을 이루지는 않고, 그러한 시스템을 쉽게 이용할 가능성이 있기 때문이다.

청소년 범죄자들의 반사회적 비행과 범죄 행위를 줄이는 체계적이고 증명된 접근법이 존재한다. 이 프로그램들(유아기 자녀를 위한 부모 행동 훈련과 가족 포인트제, 청소년을 위한 가족교육 프로그램과 이로부터 파생된 프로그램들) 모두에 공통적으로 내재되어 있는 것은 친사회적이고 적절한 행동에 대해 체계적으로 정적 강화를 주는 과정이다. 실제로는 범죄 행위를 위한 가혹한 훈련장이 되고 있는 소위 교정 프로그램이라 불리는 교도소나 구치소와는 반대로, 정적 강화에 근거한 행동 프로그램은 범죄 행위를 교정하는 데 성공하고 있다. 정적 강화에 근거한 행동 프로그램은 범죄자를 '애지중지하지(coddle)' 않는다. 대신에 수반성의 정의에 내재된 바로 그 의미처럼, 적절한 행동에 수반하여 정적 강화를 제공하는 이들 프로그램은 정적 강화물을 받기 위해 적절한 행동을 할 것을 요구한다. 마찬가지로 반응 대가의 수반성은 부적절한 행동이 일어나지 않을 것을 요구하며, 그렇지 않으면 정적 강화물을 잃게 된다. 이러한 강화 수반성은 모든 사회에 존재하는 수반성과 동일하다. 정적 강화에 기초한 프로그램은 이러한 수반성이 명확하고 일관되며 체계적이 되도록 만들어 줌으로써 이전에 부적 강화에 근거한 강압에 의해 강화를 받고 훈련을 받았던 청소년들이 이를 학습할 수 있게 되는 것이다.

안타깝게도, 어떤 개인의 행동(예를 들어, 강도, 강간, 살인)은 사회에 너무나 해로워서 그들의 행동이 더 이상 사회에 위협이 되지 않을 때까지 그 사람은 사회에서 추방되어 감호 시설로 보내지게 된다. 그러나 교도소 생활 그 자체도 다양한 대인 관계와 행동적 상호작용을 지닌 또 하나의 사회다. 만약 '교정부(Department of Corrections)'와 같은 직함을 달고 교도소를 관리·감독하는 사람들이 조금이라도 진정성이나 의욕을 가지고 있다면, 범죄 행위를 교정하기 위해 앞에서 언급한 그러한 프로그램을 둬야만 한다. 범죄 행위를 교정하면서 교도소라는 사회를 관리할 수 있는 가장 공정하고, 효과적이며, 건설적인 접근법이 바로 정적 강화에 근거한 행동 접근법이기 때문이다.

범죄 행위의 중재 효과성에 대한 메타 분석에서 캘리포니아 청소년국(California Youth Authority)의 테드 팔머(Ted Palmer)는 '행동주의적 접근법이 가장 효과적'(Palmer, 1991, p. 335)이라고 결론 내렸다. 주립 교도소의 성 범죄자 재활 프로그램에 대해 전국적으로 설문조사를 수행한 결과, 센트럴미주리 주립대학교(Central Missouri State University)의 알렌 샵(Allen D. Sapp)과 샘 휴스턴 주립대학교(Sam Houston State University)의 마이클 본(Michael S. Vaughn)은 "치료하는 사람이 가장 선호하는 방법은 행동 치료 요법이었다. …… 성인 성 범죄자 치료 프로그램 관리자에게 기회와 자금이 주어지면, 이들은 행동 수정 기법의 수를 매우 증가시켰다."(Sapp & Vaughn, 1991, p. 66)는 사실을 보고하고 있다.

적절한 행동에 수반하여 정적 강화가 주어지면 소위 구제불능의, 손대기조차 싫은, 최악 중의 최악인 사람들조차도 적절한 행동이 증가된다. 노스텍사스 대학교(University of North Texas)의 자넷 엘리스(Janet E. Ellis)는 '관리를 위해 분리' 되어 있는 경비가 가장 삼엄한 곳(교도소 내의 교도소)의 죄수들을 위해 강화프로그램을 도입하였다. 엘리스의 프로그램은 아주 기초적인 것이었다. "우리 프로그램은 자신의 방을 깨끗이 하기, 교도관과 다른 사람들에게 공손하게 상호 작용하기와 같은 유용하고 적절한 행동에 특전이나 기타 보상을 제공하는 것으로 구성되었다. …… [수감자들은] 타인과 더불어 사는 데 필요한 기술을 배웠고, 예의바르게 행동하는 것에 보답이 돌아온다는 것을 학습했다." (Ellis, 1999, p. 1) 결과는 놀라웠다. "공격적인 행동이나 기타 반사회적인 행동은 감소하였고, 좋은 행동은 증가했다. 교도관들도 그 프로그램에서 일하는 것을 좋아했고, 다른 건물로 이동하는 것을 달가워하지 않았다. 우리가 관리한 구역은 연방법원 판사가 모니터를 하지 않아도 되는 첫 번째 구역이 되었다."(p. 1) 안타깝게도 이 프로그램은 중지되었다. 확실히 교정적이긴 했지만, 처벌적이라고 생각되지 않았기 때문이다.

강압, 비행, 비순응성, 범죄 등을 감소시키는 데 있어 정적 강화가 효과적으로 사용될 수 있다는 증거는 명백하다. 범죄 행위에 강화를 받은 내력을 지닌 사람들조차도 합법적이면서 적절한 행동이 궁극적으로는 가장 큰 강화를 받게 된다는 것을 학습할 수 있고, 자신의 행동 패턴을 준법 시민의 행동 패턴으로 변화시킬 수 있다. 이러한 일이 발생하려면, 우리 사회의 초점이 징벌과 복수를 해야 한다는 강경한 입장에서 예방과 재활이라는 측면으로 변화되어야만 한다. 하지만 이러한 변화는 대중의 지지를 얻지 못한다. 결과적으로 엘리스의 말처럼 우리가 예상할 수 있는 결과는 범죄의 증가다. "인도적인 교도소 프로그램은…… 납세자들에게 지지를 받지 못하며, 많은 납세자들은 그러한 프로그램들이 지나치게 너그러운, 돈의 낭비일 뿐이라고 생각한다. 하지만 거리의 범죄와 높은 세금 또한 우리가 바라는 것은 아니다. 만약 우리가 재소자를 다루는 방식을 바꾸지 않는다면, 계속해서 더 많은 거리의 범죄와 더 많은 세금을 감수해야 할 것이다."(Ellis, 1999, p. 2)

우울증, 만성 통증, 질병의 원인과 경과 및 교정에 있어서의 강화

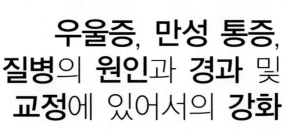

통증과 질병은 종종 심리적 문제가 아니라 생리적인 문제로 간주된다. 특히 제약 회사에 의해 우울증이 생리적이고 생물학적인 문제라는 시각은 점점 더 증가되고 있다. 이러한 시각에도 불구하고, 설사 모든 경우는 아니라 하더라도 많은 우울증, 만성 통증, 질병에 강화가 중요한 역할을 한다는 강력한 증거들이 존재한다. 물론 아침에 눈뜨고 일어나서 의식적으로 '우울하든지 만성적으로 아파야 되겠어. 그래야 강화를 최대한 얻을 수 있거든.' 하고 결심하는 사람은 없을 것이다[이익을 얻기 위해 의도적으로 아픈 척하는 것은 '꾀병' 이다. 이유를 확인할 수는 없지만, 아마도 사회적 강화를 얻기 위해 의도적으로 아픈 척하는 것은 허위성 장애(factitious disorder)로 알려져 있다]. 하지만 오직 그것만이 유일한 요인이 아니겠지만, 수많은 사람이 통증 행동이나 우울 행동에 대해 강화를 받기 때문에 실제로 통증이나 우울증으로 고통을 받고 있다.

위대한 창의적 성취가 수년간의 훈련과 수천 번의 강화를 받는 근사치에 의해 만들어지는 것처럼(7, 9장 참조), 그리고 약물남용자나 범죄자가 되는 것이

의식적으로 그래야겠다고 결정했기 때문이 아니라 용인되지 않는 반사회적 행동에 대한 수년간의, 대개 의도치 않은 강화의 결과인 것처럼(12, 13장), 우울증과 만성 통증이 발달하는 원인 또한 적지 않은 부분이 낙관적이고 건강하게 행동하는 것에 대한 강화에 비해 상대적으로 우울하고 아프게 행동하는 것에 대해 받아 왔던 수년간의 강화에 기인한다.

: 우울증의 발달

우울증이 어떻게 발달하는지 정확하게 알 수 있다면, 이를 예방하는 것이 보다 쉬울 것이고, 이 챕터는 필요하지 않을 것이다. 모든 사례에 있어 우울증이 어떻게 발생하는지에 대해 정확하게 밝혀지지는 않았지만, 강화 과정이 핵심적인 역할을 한다는 매우 강력한 증거가 존재한다. 학습된 무기력(learned helplessness)의 경우(10장 참조) 우울증은 행동에 대하여 일관되게 강화를 주지 않음으로써 발생한다. 학습된 무기력으로 고통스러워하는 사람들은 다른 사람들에게는 강화가 주어지는 행동에 대해 자신은 강화를 받지 못한다는 것을 알게 되는 것이다. 자신의 행동이 결과를 전혀 만들어 내지 못하게 될 때 학습된 무기력, 절망감, 우울증이 발생할 확률이 높아진다.

일반적으로 심리학이나 과학에서의 많은 경우가 그렇듯이, 학습된 무기력에 대한 이해 역시 동물을 이용한 기초연구로부터 시작되었다. 일반적으로 개들을 '왕복 상자(shuttle box)' (바닥에는 전선이 깔려 있으며 낮은 칸막이를 설치해 두 칸으로 분리시켜 놓고, 불이 들어오면 개가 있는 곳에 약한 전기 충격이 10초 후에 가해진다는 것을 알려 주는 전구가 설치되어 있는 우리)에 놓아두면, 불이 들어오자마자 옆 칸으로 이동함으로써 전기 충격을 피할 수 있다는 사실을 재빨리 학습한다. 처음에는 개가 그 불빛이 곧 닥치게 될 충격에 대한 신호라는 사실을 알지 못하기 때문에 전기 충격을 받을 수 있다. 하지만 곧 반대쪽으로 건너가게 되고 충격을 피하게 된다.

일반적인 실험 절차 상황에서는 몇 차례의 실험이 지나면 신호가 발생하자마자 부적 강화의 작용으로 그 개는 반대편으로 건너감으로써 어렵지 않게 전기 충격을 피하게 된다. 펜실베이니아 대학교(University of Pennsylvania)의 박사과정 학생이었던 마틴 셀리그만(Martin E. P. Seligman)은(예를 들어, Seligman, 1975, 1990) 만약 개가 처음에 그물망에 묶여 도피할 수 없는 상태에서 전기 충격을 받게 되면, 대부분의 개는 그 충격으로부터 도피하거나 회피하는 법을 학습할 수 없다는 사실을 발견하였다. 즉, 처음에 피하는 것이 불가능하여 통제할 수 없는 충격을 받게 되면, 개들은 무기력함(절망감)을 학습했던 것이다. 개들의 행동은 점차 활기가 없어지게 되었다. 도피가 불가능한 상황에 놓이지 않았던 개들은 왕복 상자에서 충격을 피하는 법을 쉽게 배운 반면, 처음에 도피가 허용되지 않는 상황에 놓인 개들은 무기력하고 활기를 잃게 되었다. 그저 상자 안에 앉아서 전기 충격을 참아 내었다.

학습된 무기력에 대한 연구결과를 처음으로 인간에게 재연한 연구자는 오리건 주립대학교(Oregon State University)의 도널드 히로토(Donald S. Hiroto)였다(Hiroto, 1974; Hiroto & Seligman, 1975). 히로토는 첫 번째 실험에서 단순하게 손가락을 작은 상자의 한쪽 편에서 다른 쪽으로 움직이는 것만으로 혐오스러운 소음을 중지시킬 수 있는 장치를 고안했다. 인간 '왕복 상자'였던 것이다. 하지만 도피가 불가능한 충격에 노출되었던 개와 마찬가지로, 처음에 도피가 불가능한 소음으로부터 도피할 수 없는 환경에 있었던 사람 역시 그처럼 단순한 손가락 과제를 학습하지 못했다. 도피가 불가능한 소음에 사전 노출되었던 사람은 과제에서의 무기력함을 학습했던 것이다.

학습된 무기력의 영향은 일반화되는 경향이 있다. 두 번째 연구에서 히로토는 도피가 불가능한 소음을 경험했던 사람은 그렇지 않은 사람에 비해 애너그램(anagram) 문제를 해독하는 학업 과제에 있어 성적이 훨씬 낮거나 혹은 아예 해결하지 못한다는 것을 발견했다. 유사한 실험에서, 처음에 해결 불가능한 애너그램을 받은 사람은 사전에 그런 문제를 받지 않은 사람에 비해 왕복 상자 소음 끄기 과제 수행을 훨씬 못하거나 전혀 하지 못했다. 결국, 통제 불가능한 혐오적인 사건의 성격이 무엇이냐에 상관없이 통제 불가능한 혐오적인 사건의 이전 경험은 학습된 무기력과 침체된 행동을 유발하게 되는 것이다. 실제로 셀리그만은 치료를 요할 정도가 아닌 일반 우울증 피험자들에게 통제 불가능한 혐오적 소음을 경험시킨 후 왕복 상자 수행을 한 결과, 이들의 수행이 통제 불가능한 혐오적 소음을 경험하지 않은 우울증 진단을 받은 피험자들의 수행과 거의 유사하게 좋지 않다는 사실을 발견하였다(Klein & Seligman, 1976).

일상생활에서의 절망감은 우울증을 발달하게 하는 매우 중요한 요인이다(예를 들어, Barlow & Durand, 1999, p. 205). 사람은 생활에서 통제 불가능한 사건을 겪을 때 절망을 느낀다. 우울증에 대한 연구들을 살펴보면, 스트레스성 생활 사건이 우울증의 발달과 크게 관련이 있다는 사실을 알 수 있다(Kessler, 1997). 질병이나 부상으로 활동이 제한되어 강화의 잠재적 원천이 제한되어 버리는 청소년은 우울증에 걸릴 가능성이 더 크다(Lewinsohn et al., 1997). 예를 들어, 오클라호마 주립대학교(Oklahoma State University)와 오클라호마 대학교(University of Oklahoma)의 존 체이니(John M. Chaney)와 동료들은 천식을 오랫동안 앓은 청소년과 초기 성인들이 "반응에 수반하지 않는 피드백[실험실에서의 학습된 무기력 조작]을 받게 되면, 건강한 동년배 집단에 비해 이후에 유의하게 더 많은 문제해결 장애를 보인다."(Chaney et al., 1999, p. 259)는 것을 발견하였다. 이뿐만 아니라, 오랜 천식 환자들은 자신들의 반응과 전혀 관계없는 결과가 나오는 그런 과제에 실패한 후에 내적 귀인(예를 들어, 자기 비난)을 더 많이 하였다. 즉, 천식 환자들은 자신의 행동이 실험적으로 조작된 실패와 전혀 관계가 없음에도 불구하고, 자신을 책망하는 경향이 있었다. 연구자들은 "오랫동안 천식을 앓은 사람이 우울증과 학습된 무기력 장애에 걸릴 가능성이 더 클 수 있다."(p. 259)라고 결론 내렸다. 많은 사람들, 특히 아이들에게 있어 동물과 함께 밖에서 뛰어노는 것은 즐겁고 강화를 받는 일이다. 그러나 천식을 오래 앓은 사람은 동물과 밖에 나가서 놀려는 시도를 했을 때, 이러한 시도에 강화가 아닌 벌로 기능하는 천식 발작을 되풀이하여 겪게 될 수 있다. 수년간 그런 경험을 했을 경우, 천식 환자는 건강한 사람이 애완동물을 데리고 밖에서 즐겁게 뛰어노는 것을 볼 때 무기력, 절망감, 우울함을 학습하게 된다. 행동이 제한되고 이로 인해 강화가 제한되거나, 행동이 강화를 받지 못하게 될 때 절망감과 학습된 무기력(우울증)이 발생할 가능성이 높아지는 것이다.

영아일 때는 울음소리가 항상 무시되고, 아동일 때는 그림이나 놀이가 칭찬과 애정을 유발하지 못하며, 학업이 무시되고, 사람들과 친하게 지내려는 시도가 강화를 받지 못한 사람은 우울증에 걸릴 가능성이 높다. 행동이 쓸모가 없는데 어째서 행동을 하겠는가? 행동이 강화를 받지 못하는데 어째서 행동을 하겠는가? 밖에서 놀면 숨이 차고 놀고 난 후에는 더 오랜 시간을 누워 있어야 하는데 어째서 밖에 나가 놀고 싶어지겠는가? 무기력이 학습된다. 강화의 부족으로 우울함을 학습하는 것이다. 절망감은 통제가 불가능한 혐오스러운 비강화적인 생활 사건들로 인해 발생한다. 아동기에 부모의 갈등, 이혼, 죽음 등을 경험하는 것은 우울증을 포함한 모든 정서 문제에 연결되어 있다(예를 들어, Kelly, 1998). 학습된 무기력으로 고통스러워하는 사람들에게는 전형적으로 강화를 받을 수 있는 행동(울기, 놀기, 학교 공부, 대인 상호 작용 등)이 좀처럼 강화를 가져오지 못하기 때문에 행동이 위축되는 것이다. 그들의 행동이 위축되어 가면서 정상적이고, 성취 지향적이며, 상황 주도적이고, 친사회적인 위축되지 않은 행동들을 보다 적게 하게 되어 절망 속으로 점점 더 깊이 빠져들게 되는 것이다.

피터 레빈손(Peter A. Lewinsohn)이 자신의 연구(예를 들어, 1974)에서 주장하고 있는 것처럼, 우울증은 정적 강화의 부재나 낮은 비율 때문에 발생한다. 낮은 비율의 정적 강화가 발생하는 이유는 (1) 개인이 강화를 거의 받을 수 없는 환경에 있거나, (2) 개인의 성격으로 인해 강화를 받을 수 있는 사건 자체가 발생하지 않거나, (3) 개인의 도구적 활동이 부족하기 때문이다. 이로 인해 발생하는 우울증은 그 사람의 그러한 개인적 특성을 더욱 발달시키게 되고, 활동을 더욱 감소시켜 결국 정적 강화를 더욱 부족하게 만들고, 우울증을 지속시키게 된다.

생산적인 행동에 대해 정적 강화를 풍부하게 제공할 수 없는 환경은 생산적인 행동에 강화를 줄 수 없다. 따라서 우울증이 발생할 가능성은 보다 높아진다. 경제가 번성하고 활성화되었던 '광란의' 1920년대에 비해 경기 침체가 이어졌던 1930년대에 더 많은 행동 우울증이 발생했었다. 실업이 늘어나면 정신 병원 입원도 늘어나고, 호황기 때도 낮은 사회 경제 계층의 입원 비율이 더 높다(Schwartz, 2000, p. 19). 가족이 사망하거나 임금 삭감이 발생하면 우울증에 걸릴 가능성은 더 증가하게 된다(Shrout et al., 1989). 실업과 마찬가지로, 사망과 임금 삭감 역시 환경으로부터 정적 강화를 받을 수 있는 원천을 감소시키는 대개 통제할 수 없는 사건인 것이다.

공정하든 그렇지 않든 간에, 유아기 초반에 전적으로 개인이 통제할 수 없는 초기 특성인 비만이나 혹은 외모적인 매력과 같은 신체적 특징이 얼마나 자주 관심과 애정을 받을 것인지를 결정하는 것이 현실이다. 신체적으로 매력 있는 유아는 그렇지 못한 유아에 비해 돌봐 주는 사람으로부터 상대적으로 더 많은 보살핌과 관심을 받는다. 신체적으로 매력적인 아동은 매력이 떨어지는 아동보다 교사와 또래에게 더 인기가 많고, 더 많은 관심을 받는다. 키 크고 날씬한 사람은 키가 작거나 뚱뚱한 사람보다 승진하는 데 유리하고 유능하다는 평가를 받을 가능성이 더 높다. 신체적 특성뿐만 아니라, 행동적인 특성 역시 얼마나 자주 관심과 애정을 받을 것인지를 결정한다. 예를 들어, 초기 '긍정적 정서성(positive emotionality)' 이 높고 '구속성(constraint)' 이 낮은 (강력한 유전적 요인으로 간주되는 행동 경향성, 예를 들어 Tellegen et al., 1988) 유아는 '부정적 정서성(negative emotionality)' 이 높고 '구속성' 이 높은 유아에 비해 사람들이 더 많이 같이 놀아 주고 말을 걸어 주는, 다시 말해 그런 유아의 행동은 강화를 받을 가능성이 더 커지게 된다. 사람을 불편하게 하고 혐오스러운 정서를 보이는 유아는 사람들과 상호작용을 상대적으로 많이 하지 못하게 될 것이고, 아동기와 십대를 거치면서 이러한 구속성은 수줍음으로 발달하게 될 수 있는데, 이로 인해 친구 간의 우정과 대인 관계가 발달하지 못하고 결국 강화를 받을 수 있는 행동의 발달이 방해받게 되는 것이다. 행동이 적으면 강화 역시 적어질 수밖에 없다. 순환적으로, 적어진 강화로 인해 행동의 발생 비율은 더욱 낮아지게 된다. 강화를 유발할 수 있는 개인적 특성이 거의 없고, 정적 강화를 받을 수 없는 환경에 처한 소극적인 사람은 정적 강화를 많이 받지 못하게 된다. 이런 상황은 한 마디로 말해 우울한 것이며, 이러한 상황에 처한 사람은 우울해지기 쉽다.

⋮ 우울 행동에 대한 강화

전반적으로 강화가 적게 제공되기 때문에 우울증에 걸린 사람의 경우, 강화를 받지 못한 행동의 발생 비율은 낮아지지만, 울음이나 자기 비하와 같은 우울증과 연합된 행동들은 증가하는 경향이 있다. 강압적이고 일탈적인 행동들이 반사회적 청소년의 가족에 의해 의도치 않게 강화될 수 있는 것처럼(12장 참조), 우울 행동은 우울증을 가진 사람의 가족에 의해 의도치 않게 강화되어 우울증이 조성되고 강화될 수 있다. 실제로, 오리건 연구소(Oregon Research Institute)의 리사 쉬버(Lisa Sheeber)와 동료들은 다음과 같이 주장하였다.

> 우울 행동이 원하는 사회적 결과를 가져다주는 기능을 할 수 있다는 것을 보여 주는 증거가 있다. 특히⋯⋯ 여성의 우울 행동은 배우자와 자녀의 감소된 공격성에 의해 부적으로 강화된다. 더욱이 우울 행동이 조력과 지지를 끌어낼 수 있다는 점에서 정적 강화로 작동할 수도 있다(Sheeber et al., 1998, p. 418).

쉬버와 동료들은 '부모가 의도치 않게 부적 강화 그리고/혹은 정적 강화의 과정을 통해 자녀가 우울증과 관련된 행동을 하도록 만드는지'(Sheeber et al., 1998, p. 418)를 알아보기 위해 우울증을 지닌 청소년이 있는 86개의 가족과 우울증 진단을 받지 않은 청소년을 둔 408개 가족의 가족 상호작용을 연구하였다. 그들은 실제로 부모가 부적 강화와 정적 강화의 과정을 통해 자녀가 우울증 증상과 관련된 행동을 하도록 가르친다는 사실을 발견하였다. 구체적인 연구결과는 다음과 같다.

> 우울증이 없는 청소년을 둔 가정에 비해 우울증을 지닌 청소년의 가정에서 어머니는 청소년 우울 행동에 반응하여 문제해결과 촉진적 행동을 시작하고 있었다. 이것은 가정에서 정적 강화를 통해 우울 행동을 학습시키고 있음을 시사하는 결과다. 우울증을 지닌 청소년이 있는 가정에서 청소년의 우울 행동은 아버지의 공격적 행동 역시 억제하고 있었다. 이러한 억제 효과는 부적 강화 모형에 일치하며, 우울 행동이 가족 구성원의 공격적 행동을 감소시킴으로써 잠깐 한숨 돌릴 수 있게 해 줄 수 있다는 것을 의미한다(Sheeber et al., 1998, p. 423).

간단히 말하면, 우울증 환자를 둔 가정의 어머니는 우울증과 관련된 행동에 대해 정적으로 강화를 주고 있으며, 아버지는 우울 행동에 반응하여 공격성을 줄임으로써 부적으로 강화를 주고 있는 것이다. 아마도 의식하지는 못하겠지만, 그 청소년은 다음을 학습하게 된다. '내가 우울해하고, 울고, 스스로를 비하하면 엄마는 날 도와줄 거고(정적 강화) 아빠는 날 괴롭히지 않을 거야(부적 강화).' 이러한 정적 강화와 부적 강화의 과정을 통해 부모는 자녀가 우울해지는 것을 훈련시킨다.

⁝ 사람은 왜 우는가

사람이 눈물을 흘리는 이유에 대해서는 많은 가설이 있다. 눈물이 독소를 제거한다는 것은 잘못된 가정이다. 눈물은 항상성과 생리적 균형을 복원시킨다는 것도 틀린 가정이다. '실컷 우는 것'이 기분을 나아지게 하고, '치유가 시작되기 전에 상처를 꺼내기' 위해서는 울어야만 한다는 것도 잘못된 가정이다. 사실 사람이 눈물을 흘리고 또한 눈물 흘리는 것을 학습하는 이유는 그것이 사회적 환경에서 강화를 받기 때문이다.

'울기의 정신 생리학(The psychophysiology of crying)'이라는 제목의 연구에서 캘리포니아 대학교 버클리 캠퍼스(University of California, Berkeley)의 제임스 그로스(James J. Gross)와 로버트 레벤슨(Robert W. Levenson) 그리고 듀크 대학교(Duke University)의 바바라 프레드릭슨(Barbara Fredrickson)은 울음이 슬픔과 고통을 증가시키고 체신경계 활동과 자율신경계 활동을 증가시킨다는 사실을 알아냈다. 울기는 혐오스러운 감정을 감소시키지 못하고 오히려 증가시킨다(Gross et al., 1994). 그러나 사람은 울고 난 후에 실제로 더 나은 기분을 느낀다. 하지만 애초에 울지 않았다면 더 빨리 기분이 나아졌을 것이다. 울든 울지 않든 간에, 시간이 흐르면 정서는 소멸되기 마련이다. 우는 것은 좋지 않은 기분을 단지 연장할 뿐이다. 우는 것이 생리적으로도, 정서적으로도 해로움에도 불구하고 사람이 우는 것은, 울음이 생리적 혹은 정서적 기능을 하기 때문이 아니라 사회적 기능을 하기 때문이라고 연구자들은 확신한다. 구체적으로 말하면, 울음은 일반적으로 우는 사람의 주위에 있는 사람들로부터 사회적인 강화를 유발하기 때문에 진화한다는 것이다. 울음이 우는 사람 당사자와 이를 지켜보는 사람 모두에게 혐오스럽기 때문에 "울음은 주변 사람들로 하여금 눈물을 멈추게 하는 무엇인가를 하도록 만드는 부적 강화의 원리를 작동시키고, 이로 인해 사회 집단의 응집력을 증가시키는 역할을 하게 된다."(p. 467)라고 연구자들은 결론 내렸다. 결국 울기는 그 자체로는 혐오스러운 행동이라 하더라도, 울기라는 행동에 주어지는 강화가 울기의 발생 가능성을 증가시키는 것이다. 물론 자주 운다고 해서 반드시 우울증에 걸리는 것은 아니며, 울기란 우울증과 연합된 많은 행동들 가운데 단지 하나의 행동일 뿐이다. 그럼에도 불구하고, 우는 행동이 강화가 주어지는 사회적 환경에서의 조작적 통제 아래에 놓일 수 있다는 사실로 인해, 우울증은 혹은 적어도 우울증 진단을 받은 사람의 행동은 강화의 작용이라는 주장이 가능한 것이다.

통 증

울음은 우울증뿐만 아니라 통증도 연합되는 행동이다. 어쩌면 역설적으로 들릴지 모르겠지만, 통증 특히 만성 통증은 물리적인 현상이라기보다 오히려 강화에 의해 통제되고 유지되는 심리적 현상에 더 가깝다. 물론 조직의 손상이나 살을 베이는 것 혹은 골절 등은 분명 건강에 해로우며, 대개 부상으로 고통받는 사람의 많은 행동을 변화시킨다. 그러나 의심의 여지없이 통증으로 야기되는 행동과 통증을 느끼는 주관적 경험의 대부분은 통증을 가져오는 조직 손상 혹은 뉴런의 작용이 아니라 심리적인 강화 과정 작용의 기능이다. 예를 들어, 전투에서 부상당한 참전 용사의 65퍼센트는 통증을 느끼지 않는다고 보고한다(Melzack & Wall, 1982). 마찬가지로, 경기 도중에 골절과 같은 부상을 당한 운동선수는 종종 경기가 끝날 때까지 부상을 알아차리지도 못한 채 계속해서 시합을 하기도 한다. 하지만 어떤 사람은 남들이 알아차리지도 못할 아주 경미한 상처나 병에도 오랜 시간 몸져눕거나 장애를 갖기도 한다.

임상심리학자인 보스턴 대학교(Boston University)의 데이비드 바로우(David H. Barlow)와 뉴욕 주립대학교 올버니 캠퍼스(The State University of New York, Albany)의 마크 듀란드(V. Mark Durand)는 이상심리학(abnormal psychology)에 대한 그들의 책

에서 "만성 통증은…… 급성 통증으로 시작할 수 있지만 시간이 흘러도 줄어들지 않는데, 심지어는 상처가 치유되었거나 [의학적으로] 효과적인 치료를 했을 때조차도 줄지 않는다."(Barlow & Durand, 1999, p.282, 강조는 원문에 있는 것임)고 말한다. 바로우와 듀란드는 6천 5백만 정도의 미국인이 이러한 만성 통증에 고통 받고 있다고 지적하며, "우리는 만성 통증의 원인과 그로 인한 의료 제도의 막대한 비용이 대부분 심리적이고 사회적인 문제라는 것에 이제 동의한다."(p. 282, 강조는 원문에 있는 것임)라고 주장하였다.

보다 구체적으로 살펴보자면, 통증에 있어서의 심리적이고 사회적인 원인은 대개 통증으로 인한 행동에 대한 강화다. 전쟁터에서 비명이나 고함을 지르는 행동은 부상이 즉각적으로 생명을 위협하지 않는 상황이라면 그리 많은 강화를 받지 못할 것이다. 오히려 전투 중에 큰 소리를 지르거나 고함을 치는 것은 적에게 위치를 알려줌으로써 자신과 전우가 죽음에 이르게 할 가능성이 있다. 운동경기 중에 통증 행동을 보이게 되면 시합에서 제외되고, 승리는커녕 경기와 연합된 어떠한 강화물도 받지 못할 가능성이 높아진다. 시합에 나가지 않으면 이길 수가 없는 것이다. 하지만 병원이나 가정에서는 사랑하는 사람을 앞에 놓고 통증으로 인해 울거나, 소리를 지르거나, 신음하거나, 고함을 지르면 강화를 받을 가능성이 높아진다.

영국 런던 의과대학교(University College, London Medical School)의 폴 베빙턴(Paul Bebbington)과 이반 델레모스(Ivan Delemos)가 「가정에서의 통증(Pain in the Family)」이라는 제목의 논문집에서 통증이란 신체적 · 생물학적 · 물질적 역학 관계의 작용이라기보다 가족 역학 관계의 작용일 수 있다고 제안하였다. 베빙턴과 델레모스는 다음과 같이 주장한다. "통증에 대해 말하는 것은 부분적으로 보살핌이라는 반응을 끌어내는 기능을 한다(그리고 어쩌면 분노를 피하게 하는 역할을 할 수도 있다). …… [게다가] 아픈 환자 역할을 유지하게 되면 가족 구성원들이 무엇인가 이익을 보게 되는 그러한 정적 강화가 일어나는 경우도 생긴다."(Bebbington & Delemos, 1996, p. 452) 가족 구성원이 얻는 이익이 명확하지 않은 상황이라 하더라도, '강화의 효과는…… 일반적으로 가정에서 분명하게 나타난다.' 실제로 연구결과에 따르면, "통증을 겉으로 표현할 때 배우자가 강화를 주게 되면, 통증이 심각하다고 보고하는 비율이 증가하며 활동 수준은 감소"(p. 453, 강조는 저자가 첨가한 것임)하는 것으로 나타났다(활동 수준의 감소는 우울증의 증가와 연합된다). 결론은 자명하다. "이러한 연구를 종합해 볼 때, 만성 통증에 대한 강화가 만성 통증이 지속되는 데 중요한 역할을 하고 있는 것이다."(p. 453) 다른 여러 행동 현상들과 마찬가지로 통증이란 아픈 만큼 찾아오는 것이고, 아픔은 강화를 받는 만큼 오는 것이다. 예를 들어, 듀크 대학교 통증 프로그램(Duke University Pain Program)에서 수행된 51명의 만성 통증 환자에 대한 연구에서 카렌 길(Karen M. Gil)과 동료들은 통증 환자의 만족도 수준이 사회적 지지의 작용에 의해 변화된다는 사실을 발견하였다. 높은 만족감을 보고한 만성 통증 환자들은 통증 행동을 하고 있을 때 정적 강화(사회적 지지)를 받았던 환자들이었다(Gil et al., 1987).

임상심리학에서 사용되는 지그문트 프로이트(Sigmund Freud)에 의해 제안된 '이차 이득(secondary gain)'이라는 개념은 정신적 혹은 신체적 질병이나 통증의 작용으로 인해 의미 있는 타인으로부터 관심과 공감을 증가시키고(사회적 정적 강화) 견디기 힘든 상황(싫어하는 시댁 식구들과의 가족 모임이나 직장 등)은 회피할 수 있게 되는 것을 의미한다. 질병으로 인한 환자의 불안 감소(부적 강화)는 계속 아픈 것에 대한 '일차 이득(primary gain)'으로 생각되었다. 하지만 이차 이득이라 불리는 현상이 일차 이득으로 잘못 알려졌다는 것은 너무나 명백하다. 사랑하는 사람으로부터의 관심과 공감은 증가하고, 불쾌한 상황이나 과제로부터는 벗어나는 일이 '불안'을 감소키는 것은 너무나 당연한 일이다. 실제로 마이애미 대학교 종합 통증 재활 센터(University of Miami Comprehensive Pain & Rehabilitation Center)의 데이비드 피쉬바인(David A. Fishbain)과 동료들(1995)은 '이차 이득'과 관련 있는 166개 논문을 검토한 결과, 배우자들이 만성 통증 환자의 통증 행동을 강화하고 장애로부터 얻게 되는 이익이 장애의 지각에 강화를 준다는 사실을 발견하였다.

사실 통증 행동과 건강 행동은 둘 다 각각의 행동에 대한 상대적인 강화 비율에 단단히 연결되어 있다. 서던 메소디스트 대학교(Southern Methodist University)의 에프렘 페르난데스(Ephrem Fernandez)와 에모리 대학교(Emory University)의 맥도웰(J. J. McDowell)은 26세에서 68세 사이의 만성 통증 환자와 그 배우자들의 행동을 2주 간 관찰하였다(Fernandez & McDowell, 1995). 연구결과, 통증 행동에 대한 배우자의 강화가 통증 행동의 86퍼센트를 설명했으며, 건강 행동에 대한 배우자의 강화가 건강 행동의 76퍼센트를 설명했다. 피츠버그 대학교 의과대학 통증센터(University of Pittsburgh School of Medicine Center for Pain Evaluation & Treatment)의 헤르타 플로(Herta Flor)와 로버트 컨스(Robert D. Kerns), 데니스 터크(Dennis C. Turk) (1987)의 연구는 27세에서 69세 사이의 만성 통증 환자 32명의 통증 문제 기간과 지각된 통증 및 활동 수준은 통증을 표현하는 것에 대한 배우자의 강화와 유의하게 관계가 있음을 보여 주고 있다. 통증을 표현하는 것이 강화를 받게 되면, 행동군으로서의 **통증**(통증과 관련된 지각, 활동 수준, 장애, 표현 등)은 증가하게 된다.

노년기의 강화와 의존성

안타깝게도 노인의 경우 통증과 우울 관련 행동에 대해 강화를 받는 것은 가정이나 보호시설에서 너무나 일반적인 것인데, 독일 베를린 자유대학교(Free University of Berlin)의 마그렛 발테스(Margret M. Baltes)와 하이델베르크 대학교(University of Heidelberg)의 한스 베르너 발(Hans-Werner Wahl)은 이러한 사회적 강화와 의존성의 관계를 의존성 지지 도식(dependence-support script)이라 명명하였다(예를 들어, Baltes & Wahl, 1992). 도식(script)이란 상호작용에 있어서의 보편화된 표준 패턴을 의미한다(예를 들어, '이성교제 도식'에 따라 행동하는 십대). 의존성 지지 도식에서는 어떤 의존 행동(옷 입기, 허약함, 질병, 통증, 우울 행동 등에 대해 도움을 요청하는 것)이든 돌봐 주는 사람, 직원, 배우자로부터 지지와 보살핌 행동(정적 강화)을 유발한다. 의존성 지지 도식의 결과로 의존적인 행동이 증가하게 되는 것이다. 의존성 지지 도식과 혼재되어 기능하는 것은 돌봐 주는 사람, 직원, 배우자에 의해 건강한 행동인 **독립적인 행동**이 무시되는(사라지게 되는) **독립성 무시 도식**(independence-ignore script)이다. 결과적으로 의존 행동이 강화되어 늘어나는 것처럼 독립적인 행동은 소멸되고 감소한다. 발테스와 발은 광범위한 연구를 통해 "노인들이 살아가는 세상의 특징은 독립적인 행동은 대부분 관심을 받지 못하는 반면에, 의존적인 행동에는 즉각적인 관심이 주어진다."(Baltes & Wahl, 1996, p. 217)는 사실을 되풀이하여 발견하였다. 의존성은 강화를 받고 독립성은 강화를 받지 못하거나 소멸되기 때문에 의존성 지지 도식에 비추어 본다면, 정적인 사회적 강화가 의존성과 질병, 통증, 우울증을 지속시킬 수도 있다는 것이다.

물론 다른 모든 생물학적 시스템과 마찬가지로 인간의 신체는 나이가 들어감에 따라 보다 자주 '고장이 나고', 훨씬 느리게 치유되며, 효율성과 기능이 떨어지고, 질병과 손상을 입기 쉬워진다. 이러한 피할 수 없는 생물학적인 사실로 인해 노인의 의존성은 일정 수준 증가될 필요가 있다. 그러나 발테스가 「노년기 의존성의 원인과 유지(The Etiology and Maintenance of Dependency in the Elderly)」에서 주장하는 것처럼,

> 80세에도 여전히 완전하게 독립적인 사람도 있는 반면, 어떤 사람은 50세에 이미 의존적이 되기도 한다. 재정적인 상황 때문에 의존적이 되기도 하고, 고독 때문에, 혹은 일상생활에서 도움을 받아야 하기 때문에 의존적이 되기도 한다. 우리가 우리 삶의 이런저런 문제를 해결할 수 없게 되는 시점은 일반적으로 사회 물리적 생활 사건의 차이와 생물적 기질의 차이에 달려 있는 듯하다(Baltes, 1988, p. 302).

사람의 생물적 기질은 일반적으로 고정되어 있다. 그러나 사회물리적 생활

사건은 고정되어 있지 않은 것이며, 발테스의 데이터 역시 "의존성이란 특정한 강화의 수반성에 따른 산물이며, 여전히 존재하는 능력을 전체적으로 과소 추정하는 데서 기인한다."(Baltes, 1988, p. 314)는 결론을 일관되게 지지하고 있다. 더욱이 의존성이란 즐겁지 않은 우울한 것이다. 발테스는 "노인학 관련 문헌에서는 의존성이 일반적으로 무기력 혹은 무력함으로 정의된다."(p. 301)고 쓰고 있다. 필요가 있기 때문에 인간이 나이 들어감에 따라 보다 의존적이 된다 할지라도, 의존적인 행동에 대해 지지나 강화를 준다는 것은 지나친 감이 있다. 이는 감소하는 생물학적 기능에 요구되는 양보다 더 많은 의존성을 촉진시킨다. 발테스와 발의 결론에 따르면, 보호 시설과 가정에서의 노인의 사회적 환경은 "과잉으로 반응하는, 그럼으로써 독립적인 행동을 잃게 하고 의존적인 행동을 촉진시키고 있다."(Baltes & Wahl, 1996, p. 223)

　'노인의 의존 행동에 있어서의 사회 환경적 결과의 영향을 분석하기 위한' 조사연구에서 발테스와 발은 "노인의 입장에서 사회적 반응을 '만들어 내는' 것은(사회적 강화) 독립적 행동보다는 의존적 행동이었다. 노인이 할 수 있는 행동들 중에서 다른 어떤 행동들보다도 즉각적이고 긍정적인 반응을 사회적 환경에서 끌어내는 것이 의존적 행동"(Baltes & Wahl, 1996, p. 221, 강조는 저자가 첨가한 것임)이라는 사실을 발견했다. 이와는 반대로, 독립적인 행동이 "발생할 때는 사회적 반응이 일어나지 않았다. 대부분의 경우 그저 무시될 뿐이었다."(p. 221) 그저 무시되지 않는 독립적인 행동은 오히려 강화보다는 벌['보다 독립적인 행동에 대한 적극적인 방해'(p. 22)]을 야기했다. 따라서 비록 '무기력'이나 '무력함'과 연합된다 할지라도 노인의 의존적인 행동은 분명 기능을 하고 있다. 다른 어떠한 행동보다도 정적인 사회적 강화를 유발하는 것은 의존적 행동인 것이다. 그러나 발테스와 발이 지적하는 것처럼, "이러한 사실이 의존적인 행동이 전반적으로 적절하다는 것을 의미하는 것은 아니다. 의존적인 행동으로 야기되는 결과에는 능력과 자율성의 감소와 같은 잠재적인 부정적 결과 또한 포함된다."(1992, p. 417)

아동기의 질병과 통증에 대한 강화 훈련

　　　　　　　　노인의 경우에는 사회적 상호작용에 있어 의존성 지지 도식이 가장 우세한 패턴인 반면, 다행스럽게도 보호 시설의 아동을 포함하여 아이들의 경우에는 "의존적 자기 관리 행동이 아닌 건설적인 행동에 관심을 받는 일이 가장 우세하게 나타난다."(Baltes et al., 1987, p. 390) 하지만 부모의 의도치 않은 강화로 인해 아이가 우울증이 학습될 수 있는 것처럼(예를 들어, Sheeber et al., 1998), 만성적인 건강 문제로 고통받는 사람은 질병 행동에 대해 가족으로부터 강화를 받았던 학습 내력을 지닌다.

　뉴욕 주립대학교(The State University of New York) 학부생 242명에 대한 연구에서, 스토니 브룩(Stony Brook)과 수지 에슌운(Sussie Eshun)은 통증에 대해 강화를 받았던 내력이 통증을 표현하는 현상을 예측한다는 사실을 발견하였다(Eshun, 1997). 유사하게, 사우스캐롤라이나(South Carolina)에 위치한 그린빌 종합병원 통증 치료 센터(Greenville General Hospital Pain Therapy Center)의 로버트 모스(Robert A. Moss)는 학부생 180명에 대한 연구에서, 일이나 학교에 대한 회피 경향성을 가장 강력하게 예측하는 변인이 아동기 때 작업을 중도 포기하거나 학교에 결석했던 과거의 이력과 아동 아버지의 작업 회피 내력(예를들어, 모델링)이라는 사실을 밝혀내었다. 또한, 질병 행동을 했을 때 정적 강화를 받을 것이라고 지각하는 정도를 가장 잘 예측하는 것은 아동기 때 질병 행동에 대해 강화를 받았던 내력과 질병 행동에 대한 어머니의 관심이라는 사실도 발견하였다(Moss, 1986).

　노스캐롤라이나 대학교 소화기 질환과(University of North Carolina Division of Digestive Diseases)의 윌리엄 화이트헤드(William E. Whitehead)와 전국 각지 기관의 공동 연구자들에 의해 수행된 연구는 문제의 핵심을 그 제목에서 분명하게 진술하고 있다. 연구의 제목은 "아동기 동안의 환자 역할에 대한 모델링과 강화가 성인기 질병 행동을 예언한다."(Whitehead et al., 1994)다.

> 의료 서비스를 이용하고 신체적인 증상을 경험하는 것의 빈도와 상관을 보이는 것은…… 아동기 때 부모가 환자 역할과 관련된 행동에 격려를 해 주었거나 모델링을 해 주었던 경험이었다. …… 감기가 다른 사람들보다 더 심하게 걸리고, 치료를 위해 병원에 가며, 다른 사람에 비해 더 오래 아프고, 더 자주 병원에 간다고 답함으로써 질병 행동을 보인 여성들은 아동기 때 감기나 독감에 걸렸을 때 부모에게 장난감, 선물, 아이스크림과 같은 간식을 받았던 경험이 있었던 사람들이었다(Whitehead et al., 1994, p. 541).

화이트헤드와 동료들은 "대부분의 피험자들이 자신의 부모로부터 강화를 받았던 증상에 대해 현재에도 그러한 증상이 있고, 그로 인해 앓아누웠던 경험을 보고한다는 점에서 아동기의 사회적 학습 효과는 상대적으로 특수해 보인다."(Whitehead et al., 1994, p. 548)라고 주장하였다. 일반적으로는 아동기에 경험한 환자 행동에 대한 강화가 성인기에서의 환자 역할 행동을 예측한다(적어도 부분적인 원인이 된다). 언어 행동에 대한 초기 강화가 어떤 사람이 처음에 사용할 언어를 결정하는 것과 같이(1장 및 부록1 참조), 초기에 어떤 증상에 강화를 받았는가가 성인이 되었을 때 어떤 증상을 보일 것인지를 결정하게 되는 것이다.

> 주요 결과는 다음과 같다. 첫째, 월경 관련 질병 행동에 대한 아동기의 강화가 성인 월경 증상과 앓아눕는 기간을 유의하게 예측했으며, 감기 질병 행동에 대한 아동기의 강화가 성인 감기 증상과 앓아눕는 기간을 유의하게 예측했다. 이 결과는 스트레스나 신경증과는 독립적이었다. 둘째, 스트레스와 신경증을 통제하고 난 이후에도 아동기에 강화를 받았던 정도에 대한 측정치는 피험자들의 기능성 장애

(월경통이나 과민성 대장 증후군)를 예측하는 유용한 변인이었다(Whitehead et al., 1994, p. 541).

유사하게 캐나다 칼턴 대학교(Carleton University)의 멜라니 톰슨(Melanie L. Thompson)과 메리 긱(Mary L. Gick)은 월경 증상으로 인한 의료 이용 경로에 대한 연구에서 월경 장애로 병원을 찾는 청소년들이 "초경 이래로 문제가 되어 온 증상을 보다 많이 보고한다."는 사실을 발견하였다. 병원을 찾는 청소년들은 그렇지 않은 소녀들보다 '청소년 월경과 관련된 질병 행동에 더 많은 강화'를 받았다는 사실 역시 인정하였다. 그들은 또한 '그들의 증상이 너무 심각하여 무시하기가 어렵다.'고 생각하고 있었다. "증상에 대해 중대성과 심각성을 지각하는 정도는 청소년 월경 증상에 대한 강화와 상관관계를 나타냈다." (Thompson & Gick, 2000, p. 137)

톰슨과 긱(2000), 화이트헤드와 동료들(1994), 그리고 그 밖의 연구자들(예를 들어, Schwartz et al., 1994; Turkat & Noskin, 1983)의 연구결과는 질병의 지각된 중대성과 심각성이 생물학적이고 생리적인 건강의 기능이 아니라는 점을 보여 준다. 질병의 지각된 중대성과 심각성은 질병에 대한 강화 내력의 작용이자 그 결과다.

통증, 환자 역할 행동, 우울증, 의존성의 예방

신체적 원인(바이러스, 세균, 부상, 호르몬, 신경 전달 물질 불균형 등)으로 발생하는 통증, 질병, 우울증과 마찬가지로, 강화가 유발하는 통증, 질병, 우울증 역시 1그램의 예방이 1킬로그램의 치료의 가치를 지닌다. 강화로 유발된 통증, 질병, 우울증, 의존성을 예방하는 방법을 알아보기 위해서는 강화로 초래된 통증, 질병, 우울증, 의존성에 대한 연구를 살펴볼 필요가 있다.

통증과 질병

부상을 당하거나 아픈 아이에게 부모와 돌봐 주는 사람이 관심과 애정을 보이는 것은 당연하고도 옳은 일이다. 그러나 만성 통증과 환자 역할 행동이 발달하는 것을 예방하기 위해서는 건강과 관련된 적극적인 활동에 대해 더 많은 관심과 애정이 주어져야만 한다. 아프거나 부상당한 동안에 주어지는 애정보다 더 많은 격려와 칭찬이 회복되는 것에 주어져야만 하는 것이다. 예를 들어, 아이가 한창 독감을 앓고 있을 때는 아이스크림이나 과자와 같은 선물을 주어서는 안 된다. 대신에 부모는 이런 식으로 격려를 해 줄 수 있다. '네가 몸이 안 좋아서 많이 속상하네. 빨리 나아서 다시 건강해지면 같이 나가서 아이스크림 사 먹자. 어떠니, 아가?' 이러한 상호작용 형태는 아이에게 관심과 공감을 보여 줄 뿐만 아니라, 아이에게 건강함을 기대하고 있고, 그러한 건강한 상태가 강화를 받는다는 사실을 가르치게 된다.

환자 역할 행동을 방지하기 위하여 부모는 질병이 부적으로 강화되지 않는다는 것을 확실히 해야만 한다. 학교 공부나 하기 싫은 일을 도피하거나 회피하는 수단으로 질병이나 부상을 이용하는 일이 허용되어서는 안 된다. 대신에 충분히 회복되는 즉시 바로 그 모든 일을 해야만 한다(합리적인 한도 내에서)는 것을 말해 주어야만 한다. 아이가 너무 아파서 혹은 다쳐서 학교에 가지 못하거나 일을 할 수 없다면, 이는 너무 아팠던 것으로 인해 나중에 나가 놀거나 친구를 만날 수 없게 되고(혹은 그러고 싶어도 그것이 허용되지 않을 것이며) 학교나 일에 빠진 기간 중에는 스포츠 경기나 다른 사회적 일에 참여할 수 없게 된다는 사실을 분명히 알려줌으로써, 아픈 것은 심각한 사회적 결과를 초래하는 일이라는 것과 건강하게 지내는 것이 궁극적으로는 보다 많은 강화를 받을 수 있고, 생산적이라는 사실을 가르치게 되는 것이다.

우울증

우울증은 무기력(lethargy)과 무활동(inactivity) 혹은 낮은 수준의 활동과 같은 행동 특성을 나타낸다. 행동이 평균 혹은 최적 수준에 비해 **침체되는**(depressed) 것이다. 따라서 적극적이고 생산적인 행동에 참여할 수 있는 기회가 조성되면, 우울증은 예방될 수 있다. 만약 창의적인 성취(7장과 9장 참조)가 장려되고 조성되며 강화된다면, 무활동이나 우울증 관련 행동이 아니라 창의적이고 성취 지향적인 행동이 일어날 것이다. 만약 아동의 환경이 교육의 수월성을 이루는 데 적합하도록 구조화되어 있고 교육적인 성취를 이루는 데 도움이 된다면(10장 참조), 교육에 적극적으로 참여하게 될 것이다. 교육, 운동, 친사회적, 창의적, 혹은 기타 적절한 행동에 **적극적**으로 참여하는 아이는 우울해지지 않는다. 그들의 행동은 침체되지 않는다.

하지만 세상이라는 것이 인재(예를 들어, 전쟁, 살인, 간통)와 천재(예를 들어, 홍수, 폭풍)로 가득 찬 혼란함을 지닌다는 속성을 생각해 보면, 대부분의 사람은 어쩔 수 없이 혐오스럽고 통제나 예측이 불가능한 여러 사건을 경험할 수밖에 없다. 그런 사건을 겪게 되면 학습된 무기력, 즉 우울증에 걸리게 된다고 얘기된다. 그러나 대부분의 사람은 혐오스러운 사건을 겪지만, 그들 대부분은 우울증에 걸리지 않는다.

만약 혐오스럽고 통제 불가능하며 예측 불가능한 사건을 경험하기 전에 미리 통제 가능하며 예측 가능한 사건을 경험하게 되면, '면역이 되거나' '학습된 낙천성(learned optimism)'이 발달하게 되어(예를 들어, Seligman, 1990) 학습된 무기력은 예방될 수 있다. 이러한 초기의 학습 내력은 개인에게 그들의 행동이 의미 있는 결과를 만들 수 있고, 그들이 경험하는 사건의 혐오스러움을 감소시킬 수 있다는 사실을 가르친다.

마틴 셀리그만이 개를 데리고 수행한 초기의 연구에서 발견했던 것처럼, 그러한 경험은 학습된 무기력에 대항하고 이를 예방하는 "면역력을 갖게 한다." "문제에 반응하는 것을 학습하는 것은 실제로 무기력을 예방한다. 우리는 강아지 때부터 여기에 숙달되도록 가르친 개가 평생 동안 학습된 무기력에 면역되어 있다는 사실을 발견하였다. 이 발견은 인간에게 진실로 짜릿한

함의를 주고 있다."(Seligman, 1990, p. 28)

　인간을 위한 그 짜릿한 함의란, 아동이 문제에 반응하는 것을 배우고 그들의 행동이 의미 있는 결과를 낳는다는 것을 배운다면, 인간도 학습된 무기력에 '면역이 될' 수 있다는 것이다. 우울증에 면역력을 갖기 위해서는 아이가 자신의 노력과 기술로 성공적인 결과를 이루는 경험을 해 보아야 한다(Seligman, 1975). 숙달감과 낙천성을 발달시키는 데 필요한 성공은 그렇게 대단하지 않아도 상관없다. 창의적인 성취가 근사치에 대한 강화로 조성되는 것처럼, 스스로를 통제할 수 있다는 생각이나 낙천성 역시 근사치에 강화를 받음으로써 조성된다. 예를 들어, 아이는 어느 책을 읽을지 혹은 어느 과일을 먹을지에 대한 선택권을 가질 수 있다. 만약 선택한 것이 즐거움을 주었다면, 물론 그 자체만으로 평생 동안의 낙천성이나 근면성이 만들어지는 것은 아니겠지만, 그러한 즐거운 선택이 낙천성과 지각된 통제력의 발달에 기여하는, 삶에 있어서의 강화 내력의 일부가 될 것임에는 틀림없다. 만약 선택한 것이 즐겁지 않았다면, 그 아이에게는 반드시 다시 선택할 수 있는 기회가 주어져야만 한다. 아이는 이전과는 다른 것을 선택할 것이고, 그것이 즐거운 것일 수 있는 것이다. 이러한 행동 양식과 이에 따른 결과 역시 성공에 수반하는 평생의 행동 내력에 기여하게 되고, 훗날 불가피하게 통제 불가능한 사건을 겪게 될 때 학습된 무기력을 예방할 수 있는 낙천성이 발달하는 데 기여하게 될 것이다.

의존성

　생물학적 시스템을 포함하여 모든 시스템에 적용되는, 시간이 흐름에 따라 효율성이 떨어진다는 엔트로피 자연법칙으로 인해 노인의 의존성이 증가되는 것은 불가피한 일이다. 그러나 발테스와 발의 연구는 노인이 의존적이 되는 비율과 정도는 감소하는 생물학적 효율성 때문이라기보다는 의존 행동에 대한 강화 때문이라는 사실을 명확하게 보여 주고 있다.

물론 발테스와 발의 주장처럼, "노화란 생물학적인 예비 능력(reserve capacities) 이 일반적으로 약화되는 과정이라는 측면에서 노인의 의존적인 행동은 성공적인 노화의 전제조건으로 볼 수도 있다."(Baltes & Wahl, 1996, p. 228) 하지만 불필요한 일반화된 의존성을 예방하기 위해서는, 의존적인 행동은 사실상 바꿀 수 없는 생물학적 결함에 수반하여 선택적으로 강화되어야만 한다. 예를 들어, 어떤 사람이 녹내장이나 백내장으로 시력을 잃으면 그 사람은 어디를 가거나 음식을 준비할 때 다른 사람에게 의존하게 될 것이다. 하지만 시력을 잃는다는 것이 그 사람을 쓸모없게 만드는 것은 아니다. 시력을 잃은 노인에게 운동을 계속하도록 하고, 음식을 준비할 수 있도록 적극 권장하고, 이에 대해 강화를 주어야 하며, 인쇄된 글을 더 이상 읽을 수가 없으므로 점자를 읽고 쓰는 법을 학습하도록 격려하고 강화를 주어야만 한다. 이러한 선택적인 의존성과 독립성에 대한 강화가 노인이 보다 풍요롭고 풍부한 삶을 유지할 수 있게 만드는 것이다.

독립성이 격려를 받고 강화를 받게 되면 삶이 보다 풍요로워지게 된다. 나의 아버지는 60대에 사다리에서 떨어져 팔꿈치와 손목이 골절되는 내부 타박상을 입었다. 2주간 걸을 수 없었으며, 수술을 받고 나서 팔꿈치와 손목을 잘 움직일 수 없게 되었다. '불편한 팔로 애쓰지 마세요. 제가 할게요.' 라고 의존성에 강화를 받는 대신, 아버지는 팔꿈치 움직임의 강도와 범위를 늘리는 일을 격려받고 이에 강화를 받았다. 평생을 끈기와 노력, 근면성에 대해 강화를 받아 온 이력이 있었기 때문에(이것이야말로 노인의 과도한 의존성을 방지하는 가장 좋은 방법인 듯하다) 아버지에게는 그다지 많은 격려가 필요하지 않았으며, 팔꿈치를 움직이는 세기와 범위가 향상되는 것이 재활 노력을 하도록 만드는 내재적 강화로 기능하였다. 움직일 수 있는 범위가 원래 움직이던 범위의 80퍼센트 밖에 회복되지 않을 것이지만, 재활 프로그램의 결과로 67세인 아버지는 많은 사람들과 어울리면서 40대인 자신의 아들보다 더 많이 하루 20번씩 팔굽혀펴기를 하고 일주일에 서너 차례 역기를 들어올린다. 이처럼 부상으로 인해 의존성이 쉽게 촉진될 수 있었지만, 독립성이 강화를 받았기 때문에 아버지는 새로운 취미인 웨이트 트레이닝을 개발하였고, 이는 결국 건강을 향상시키고 삶을 보다 풍요롭게 만들어 주었다.

만성 통증, 질병, 우울증, 의존성의 치료

만성 통증, 질병, 우울증, 의존성을 완전히 없애지는 못한다 하더라도, 이를 크게 개선할 수 있는 지식이 존재하는 것은 사실이지만, 이 세상의 현재 상태를 고려해 보면 지식만으로는 가까운 장래에 그렇게 많은 감소가 일어날 것 같지는 않다. 만성 통증이나 우울증으로 고통받는 사람의 수는 수억 명이 넘는다. 그릇되고 계획되지 않은 강화가 이러한 고통을 만들었다면, 계획되고 효과적인 강화 프로그램이 이러한 고통을 상당 부분 감소시킬 수 있다.

만성 통증과 질병

만약 통증과 질병을 느끼는 이유가 주로 통증과 환자 역할 행동에 대한 강화의 산물이고 이에 대한 강력한 증거가 있다면, 통증과 환자 역할 행동에 대해 강화를 줄이거나 혹은 완전히 없애는 동시에, 건강함과 건강한 생활양식에 관련된 행동에 대해 강화를 늘리게 되면 통증과 고통을 느끼는 경험이 크게 감소하거나 완전히 없어져야만 할 것이다. 놀랄 것도 없이 바로 그러한 일들이 지금 발생하고 있다. 통증 행동이 더 이상 강화를 받지 못하면, 통증은 감소하거나 완전히 사라지는 것이다.

예를 들어, 척추 수술을 받고 수년간 병원 치료를 받았으며, 통증 의료 센터에 입원한 휠체어를 타는 42세의 퇴직 남성에 대한 연구(Kallman et al., 1975)를 살펴보자. 그는 아주 단순한 치료를 받게 되었는데, 이는 한 여성 간호사가 하루에 세 번 병실을 방문하여 10분 동안 가능한 만큼 걸어 보게 하는 것이

전부였다. 그녀는 향상이 될 때마다 사회적 강화를 주었다. '아! 정말 자랑스러워요.' 처음에는 눈에 띄는 향상이 거의 보이지 않았지만, 점진적인 근사치에 강화를 주는 모든 사례가 그렇듯이(1장과 부록 1 참조), 얼마 지나지 않아 극적인 결과가 나타났다. 그는 정상적으로 걷게 되었고, 18일 후에 퇴원하였다. 하지만 그는 한 달이 채 지나지 않아 다시 병원으로 돌아왔는데, 이는 그의 가족이 통증 행동에 강화를 주었기 때문이었다. 그로 인해 가족은 그의 통증 불평에 무시를 하고 신체 활동에 강화를 주는 방법을 배웠고, 그의 통증은 더 이상의 문제없이 사라지게 되었다.

중증 편두통을 매일 앓아 온 26세의 한 여성 역시 통증 행동에 대해 더 이상 사회적 강화를 받지 않는(무시) 동시에 운동이나 집안일과 같은 건강과 관련된 행동에 강화를 받게 되자(칭찬) 두통은 완전히 없어지게 되었다(Aubuchon et al., 1985). 13세 때부터 '고통받아 온' 두통은 그녀가 학교를 가지 않고 집에 있게 해 줬으며, 부모와 전문가들의 관심[사회적 강화, 즉 '이차 이득(secondary gain)']을 받게 했다. 약물, 침술, 척추 지압, 심리 치료, 전기 충격에 이르기까지 여러 치료를 받아 보았지만 증세는 호전되지 않았다. 이러한 치료 대신 통증 행동에 관심을 보이지 않고 건강함을 칭찬하는 아주 단순한 강화 프로그램이 그녀의 두통을 고쳤다는 사실은, 이전의 '치료법' 이 사실상 통증을 강화하는 역할을 했을 가능성이 있다는 것을 보여 주고 있다.

경험으로 증명되는 치료법

반복적 복통(Recurrent Abdominal Pain, RAP)(Janicke & Finney, 1999), 통증 관련 절차(Procedure Related Pain)(Powers, 1999), 질병 관련 통증(Disease-Related Pain)(Walco et al., 1999)에 있어 소아 심리학 분야에서 경험적으로 증명되어 온(예를 들어, 결과가 증명된) 치료법을 다룬 『소아심리학저널(*Journal of Pediatric Psychology*)』 특집호에서 '인지 행동(cognitive-behavioral)' 치료법은 통증

에 대한 다른 모든 치료법에 비해 보다 효과적이라고 평가되고 있다. 인지 행동 중재 전략은 효과적인 치료 프로그램의 핵심 요소로서 조작적 강화 절차를 포함하고 있다(예를 들어, Janicke & Finney, 1999, p. 119).

버지니아 폴리테크닉 주립대학교(Virginia Polytechnic Institute and State University) 연구원인 데이비드 예니케(David M. Janicke)와 잭 피니(Jack W. Finney)는 "반복적 복통의 치료에 있어 두 개의 통제된 사례 연구를 통한 조작적 [강화] 절차의 효과를 검증한 초창기 연구"(Janicke & Finney, 1999, p. 118)에 대해 정리하고 있다. 첫 번째 연구(Miller & Kratochwill, 1979)에서, 심각한 복통을 호소하는 10세 소녀에게 정적 강화로부터의 타임아웃이 적용되었는데, 그 내용은 통증으로 짜증을 내게 되면 사회적 활동을 하지 못하게 되고, 성인의 관심을 받지 못하게 되는 것이 주된 내용이었다. 그 결과, 짜증은 하루 2회에서 한 달 1회로 줄어들었다. 이 절차를 학교에 적용했을 때, 학교에서도 유사한 결과를 얻을 수 있었다. 또 다른 연구에서는 심각한 복통을 앓는 10세의 한 소년에게 비통증 행동에 대해서는 토큰을 주고 통증으로 불평하는 것에는 관심을 주지 않았다. 이 치료로 인해 통증이 찾아오는 횟수와 통증을 느끼는 정도는 감소되었으며, 학교 출석률은 증가되었다(Sank & Biglan, 1974). 예니케와 피니에 따르면, "이들 초기의 논문들은 대안적인 치료법을 확립하는 토대 역할을 했다는 점에서 매우 의미 있으며, 조작적 [강화] 절차는 이러한 대안적 치료법 중 하나다." (Janicke & Finney, 1999, p. 119) 효과적인 인지행동 치료의 핵심 요소는 "통증과 경쟁이 가능한 [비통증] 활동에 대한 차별적 강화"와 부모에게 "적절한 대처 행동을 유발하고 강화하는 법"(p. 121)을 훈련시키는 것이다.

신시내티 대학교 의과대학(University of Cincinnati College of Medicine)의 스콧 파워스(Scott W. Powers, 1999)가 검토한 경험적으로 증명되고 있는 절차 관련 통증 치료법에 대한 연구들 역시 인지행동 치료법이 가장 효과적인 치료법임을 일관되게 밝히고 있다. 검토된 한 연구(Jay et al., 1987)를 살펴보면, 인지행동 치료법이 통증을 감소시키는 데 있어 신경 안정제인 바륨(Valium)보다 더 효과적이었다. 반복적 통증에 대해 효과를 보이는 다른 치료와 마찬가지로, 인지행동 치료는 호흡하는 기술이나 가만히 누워 있는 것에 대해 강화물을 제공하고(칭찬, 트로피, 상품, 비디오 게임 허락 등), 협력과 같은 대처 기술에 대한 강화, 그리고 아동과 부모를 대상으로 하는 훈련 참여에 대한 강화와 같은 수많은 강화를 기반으로 하는 절차가 그 핵심요소다(Powers, 1999). 요약하자면, 고통스럽지만 그래도 필요한 의학상의 방법과 강화절차가 함께 사용되면 통증은 크게 감소될 수 있다.

강화 절차가 단지 아이의 통증만을 감소시킨다는 믿음은 잘못된 것이다. 사우스플로리다 대학교(University of South Florida)의 글렌 가이거(Glenn Geiger) 연구팀은 만성 하부 요통이 있는 성인 13명을 대상으로 운동 행동에 수반하는 강화와 피드백의 효과를 살펴보았다. 그들은 강화를 주지 않는 것과 비수반적 강화(수행을 하지 않더라도 혹은 수행을 끝내지 않더라도 강화를 주는 것)는 아무런 효과가 없다는 사실을 발견하였다. 그러나 걷기 비율에 수반하는 강화와 발전에 대한 피드백은 걷기 비율의 체계적인 증가와 통증의 감소를 가져왔다(Geiger et al., 1992). 결론은 자명하다. 통증 행동이 강화를 받을 때 통증은 증가한다. 따라서 통증을 치료하는 가장 효과적인 방법은 통증 행동에 대한 강화를 줄이고 환자 역할 행동에 반대되는 행동(건강함과 건강에 좋은 행동)에 대한 강화를 늘리는 것이다.

우울증 치료

우울증이란 적어도 부분적으로는 침체된 행동, 일상적인 수준에 비해 저하된 행동, 활성화되지 못한 혹은 슬럼프 상태인 행동을 의미하기 때문에 우울증에 효과적인 치료는 행동을 활성화하고, 행동에 힘을 불어넣고, 행동을 확장시킬 수 있는, 다시 말해서 행동의 발생 비율을 증가시킬 수 있어야만 한다. 실제 일반적으로 행동을, 구체적으로는 운동을 늘리는 것이 우울증에 대한 효과적인 치료다.

많은 경우, 운동은 우울증에 있어 가장 효과적인 치료일 수 있다. 매니토바 대학교(University of Manitoba)의 그렉 트카척(Gregg A. Tkachuk)과 개리 마틴(Garry L. Martin)은 경미한 우울증과 중간 수준의 우울증에 대한 운동의 효과를 검증한 14편의 연구논문을 개관한 결과, 1주일에 3번씩 총 20분에서 60분간 운동한 (걷기, 달리기, 근력 훈련) 우울증 환자의 우울증 증세가 5주 뒤에 유의하게 감소하였음을 확인할 수 있었다. 운동을 계속하는 한 꾸준한 향상이 있었다. 우울증 치료에 있어 운동의 효과는 개인 심리치료, 집단 심리치료, 인지치료의 효과와 비슷하거나 오히려 더 좋았다. 더욱이 운동은 만성 통증 환자의 통증을 줄이는 효과적인 행동 치료의 중요한 부분이라는 사실이 발견되었다(Tkachuk & Martin, 1999). 운동은 환자 역할 행동이 아닌 건강함에 대한 강화를 촉진한다. 트카척은 "운동은 경미한 우울증과 중간 수준의 우울증에 성공적으로 작용할 수 있는 치료 방법일 뿐만 아니라 전통적인 형태의 심리치료보다 4배에서 5배 정도의 비용 대비 효과가 있다."고 주장하였다. 트카척에 따르면, 운동이 효과적인 이유 한 가지는 사회적 강화를 증가시킬 수 있는 기회를 제공하기 때문이다. "운동은 다른 사람들로부터 정적 강화를 받을 수 있는 환경으로 사람을 나가도록 한다."(Tkachuk, 1999, p. 24)

운동이 경미한 우울증과 중간 수준의 우울증에는 효과적이지만, 심각한 우울 장애로 고통을 겪는 노인들에게는 효과가 없다고 결론짓는 것 또한 잘못이다. 실제로 운동은 노인의 심각한 우울 장애를 효과적으로 치료하며 장기적으로는 약물치료보다 더 큰 효과가 있다. 듀크 대학교 의료 센터(Duke University Medical Center)에서는 심각한 우울 장애를 지닌 성인 156명(50세 이상)을 대상으로 에어로빅 운동의 효과와 세르트랄린[sertraline, 우울증 치료제인 프로작 (Prozac)과 비슷함]의 효과, 그리고 에어로빅과 세르트랄린의 결합 효과를 비교하는 연구를 수행하였다. 치료가 끝나고 4개월 뒤 세 집단은 모두 유의한 개선을 보였다. 그러나 운동 집단의 피험자들은 약물치료 집단 피험자들보다 더 낮은 재발률을 보였으며, 스스로 운동하는 것이 후일 우울증을 겪게 될 가능성을 더 낮추었다(Babyak et al., 2000).

듀크 대학교와 매니토바 대학교 연구팀의 운동 효과에 대한 결과는 우울증에 대한 행동주의적 해석을 지지하는 결정적인 증거라 할 것이다. 우울증이란 침체된, 억눌린 행동이다. 우울증을 감소시키기 위해서는 행동이 자극을 받고 증가될 필요가 있다. 운동은 행동의 비율을 증가시키는 가장 직접적인 방법일 수 있다. 행동이 더 이상 침체되지 않고 자기가 적극적으로 행동하는 것을 스스로 보게 될 때 주관적인 '내적' 우울감이 감소하는 것이다.

어떤 형태의 활동이 증가되는가는 그다지 문제가 되지 않는다. 활동 수준이 증가하기만 하면(예를 들어, 걷기나 달리기 혹은 역도 등에 의해) 우울증은 감소한다(Tkachuk & Martin, 1999). 극소수만 즐기는 운동이라 하더라도 유익한 영향에는 변함이 없다. 오번 대학교(Auburn University)의 네보이사 토스코빅(Nebojsa Toskovic)은 태권도의 한 세션만을 연습해도 긴장과 우울증, 분노, 피로감, 혼미함 등은 감소되고, 활기로움과 전체적인 기분이 유의하게 증가한다는 사실을 발견하였다(Toskovic, 2000). 노스이스턴 대학교(Northeastern University)의 로나 헤이워드(Lorna M. Hayward)와 안네마리 설리번(Annemarie C. Sullivan), 조셉 리보나티(Joseph R. Libonati)는 체중 감량이 될 정도로 격렬하게 하지 않더라도 집단 운동이 비만 여성의 우울증을 감소시킨다는 것을 발견하였다(Hayward et al., 2000). 운동 프로그램은 우울증을 감소시킬 뿐만 아니라 예방할 수도 있다. 미주리 대학교(University of Missouri)의 한 연구팀은 12주 운동 프로그램이 건강을 증진시킬 뿐만 아니라 1년 이상 지속되는 심리적인 이점을 만들어 낸다는 사실을 발견하였다(Dilorenzo et al., 1999).

비록 사실이라 하더라도, 심각한 우울 장애로 고통스러워하는 사람에게 '그저 열심히 운동을 해 보세요. 그러면 한결 나아질 거예요.' 라고 간단히 말하는 것은 그저 '걱정하지 말고, 행복해지세요.' 라고 말하는 것과 마찬가지로 아무런 효과가 없을 것이다. 심각한 우울증을 앓는 사람은 너무 우울해서 운동을 시작할 수도 없을 수 있다. 다시 한번 점진적 근사치에 강화를 제공함으로써 행동을 조성하는 원리가 결정적이 된다. 이후의 향상에 토대가 되는 작은 활동의 증가에 격려를 하고 강화를 주는 것이다. 예를 들어, 벡(Beck, 1976)은 1년 동안이나 침대에서 나오지도 않고 항우울제도 효과가 없는 심각한 상태의 입원 우울증 환자를 치료하게 되었다. 벡의 치료는 그 환자가 침대 밖으로 나와 불과 10미터 정도를 걷는 것에 칭찬이라는 강화를 주는 것이 전부였다. 그다음에 환자에게 20미터를 걸어 보라고 격려해 주었다. 45분이 지나지 않아, 그 환자는 사탕과 같은 다른 강화물을 받을 수 있는 자판기가 있는 병동으로 걸어가게 되었다. 한 달 뒤 그 환자는 퇴원했다. 점진적 근사치를 강화하는 방법이 1년 동안의 약물이 해 내지 못한 치료를 한 달 만에 끝낸 것이다.

우울증에 효과적인 모든 심리치료에는 강화가 제공되는 사회성 기술 연습이나 행동 시연과 같은 **행동 활성화**(behavioral activation)가 결정적인 요소로 포함된다(예를 들어, Gossette & O' Brien, 1992). 치료를 하는 사람은 일반적으로 '대부분의 활동을 포기했던 우울증 환자가 다시 행동하게 함으로써 그들에게 즐거움을 느끼게 하고, 다시 일상으로 돌아갈 수 있도록 돕는' 계획을 수립한다. 『임상심리학』의 저자인 바로우(Barlow)와 듀란드(Durand)는 "같은 맥락에서 많은 연구자들이 운동이나 증가된 활동이 자기개념과 평생 앓아 온 우울증을 향상시킬 수 있다는 사실을 보여 주고 있다."(1999, p. 214, 강조는 원문에 있는 것임)고 주장한다.

운동이 활동 수준을 늘리는 가장 직접적인 방법이기는 하지만, 아주 뛰어난 운동선수라 하더라도 효과적으로 운동을 할 수 있는 시간은 하루에 단지 몇 시간에 불과하다. 더욱이 대부분의 일반 사람의 경우에는 운동하는 시간 중 집중해서 운동하는 것은 몇 분이 채 되지 않는다. 따라서 우울증을 치료하고 예방하기 위해서는 공식적인 치료나 운동 상황 이외의 환경에서 독서나 요리와 같은 격렬하지 않은 활동을 포함한 활동들이 꾸준히 조성되고 유지될 필요가 있다. 사회적 환경으로부터의 강화와 특히 가족 구성원으로부터의 강화가 결정적이 되어야 하는 이유가 바로 이것 때문이다. 이를 위해 임상 심리학자인 미르나 바이스만(Myrna Weissman)은 우울증을 앓는 내담자(client)에게 대인 갈등을 해결하고 새로운 관계를 형성하는 방법을 가르치는 대인관계치료(interpersonal psychotherapy)를 개발하였다. 대인 간의 갈등을 해결하고 새로운 관계를 형성하는 방법을 학습하게 되면 사회적 강화를 받을 가능성은 크게 증가한다. 통제 조건이나 위약 조건의 환자들의 경우 30퍼센트 정도의 향상이 있었던 반면, 대인관계치료를 받은 환자들은 50퍼센트에서 70퍼센트 가량 향상되었다(Barlow & Durand, 1999, p. 215).

활동적이 되어 사회적 강화를 받는 것은 우울증을 경감시킨다. 킹스칼리지 런던 의학대학원(Guy's, King's, and St. Thomas' school of medicine)의 티릴 해리스(Tirrill Harris)는 만성 우울증을 앓는 여성들에게 자원 봉사자인 '친구가 되어 주는 사람(befriender)'을 배정해 주었다. 자원봉사자의 역할은 우울증을 가진 여성에게 1년 동안 상담 상대자가 되어 주고, 정기적으로 만나 커피나 차를 마시거나 함께 나들이를 가는 것이었다. 대기자 명단에 이름을 올린 통제 집단 여성의 경우 45퍼센트만이 차도가 있었던 반면, 친구가 되어 주는 사람을 할당받은 여성은 72퍼센트가 우울증에 차도를 보였다(Harris et al., 1999). 이는 항우울제와 거의 비슷한 효과였다. 우울증에 고통받는 사람에게 우정보다 더 강화를 주는 약은 없는 것이다.

노인 우울증과 의존성 치료

활동과 사회적 강화가 다른 집단에도 필요한 것처럼, 노인의 경우에도 노인의 활동과 그들에게 주어지는 사회적 강화는 우울증을 예방하고 치료하는 데 매우 중요하다. 활동과 사회적 접촉의 부족은 노인에게 나타나는 우울증의 주요 원인이 된다. 독립성 무시 도식에서 알 수 있듯이, 보호시설이 아닌 가정에서 살고 있다 할지라도, 노인이 남의 도움을 받지 않고 활동적으로 생활하게 되면 다른 사람들로부터 관심을 받지 못하게 된다(예를 들어, Baltes & Wahl,

1996). 어떤 이유로든 남에게 관심을 받지 못하게 되면 사람은 대개 우울해진다. 결과적으로 많은 노인이 더욱 의존적이 되고, 그 결과 우울증은 더욱 깊어진다. 미국국립정신보건원(National Institute of Mental Health)에 따르면, 1천 9백만 명의 미국인들이 우울증을 앓고 있으며, 이 중 39퍼센트가 45세 이상이다. 운동과 사회화로 이 숫자를 크게 줄일 수 있다. 우울증을 치료하는 데 장기적으로 운동이 약물보다 더 효과적임을 밝힌 듀크 대학교(Duke University)의 연구(이 장에서 소개)에 참여한 이들 모두가 중년이거나 노인들이었다.

운동이 많은 노인에게 중요한 이유는 그들을 집 밖으로 나가게 해서 사회적 강화를 줄 수 있는 다른 사람들과 어울리게 하기 때문이다. 플로리다 주에 위치한 도시 할리우드에서 노인종합복지관의 건강지원 코디네이터로 근무하는 캐롤 윈터(Carol Winter)에 따르면, "사회화는 우울증 [치료]에 가장 중요한 것이다. 그저 집 밖으로 나와 다른 활동을 하는 것만으로도 그들에게는 도움이 된다." 남편의 죽음 이후 우울증을 극복하기 위해 운동 수업을 듣는 한 노인이 다음과 같이 말했다. "많은 도움이 됐어요. 이젠 우울할 시간이 없어요. 항상 너무너무 바쁘거든요."(Liang, 2000, F2) 행동이 침체되지 않으면 노인은 우울증을 앓지 않는다. 스키너는 평생 동안 지적 활동을 유지했다. 그의 마지막 논문(Skinner, 1990)은 87세 때 그가 죽기 바로 며칠 전에 완성된 것이었다. 『노년의 즐거움(Enjoy Old Age)』이라는 제목의 저서에서 스키너는 '바쁘게 지낼 것'에 대해 한 챕터 전부를 할애하고 있다(Skinner & Vaughan, 1983). 만약 은퇴한 사람이 바쁘지 않다면, 그들은 우울해질 것이다. '기분 좋아지는 법'이라는 제목의 챕터에서 스키너는 무엇인가를 행하는 것이 무엇인가를(약물) 복용하는 것보다 결국에는 더욱 효과적이라고 주장하였다.

미국인은 그들의 삶이 조금도 나아지지 않음에도 불구하고, 자신의 삶에 대해 좋은 기분을 느끼기 위해 해마다 수십억 개의 약을 소비한다. 의사의 도움을 받지 못하게 되면, 알코올, 마리화나, 코카인,

헤로인으로 향한다. 물론 그렇게 하는 것은 우리의 자유지만, 기분보다는 그 상황을 바꾸는 것이 보다 바람직한 방법이다. 아스피린이 두통을 일으키는 원인은 그대로 둔 채 두통을 치료하는 것과 마찬가지로, 우리의 기분을 좋게 만드는 약물은 우리를 기분 나쁘게 만드는 조건[무활동과 감소된 사회적 강화]을 그대로 유지시킬 수 있다. 상황을 개선시킴으로써 우리는 좋은 기분이 될 수 있다. 우울증이 좋은 예다. 우울증은 65세를 넘은 사람에게 가장 흔한 정신 건강 장애로 알려져 있다. …… 앞에서 살펴보았던 것처럼, 우리가 우울함을 느끼는 이유는 우리가 이전에 즐겼던 많은 것을 더 이상 할 수 없기 때문이다. 사람들에게 이야기하는 것을 좋아했지만 이제는 말을 걸 사람이 없다. 전에는 전원생활을 즐겼지만 지금은 도시에 갇혀 있다. 홀로 도시에 남아 바륨을 먹는 것보다는 말을 걸 수 있는 사람을 찾거나 시골로 갈 방법을 찾는 것이 훨씬 더 나은 일이다(Skinner & Vaughan, 1983, p. 118).

안타깝게도 사람이 나이가 들어감에 따라 이전 수준보다 기능이 떨어지는 것은 바꿀 수 없는 삶의 진실이다. 그 결과, 어쨌든 계속 기능하기 위해서는 활동을 어느 정도 감소시키고 의존성을 증가시키는 것은 절대적으로 필요한 일이다. 이를 극복하는 비결은 가능한 한 많은 독립성을 유지하는 것이다. 『노년의 즐거움』에서 스키너는 활동적으로 살고 물리적인 환경을 주의 깊게 설계하면 많은 양의 독립성이 유지될 수 있다고 설명하였다. 예를 들어, 읽기가 어려워지면 안경을 쓰거나 글자가 크게 인쇄된 책을 읽으면 된다(『노년의 즐거움』은 큰 활자로 출판되었다). 특수 조명과 앉는 자리도 감소한 시각 기능을 보완하기 위해 설계될 수 있다. 잘 설계된 물리적 환경이 있다 하더라도, 결국 노인은 인생의 어떤 부분에서는 사회적으로 의존적이 될 수밖에 없다(요리, 운전, 옷 입기, 목욕하기, 일부 사람의 경우에는 용변 보는 것조차). 발테스는 성공적으로 늙기 위해서는 자신이 즐거워하는 영역에서 독립성을 유지하기 위하여 선택적인 의존성이 필요하다고 주장하였다.

> 나이가 들어감에 따라 증가하는 생물학적 취약성으로 인해, 노인은 어떤 활동을 잘하기 위해 다른 어떤 활동을 포기할지 결정해야만 한다. 따라서 한 영역에서의 적극성과 독립성을 유지하기 위해서는 다른 영역에서의 독립성이나 자율성을 포기해야 하는 것이다. 간단히 말하면, 노인은 선택적으로 독립적이 되어 간다. …… 특히 노인은 생물학적인 취약성이 증가되는 바로 그 시기에 찾아오는 정말 많은 생활 사건을 감당해 내야만 한다. 이때 효과적으로 해결하는 데 이용 가능한 자원이 있다면, 그런 다양한 사건은 감소하게 된다. 따라서 [선택적으로 의존적이 됨으로써] 일반적 수준에서의 높은 생산성은 유지될 수 없지만, 일부 영역에서의 수행은 유지되거나 오히려 증가될 수도 있다(Baltes, 1988, pp. 314-315, 강조는 원문에 있는 것임).

발테스는 계속해서 말했다. 안타깝게도 "보호시설에서는 노인이 원하는 때와 장소에서만 도움을 제공하고, 원하는 때와 장소에서 독립성과 최적성을 촉진하는 대신에 너무나 자주 '과잉보호'를 하는 경향이 있다. 노인이 필요로 하거나 원할 때보다 의존성이 더 자주 지원되고 촉진된다."(Baltes, 1988, p. 315)

이처럼 과잉 반응하는 환경은 노인을 의존적이 되고 우울증에 걸리게 한다. 다행스러운 것은 돌봐 주는 사람에게 독립성에 대해 지지하는 것을 증가시키는 방법과 노인들이 실제로 필요로 할 때만 의존성을 지원하는 방법을 가르칠 수 있다는 것이다. 발테스와 발(예를 들어, Baltes & Wahl, 1996)이 노인의 독립성에 강화를 주기 위해 정적 강화의 사용을 기반으로 하는 행동 수정 프로그램을 돌보는 사람에게 가르친 결과, 노인의 독립성은 증가하고 의존성은 감소하였다. 발테스와 발은 다음과 같이 보고하였다.

> 훈련을 받은 후, 돌봐 주는 사람들은 노인의 의존적 행동에 반응을
> 할 뿐만 아니라 [돌봐 주는 사람들은 독립성을 자극했다] 노인들의
> 독립적인 행동에 대해서는 더 많은 독립성 지지 행동들을 체계적으
> 로 나타내게 되었다[돌봐주는 사람들은 독립성에 강화를 주었다]. 직
> 원들의 독립성 지지 행동이 증가했기 때문에 보호시설에 거주하는
> 노인들의 독립적인 행동도 증가했다. …… 이러한 결과로, 타당한 때
> (예를 들어, 심각한 만성 질병이 발생하는 경우)는 노인의 의존성에 즉각적으
> 로 반응하지만, 가능한 한 많이 차별적으로 독립성을 자극하고 [촉진
> 및 격려를 함으로써] 독립성을 발전시키려는 [강화하는] 환경이 되어
> 갔다(Baltes & Wahl, 1996, p. 227).

이러한 결과는 의존성을 치료하는 가장 좋은 방법은 의존성에 대한 도움을
늘리는 것이 아니라, 대부분의 경우에서와 같이 독립성을 격려하고 강화하는
것임을 보여 준다. 발테스와 발의 연구결과 역시 이 책에서 수백 번 얘기했던
것과 다르지 않다. 특정 행동(범죄, 약물남용, 통증, 의존성, 우울증과 관련되는 행동이든지, 창
의, 성취, 교육의 수월성, 건강함, 독립적인 기능과 관련된 행동이든지)에 상관없이 어떤 행동이
강화를 받는 결과를 낳는다면 그 행동의 발생 비율은 증가할 것이다.

강화는 계속해서 잘못 이해될 수 있다. 강화와 관련된 신화는 계속해서 퍼
져 나갈 수도 있다. 인간의 행동에 대한 강화는 언제나 적응을 방해하며, 인
간의 행동을 수정하기 위해 의도적으로 강화를 체계적으로 적용하려는 사람
은 언제나 적응을 방해하거나 더 나쁘게 만드는 사람이라고 계속해서 배울
수도 있다. 가능한 한 체계적인 강화가 인간사에서 배제되는 것이 가장 좋다
고 계속해서 가르칠 수도 있다. 그러나 이러한 말은 무지를 적극적으로 인정
하는 것일 뿐이다. 현실을 외면하는 것이다. 강화가 인간의 행동에 언제나 영

향을 미친다는 사실은 지구가 태양의 주위를 공전한다는 것만큼이나 명확한 사실이다.

인간의 행동에 있어서의 강화의 효과가 무시되고 적용되지 않으면, 강화는 계속해서 인간의 행동에 닥치는 대로 영향을 미치게 되는, 즉 불규칙적인 통제가 발생할 것이다. 그런 대책 없음은 오직 우울증, 의존성, 범죄, 저성취, 약물남용, 혐오스럽고 처벌적인 생활 조건을 증가시키는 결과를 초래하게 될 것이다. 반대로, 정적 강화에 근거한 프로그램이 적절하고, 친사회적이며, 건강에 좋고, 창의적이며, 성취 지향적인 행동에 체계적으로 적용된다면, 21세기는 단언컨대 행동적 계몽주의 시대를 열었던 시기로 기억될 것이다.

행동의 선택

강화(reinforcement)는 여러 가지 측면에서 자연선택(natural selection)과 닮아 있다. 자연선택과 마찬가지로, 강화는 인간과 동물이 살아가는 거의 모든 상황에 관여되는 근본적인 과정이다. 우리가 인식하든 그렇지 않든 간에, 강화의 선택적 과정은 인간이 행동할 때마다 발생한다. 강화의 이러한 선택적 과정은 다윈의 자연선택 과정과 매우 유사하게 작동한다. 하지만 다윈의 자연선택이 그랬던 것처럼 강화 역시 수많은 교육자와 사회학자, 그리고 일반 대중에게 잘못 이해되고 있다.

조작행동에 대한 자연선택

자연선택이란 변이(variation)에 대한 함수, 즉 차별적인 성공(differential success)과 보유(retention), 그리고 재생산(reproduction)을 통해 어느 특정한 변이가 선택되는 과정이다. 유기체의 변이는 자연의 섭리다. 유전자나 염색체에 돌연변이가 발생하거나 혹은 섹스를 통해 유전자가 재조합되는 과정을 거쳐 유기체는 변이된다. 환경은 이러한 변이 중에서 유기체가 재생산이 가능한 나이까지 생존하고, 자손을 가질 수 있게 하는 그런 변이를 선택하고 유지시킨다. 그 결과, 자손은 재생산이 가능한 연령에 도달하게 만들고 또한 재생산을 가능하게 하는 그런 특징을 보유하게 됨으로써 보다 생존에 유리하게 된다. 이와 같은 차별적인 성공과 재생산이라는 과정을 통해 적응적인 변이가 모집단에 보유되고 증가한다.

메뚜기 같은 곤충을 먹고 사는 도마뱀의 경우를 생각해 보자. 다른 형제에 비해 빠르게 달릴 수 있는 능력을 가진 새끼는 메뚜기가 튀어 도망가기 전에 메뚜기를 잡아먹음으로써 다른 형제와 차별적인 성공을 한다. 그 결과, 먹이가 튀어 도망가는 환경적 제약은 보다 빠른 도마뱀을 차별적으로 선택하게 된다. 따라서 보다 빠른 도마뱀은 재생산을 위해 차별적으로 생존하고(느린 도마뱀은 굶어 죽게 될 것이다), 빠름을 만드는 유전 물질은 도마뱀의 모집단에 보유되고 증가하게 될 것이다.

하지만 동일한 종의 도마뱀이 먹이에 느리게 접근할 수 있는 능력을 필요로 하는 환경에서 살아갈 수도 있다. 튀어 도망가는 메뚜기가 아니라 날아다니는 파리가 먹이가 되는 환경이라면, 파리는 도마뱀의 빠른 움직임을 보는 순간 날아서 도망가 버릴 것이다. 이러한 환경에서는 느리게 움직이는 유기체가 차별적인 성공을 하게 된다. 다른 형제에 비해 보다 천천히 움직이는 도마뱀이 파리를 잡는 데 차별적인 성공을 하게 되는 것이다. 그 결과, 빠른 움직임에 반응하여 먹이가 날아 도망가는 환경적인 제약은 보다 느리고 은밀하게 움직이는 도마뱀을 차별적으로 선택하게 될 것이다. 따라서 보다 느린 도마뱀은 재생산을 위해 차별적으로 생존하고, 느림을 만드는 유전물질은 도마뱀의 모집단에 보유되고 증가하게 될 것이다.

그렇다면 이제 오직 느리게 접근해야만 잡을 수 있는 사냥감만 있거나 오직 빠르게 접근해야만 잡을 수 있는 사냥감만 있는 그런 환경을 생각해 보자.

이러한 환경에서는 당연히 중간 수준의 빠르기로는 어떤 종류의 사냥감도 잡지 못할 것이다. 이처럼 특수한 환경적 제약이 존재하는 시점에서 차별적으로 선택되기 위해 요구되는 것은 먹이를 사냥하는 전략을 변화시킬 수 있는 능력이다. 따라서 차별적인 결과를 가져오는 환경에 대응하여 자신의 행동을 변화시킬 수 있고, 행동에 유연성이 있으며, 학습할 수 있는 능력을 가진 유기체가 차별적으로 살아남을 수 있을 것이다. 파리에 접근할 때는 느리게 움직이고, 메뚜기를 향해서는 빠르게 움직이는 것을 학습한 도마뱀은 차별적으로 생존할 것이다. 상황을 고려하지 않고 무조건 빠르게만 혹은 느리게만 접근하는 도마뱀은 생존할 수 없다. 결국 변화하는 환경에서의 자극과 그 자극에 대한 결과를 고려하여 자신의 행동을 변화시킬 수 있는 유기체의 능력이 선택되는 것이다. 조작행동이란 이처럼 수정되고 혹은 선택되는 유기체(도마뱀이든 사람이든)의 행동이 진화될 수 있는 잠재력이며, 이러한 행동의 변화는 강화의 작용으로 가능해진다. 이러한 "조작적 조건화 능력은 진화에 있어서의 적응적 반응을 의미하는데, 이는 그 환경에 우세한 특질이 일시적이고 불안정하게 전환(shift)되는 시기에 당면한 환경에 반응하는 유기체가 생존하기 쉽기 때문이다."(Plaud & Holm, 1998, p. 138) 그런 전환은 도마뱀의 경우에는 파리에서 메뚜기로의 변화일 수도 있고, 아기의 경우에는 처음에는 울음이 어른의 관심을 끌고 미소가 무시되었다가, 울음은 무시되고 미소가 관심을 끌게 되는 변화일 수도 있다. 즉, 우세한 환경적 특징(울음과 미소에 상이하게 반응하는 서로 다른 보모)에 반응하여 '관심을 끄는 행동'을 스스로 변화시킬 수 있는 아기는 울음과 미소가 가져오는 결과에 상관없이 고집스럽게 울기만 하거나 미소만 짓는 아기에 비해 차별적으로 성공할 수 있게 된다.

아기는 가시와 같은 고통스러운 자극 때문에 울음을 터뜨릴 수도 있다. 하지만 "그것이 무엇으로 인해 처음 발생했는가와 상관없이"(Etzel & Gewirtz, 1967, p. 303) 울음의 결과는 우는 행동을 통제하게 된다. 우는 행동은 울음의 결과에 의해 선택되는 것이다. 바바라 엣젤(Barbara C. Etzel)과 제이콥 게위르츠(Jacob L.

Gewirtz)는 유아를 대상으로 한 연구[Experimental Modification of Caretaker-Maintained High-Rate Operant Crying in a 6- and a 20-Week-Old Infant (*Infans Tyrannotearus*): Extinction of Crying with Reinforcement of Eye Contact and Smiling, 1967]에서, 울음이 보모의 관심과 미소로 강화될 때 우는 행동이 증가하고, 울음이 무시되거나 강화를 받지 못하면 우는 행동은 감소한다는 것을 증명했다. 미소 역시 마찬가지다. 미소 짓는 행동은 미소의 결과에 의해 선택된다. 미소가 보모의 관심과 미소로 강화될 때 미소 짓는 행동은 증가하고, 미소가 무시되거나 강화를 받지 못하면 미소 짓는 행동은 감소한다. 이러한 조작적 조건화 과정의 결과로서, 울음이 보모의 관심으로 강화되는 상황에서는 아기의 울음이 증가된다. 울음이나 미소 같은 행동은 그 행동의 결과에 의해 변화하기 때문에 조작적 조건화에 민감한 아기는 그렇지 못한 아기에 비해 보모로부터 만족스러운 반응을 끌어낼 수 있으며, 그럼으로써 적응에 유리하게 된다. 따라서 울음과 미소는 즉각적인 환경에서의 결과에 반응하는 조작행동으로서 선택되는 것이다.

개인이 인생을 살아가는 동안 변화하는 환경에 대응할 수 있도록 스스로의 행동을 변화시키는 개인으로서의 인간이 가지는 고도의 진화 잠재력이 바로 지구상의 다른 종들과 가장 분명하게 차별되는 인간만의 특징일 것이다. 오직 인간만이 공중에서도, 물 위에서도, 물속에서도, 땅 위에서도, 땅 속에서도, 적도에서도, 남극이나 북극에서도 살 수 있고, 채소를 먹거나 고기를 먹거나 혹은 둘 다 먹으면서 살아간다. 다양한 환경에서 살아가고 재생산하는 인간의 이러한 능력은 개인이 살아가는 동안 변화하는 환경의 결과에 반응하는 개인의 행동에서의 유연성 때문이다. 인간이 지구상에서 가장 진보된 종(species)이 될 수 있었던 이유는 아마도 복잡하고 다양한 강화의 수반성에 인간의 행동이 가장 민감하기 때문일 것이다.

조작행동과 강화

조작행동이 '조작적(operant)'이라 불리는 이유는 그 행동이 결과를 만들어 내도록 작동하기(operate) 때문이다. 그리고 그러한 행동의 결과물이 그 행동을 선택하고 강하게 하고 유지시킨다. 행동을 선택하고 강하게 하고 혹은 유지시키는 그런 결과물이 바로 강화물(reinforcers)이다. 그 결과가 행동을 강화시키는 것이다. 강화란 강화물을 통해 행동을 선택하고 강하게 하는 과정을 의미한다. 강화는 자연선택과 유사한 형태로 작동한다. 예외적인 몇 개의 반사작용을 제외하고, 거의 대부분의 인간 행동은 조작행동이다.

인간의 언어 행동을 생각해 보자. 아기가 어떤 대륙 혹은 어떤 문화에서 태어났느냐에 관계없이 아기에게는 인간의 모든 언어와 관계있는 모든 소리를 낼 수 있는 능력이 있다(언어 행동의 변이). 중국에서 자라는 아기는 중국어로 말하는 것을 배우고, 조지아에서 사는 아기는 영어로 말하는 것을 배우게 되는데, 이는 중국에서는 중국어에 근접하게 내는 소리가 차별적으로 강화를 받고, 조지아에서는 영어에 근접한 소리를 내었을 때 차별적으로 강화를 받기 때문이다(차별적 성공). 만약 3천 년 동안 중국에서 살아온 집안에서 태어난 중국 아기가 조지아에 사는 영어를 사용하는 부모에게 입양된다면, 그 아기는 조지아에서 자라는 미국 아기와 마찬가지로 남부 억양이 강한 영어로 말하는 것을 배우게 될 것이다(행동의 보유와 재생산).

스키너는 성대근육조직을 조작적으로 통제하는 능력의 진화가 아마도 인간의 진화에 있어 가장 중요한 적응이었을 것이라고 주장하였다. 이로 인해 환경에서의 결과에 의해 인간의 언어 행동이 선택되는 것이 가능해진 것이다. 언어 행동은 강화에 의해 조성된다. 언어 행동은 결과를 만드는 환경에 작동하는 것이다. 영어권의 나라에서는, 중국에서 엄마를 의미하는 단어에 근접한 소리가 아닌, 영어에서 엄마를 의미하는 '마더(mother)'에 근접한 소리를 내는 언어 행동이 사회적 환경에 의해 차별적으로 강화를 받는다(안아 주기, 웃음, 미소, 환호, 언어로서의 응대 등). '마더(mother)'라는 소리가 차별적인 성공 혹은 차별적인 강화의 과정을 통해, 즉 환경에서의 결과에 의해 결국 선택되고, 이처럼 '마더(mother)'라고 말하는 것은 다시 그 환경이 강화를 제공하도록 작동한다(예를 들어, 부모의 관심).

적응에 관여하는 특정한 신체적 특질(예를 들어, 곰의 두꺼운 외피)이나 혹은 행동 특질(예를 들어, 유기체가 환경의 변화에 따라 자신의 행동을 변화시키는 능력)에 관여하는 특정한 유전자형(genotype)에 현재의 환경이 우호적이라면, 그런 유전자형은 그 종의 모집단에서 증가하게 될 것이다. 유사한 방식으로 현재의 환경이 유기체의 특별한 행동에 우호적이라면, 개인은 자신의 다양한 행동 중에서 그런 특별한 행동의 빈도를 높일 것이다. 현재의 환경이 아기의 미소(혹은 울음)에 우호적이라면, 즉 보모의 눈 맞춤이라든가 미소를 가져온다면, 아기는 자신의 많은 행동들 중에서 미소 짓는 행동(혹은 우는 행동)의 빈도를 증가시킬 것이다(Etzel & Gewirtz, 1967).

동일한 방식으로 환경이 유전적 변이나 종(species)에 더 이상 우호적이 아니라면, 그러한 변이 혹은 종의 발생 빈도는 감소할 것이고 결국 사라지게 될 것이다. 예를 들어, 코알라의 유일한 식량은 유칼리나무 잎이다. 나무가 많아지면 코알라 또한 많아지게 된다. 호주에 사람이 많아지게 되면서 유칼리나무가 감소하고 있다. 만약 나무가 아주 많이 감소하게 되면, 코알라는 멸종하게 될 것이다. 왜냐하면 코알라는 오직 유칼리나무 잎만 먹고 그것만을 소화시킬 수 있도록 진화되었기 때문이다(만약 코알라가 보다 유연성 있는 식사 행동과 소화 능력을 진화시켜 왔다면 그들의 생존은 환경의 변화에 위협받지 않겠지만, 코알라는 그들이 진화하는 동안 그들의 환경에 너무나 잘 맞도록 적응되어 왔다).

유사하게 환경이 개인의 변이된 행동에 더 이상 우호적이지 않게 되면, 그런 변이의 발생 빈도는 점차 줄어들 것이고 결국은 사라지게 될 것이다. 환경이 아기의 우는 행동에 우호적이지 않게 되면, 우는 행동의 빈도는 감소하게 될 것이고 결국에는 사라지게 될 것이다(예를 들어, Williams, 1959). 마찬가지로 아기의 특정 행동에 대해 무시를 한다든가, 음식을 주지 않는다거나 혹은 관심을 보이지 않으면, 즉 아기가 '무-무(mu-mu)'라는 소리를 냈을 때 이런 소리에 관심을 보이지도 않고 음식을 주지도 않는다면, 즉 '무-무'라는 소리가 아무런 결과를 가져오지 않으면, '무-무'라고 소리 내는 빈도는 감소하게 될 것이다. '무-무'라는 소리에는 아무런 강화를 주지 않는 동시에 '마더(mother)'에 보다 근접한 소리를 냈을 때 엄마가 강화를 준다면(즉, 관심을 보인다거나 혹은 기타 어떠한 결과를 제공하면), 엄마가 제공하는 환경적 결과의 기능으로 '무-무'라는 소리는 점차 소거될 것이며 궁극적으로는 '마더'라고 소리 내는 행동이 선택 혹은 조성될 것이다.

다양한 환경 아래에서 아기가 우느냐 미소 짓느냐는 거의 전적으로 아이를 돌보는 사람이 제공하는 강화로 인해 어떤 종류의 변이가 선택되는가에 달려 있는 것이다.

브라운 대학교(Brown University)의 루이스 립시트(Lewis P. Lipsitt), 허버트 카예(Herbert Kaye), 테오도르 보사크(Theodore N. Bosack)(1966)는 '강화를 통한 신생아의 빨기 행동의 향상(Enhancement of Neonatal Sucking Through Reinforcement)'이라는 연구를 통해 조작행동이 선택되고 생존하는 과정을 분명하게 증명해 보였다. 생후 35시간에서 94시간 된 신생아들이 튜브를 빨았을 때 포도당이 흘러나오게 하자, 신생아들의 튜브를 빠는 행동의 빈도가 증가했다. 이후 튜브를 빨아도 포도당이 나오지 않게 하자, 튜브를 빠는 행동은 감소되었다(행동의 소거). 여러 가지 이유로 인해 신생아에게 모유를 먹일 수 없는 엄마들이 있다. 아기의 빨기 행동이 오직 사람의 젖꼭지에만 적용되는 변화되지 않는 '미리 내장되어 있는 본능'이라면, 즉 만약 빨기 행동이 강화되는 조작에 의해 선택되지 않는 것이라면, 빠는 행동은 유연성을 갖지 않을 것이며, 만약 보모를 구할 수 없다면 결국 모유를 먹일 수 없는 엄마의 아이는 굶어 죽게 될 것이다. 하지만 다행히도, 신생아의 빠는 행동은 강화를 통한 조작행동으로서 선택될 수 있다. 어떤 특별한 환경적 자극이 존재하는 상황(예를 들어, 실험에서의 튜브라든가 혹은 인공 플라스틱 젖꼭지)에서 빨기가 강화(예를 들어, 실험에서의 포도당이나 혹은 유아용 유아식의 제공)되면 빨기는 강화가 제공되는 환경에서의 자극에 의해 선택되고 발생되는 것이다. 강화의 과정, 즉 행동의 결과에 의해 그 행동을 선택하게 하는 능력은 고도의 적응적 특질이다. 왜냐하면 이러한 능력을 가진 유기체는 행동의 결과에 민감하지 못한 유기체에 비해 생존에 중요한 영향을 미치는 행동, 즉 빨기와 같은 행동이 그 행동의 결과에 의해 조성될 수 있도록 만들기 때문에 재생산을 할 수 있는 나이까지 생존할 확률이 높아지기 때문이다.

기초 용어

지금까지 행동의 유연성에 대한 자연선택과 강화가 선택되는 과정(조작적 조건화)에 대해 설명했다. 이제 이와 관련된 몇 가지 기본 개념에 대해 살펴보기로 하자. 강화에 대한 많은 신화들에서 이러한 전문용어들이 되는대로 아무렇게나 사용되고 있기 때문에 이와 같은 기본 개념에 대해 정확하게 이해하는 것이 매우 중요하다. 이러한 신화들을 바로잡는 데 있어 전문용어에 대한 정확한 지식은 매우 유용한 도구임에 틀림없다.

강화물(reinforcer)　강화물이란 결과가 발생하기 이전의 특정 행동(혹은 '조작')의 빈도를 증가시키는 행동의 결과물이다.

강화(reinforcement)　강화란 결과에 강화를 줌으로써 행동(혹은 조작)의 발생 비율을 증가시키는 과정이다.

조작 혹은 조작적 반응군(operant or operant response class)　어느 특정한 행동이 강화를 받게 되면, 그 행동과 관련된 모든 행동군이 강화를 받는다. 예를 들어, 배우자를 때리는 행동이 배우자가 순응하는 결과를 가져왔다면, 전반적인 '학대 행동들'(때리기, 발로 차기, 옥박지르기 등)이 증가한다. 조작적 행동이란 그 행동의 외형(topography)으로 정의되는 것이 아니라, 그 행동의 기능과 그 행동이 만들어 낸 결과(예를 들어, 학대가 순응을 만든다)로서 정의된다. 자신이 의식하지 못한 조작들이 문제 상황을 만들 수 있고 또 실제로 만들기도 한다. 하지만 조작에 대한 강화가 유용한 결과를 만드는 것도 사실이다. '감사합니다.'라고 말하는 행동에 강화를 주는 것은 '친절함'이라는 조작에 강화를 줄 수 있고, 이는 '플리즈'라고 말하는 빈도나 '먼저 하세요.'라고 말하는 빈도를 높여 주게 된다.

소거(extinction)　소거는 환경적 절차와 행동적 과정이라는 두 가지 측면을 모두 의미한다. '조(Joe)가 괴성을 지르는 행동에 내가 관심을 보임으로써 그 행동이 강화를 받았었는데, 이제 나는 조가 2분 동안 소리를 질러 대도 매번 그것을 무시함으로써 그 행동을 소거시키고자 했다.'는 말에서 볼 수 있듯이, 소거의 환경적 절차는 이전에 강화를 받은 행동이 더 이상 강화를 받지 못하는 환경이 되었음을 의미한다. 소거의 행동적 과정이란 과거에 강화를 받았던 행동에 대해 더 이상 강화를 주지 않음으로써 그 행동이 '소멸(dying)' 되는 것을 의미한다. '소리 지르는 것이 더 이상 관심이라는 결과를 만들어 내지 못했기 때문에 조의 소리 지르는 행동은 1주일 내에 거의 제로에 가깝게 감소되었다.'

벌(punishment)　벌은 어떤 행동의 결과로 그 행동이 억제(suppress)되는 절차를 의미한다. 벌은 소거와는 차이가 있다. 쥐가 막대기를 누르는 행동은 막대기를 누를 때 음식을 얻는 것으로 강화될 수 있지만, 만약 막대기를 누를 때

전기 충격이 가해진다면 막대기를 누르는 행동은 억제될 것이다. 소거의 경우에는 소거가 진행되는 동안 아무런 강화를 받지 못한다. 만약 쥐가 막대기를 누르는 그 행동이 더 이상 음식물을 얻지 못한다면, 막대기를 누르는 행동은 결국 사라지게 될 것이다. 하지만 벌을 받게 하는 그 행동이 오히려 강화를 받을 수 있는 가능성이 있다. 예를 들어, 아이는 '소리 내어 방귀를 뀌는' 행동 때문에 엉덩이를 맞는 벌을 받을 수도 있지만(엉덩이를 때리는 것은 일반적으로 이전 행동을 억제시키기 위한 것이라고 가정하자), 동시에 그 행동 때문에 친구들의 웃음이나 어른의 관심과 같은 강화를 받을 수도 있다. 벌과 강화를 동시에 받을 수 있는 행동의 최종적인 발생 비율은 벌과 강화의 공동 작용에 의해 결정된다. 벌이 다양한 상황에서 동시에 강화로 작용할 수도 있다는 사실은 매우 중요하다. 예를 들어, 수업을 방해하는 행동에 벌을 주기 위해 꾸중을 하는 경우, 그런 꾸중은(심지어는 엉덩이를 때리는 것조차도) 어쨌든 아이에게 관심을 주는 것이기 때문에 그 관심으로 인해 수업을 방해하는 행동이 증가한다는(즉, 강화된다는) 많은 연구결과가 보고되고 있다. 따라서 우리의 주된 관심은 분명 강화에 있지만, 가끔은 벌에 대해서도 고민해 봐야 할 필요가 있다.

정적 강화와 부적 강화(positive and negative reinforcement) 정적이라는 단어가 강화 혹은 강화물 앞에 붙게 되면, 이는 결과가 발생하거나 나타나는 혹은 더해진다는 의미다. 부적이라는 단어가 강화 혹은 강화물 앞에 붙게 되면, 이는 결과가 발생하지 않거나 제거되거나 혹은 차감된다는 의미다. 따라서 '정적'이라는 말과 '부적'이라는 말은 수학적인 의미로 다음과 같이 이해될 수 있다. '하나에 정적인 하나를 더하면 둘이 된다. 하나에 부적인 하나를 더하면 영이 된다.' 정적이라는 말과 부적이라는 말은 좋다 혹은 나쁘다를 의미하는 것이 아니며, 부적 강화는 벌과 동일한 것이 아니다. 부적 강화는 아마도 심리학과 교육학에서 가장 잘못 사용되고 있는 용어일 것이다.

대체로 교육 처치 프로그램이나 행동 처치 프로그램에는 부적 강화를 의도적으로 사용하지 않기 때문에 강화에 대한 신화들은 주로 정적 강화에 대한 잘못된 이해에서 비롯된다. 하지만 부적 강화 역시 일상생활에서 매우 큰 영향을 미치는 아주 근본적인 과정이다.

- 정적 강화(positive reinforcement)　　조작행동의 결과로서 사건이나 자극이 나타날 때 발생하며, 그러한 조작이 증가되는 것을 의미한다. 만약 쥐가 막대기를 누르는 행동으로 음식물을 얻게 되면 막대기를 누르는 행동은 정적으로 강화되는 것이고, 막대기를 누르는 행동은 증가하게 된다. 소설을 읽는 경우, 소설을 읽으면서 내용의 비밀을 조금씩 알아가고 흥미진진함을 느낀다면 보다 많은 내용을 알기 위해 그리고 보다 많은 흥미를 느끼기 위해 소설을 읽는 비율이 증가한다. 소설을 읽음으로써 밝혀지는 책의 내용과 흥미가 소설을 읽는 행동을 정적으로 강화시키고 있는 것이다.

- 부적 강화(negative reinforcement)　　혐오스러운(aversive) 사건이나 자극이 제거되거나[도피행동(escape behavior)] 혹은 혐오스러운 사건이나 자극이 발생하지 않기 때문에[회피행동(avoidance behavior)] 행동의 비율이 증가할 때 발생한다. 쥐에게 전기 충격이 가해지는 상황에서, 쥐가 막대기를 누르는 행동은 부적으로 강화될 수 있다. 막대기를 누르는 행동이 전기 충격을 멈추게 한다면 막대기를 누르는 행동은 증가하게 되는 것이다. 만약 '오늘은 안 돼요. 두통이 심해서요.' 라고 말함으로써 원하지 않는 부부관계를 하지 않아도 된다면, 그렇게 말하는 것 역시 부적으로 강화되는 것이다. 소설을 읽는 것이 따분한 일상에서 벗어날 수 있게 하거나, 자신의 문제를 잊게 하고, 그런 문제로부터 벗어나게 한다면, 소설을 읽는 행동은 부적으로 강화될 것이다.

정적 강화와 부적 강화 모두 행동을 증가시킨다. 예를 들어, 소설을 읽는 행동은 어떤 시점에서는 정적 강화의 기능일 수도 있고, 또 어떤 시점에서는 부적 강화의 기능일 수도 있다. 리모컨으로 TV '채널을 돌리는(channel surfing)' 행동을 하는 이유가 흥미 있는 TV 프로가 동시에 여러 채널에서 방영되기 때문에 그 프로들을 모두 보고 싶어서라면 이는 정적 강화로 설명될 수 있다. 하지만 채널을 돌리는 행동은 대개 '볼만한 프로가 없어서' 발생하는 부적 강화의 기능이며,

따라서 보기 싫은 프로그램에서 도피하고 싶거나(도피 행동) 광고를 보지 않으려고(회피 행동) 채널을 돌리는 것이다. 마약중독 역시 마찬가지다. 마약을 사용하는 것은 '황홀감에 취하게 하는' 정적 강화의 기능일 수도 있고, '현실에서 도피하게 하는' 부적 강화 때문일 수도 있다. '도피하고자' 하는 부적 강화의 기능 때문에, 마약을 사용하는 사람은 '황홀감에 취하고 싶은' 정적 강화의 기능 때문에 마약을 사용하는 사람에 비해 훨씬 더 마약에 중독되기가 쉽다(11장 참조).

자극 통제와 변별행동(stimulus control and discriminative behavior) 자극 통제와 변별행동은 차별적 강화(differential reinforcement)에 의해 만들어진다. 동일한 행동이 특정한 자극 아래에서는 강화를 받고, 그와는 다른 자극이 존재하는 상황에서는 강화를 받지 못한다면(차별적 강화), 강화를 받게 되는 자극이 존재할 때만 그 행동이 발생한다. 비둘기가 주광선(key light)이 빨간색일 때 부리로 불빛을 쪼면 강화를 받지 못하고 주광선이 녹색일 때 부리로 불빛을 쪼면 강화를 받게 된다면, 비둘기는 주광선이 녹색일 때만 불빛을 쪼개 된다. 주광선 쪼기라는 행동은 녹색이라는 '자극 통제 아래'에 놓여 있는 것이다. 마찬가지로 아동기 초기에 대부분의 아이들은 (아동용 게임인 '빨간불, 녹색불' 게임에서) 녹색 불일 때 앞으로 움직이고, 빨간 불일 때는 움직이지 않으면 강화를 받는다.

물론 비둘기가 빨간색을 쫄 수도 있다. 물론 우리도 빨간 불일 때 앞으로 움직이거나 녹색 불일 때 멈출 수도 있지만, 우리는 대개 그렇게 하지 않는다. 자극 통제에서의 자극은 우리의 행동이 아주 엄격하게 기계적인 형태로 발생하게 만들지는 못한다. 반응을 일으키는 것은 '변별자극(discriminative stimulus)'이다. 과거에 변별자극이 존재했을 때 강화를 받았고, 그 자극이 없었을 때는 강화를 받지 못하거나 벌을 받았다면, 어떠한 행동은 변별자극의 통제 아래에서만 발생한다. 반응이 강화되는 경우를 자극이 변별하고 있는 것이다.

따라서 환경에서의 자극이 종(species)의 생존에 선택적 영향력을 행사하듯이, 변별자극은 행동의 발생 확률에 선택적 영향력을 행사한다. 만약 어떠한 자극이 순간적으로 매우 강한 선택적 영향력을 행사하게 되면, 변별자극의 원인력(occasioning power)은 무시될 수도 있다. 예를 들어, 분만 진통을 하는 아내 혹은 머리를 다친 아이를 태우고 운전을 하는 상황이라면, 빨간 불이라는 변별자극은 더 이상 차를 멈추는 원인이 되지 않을 수도 있다. 그러나 대부분의 경우 빨간 불은 차를 멈추는 원인이 된다.

변별자극, 반응, 강화물[이를 ABC라고도 표현하는데, 이는 선행사건(Antecedent), 행동(Behavior), 결과(Consequence)의 약자다] 간의 수반성을 쓰리텀 수반성(three-term contingency)이라 부른다. 스키너를 비롯한 여러 행동분석가들은 이러한 쓰리텀 수반성이 행동의 근본적인 단위(fundamental unit)라고 주장해 왔다(Skinner, 1953, 1969). 사실 어떤 행동에 대해 얘기할 때, 행동 자체와 더불어 그 행동이 일어나는 맥락(예를 들어, 변별자극)과 그 행동의 결과(예를 들어, 강화)를 고려하지 않고서는 어떤 식으로든 그 행동에 대해 의미 있게 말하는 것은 불가능할 것이다. 누군가의 갈비뼈를 발로 차고 턱을 손으로 때리는 행동은 '적절한' 행동일까 '부적절한' 행동일까? 조용히 앉아서 책을 읽는 것은 '적절한가?' 아니면 '부적절한가?'

발로 차고 손으로 때리는 행동이나 책을 읽는 행동의 적절성은 그 행동이 발생하는 맥락과 결과에 달려 있다. 킥복싱 시합이라면, 발로 차고 손으로 때리는 행동은 관중들의 함성이라는 정적 강화를 받을 것이며, 만약 그런 행동으로 승리를 했다면 상금이라는 더 큰 강화를 받게 될 것이다. 그러나 일반적인 맥락에서는 발로 차거나 손으로 때리는 행동은 적절치 않다. 킥복싱 시합(변별자극과 선행사건)은 발로 차고 손으로 때리는 것(행동)이 강화를 받는(결과) 상황을 만든다(그러므로 쓰리텀 수반성이다). 조용히 앉아서 책을 읽는 행동은 대부분의 맥락에서는 적절한 행동이지만, 학교 축구 대항전이나 가족이 모인 저녁식사 때 이러한 행동을 한다면, 이는 강화되지 않을 뿐 아니라 어쩌면 따가운 눈초리를 받아야 하는 벌을 야기할 수도 있다. 따라서 발로 차고 손으로 때리는 행동과 마찬가지로 조용히 앉아서 책을 읽는 행동이 '적절한가' 혹은 '적절하지 않은가'의 문제는 그 행동이 일어나는 맥락과 그 행동이 가져오는 결과에 종속된다.

강화의 보편성(ubiquitousness)은 평가절하될 수 없다. 행동이 있는 곳이면 어디에든 강화가 있다. 컴퓨터 키보드의 특정 자판을 누르는 행동은 컴퓨터 화면에 나타나는 글자에 의해 강화된다. 만약 어떤 자판을 눌렀는데 화면에 원하는 글자가 나타나지 않는다면 자판을 누르는 행동은 멈출 것이다. 종이 위에 펜을 움직이는 행동은 종이에 새겨지는 흔적에 의해 강화된다. 유머는 웃음에 의해 강화된다. 만약 종이 위에 흔적도 나타나지 않고 사람들이 웃지도 않는다면 펜을 움직이는 행동과 유머를 말하는 행동은 사라질 것이다. 에어컨을 켜는 행동은 뜨거운 열기나 끈적이는 습기를 피하게 해 주기 때문에 부적으로 강화되는 것이다.

조성(shaping)　조성은 종결 행동에 이르는 과정에서 나타나는 연속적인 근사치에 주어지는 차별적 강화를 의미한다. 앞서 설명했듯이, 아기가 '엄마'라고 말할 수 있게 되는 것은 조성의 한 예가 될 수 있다. 강화에 수반하는 것들이 행동을 조성한다. 조성의 발생 과정을 밝히고 이를 체계적으로 적용한 것은 행동분석 학자들의 가장 위대한 성취 중 하나라 할 수 있다. 돌고래는 조성을 통해 수면으로부터 5~6미터 높이의 밧줄을 뛰어넘는 행동을 배울 수 있다. 처음에는 일단 수면 아래 60센티미터 정도에 밧줄을 설치한 후, 밧줄 위를 통과해서 수영을 하면 강화를 받는다. 그런 후에 이전에 강화를 받은 것에는 강화를 주지 않고 연속하는 새로운 근사치에 강화를 주기 시작한다. 즉, 수영을 하는 동안 수면 아래에 위치한 밧줄을 넘는 것에는 더 이상 강화를 받지 못하고 수면 바로 위에 위치한 밧줄을 넘게 되면 강화를 받는 것이다. 다음에는 수면 약간 위에 밧줄을 설치하고 이 밧줄을 넘으면 강화를 주고, 수면 바로 위에 설치된 밧줄에는 더 이상 강화를 주지 않는다. 이처럼 연속적인 근사치에 차별적으로 강화를 주고 이전의 근사치에는 강화를 철회하는 과정이

돌고래가 보다 높은 밧줄을 충분히 잘 넘게 될 때까지 반복된다. 소설가들 역시 인생 전반에 걸쳐 조성의 과정을 통해 소설 쓰는 법을 배운다. 간혹 예외가 있기는 하지만, 소설가의 첫 번째 소설이 성공을 거두는 경우는 거의 없다. 대체로 처음에는 학교 신문 등에 기고한 수필이 강화를 받고, 그다음에는 단편이 강화를 받는다. 소설가는 진짜 소설을 쓰게 되는 그 시점까지 그의 글 쓰는 행동을 하나하나 만들어 가는 것이다.

간헐적 강화 혹은 부분적 강화(intermittent or partial reinforcement) 간헐적 강화 혹은 부분적 강화는 반응이 간헐적으로 강화되는 경우를 말한다. 따라서 반응들 가운데 일부의 반응만이 강화된다. 강화계획(schedule of reinforcement)은 강화의 수반성을 구체화하는 것을 의미한다. 예를 들어, 고정비율 5(fixed ratio five: FR 5) 강화계획에서는 강화가 5번의 반응에 대해 주어진다. 쥐가 지렛대를 5번 누르면 음식을 얻는 경우나 학생이 문제 5개를 풀면 토큰을 받는 경우가 이에 해당된다. 변동비율(variable ratio: VR)에서는 시도한 횟수의 특정한 평균값에 기초해 강화가 발생한다. 예를 들어, 사자가 평균적으로 다섯 번에 한 번 꼴로 사냥에 성공한다면, 자연환경은 사자에게 변동비율 5 계획(VR 5 schedule)으로 강화를 주고 있는 것이다. 모든 반응(사냥)이 강화를 받지는 못하지만, 강화는 반응(사냥하는 것)을 유지시키고 있는 것이다.

간헐적 강화계획의 경우의 수는 셀 수 없이 다양하다. 보다 일반적인 많은 강화계획이 광범위하게 연구되어 왔고, 그 결과 많은 예측 가능한 행동 패턴을 알 수 있게 되었다. 다양한 강화계획이 만들어 내는 예측 가능한 행동 패턴은 종종 행동을 지속시키는 강화가 분명하게 나타나지 않는 경우에 있어서의 행동을 이해할 수 있게 한다.

예를 들어, 변동비율 계획은 종종 '중독계획'이라고 불리는데, 이는 변동비율 아래에서는 반응의 대부분이 강화를 받지 못함에도 불구하고, 마치 '중독된 행동'처럼 그 행동이 매우 높은 비율로 지속되기 때문이다. 이것이 가능한 이유는 변동비율 계획에서는 강화가 어떤 반응(any response) 다음에라도 발생할 수 있기 때문이다.

강화가 예측되지는 않지만, 각각의 반응은 현재의 비율이 어떻든 간에 강화를 향해 쌓여 가는 것이기 때문에 그러한 각각의 반응으로 강화의 발생 확률은 점점 더 높아진다. 예를 들어, 변동비율 5 계획에서 〈5, 5, 1, 1, 3, 10, 5, 20, 2, 2, 2, 5, 1, 3, 10〉과 같이 특정한 반응비율로 강화가 발생한다고 가정해 보자. 이 경우, 이전에 받았던 강화나 이전의 반응들로 그다음 몇 번째 반응이 강화를 받을지에 대해 정확하게 예측할 수는 없지만 반응을 하면 할수록, 즉 반응의 비율이 높아지면 강화를 받을 확률이 높아진다는 것을 말해 주고 있다. 따라서 비율계획은 반응에 강화를 주는 것에 더불어, 반응의 비율에도 강화를 주고 있는 것이다.

'중독된 행동'에는 두 가지 공통점이 있다. 첫째는 강화가 반응이 일어난 바로 직후에 주어진다는 것이고, 둘째는 변동비율 계획에서의 강화와 동일한 과정으로 강화를 경험하게 된다는 것이다. '도박행동'에 대해 생각해 보자. 도박이 '중독'으로 판단되는 시점은 때로는 직장과 가족이 관련된 중요한 행동까지 희생해 가며, 대부분의 행동이 강화를 받지 못함에도 그런 행동이 매우 높은 비율로 발생할 때다. 실제로 행동의 패턴은 변동비율 강화계획에서의 행동패턴과 동일하거나 거의 유사하다. '중독된 행동'이 강화를 받을 때, 변동비율 계획에서 보이는 방식으로 강화를 받는 것이다. 이전에 몇 번을 이겼는지 그리고 이전에 몇 판을 했는가로 그 다음 판에서 이길 수 있는 가능성이 얼마인지를 정확하게 예측할 수는 없지만, 판을 계속하면 할수록 이기는 판이 나올 확률은 증가하게 된다. 그러나 불행하게도 "장기적인 '유용성(utility)'은 마이너스(negative)다. 결국은 모든 것을 잃게 되어 있다."(Skinner, 1971, p. 33; 예를 들어, 한 번에 2달러를 걸고 이기면 8달러를 따는 도박에서 한 판에 돈을 딸 수 있는 확률이 20 퍼센트라면, 평균적으로 5판에 8달러를 따게 되는데 이 8달러를 따기 위해서는 10달러를 잃어야 하는 것이다).

'중독된 도박꾼'은 그 '중독된 행동'에 강화되는 것처럼 보이지 않는다 하더라도('거의 매번 잃으면서도 어째서 그 사람이 그렇게 계속 돈을 거는지 모르겠어.'), 그의 행동은 간헐적으로 매우 잘 강화되고 있는 것이다. 행동이 단지 간헐적으로만 강화되어도, 그 행동은 '부적응적'이라고 판단되는 수준에 이를 때까지 충분히 유지시킬 수 있다.

'중독'이나 혹은 결점이라고 가정되는 여러 특질은 약한 '의지력'이나 '기질의 부족' 혹은 '내재적 나약함' 때문이라기보다는 그러한 문제행동을 형성시키고 유지시키는 강화의 수반성이라는 측면에서 이해하는 것이 보다 타당하다 할 수 있겠다. 도박에 중독되는 것은 '의지가 박약해서'가 아니라 그 행동을 강하게 통제하는 힘을 가진 다양한 강화의 수반성에 노출되었기 때문이다. 행동과 특징적 기질을 만드는 것은 강화에 따르는 수반성이다. 기질이 행동을 만드는 것이 아니다.

부분적 강화 소거 효과(partial reinforcement extinction effect: PRE) 연속적으로 강화를 주는 것에 비해[즉, 각각의 반응이 모두 강화를 받는 고정비율 1(FR 1) 계획], 간헐적으로 강화를 주는 것이 반응을 보다 지속적으로 유지하게 한다. 즉, 소거에 보다 잘 저항하도록 만드는 것이다. 반응이 더 이상 강화를 받지 못하게 되는 경우, 변동비율 계획에서 부분적으로 강화를 받았던 반응에 비해, 고정비율 1 계획에 의해 연속적으로 강화를 받았던 반응이 상대적으로 더 빠르게 사라지게 된다. 연속적으로 강화를 받던 상황에서 강화가 제공되지 않는 변화가 발생하면 이러한 변화는 너무나 명확하게 구별될 수 있다. 그러나 부분적 강화계획 아래에서는 많은 반응들이 강화를 받지 못하다가 간헐적으로 강화를 받기 때문에 강화가 제공되지 않는 상황으로 변화되었다는 사실을 구별하기가 훨씬 어려워진다. 강화가 더 이상 제공되지 않는 상황이 되었어도 간헐적 강화의 수반성이 여전히 효과를 가지고 있기 때문에, 그러한 변화가 행동을 하는 유기체에게 불분명해지는 것이다.

또한 부분적 강화는 완전히 상이한 행동 분야에 일반화될 수 있는 행동 차원으로서의 끈기와 노력을 선택한다. 예를 들어, '학습장애'를 가진 학생들 중, 한 집단의 학생에게는 철자 5개를 맞출 때마다 강화를 주었고(고정비율 5, 부분적 강화), 다른 한 집단의 학생에게는 철자를 맞출 때마다 매번 강화를 주었다(고정비율 1, 연속적 강화). 이후 두 집단에서 수학을 공부하는 행동이 체계적으로 관찰되었다. 수학에 대해서 모든 학생에게 동일하게 강화를 주었음에도 불구하고, 철자를 5개 맞출 때마다 강화를 받았던 아이들이 철자를 맞출 때마다 매번 강화를 받았던 아이들에 비해, 공부하는 시간이 2배나 더 길었고 수학 문제의 정답률이 2배나 높았다(Eisenberger, 1992). 철자를 학습할 때 간헐적으로 제공되는 강화를 받기 위해 필요했던 끈기와 노력이 수학으로 일반화되어 수학 공부에 있어서의 끈기를 선택한 것이다. 행동의 어느 한 차원이 강화되면 그것이 선택된다. 따라서 끈기라든가 근면함 같은 사회적으로 바람직한 특질은 '의지력'이라든가 '도덕적 기질'의 산물이라기보다는 환경에서의 강화에 의한 산물로 이해하는 것이 보다 타당한 관점인 것이다. 만약 '기질'이라는 것이 어떤 행동을 만들어 내는 것이라고 주장하더라도, 그 기질의 본질이 무엇이든 간에 그 기질은 행동과 환경의 역동적인 상호관계의 산물임을 인정해야만 한다.

참고문헌

Abra, J. (1993). competition: Creativity's vilified motive. *Genetic, Social, and General Psychology Monographs, 119(3),* 291–342.

Alberto, P. A., & Troutman, A. C. (1999). *Applied behavior analysis for teachers, 5th ed.* Upper Saddle River, NJ: Merrill.

Amabile, T. M. (1983). *The social psychology of creativity.* New York: Springer-Verlag.

Amabile, T. M. (1988). A model of creativity and innovation in organizations. In B. M. Shaw & L. L. Cummings (Eds.), *Research in organizational behavior, vol. 10.* Greenwich, CN: JAI Press.

Amabile, T. M. (1996). *Creativity in context: Update to the social psychology of creativity.* Boulder, CO: Westview Press.

Amabile, T. M., & Cheek, J. M. (1988). Microscopic and macroscopic creativity. *Journal of Social and Biological Structures, 11,* 57–60.

Aubuchon, P. G., Haber, J. D., & Adams, H. E. (1985). Can migraine headaches be modified by operant pain techniques? *Journal of Behavior*

Therapy and Experimental Psychiatry, 16, 261–263.

Ayllon, T., & Azrin, N. (1968). *The token economy.* New York: Appleton-Century-Crofts.

Ayllon, T., & Kelly, K. (1972). Effects of reinforcement on standardized test performance. *Journal of Applied Behavior Analysis, 5,* 447–484.

Ayllon, T., Layman, D., & Kandel, H. J. (1975). A behavioral-educational alternative to drug control of hyperactivity children. *Journal of Applied Behavior Analysis, 8,* 137–146.

Ayllon, T., & Roberts, M. D. (1974). Eliminating discipline problems by strengthening academic performance. *Journal of Applied Behavior Analysis, 7,* 71–76.

Azrin, N. H., & Holz, W. C. (1966). Punishment. In W. K. Honig (Ed.), *Operant behavior: Areas of research and application* (pp. 380–447). Englewood Cliffs, NJ: Prentice-Hall.

Babyak, M., Blumenthal, J. A., Herman, S., Khatri, P., Doraiswamy, M., Moore, K., Craighead, W. E., Baldewicz, T. T., & Krishnan, K. R. (2000). Exercise treatment for major depression: Maintenance of therapeutic benefit at 10 months. *Psychosomatic Medicine, 62(5),* 633–638.

Baldwin, J. D., & Baldwin, J. I. (2001). *Behavior principles in everyday life.* Upper Saddle River, NJ: Prentice-Hall.

Ballenger, J. C. (1999). Current treatments of the anxiety disorders in adults. *Biological Psychiatry, 46,* 1579–1594.

Baltes, M. M. (1988). The etiology and maintenance of dependency in the elderly: Three phases of operant research. *Behavior Therapy, 19,* 301–319.

Baltes, M. M., Kindermann, T., Reisenzein, R., & Schmid, U. (1987). Further observational data on the behavioral and social world of institutions for the aged. *Psychology and Aging, 2,* 390–403.

Baltes, M. M., & Wahl, H. W. (1992). The dependency-support script in institutions: Generalization to community settings. *Psychology and Aging, 7,* 409–418.

Baltes, M. M., & Wahl, H. W. (1996). Patterns of communication in old age: The dependence-support and independence-ignore script. *Health*

Communication, 8, 217-231.

Bandura, A. (1986). *Social foundations of thought and action: A social cognitive theory.* Englewood Cliffs, NJ: Prentice-Hall.

Bandura, A. (1997). *Self-efficacy: The exercise of control.* New York: Freeman.

Bandura, A., & Kupers, C. J. (1964). The transmission of patterns of self-reinforcement through modeling. *Journal of Abnormal and Social Psychology, 69,* 1-9.

Bandura, A., Ross, D., & Ross, S. A. (1963). Vicarious reinforcement and imitative learning. *Journal of Abnormal and Social Psychology, 67,* 601-607.

Bank, L., Patterson, G. R., & Reid, J. B. (1987). Delinquency prevention through training parents in family management. *Behavior Analyst, 10,* 75-82.

Barlow, D. H., & Durand, V. M. (1999). *Abnormal behavior, 2nd ed.* Pacific Grove, CA: Brooks/Cole.

Baron, R. A. (1977). *Human aggression.* New York: Plemun.

Baum, W. M. (1994). *Understanding behaviorism.* New York: Harper Collins.

Beaman, R., & Wheldall, K. (2000). Teachers' use of approval and disapproval in the classroom. *Educational Psychology, 20,* 431-446.

Bebbington, P., & Delemos, I. (1996). Pain in the family. *Journal of Psychosomatic Research, 40,* 451-456.

Beck, A. T. (1976). *Cognitive therapy and emotional disorders.* New York: International University Press.

Bedlington, M. M., Braukmann, C. J., Ramp, K. A., & Wolf, M. M. (1988). A comparison of treatment environments in community-based group homes for adolescent offenders. *Criminal Justice and Behavior, 15,* 349-363.

Begley, S. (2001, February 12). How it all starts inside your brain. *Newsweek,* 40-42.

Bennett, T., & Wright, R. (1984). The relationship between alcohol use and burglary. *British Journal of Addiction, 79,* 431-437.

Bereiter, C., & Kurland, M. (1981). A constructive look at follow-through results. *Interchange, 12* (http: www.uoregon.edu/adiep/ft/bereiter.htrn).

Berg, W. K., Peck, S., Wacker, D. P., Harding, J., McComas, J., Richman, D., & Brown, K. (2000). The effects of presession exposure to attention in the results of assessments of attention as a reinforcer. *Journal of Applied Behavior Analysis, 33,* 463–477.

Berlau, J. (1998, April 12). Direct instruction's comeback. *Investor's Business Daily.*

Blum, K., Bravermain, E. R., Holder, J. M., Lubar, J. F., Monastra, V. J., Miller, D., Lubar, J. O., Chen, T. J. H., & Comings, D. E. (2000). Reward deficiency syndrome: A biogenetic model for the diagnosis and treatment of impulsive, addictive, and compulsive behaviors. *Journal of Psychoactive Drugs, 32,* 1–68.

Bostow, D. E., Kritch, K. M., & Tompkins, B. F. (1995). Computers and pedagogy: Replacing telling with interactive computer-programmed instruction. *Behavior Research Methods, 27,* 297–300.

Bourgois, P. (1996). *In search of respect.* New York: Cambridge University Press.

Brands, H. W. (1997). *T.R.: The last romantic.* New York: Basic.

Breyer, N. L., & Allen, G. J. (1975). Effects of implementing a token economy on teacher attending behavior. *Journal of Applied Behavior Analysis, 8,* 373–380.

Brigham, T. A., Graubard, P. S., & Stans, A. (1972). Analysis of the effects of sequential reinforcement contingencies on aspects of composition. *Journal of Applied Behavior Analysis, 5,* 421–429.

Brinkley, D. (1998, November). In the Kerouac Archive: Introduction. *Atlantic Monthly,* 50–51.

Buchalter, G. (2001, July 29). This isn't a cartoon: I get hurt. *Parade Magazine,* 4–7.

Campbell, C. A. (1957). *On selfhood and godhood.* London: George Allen & Unwin.

Cameron, J., Banko, K. M., & Pierce, W. D. (2001). Pervasive negative effects of rewards on intrinsic motivation: The myth continues. *Behavior Analyst, 24,* 1-44.

Cameron, J., & Pierce, W. D. (1994). Reinforcement, reward and intrinsic motivation: A meta-analysis. *Review of Educational Research, 64,* 363-423.

Cameron, J., & Pierce, W. D. (1996). The debate about rewards and intrinsic motivation: Protests and accusations do not alter the results. *Review of Educational Research, 66,* 39-51.

Capaldi, D. M., Chamberlain, P., & Patterson, G. R. (1997). Ineffective discipline and conduct problems in males: Association, late adolescent outcomes, and prevention. *Aggression and Violent Behavior,* 343-353.

Carson, B. (2001, March). Paging Dr. Carson. *Readers Digest, 33-36.*

Carter, S. C. (2000). *No excuses: Lessons from 21 high-performing, high-poverty schools.* Washington, DC: Heritage Foundation.

Chadwick, B. A., & Day, R. C. (1971). Systematic reinforcement: Academic performance of underachieving students. *Journal of Applied Behavior Analysis, 4,* 311-319.

Chance, P. (2000). Where are the robots? (www.behavior.org/columns/chance 2.cfm).

Chaney, J. M., Mullins, L. L., Uretsky, D. L., Pace, T. M., Werden, D., & Hartman, V. L. (1999). An experimental examination of learned helplessness in older adolescents and young adults with long-standing asthma. *Journal of Pediatric Psychology, 24,* 259-270.

Cheney, L. (1999, May 12). Effective education squelched. *Wall Street Journal.*

Chernow, R. (1998). *Titan: The life of John D. Rockefeller, Sr.* New York: Vintage Books.

Christophersen, E. R., Arnold, C. M., Hill, D. W., & Quilitch, H. R. (1972). The home point system: Token reinforcement procedures for application by parents of children with behavior problems. *Journal of Applied Behavior Analysis, 5,* 485-497.

Condry, J. (1977). Enemies of exploration: Self-initiated versus other-initiated learning. *Journal of Personality and Social Psychology, 35,* 459-477.

Daniels, A. C. (1994). *Bringing out the best in people*. New York: McGraw-Hill.

Daniels, A. C. (2000). What in the world do we do with them? Dealing with generation "X". *PM E-Zine, 1, Article 2* (www.Pmezine.com/print/article8. asp).

Davidson, K., & Flora, S. R. (1999). Using computer-interactive tutorial with contingent reinforcement to increase reading ability 3 grade levels in 2 months. Association for Behavior Analysis. Chicago.

Daivs, H., & Perusse, R. (1988). Human-based social interaction can reward a rat's behavior. *Animal Learning & Behavior, 16,* 89-92.

DeCasper, A. J., & Carstens, A. A. (1981). Contingencies of stimulation: Effects on learning and emotion in neonates. *Infant Behavior & Development, 4,* 19-35.

Deci, F. L. (1971). Effects of externally mediated rewards on intrinsic motivation. *Journal of Personality and Social Psychology, 18,* 105-115.

Deci, F. L. (1995). *Why we do what we do: The dynamics of personal autonomy.* New York: Putnam.

Deci, F. L., Koestner, R., & Ryan, R. M. (1999). A meta-analysis review of experiments examining the effects of extrinsic rewards on intrinsic motivation. *Psychological Bulletin, 125,* 627-668.

Deci, F. L., & Ryan, R. M. (1985). *Intrinsic motivation and self-determination in human behavior.* New York: Plenum.

Deci, F. L., & Ryan, R. M. (1987). The support of autonomy and the control of behavior. *Journal of Personality and Social Psychology, 53,* 1024-1037.

Desmond, A., & Moore, J. (1991). *Darwin.* New York: Warner.

"Despite test scores, critics blast teaching method" *Vindicator (Associated Press),* 31 May 1998.

Devers, R., Bradley-Johnson, S., & Merle, J. C. (1994). The effects of token reinforcement on WISC-R performance for fifth- through ninth-grade American Indians. *Psychological Record, 44,* 441-449.

Dickinson, A. M. (1989). The detrimental effects of extrinsic reinforcement on "intrinsic motivation." *Behavior Analyst, 12,* 1-15.

Dilorenzo, T. M., Bargman, E. P., Stucky-Ropp, R., Brassington, G. S., Frensch, P. A., & LaFontaine, T. (1999). Long-term effects of aerobic exercise on psychological outcomes. *Preventive Medicine, 28,* 75-85.

Dishion, T. J., & Spracklen, K. M. (1996, May). A matching law account of deviancy training within adolescent boys' friendships: An emphasis on duration. *Association for Behavior Analysis.* San Francisco.

Dodge, K. A. (1991). The structure and function of reactive and proactive aggression. In D. J. Pepler & K. H. Rubin (Eds.), *The development and treatment of childhood aggression* (pp. 201-218). Hillsdale, NJ: Erlbaum.

Drummond, D. C., Tiffany, S. T., Glautier, S., & Remington, B. (Eds.), (1995). *Addictive behavior: Cue exposure theory and practice.* New York: Wiley.

Durand, V. M., & Carr, E. (1991). Functional communication training to reduce challenging behavior: Maintenance and application in new settings. *Journal of Applied Behavior Analysis, 24,* 251-264.

Edlund, C. V. (1972). The effect on the behavior of children, as reflected in the IQ scores, when reinforced after each correct response. *Journal of Applied Behavior Analysis, 5,* 317-319.

Eisenberger, R. (1989). *Blue Monday: The loss of the work ethic in America.* New York: Paragon.

Eisenberger, R. (1992). Learned industriousness. *Psycholoigcal Review, 99,* 248-267.

Eisenberger, R., & Adornetto, M. (1986). Generalized self-control of delay and effort. *Journal of Personality and Social Psychology, 51,* 1020-1031.

Eisenberger, R., & Armeli, S. (1997). Can salient reward increase creative performance without reducing intrinsic creative interest? *Journal of Personality and Social Psychology, 72,* 652-663.

Eisenberger, R., & Cameron, J. (1996). The detrimental effects of reward: Myth or reality? *American Psychologist, 51,* 1153-1166.

Eisenberger, R., Haskins, F., & Gambleton, P. (1999). Promised reward and creativity: Effects of prior experience. *Journal of Experimental Social*

Psychology, 35, 308–325.

Eisenberger, R., & Masterson, F. A. (1983). Required high effort increases subsequent persistence and reduces cheating. *Journal of Personality and Social Psychology, 44,* 593–599.

Eisenberger, R., Mitchell, M., McDermitt, M., & Masterson, F. A. (1984). Accuracy versus speed in the generalized effort of learning–disabled children. *Journal of the Experimental Analysis of Behavior, 42,* 19–36.

Eisenberger, R., Pierce, W. D., & Cameron, J. (1999). Effects of reward on intrinsic motivation: Negative, neutral, and positive. *Psychological Bulletin, 125,* 677–691.

Eisenberger, R., & Rhoades, L. (2001). Incremental effects of reward on creativity. *Journal of Personality and Social Psychology, 81,* 728–741.

Eisenberger, R., Rhoades, L., & Cameron, J. (1999). Does pay for performance increase or decrease perceived self–determination and intrinsic motivation? *Journal of Personality and Social Psychology, 77,* 1026–1040.

Eisenberger, R., & Selbst, M. (1994). Does reward increase or decrease creativity? *Journal of Personality and Social Psychology, 66,* 1116–1127.

Eisenberger, R., & Shank, D. M. (1985). Personal work ethic and effort training affect cheating. *Journal of Personality and Social Psychology, 49,* 520–528.

Ellis, J. E. (1999). Behavior science goes to prison. *Beyond the data.* Concord, MA: Cambridge Center for Behavioral Studies (www. behavior.org/columns/ellis 1. cfm).

Endler, N. S. (1965). The effects of verbal reinforcement on conformity and deviant behavior. *Journal of Social Psychology, 66,* 147–154.

Eshun, S. (1997). The relationship between past experiences and current pain responses. *Dissertation Abstracts International: Section B: The Sciences & Engineering, 57,* 11–B.

Etzel, B. C., & Gewirtz, J. L. (1967). Experimental modification of Caretaker–maintained high–rate operant crying in a 6– and a 20–week–old infant (*Infants tyrannotearus*): Extinction on crying with reinforcement of eye contact and smiling. *Journal of Experimental Child Psychology, 5,* 303–317.

Evans, M. J., Duvel, A., Funk, M. L., Lehman, B., & Neuringer, A. (1994). Social reinforcement of operant behavior in rats: A methodological note. *Journal of the Experimental Analysis of Behavior, 62,* 149–156.

Fernandez, E., & McDowell, J. J. (1995). Response–reinforcement relationships in chronic pain syndrome: Applicability of Herrnstein's law. *Behavior Research & Therapy, 33,* 855–863.

Fishbain, D. A., Rosomoff, H. L., Cutler, R. B., & Rosomoff, R. S. (1995). Secondary gain concept: A review of the scientific evidence. *Clinical Journal of Pain, 11,* 6–21.

Fletcher–Flinn, C. M., & Gravatt, B. (1995). The efficacy of computer assisted instruction (CAI): A meta–analysis. *Journal of Educational Computing Research, 12,* 219–242.

Flor, H., Kerns, R. D., & Turk, D. C. (1987). The role of spouse reinforcement, perceived pain, and activity levels of chronic pain patients. *Journal of Psychosomatic Research, 31,* 251–259.

Flora, S. R. (1990). Undermining intrinsic interest from the standpoint of a behaviorist. *Psychological Record, 40,* 323–346.

Flora, S. R. (1998, September 16). Effort, correct repetition are keys to learning. *Vindicator.*

Flora, S. R. (2000). Praise's magic ration: Five to one gets the job done. *Behavior Analyst Today, 1,* 64–69.

Flora, S. R., & Flora, D. B. (1999). Effects of extrinsic reinforcement for reading during childhood on reported reading habits of college students. *Psychological Record, 49,* 3–14.

Flora, S. R., & Logan, R. E. (1996). Using computerized study guides to increase performance on general psychology examinations: An experimental analysis. *Psychological Reports, 79,* 235–241.

Flora, S. R., & Popanak, S. (2001, May). *Pay now: Payoff now and later: Childhood pay for grades produces differentially higher college G.P.A.s.* Association for Behavior Analysis. New Orleans.

Flora, S. R., Schieferecke, T. R., & Bremenkamp, H. G. (1992). Effects of aversive noise on human self–control for positive reinforcement.

Psychological Record, 42, 505–517.

Flora, S. R., & Wilkerson, L. R. (2001, May). *Effects of cold pressor pain on human self-control for positive reinforcement.* Association for Behavior Analysis. New Orleans.

Fox, D. K., Hopkins, B. L., & Anger, W. K. (1987). The long-term effects of a token economy on safety performance in open-pit mining. *Journal of Applied Behavior Analysis, 20,* 215–224.

Franken, R. E. (1994). *Human Motivation, 3rd ed.* Pacific Grove, CA: Brooke/ Cole.

Galentine, J. K. (1996). Reading before preschool: Reading behaviors of toddlers. *Infant-Toddler Intervention, 6,* 255–282.

Geiger, G., Todd, D. D., Clark, H. B., Miller, R. P., & Aori, S. H. (1992). The effects of feedback and contingent reinforcement on the exercise behavior of chronic pain patients. *Pain, 49,* 179–185.

Gelman, D. (1991, July 8). Clean, and sober–And agnostic. *Newsweek,* 62–63.

Gewiritz, J. L., & Bear, D. M. (1958). Deprivation and satiation of social reinforcers as drive conditions. *Journal of Abnormal and Social Psychology, 57,* 165–172.

Gil, K. M., Keefe, F. J., Crission, J. E., & Van Dalfsen, P. J. (1987). Social support and pain behavior. *Pain, 29,* 209–217.

Goetz, E. M., & Baer, D. M. (1973). Social control of form diversity and the emergence of new forms in children's block building. *Journal of Applied Behavior Analysis, 6,* 209–217.

Goldstein, I., & McGinnies, E. (1964). Compliance and attitude change under conditions of differential social reinforcement. *Journal of Abnormal and Social Psychology, 68,* 567–570.

Gossette, R. L., & O'Brien, R. M. (1992). The efficacy of rational-emotive therapy in adults: Clinical fact or psychometric artifact? *Journal of Behavior Therapy and Experimental Psychiatry, 23,* 9–24.

Gottman, J. M. (1994). *Why marriages succeed or fail.* New York: Simon & Schuster.

Gottman, J. M., Coan, J., & Swanson, C. (1998). Predicting marital happiness and stability from newlywed interactions. *Journal of Marriage and the Family, 60,* 2-22.

Gottman, J. H., Katz, L. F., & Hooven, C. (1997). *Meta-emotion.* Mahwah, NJ: Lawrence Erlbaum.

Green, L., & Kagel, J. H. (Eds.) (1987). *Advances in behavioral economics, Vol 1.* Norwood, NJ: Ablex Publishing Corporation.

Greene, L., Kamps, D., Wyble, J., & Ellis, C. (1999). Home-based consolation for parents of young children with behavioral problems. *Child & Family Behavior Therapy, 21,* 19-45.

Greenspoon, J. (1955). The reinforcing effects of two spoken sounds on the frequency of two responses. *American Journal of Psychology, 68,* 409-416.

Griffith, J. D., Rowan-Szal, G. A., Roark, R. R., & Simpson, D. D. (2000). Contingency management in outpatient methadone treatment: A meta-analysis. *Drug & Alcohol Dependence, 58,* 55-66.

Gross, J. J., Fredrickson, B. L., & Levenson, R. W. (1994). The psychophysiology of crying. *Pyschophysiology, 31,* 460-468.

Hall, C. W., Hall, T. L., & Kasperek, J. G. (1995). Psychology of computer use: XXXIII. Interactive instruction with college-level science courses. *Psychological Reports, 76,* 963-970.

Hancock, D. R. (2000). Impact of verbal praise on college students' time spent on homework. *Journal of Educational Research, 93,* 384-389.

Hancock, L. (1994, December 19). A Sylvan invasion. *Newsweek,* 52-53.

Harris, T., Brown, G. W., & Robinson, R. (1999). Befriending as an intervention for chronic depression among women in an inner city: 1: Randomised controlled trial. *British Journal of Psychiatry, 174,* 219-224.

Hart, B., & Risley, T. R. (1995). *Meaningful differences.* Baltimore, MD: Paul H Brookes.

Hayward, L. M., Sullivan, A. C., & Libonati, J. R. (2000). Group exercise reduces depression in obese women without weight loss. *Perceptual & Motor Skills, 90,* 204-208.

Heckhausen, H. (1967). *The anatomy of achievement motivation.* New York:

Academic.

Hechtman, B. (2000, September). *The Bribery Curriculum: Since when did corrupting our kids become part of their education? Women's Day,* 80.

Helmer, J. (1975). *Drugs and minority oppression.* New York: Seabury.

Hennessey, B. A., & Amabile, T. M. (1988). The conditions of creativity. In R. J. Sternberg (Ed.), *The nature of Creativity* (pp. 11-38). Cambridge, MA: Cambridge University Press.

Hicks, T., & Munger, R. (1990). A school day treatment program using an adaptation of the teaching-family model. *Education and Treatment of Children, 13,* 63-83.

Higgins, S. T., & Petry, N. M. (1999). Contingency management: Incentives for sobriety. *Alcohol Research & Health, 23,* 122-127.

Hiroto, D. S. (1974). Locus of control and learned helplessness. *Journal of Experimental Psychology, 102,* 187-193.

Hiroto, D. S., & Seligman, M. E. P. (1975). Generality of learned helplessness in man. *Journal of Personality and Social Psychology, 31,* 311-327.

Hobbes, T. (1651, republished 1997). *Leviathan.* New York: Norton.

Holman, J. R. (1997, November). Are you using the right rewards? *Better Homes and Gardens,* 112-114.

Howe, M. J. A. (1990). *Encouraging the development of exceptional skills and talents.* Leicester, England: British Psychological Society.

Howe, M. J. A., Davidson, J. W., & Sloboda, J. A. (1998). Innate talents: Reality or myth? *Behavioral and Brain Sciences, 21,* 399-442.

Hursh, S. R. (1991). Behavioral economics of drug self-administration and drug abuse policy. *Journal of the Experimental Analysis of Behavior, 56,* 377-393.

Hursh, S. R. (1993). Behavioral economics of drug self-administration: An introduction. *Drug and Alcohol Dependence, 33,* 165-172.

Hursh, S. R., & Bauman, R. A. (1987). The behavioral analysis of demand. In L. Green & J. H. Kagel (Eds.), *Advances on behavioral economics* (pp. 117-165). Norwood, NJ: Ablex.

Institute of human science and services of the University of Rhode Island

(1986). *Pizza Hut Inc.'s The BOOK IT national reading incentive program. Final evaluation report.*

Janicke, D. M., & Finney, J. W. (1999). Emperically supported treatments in pediatric psychology: Recurrent abdominal pain. *Journal of Pediatric Psychology, 24,* 115-127.

Jay, S. M., Elliott, C. H., Katz, E., & Siegel, S. E. (1987). Cognitive-behavioral and pharmacologic interventions for children's distress during painful medical procedures. *Journal of Consulting and Clinical Psychology, 55,* 860-865.

Johnson, K. R., & Layng, T. V. J. (1992). Breaking the structuralist barrier: Literacy and numeracy with fluency. *American Psychologist, 47,* 1475-1490.

Julien, R. M. (2001). *A primer of drug action, 9th ed.* New York: Worth.

Kagel, J. H., Battalio, R. C., & Green, L. (1995). *Economic choice theory.* New York: Cambridge University Press.

Kallman, W. M., Hersen, M., & O'Toole, D. H. (1975). The use of social reinforcement in a case of conversion reaction. *Behavior Therapy, 6,* 411-413.

Karraker, R. J. (1971). Token reinforcement systems in regular public school classrooms. In C. E. Pitts (Ed.), *Operant conditioning in the classroom.* New York: Crowell.

Kazdin, A. E. (1985). The token economy. In R. Turner & L. M. Asher (Eds.), *Evaluating behavior therapy outcome.* New York: Springer.

Kazdin, A. E. (1994). Methodology, design, and evaluation in psychotherapy research. In A. E. Bergin & S. L. Garfield (Eds.), *Handbook of psychotherapy and behavior change, 4th ed.* New York: Wiley.

Kazdin, A. E., & Bootzin, R. R. (1972). The token economy: An evaluative review. *Journal of Applied Behavior Analysis, 5,* 343-372.

Kelly, J. B. (1998). Marital conflict, divorce and children's adjustment. *Child and Adolescent Psychiatric Clinics of North America, 7,* 259-271.

Kelly, D. (1995, July 17). Making reading pay: Gingrich-backed incentive program grows by volumes. *USA Today,* D1-D2.

Kessler, R. C. (1997). The effect of stressful life events on depression. *Annual Review of Psychology, 48,* 191-214.

Kestner, J., & Flora, S. R. (1998). *Are they using what we teach?* Association for Behavior Analysis. Orlando.

King, S. (2000). *On Writing: A memoir of the craft.* New York: Scribner.

Kirigin, K. A., Braukmann, C. J., Atwater, J., & Wolf, M. M. (1982). An evaluation of achievement Place (Teaching-Family) group homes for juvenile offenders. *Journal of Applied Behavior Analysis, 15,* 1-16.

Klein, D. C., & Seligman, M. E. P. (1976). Reversal of performance deficits and perceptual deficits in learned helplessness and depression. *Journal of Abnormal Psychology, 85,* 11-26.

Klein, S. B. (1982). *Motivation: Biosocial approaches.* New York: McGraw-Hill.

Knight, M. F. & McKenzie, H. S. (1974). Elimination of bedtime thumbsucking in home settings through contingent reading. *Journal of Applied Behavior Analysis, 7,* 33-38.

Kohn, A. (1993). *Punished by rewards: The trouble with gold stars, incentive plans, A's, praise, and other bribes.* New York: Houghton Mifflin.

Kolb, D. (1965). Achievement motivation training for underachieving high school boys. *Journal of Personality and Social Psychology, 2,* 783-792.

Lea, S. E. G. (1987). Animal experiments in economic psychology. In L. Green & J. H. Kagel (Eds.) *Advances on Behavioral Economics* (pp. 95-116). Norwood, NJ: Ablex.

Leahey, T. H. (1991). *A history of modern psychology.* Englewood Cliffs, NJ: Prentice-Hall.

Lejuez, C. W., Schaal, D. W., & O'Donnell, J. (1998). Behavioral pharmacology and the treatment of substance abuse. In J. J. Plaud & G. H. Eifert (Eds.), *From behavior theory to behavior therapy.* Needham Heights, MA: Allyn & Bacon.

Lemann, N. (1998, November). "Ready, Read!" *Atlantic Monthly, 282,* 92-104.

Lepper, M. R., Greene, D., & Nisbett, R. E. (1973). Undermining children's intrinsic interest with extrinsic reward: A test of the 'overjustification' hypothesis. *Journal of Personality and Social Psychology, 28,* 129-137.

Lepper, M. R., Henderlong, J., & Gingras, I. (1999). Understanding the effects of extrinsic rewards on intrinsic motivation-Uses and abuses of meta-analysis: Comment on Deci, Koestner, and Ryan (1999). *Psychological Bulletin, 125,* 669-676.

Levinson, H. (1973). *The great jackass fallacy.* Boston: Harvard Graduate School of Business Administration.

Lewinsohn, P. M. (1974). A behavioral approach to depression. In R. J. Friedman & M. M. Katz (Eds.), *The psychology of depression: Contemporary theory and research* (pp. 157-185). Washington, D.C.: Winston-Wiley.

Lewinsohn, P. M., Gotlib, I. H., & Seeley, J. R. (1997). Depression-related psychosocial variables: Are they specific to depression in adolescents? *Journal of Abnormal Psychology, 106,* 365-376.

Liang, L. (2000, October 15). Exercise helps in treating seniors. *Vindicator, F2* (Sun-sentinel, South Florida).

Lipsitt, L. P., Kaye, H., & Bosack, T. N. (1966). Enhancement of neonatal sucking through reinforcement. *Journal of Experimental Child Psychology, 4,* 163-168.

Lloyd, M. E., & Zylla, T. M. (1988). Effect of incentives delivered for correctly answered items on the measured IQs of children of low and high IQ. *Psychological Reports, 63,* 555-561.

Locke, E. A., & Latham, G. P. (1990). Work motivation and satisfaction: Light at the end of the tunnel. *Psychological Science, 1,* 240-246.

Logan, R. E., & Flora, S. R. (1997). Efficacy of computerized study guides on chemically dependent clients' test performance. *Alcoholism Treatment Quarterly, 15,* 79-87.

Lovaas, O. I. (1987). Behavioral treatment and normal educational and intellectual functioning in young autistic children. *Journal of Consulting and Clinical Psychology, 55,* 3-9.

Lyng, S. (1990). Edgework: A social psychological analysis of voluntary risk taking. *American Journal of Sociology, 95,* 851-886.

Madsen, C. H. Jr., & Madsen, C. R. (1974). *Teaching discipline: Behavior priniciples towards a positive approach.* Boston: Allyn & Bacon.

Maralott, G. A., Larimer, M. E., Baer, J. S., & Quigley, L. A. (1993). Harm reduction for alcohol problems: Moving beyond the controlled drinking controversy. *Behavior Therapy, 24,* 461-504.

Martin, G., & Pear, J. (1999). *Behavior modification 6th ed.* Upper Saddle River, NJ: Prentice-Hall.

Maurice, C. (1993). *Let me hear your voice.* New York: Fawcett Columbine.

Mazur, J. E. (1998). *Learning and behavior, 4th ed.* Upper Saddle River, NJ: Prentice-Hall.

McClelland, D. C. (1961). *The achieving society.* Princeton, NJ: Van Nostrand.

McClelland, D. C. (1985). *Human motivation.* Glenview, IL: Scott, Foresman.

McClelland, D. C., & Winter, D. G. (1969). *Motivating economic achievement.* New York: Free Press.

McIntosh, D., & Rawson, H. (1988). Effects of a structured behavior modification treatment program on locus of control in behaviorally disorded children. *Journal of Genetic Psychology, 149,* 45-51.

McKim, W. A. (2000). *Drugs and behavior, 4th ed.* Upper Saddle River, NJ: Prentice-Hall.

McNinch, G. W., Steely, M., & Davidson, T. J. (1995). *Evaluating the Earning by Learning program: Changing attitudes in reading.* Paper presented at the annual meeting of the Georgia Council of the International Reading Association, Atlanta.

Melzack, R., & Wall, P. D. (1982). *The challenge of pain.* New York: Basic.

Merrett, F. (1998). Helping readers who have fallen behind. *Support for Learning, 13,* 59-64.

Meyer, K. A. (1999). Functional analysis and treatment of problem behavior exhibited by elementary school children. *Journal of Applied Behavior Analysis, 32,* 229-232.

Middleton, M. B., & Cartledge, G. (1995). The effects of social skills instruction and parental involvement on the aggressive behaviors of African American males. *Behavior Modification, 19,* 192-210.

Miller, A. J., & Kratochwill, T. R. (1979). Reduction in frequent stomachache complaints by time out. *Behavior Therapy, 10,* 211-218.

Miller, D. W. (2000, April 21). In the nation's battle against drug abuse, scholars have more insight than influence. *Chronicle of Higher Education,* A19–A21.

Miller, L. K. (1997). *Principles of everyday behavior analysis, 3rd ed.* Pacific Grove, CA: Brooks Cole.

Miller, N. E., & Dollard, J. (1941). *Social learning and imitation.* New Haven, CN: Yale University Press.

Miller, W. R., Brown, J. M., Simpson, T. L., Handmaker, N. S., Bien, T. H., Luckie, L. F., Montgomery, H. A., Hester, R. K., & Tonigan, J. S. (1995). What works? A methodological analysis of the alcohol treatment outcome literature. In R. K. Hester and W. R. Miller (Eds.), *Handbook of alcoholism treatment approaches, 2nd ed.* Boston: Allyn & Bacon.

Miller, W. R., Meyers, R. J., & Hiller-Sturmhofel, S. (1999). The community-reinforcement approach. *Alcohol Research & Health, 23,* 116–120.

Mills, B., & Flagler, B. (2000, August 22). Pay for grades? Parents debate. Parent to Parent (United Feature Syndicate). *News and Observer, E2.* Raleigh, NC.

Monaghan, P. (1999, February 26). Lessons from the 'marriage lab.' *Chronicle of Higher Education,* A9.

Montaigne, M. (1958). *Essays* (J. M. Cohen, Trans.). Baltimore: Penguin. (Original work published 1580). Reprinted in *Journal of the Experimental Analysis of Behaviors, 57,* p. 176.

Moss, R. A. (1986). The role of learning history in current sick-role behavior and assertion. *Behavior Research & Therapy, 24,* 681–683.

Mueller, C. M., & Dweck, C. S. (1998). Praise for intelligence can undermine children's motivation and performance. *Journal of Personality & Social Psychology, 75,* 33–52.

National Public Radio (2000, November 14). Interview with Charlie Parker.

Nelson, B. (1994). *1001 Ways to reward employees.* New York: Workman.

Newman, B. (2000). On inventing your own disorder. *Skeptical Inquirer, 24,* 56–57.

O'Leary, K. D. (1991). This week's citation classic: Class behavior. *Current*

Contents, 40, 5.

Ormrod, J. E. (1998). *Educational psychology, 2nd ed*. Upper Saddle River, NJ. Prentice-Hall.

Overskeid, G., & Svartdal, F. (1996). Effect of reward on subjective autonomy and interest when initial interest is low. *Psychological Record, 46,* 319-331.

Palmer, T. (1991). The effectiveness of intervention: Recent trends and current issues. *Crime & Delinquency, 37*(3), 330-346.

Parrott, A. C. (1999). Does cigarette smoking *cause* stress? *American Psychologist, 54,* 817-820.

Patterson, G. R. (1982). *Coercive family processes*. Eugene, OR: Castillia.

Patterson, G. R., Dishion, T. J., & Bank, L. (1984). Family interaction: A process model of deviancy training. *Aggressive Behavior, 10,* 253-267.

Patterson, G. R., Reid, J. B., & Dishion, T. J. (1992). *Antisocial boys*. Eugene, OR: Castalia.

Peele, S. (1989). *Diseasing of America*. San Francisco: Jossey-Bass.

Petry, N. M., Martin, B., Cooney, J. L., & Kranzler, H. R. (2000). Give them prizes and they will come: Contingency management for treatment of alcohol dependence. *Journal of Consulting & Clinical Psychology, 68,* 250-257.

Pietras, C. J., & Hackenberg, T. D. (2000). Timeout postponement without increase reinforcement frequency. *Journal of the Experimental Analysis of Behavior, 74,* 147-164.

Plamer, T. (1991). The effectiveness of intervention recent trends and current issues. *Crime & Delinquency, 37,* 333-346.

Plaud, J. J., & Holm, J. E. (1998). Sexual dysfunctions. In J. J. Plaud, & G. H. Eifert (Eds.), *From behavior theory to behavior therapy* (pp. 136-151). Boston: Allyn.

Poulin, F., & Boivin, M. (2000). The role of proactive and reactive aggression in the formation and development of boys' friendships. *Developmental Psychology,* 233-240.

Powers, S. W. (1999). Empirically supported treatments in pediatric psychology: procedure-relate pain. *Journal of Pediatric Psychology,*

24, 131-145.

Rachlin, H. (2000). *The science of self-control*. Cambridge: Harvard University Press.

Ramely, C. T., & Finkelstein, N. W. (1978). Contingent stimulation and infant competence. *Journal of Pediatric Psychology, 3*, 89-96.

Rawson, H. E. (1973a). Academic remediation and behavior modification in a summer school camp. *Elementary School Journal, 74*, 34-43.

Rawson, H. E. (1973b). Residential short-term camping for children with behavior problems: A behavior modification approach. *Child Welfare, 52*, 511-520.

Rawson, H. E. (1992). Effect of intensive short-term remediation on academic intrinsic motivation of "at-risk" children. *Journal of Instruction Psychology, 19*, 274-285.

Rawson, H. E., & Cassady, J. C. (1995). Effects of therapeutic intervention on self-concepts of children with learning disabilities. *Child and Adolescent Social Work Journal, 12*, 19-31.

Rawson, H. E., & McIntosh, D. (1991). The effects of therapeutic camping on the self-esteem of children with severe behavior disorders. *Therapeutic Recreation Journal, 25*, 41-49.

Rawson, H. E., & Tabb, L. C. (1993). Effects of therapeutic intervention on childhood depression. *Child and Adolescent Social Work Journal, 10*, 39-52.

Redd, W. H., & Birnbrauer, J. S. (1969). Adults as discriminative stimuli for different reinforcement contingencies with retarded children. *Journal of Experimental Child Psychology, 7*, 440-447.

Rheingold, H. L., Gewirtz, J. L., & Ross, H. W. (1959). Social conditioning of vocalizations in the infant. *Journal of Comparative and Physiological Psychology, 52*, 68-73.

Rosen, B., & D'Andrade, R. (1959). The psychosocial origins of achievement motivation. *Sociometry, 22*, 185-218.

Ryan, R. M., & Deci, E. L. (2000). Self-determination theory and the facilitation of intrinsic motivation, social development, and well-being. *American*

Psychologist, 55, 68-78.

Ryan, R. M., Kuhl, J., & Deci, E. L. (1997). Nautre and autonomy: An organizational view of social and neurobiological aspects of self-regulation in behavior and development. *Development and Psychopathology, 9,* 701-728.

Sank, L. I., & Biglan, A. (1974). Operant treatment of a case of recurrent abdominal pain in a 10-year-old boy. *Behavior Therapy, 5,* 677-681.

Sapp, A. D., & Vaughn, M. S. (1991). Sex offender rehabilitation programs in state prisons: A nationwide survey. *Journal of Offender Rehabilitation, 17,* 55-75.

Sarafino, E. P. (2001). *Behavior Modification, 2nd ed.* Mountain View, CA: Mayfield.

Sarbin, T. R., & Allen, V. L. (1964). Role enactment, audience feedback, and attitude change. *Sociometry, 27,* 183-193.

Satterfield, J. H., & Schell, A. A. (1997). A prospective study of hyperactive boys with conduct problems and normal boys: Adolescent and adult criminality. *Journal of the American Academy of Child & Adolescent Psychiatry, 36,* 1726-1735.

Schloss, P. J., & Smith, M. A. (1998). *Applied behavior analysis in the classroom, 2nd ed.* Needham Heights, MA: Allyn & Bacon.

Schunk, D. H. (1983). Reward contingencies and the development of children's skills and self-efficacy. *Journal of Education Psychology, 75,* 511-518.

Schunk, D. H. (1984). Enhancing self-efficacy and achievement through rewards and goals: Motivational and informational effects. *Journal of Educational Research, 78,* 29-34.

Schwartz, B. (1982). Reinforcement-induced behavioral stereotypy: How not to teach people to discover rules. *Journal of Experimental Psychology: General, 111,* 23-59.

Schwartz, B., & Robbins, S. J. (1995). *Psychology of learning and behavior, 4th ed.* New York: Norton.

Schwartz, S. (2000). *Abnormal Psychology.* Mountain View, CA: Mayfield.

Schwartz, S. M., Gramling, S. E., & Mancini, T. (1994). The influence of life stress, personality, and learning history on illness behavior. *Journal of Behavior Therapy & Experimental Psychiatry, 25,* 135–142.

Seligman, M. E. P. (1975). *Helplessness: On depression, development, and death.* San Francisco: Freeman.

Seligman, M. E. P. (1990). *Learned optimism.* New York: Simon & Schuster.

Sheeber, L., Hops, H., Andrews, J., Alpert, T., & Davis, B. (1998). Interactional processes in families with depressed and non-depressed adolescents: Reinforcement of depressive behavior. *Behavior Research and Therapy, 36,* 417–427.

Shrout, P. E., Link, B. G., Dohrenwend, B. P., Skodol, A. E., Stueve, A., & Mirotznik, J. (1989). Characterizing life events as risk factors for depression: The role of fateful loss events. *Journal of Abnormal Psychology, 98,* 460–467.

Singer, M. T., & Lalich, J. (1996). *"Crazy" Therapies.* San Francisco: Jossey-Bass.

Sidman, M. (1989). *coercion and its fallout.* Boston: Authors Cooperative.

Silverman, K., Chutuape, M. A., Bigelow, G. E., & Stitzer, M. L. (1999). Voucher-based reinforcement of cocaine abstinence in treatment-resistant methadone patients: Effects of reinforcement magnitude. *Psychopharmacology, 146,* 128–138.

Skinner, B. F. (1938). *The Behavior of organisms.* New York: Appleton-Century-Crofts.

Skinner, B. F. (1953). *Science and human behavior.* New York: Macmillan.

Skinner, B. F. (1969). *Contingencies of reinforcement: A theoretical analysis.* New York: Appleton-Century-Crofts.

Skinner, B. F. (1971). *Beyond freedom and dignity.* New York: Knopf.

Skinner, B. F. (1974). *About behaviorism.* New York: Knopf.

Skinner, B. F. (1990). Can psychology be a science of mind? *American Psychologist, 45,* 1206–1210.

Skinner, B. F. (1999). Creating the Creative Artist. *Cumulative Record.* Action, MA: Copley (Original work published 1970).

Skinner, B. F. (1999). A lecture on "having" a poem. *Cumulative Record.*

Action, MA: Copley (Original work published 1971).

Skinner, B. F., & Vaughan, M. E. (1983). *Enjoy old age*. New York: Norton.

Slaboda, J. A., Davidson, J. W., Howe, M. J. A., & Moore, D. G. (1996). The role of practice in the development of performing musicians. *British Journal of Psychology, 87,* 287–309.

Slaboda, J. A., & Howe, M. J. A. (1991). Biographical precursos of musical excellence: An interview study. *Psychology of Music, 19,* 3–21.

Slot, N. W., Jagers, H. D., & Dangel, R. F. (1992). Cross-cultural replication and evaluation of the teaching family model of community-based residential treatment. *Behavioral Residential Treatment, 7,* 341–354.

Smith, D. (1999). *A coach's life*. New York: Random.

Smith, M. D. (1993). *Behavior modification of exceptional youth and children*. Boston: Andover Medical Publishers.

Snyder, J. J., & Patterson, G. R. (1995). Individual differences in social aggression: A test of reinforcement model of socialization in the natural environment. *Behavior Therapy, 26,* 371–391.

Snyder, J. J., Schrepferman, L., & St. Peter, C. (1997). Origins of antisocial behavior: Negative reinforcement and affect dysregulation of behavior as socialization mechanisms in family interaction. *Behavior Modification, 21,* 187–215.

Sobel, D. (2000). *Galileo's Daughter*. New York: Penguin Putnam.

Sommers, C. H. (2000). *The war against boys*. New York: Simon & Shuster.

Stawsri, W. (2000). *Kids, parents & money: Teaching personal finance from piggy bank to prom*. New York: Wiley.

Straus, M. A. (1994). *Beating the devil out of them: Corporal punishment in American families*. New York: Lexington.

Stuart, R. B. (1971). Assessment and change of the communication patterns of juvenile delinquents and their parents. In R. D. Rubin, H. Fernsterheim, A. A. Lazarus, & C. M. Franks (Eds.), *Advances in behavior therapy* (pp. 183–196). New York: Academic.

Sutherland, K. S. Wehby, J. H., & Copeland, S. R. (2000). Effect of varying rates of behavior-specific praise on the on-task behavior of students with EBD [Emotional and Behavioral Disorder]. *Journal of Emotional & Behavioral Disorders, 8,* 2–8.

Tashman, B. (1994, November 15). Our failure to follow through. *New York Newsday* (http:/www.uoregon.edu/~adiep/ft/tashman.htm).

Tegano, D. W., Moran, D. J. III, & Sawyers, J. K. (1991). *Creativity in early childhood classrooms.* Washington, DC: National Education Association.

Tellegen, A., Lykken, D. T., Bouchard, T. J. Jr., Wilcox, K. J., Segal, N. L., & Rich, S. (1988). Personality similarity in twins reared apart and together. *Journal of Personality and Social Psychology, 54,* 1031–1039.

The American Heritage Dictionary of the English Language (1992). Soukhanov, Anne H. (Ed.). Boston, MA: Houghton Mifflin.

Thompson, M. L., & Gick, M. L. (2000). Medical care–seeking for menstrual symptoms. *Journal of Psychosomatic Research, 49,* 137–140.

Tkachuk, G. A. (1999, December). Health: Jog your mood. *Psychology Today,* 24.

Tkachuk, G. A., & Martin, G. L. (1999). Exercise therapy for patients with psychiatric disorders: Research and clinical implication. *Professional Psychology: Research & Practice, 30,* 275–282.

Torrance, E. P. (1965). *Rewarding creative behavior: Experiments in classroom creativity.* Englewood Cliffs, NJ: Prentice–Hall.

Toskovic, N. N. (2000). Cardiovascular and metabolic responses and alterations in selected measures of mood with a single bout of dynamic tae kwon do exercise. *Dissertation Abstracts International Section A: Humanities & Social Sciences, 61,* 933.

Turkat, I. D., & Noskin, D. E. (1983). Vicarious and operant experiences in the etiology of illness behavior: A replication with healthy individuals. *Behavior Research & Therapy, 21,* 169–172.

Verplanck, W. S. (1955). The operant, from rat to man: An introduction to some recent experiments on human behavior. *Transactions of the New York Academy of Science, 17,* 594–601.

Vuchinich, R. E., & Tucker, J. (1996). Alcohol relapse, life events, and behavioral theories of choice. A prospective analysis. *Experimental and Clinical Psychopharmacology, 4,* 19–28.

Walco, G. A., Sterling, C. M., Conte, P. M., & Engel, R. G. (1999). Empirically supported treatments in pediatric psychology: Disease–related pain. *Journal of Pediatric Psychology, 24,* 155–167.

Walker III, S. (1998). *The hyperactivity hoax.* New York: St. Martin's.

Waller, B. (1999). Free will, determinism and self–control. In B. A. Thyer (Ed.), *The philosophical legacy of behaviorism* (pp. 189–208). London: Kluwer.

Waggoner, J. (2001, January 16). Musician says investing in self–practice pays off. *USA Today, 3B.*

Watson, J. B. (1970). *Behaviorism.* (Original work published 1930). New York: Norton.

Watson, J. D. (1968). *The double helix.* New York: Atheneum.

Watters, E., & Ofshe, R. (1999). *Therapy's delusions.* New York: Scribner.

Weisberg, R. W. (1998). Creativity and practice. *Behavioral and Brain Sciences, 21,* 429–430.

Weiten, W. (2000). *Psychology: Themes & variations, briefer version, 4th ed.* Belmont, CA: Wadsworth.

White, M. A. (1975). Natural rates of teacher approval and disapproval in the classroom. *Journal of Applied Behavior Analysis, 8,* 367–372.

Whitehead, W. E., Crowell, M. D., Heller, B. F., Robinson, J. C., Schuster, M. M., & Horn, S. (1994). Modeling and reinforcement of the sick role during childhood predicts adult illness behavior. *Psychosomatic Medicine, 56,* 541–550.

Wierson, M., & Forehand, R. (1994). Parent behavioral training for child noncompliance: Rationale, concepts, and effectiveness. *Current Directions, 3,* 146–150.

Williams, C. D. (1959). The elimination of tantrum behavior by extinction procedures. *Journal of Abnormal and Social Psychology, 59,* 269.

Winett, R. A., & Winkler, R. C. (1972). Current behavior modification in the classroom: Be still, be quiet, be docile. *Journal of Applied Behavior*

Analysis, 5, 499-504.

Winston, A. S., & Baker, J. E. (1985). Behavior analytic studies of creativity: A critical review. *Behavior Analyst, 8,* 191-205.

Wolf, M. M., Braukmann, C. J., & Ramp, K. A. (1987). Serious delinquent behavior as part of a significantly handicapping condition: Cues and supportive environments. *Journal of Applied Behavior Analysis, 20,* 347-359.

Wolpe, J. (1981). Behavior therapy versus psychoanalysis: Therapeutic and social implications. *American Psychologist, 36,* 159-164.

Wood, P. B., Gove, W. R., Wilson, J. A., & Cochran, J. K. (1997). Nonsocial reinforcement and habitual criminal conduct: An extension of learning theory. *Criminology, 35,* 335-366.

Wyatt, W. J., & Hawkins, R. P. (1987). Rates of teachers' verbal approval and disapproval: Relationship to grade level, classroom activity, student behavior, and teacher characteristics. *Behavior Modification, 11,* 27-51.

Youngbauer, J. G. (1998). The teaching-family model and treatment durability: Assessing generalization using survival analysis techniques. *Dissertation Abstracts International: Section B: The Sciences & Engineering, 58,* 10-B.

Zajonc, R. B. (1984, July 22). Quoted in D. Goleman, Rethinking IQ tests and their value. *New York Times,* D22.

Zito, J. M., Safer, D. J., dosReis, S., Gardner, J. F., & Boles, M. L. (2000). Trends in the prescribing of psychotropic medications to preschoolers. *JAMA: Journal of the American Medical Association, 283,* 1025-1030.

찾아보기

〈인 명〉

Abra, J. 147, 149, 156, 162, 163, 164
Adornetto, M. 212
Alberto, P. A. 65, 107, 121, 122, 126, 195, 247
Allen, G. J. 248, 252
Allen, V. L. 93
Amabile, T. M. 142, 143, 147, 148, 151, 164
Anderson, E. 34
Aubuchon, P. G. 346
Ayllon, T. 48, 235, 246, 280
Azrin, N. 48, 206

Babyak, M. 350
Baer, D. M. 155
Baker, J. E. 155, 156, 160
Baldwin, J. D. 61, 92, 106, 267
Balester, V. 133
Ballenger, J. C. 262
Baltes, M. M. 335, 336, 337, 338, 344, 352, 355, 356
Bandura, A. 90, 97, 188, 205
Bank, I. 308, 313, 315
Banko, K. M. 90
Barlow, D. H. 326, 332, 333, 351, 352

Baron, R. A. 318
Battalio, R. C. 55
Baum, W. M. 108, 117, 118
Bauman, R. 55
Bebbington, P. 333
Beck, A. T. 351
Bedlington, M. M. 317, 318
Begley, S. 268
Bennett, T. 298
Bereiter, C. 240
Berlau, J. 239, 240
Bigelow, G. E. 292
Biglan, A. 347
Binet, A. 226

404

〈내 용〉

저자 소개

Stephen Ray Flora

미국 조지아 대학교에서 박사학위를 받았으며, 현재 미국 영스타운 주립대학교의 심리학과 교수로 재직 중이다. 주로 인간의 학습과 행동분석 그리고 행동중재기술 등의 주제로 강의하고 있으며, 보상의 원리와 작용기제 그리고 학습과정 등에 대한 연구를 진행하고 있다.

역자 소개

임 웅(Lim Woong)

고려대학교 교육학과에서 학사학위와 석사학위를, 미국 인디애나 대학교 교육심리학과에서 박사학위를 받았다. 인디애나 대학교 교육학과에서 3년간 연구조교수를 한 후, 현재 한국교원대학교 교육학과에 교수로 재직 중이다. 2003년 미국영재학회(NAGC)에서 '최우수 박사상'을, 2004년 미국 MENSA에서 수여하는 '올해의 연구상'을 수상하였다. 창의와 지능 그리고 교수 · 학습과 연구 설계와 관련된 수업을 진행하고 있으며, 『새롭지 않은 새로움에게 새로움의 길을 묻다』 『학교학습 효과를 위한 교육심리학』 『창의성: 그 잠재력의 실현을 위하여』 등 다수의 저서와 역서가 있다.

이경민(Lee Kyoungmin)

대구교육대학교에서 학사학위를, 한국교원대학교에서 석사학위를 받았으며, 동 대학원 교육학과 교육심리전공 박사과정을 수료했다. 현재 초등학교에 교사로 근무하면서, 학생의 능력을 극대화시킬 수 있는 효과적인 교수 방법을 연구하고 있다. 특히, 창의적인 문제해결과 학습에서의 전이 그리고 동기에 관심이 많다. 또한 현대 자동차 창의 사고과정 프로그램, LG 전자 핵심역량 개발 프로그램, 국가과학기술인력개발원 사고과정 프로그램 개발 등 학교와 기업 현장에서의 학습 관련 연구에도 지속적으로 참여하고 있다. 최근 발표한 논문으로는 「Viewing through one prism or two? Discriminant validity of implicit theories of intelligence and creativity」(2015)와 「통찰에 대한 실험연구는 통찰의 발생 과정을 반영하는가?: 통찰 실험연구에 있어 실험문제와 실험절차에 대한 제언」(2014) 등이 있다.

학습과 보상
The Power of Reinforcement

2015년 8월 20일 1판 1쇄 인쇄
2015년 8월 31일 1판 1쇄 발행

지은이 • Stephen Ray Flora
옮긴이 • 임웅 · 이경민
펴낸이 • 김진환
펴낸곳 • (주)**학지사**
　　　　121-838 서울특별시 마포구 양화로 15길 20 마인드월드빌딩
대표전화 • 02)330-5114　　　팩스 • 02)324-2345
등록번호 • 제313-2006-000265호

홈페이지 • http://www.hakjisa.co.kr
페이스북 • https://www.facebook.com/hakjisa

ISBN 978-89-997-0748-3 93370

정가 20,000원

인터넷 학술논문 원문 서비스 **뉴논문** www.newnonmun.com

이 도서의 국립중앙도서관 출판시도서목록(CIP)은 서지정보유통지
원시스템 홈페이지(http://seoji.nl.go.kr)와 국가자료공동목록시스템
(http://www.nl.go.kr/kolisnet)에서 이용하실 수 있습니다.
(CIP제어번호: CIP2015022195)